JORGE BRITO PEREIRA
Assistente da Faculdade de Direito da Universidade de Lisboa
Advogado

A OPA OBRIGATÓRIA

LIVRARIA ALMEDINA
COIMBRA — 1998

TÍTULO:	A OPA OBRIGATÓRIA
AUTOR	JORGE BRITO PEREIRA
EDITOR:	LIVRARIA ALMEDINA – COIMBRA
DISTRIBUIDORES:	LIVRARIA ALMEDINA ARCO DE ALMEDINA, 15 TELEF. (039) 851900 FAX. (039) 851901 3 000 COIMBRA – PORTUGAL Livrarialmedina@mail.telepac.pt LIVRARIA ALMEDINA – PORTO R. DE CEUTA, 79 TELEF. (02) 319783 FAX. (02) 2026510 4050 PORTO – PORTUGAL EDIÇÕES GLOBO, LDA. R.S. FILIPE NERY, 37-A (AO RATO) TELEF. (01) 3857619 1250 LISBOA – PORTUGAL
EXECUÇÃO GRÁFICA:	G.C. – GRÁFICA DE COIMBRA, LDA. ABRIL, 1998
DEPÓSITO LEGAL:	122250/98 Toda a reprodução desta obra, por fotocópia ou outro qualquer processo, sem prévia autorização escrita do Editor, é ilícita e passível de procedimento judicial contra o infractor.

À minha mulher

EM VEZ DE UM PREFÁCIO

O Mundo moderno é, cada vez mais, o reino da multi-disciplinaridade. Ou melhor, as fronteiras entre as disciplinas estão a esbater-se de tal forma que começa mesmo a fazer pouco sentido falar de multi-disciplinaridade. Esta realidade torna a investigação científica e a própria reflexão epistelomológica especialmente difíceis e suscita, como é natural, reacções defensivas e "corporativas" dos que fizeram a sua carreira e estruturaram os seus prestígios sobre uma natureza de tal forma arrumada que deter o código da classificação e da taxinomia era deter os instrumentos do Poder.

Os mundos académicos são, por definição e até por necessidade, os territórios da classificação e da arrumação da realidade em divisões, capítulos, secções, artigos e números, quando não em dezenas de teorias todas elas vencidas pela do "professor da cadeira". Por um lado, porque se pensava que pedagogicamente tinha de ser assim, e em alguns sítios continua a pensar-se mesmo quando já não é indispensável saber de cor os afluentes do Tejo ou as estações e apeadeiros de Sul e Sueste. Por outro lado, também, porque se julgava que de outro modo a própria ciência sossobraria, como se ela fosse o baluarte em que, pela arrumação da natureza, a ordem poderia triunfar do caos.

Talvez o mundo dos homens tivesse sido assim nalgum passado, seja ou não uma idade do ouro tal época. Por certo que que não é; cada vez mais a vida vai rebentando com as classificações, destruindo as taxinomias e gerando as interacções que resolveram de forma definitiva a questão da galinha e do ovo. Pode-se gostar ou não que assim seja, mas não há outra maneira à nossa disposição; sobretudo à disposição dos que no dia a dia têm de sobreviver do lado de fora das torres de marfim onde ainda parece possível, com maior ou menor desdém, esperar que tudo mude e regresse à mítica situação em que os poderes se perpetuavam, o verbo vencia a vida, as hierarquias eram sólidas, os prestígios inatacáveis. Não há outro remédio nem outra solução, realmente. Ou, como escreveu alguém que sabia isso, "é aqui a roda, é aqui que temos de bailar".

Vem isto a propósito — ou assim o penso — da tese de mestrado sobre "Ofertas Públicas de Aquisição" (OPAs) que o Dr. Jorge Brito Pereira brilhantemente defendeu na Faculdade de Direito da Universidade Clássica de Lisboa, depois de a ter escrito com a vitalidade e a luminosidade que nele descobri logo que, jovem licenciado com altas classificações, comigo e no meu escritório iniciou estágio profissional e me disse que queria ser Advogado.

Um brilhante Advogado, excelente pedagogo (como me dizem os jovens que depois dele me continuam a bater à porta) e claríssimo investigador, aí está a destruição de uma organização que não se baseia na teoria de que os talentos se não deviam arrumar assim. Uma reflexão sobre OPAs, lugar estratégico como poucos dessa dificuldade de organizar, criar uma taxinomia, separar disciplinas, pois neste tema se concentra, simbioticamente tantas vezes, o Direito, a Economia, a Fiscalidade, as Finanças, mas também e talvez sobretudo a Psicologia, a Teoria da Comunicação, a Política (sobretudo se for entendida como o estudo da luta pelo Poder), o Jogo, a Vida numa palavra.

A OPA é o lugar geométrico do processo capitalista, quer se entenda por tal a acumulação (primitiva ou não), a criação (e no "spin-off", o que tantas vezes segue a OPA em países mais desenvolvidos, se vê o vulto de Schumpeter e da sua destruição criadora) ou a ampliação e o crescimento (nas fusões, em especial) da riqueza. Nela vive o conflito entre quem quer sócios minoritários que o não incomodem e os que sendo minoritários querem tornar-se insuportáveis para serem comprados caros. Talvez por isso o regime das OPAs obrigatórias surja como uma tentativa de estruturar e de "normalizar" o que tradicionalmente era uma zona de conflito sem regras, algo de paralelo à legislação "antitrust" e de controle de concentrações que se desenvolveu neste século (e nos Estados Unidos já até antes).

O fascínio dogmático desta área jurídica reside provavelmente nisto tudo: zona de multi-disciplinaridade, no centro da agressividade capitalista que resiste à norma, muito recente e por isso sem fixidez doutrinária, atrai todos os investigadores que gostam de terras inexploradas, os que gostam das descobertas, os que se revêm numa espécie de novo "fardo do homem branco", os que tiram prazer dos riscos, os inovadores, numa palavra os que podem fazer avançar a ciência jurídica em lugares inóspitos. Mas também os que trabalhando profissionalmente nas zonas mais modernas do tecido empresarial e com os instrumentos mais sofisticados da organização capitalista não têm outro remédio que não seja a reflexão dogmática para encontrar as soluções que os codificadores, com toda a sua sabedoria, não puderam ou não quiseram resolver.

Estas áreas de ponta ganham em ser abordadas cientificamente por quem detenha o arsenal dos instrumentos analíticos, as técnicas hermenêuticas e a experiência exegética, por motivos óbvios: é nos territórios sem mapas e sem trilhos que se vêm os valentes; mas uma abordagem apenas "teórica" faz correr riscos sérios, como dos "cientes" disse Camões, que é de tentar descobrir o mundo novo com os instrumentos, os modelos e as praxes do mundo velho. Por isso o "esperto", que no "particular" sabe mais, é decisivo para o avanço da ciência das coisas novas. E quanto a OPAs estamos claramente a falar dos que profissionalmente — nas sociedades de advogados, nos bancos de investimento, nos departamentos de planeamento estratégico dos grupos económicos — tiveram de agir e de construir, de sobreviver aos combates, de pilotar em terrenos não organizados ou conhecidos.

Com os parcos meios de um prático sem títulos que não seja o de "licenciado em Direito", tive de enfrentar este tipo de problemas como fui capaz, pois motivos profissionais fizeram com que em quase todas as OPAs complicadas que ocorreram em Portugal estivesse o meu escritório envolvido, do lado do oferente, da empresa alvo, dos seus accionistas de referência, apoiando um "cavaleiro branco" ou um "raider", defendendo ou atacando uma contra-OPA, ou até ajudando entidades institucionais que, a títulos diversos, tinham algo a dizer sobre operações deste tipo ou sobre legislação com elas relacionada.

Em todas estas situações o Dr. Jorge Brito Pereira esteve envolvido; e em todas o seu entusiasmo, a frescura dos seus conhecimentos jurídicos, o seu múnus de advogado, as suas qualidades de investigador, a sua inteligência brilhante, foram decisivas. De tudo isso resultou, entre alguns sucessos profissionais, uma edição comentada do regime legal das OPAs (e o nosso prolixo Código bem precisado é de comentários), um trabalho ainda inédito sobre medidas de defesa contra OPAs e a obra que me honro em introduzir, tendo-o aceite com a modéstia de um prático do Direito que se habituou a respeitar a Ciência que nos ensina com o mesmo vigor com que despreza a "ciência" onanista, infelizmente menos rara nos nossos tratadistas do que se deseja.

Este livro deve por tudo isto ser saudado, assim como merece encómios a Faculdade de Direito (que por razões que não vêm ao caso guardo no coração) que o premiou com a elevada classificação de 17 valores: na obra se sente o pulsar da vida jurídico-económica sem no entanto ocorrer qualquer falha deontológica, é uma tese universitária (que em países mais ricos — talvez por serem mais sensatos — chegaria para um doutoramento) que bebe na vida real a sua inspiração, é um exemplo de como a Universitas se deve virar para o Mundo, pois só metendo as mãos nele pode seguir a nobre missão que lhe é tradicional. É uma obra universitária e prática, que deve servir de modelo para um novo estilo de mestrados e doutoramentos mais consentâneo com o século XXI que aí está, menos construídos na ilusão da eternidade e no paradigma da "obra--prima" (que melhor seria às vezes chamar "obra única") e mais na ideia de que a sobrevivência premeia os que chegam à Índia e não os que teorizam uma geografia que era perfeita porque nada tinha a ver com o mundo real.

José Miguel Júdice
Cabo Verde, Carnaval de 1998

NOTA PRÉVIA

O estudo que agora se publica corresponde à Dissertação de Mestrado em Ciências Jurídicas apresentada em Março de 1996 na Faculdade de Direito da Universidade de Lisboa (e cujas provas públicas se realizaram em Fevereiro de 1998).

Optámos por proceder à sua publicação mantendo inalterada a sua estrutura original, tendo no entanto aproveitado para acolher diversas críticas ou sugestões dos membros do júri e para proceder a algumas actualizações de ordem doutrinal e legislativa.

Uma primeira palavra de agradecimento é devida aos membros do júri - ao Senhor Prof. Doutor António Marques dos Santos, orientador desta dissertação, em especial pela total disponibilidade manifestada e pelo estímulo sempre presente; aos Senhores Prof. Doutor António Menezes Cordeiro e Prof. Doutor Carlos Ferreira de Almeida, em especial pela pertinência e relevância das críticas e sugestões formuladas; aos Senhores Prof. Doutor Oliveira Ascensão e Prof. Doutor Paulo Pitta e Cunha por toda a atenção manifestada.

Uma segunda palavra de agradecimento, mas nem por isso de menor importância, é devida ao Dr. José Miguel Júdice, com quem tenho a honra de trabalhar desde o início do meu estágio de Advocacia e sem o qual, por inúmeras razões, este trabalho nunca teria existido. Ao Dr. José Miguel Júdice tenho muito mais a agradecer do que a contenção destas linhas permite. Sem esquecer tudo o resto, fica por isso apenas manifestada a honra que tenho por um trabalho conjunto que dura há mais de oito anos, o agradecimento pela disponibilização de todo o tempo por mim tomado na elaboração desta dissertação e o gosto que tenho pela sua qualidade de prefaciador deste trabalho.

Lisboa, 18 de Fevereiro de 1998

PLANO DA EXPOSIÇÃO

Principais abreviaturas utilizadas

I. CAPÍTULO — INTRODUÇÃO

1. Noções prévias e delimitação do objecto da análise

2. As coordenadas de análise
2.1 A actualidade do tema
2.2 A autonomização analítica da problemática da *OPA obrigatória*

3. As hipóteses de *OPA obrigatória*

4. Indicação de sequência

II. CAPÍTULO — O ENQUADRAMENTO NORMATIVO

5. Generalidades

6. A *OPA obrigatória* em Portugal: evolução legislativa
6.1 Os períodos de análise
6.2 *O Projecto do Código das Sociedades* e o Código das Sociedades Comerciais
6.3 O Código do Mercado de Valores Mobiliários
6.4 O Decreto-Lei nº 261/95, de 3 de Outubro
6.5 Conclusão: as previsões de *OPA obrigatória* e o conteúdo da obrigatoriedade no Direito português vigente

7. Ordenamentos estrangeiros
7.1 O Direito inglês
7.2 O Direito francês
7.3 O Direito espanhol
7.4 O Direito italiano
7.5 *A Proposta Alterada* da 13ª Directiva

III. CAPÍTULO — A DELIMITAÇÃO DA OBRIGAÇÃO

8. A natureza da sociedade emitente dos títulos
8.1 Generalidades
8.2 O conceito de *sociedade com subscrição pública* face ao art. 284º do CSC
8.2.1 A delimitação do conceito
8.2.2 A afinidade com os conceitos de *public company* e de *société faisant appel publique a l'épargne*
8.2.3 A justificação normativa da qualificação
8.3 Os conceitos de *sociedade com subscrição pública* e de *sociedade equiparada* face à versão original do nº 2 do art. 527º do Cód.MVM
8.3.1 A delimitação dos conceitos
8.3.2 A justificação normativa da qualificação de sociedade equiparada
8.4 O conceito de *sociedade de subscrição pública* face à *alínea* j) do nº 1 do art. 3º do Cód.MVM
8.4.1 A delimitação do conceito
8.4.3 A justificação normativa da qualificação
8.4.4 As entidades que integram a qualificação de *sociedade de subscrição pública*
8.4.4.1 As sociedades que tenham o seu capital disperso em virtude do recurso à subscrição pública
8.4.4.2 As sociedades que têm ou tiveram acções cotadas
8.4.4.3 As sociedades que têm o seu capital disperso por virtude de as suas acções terem sido objecto de oferta pública de venda ou de troca
8.4.4.4 As sociedades cujas acções foram objecto de venda em bolsa nos termos do art. 366º do Cód.MVM
8.4.4.5 A extensão a situações não previstas na lei

9. A determinação dos limites de detenção e/ou aquisição de títulos
9.1 Generalidades e indicação de sequência
9.2 Os valores mobiliários
9.2.1 As acções
9.2.1.1 Generalidades
9.2.1.2 Acções com *direito de voto plural*
9.2.1.3 Limitações estatutárias ao exercício do direito de voto
9.2.1.4 Inibições ao exercício do direito de voto
9.2.1.5 Acções preferenciais sem direito de voto
9.2.1.6 Acções próprias
9.2.2 Obrigações e outros valores mobiliários convertíveis em acções, com direito de subscrição de acções ou que confiram direito à sua aquisição a qualquer outro título
9.3 Os valores mobiliários contados *como pertencendo ao oferente*
9.3.1 Generalidades
9.3.2 Os valores detidos por terceiros de *conta do oferente*
9.3.3 Os valores de que sejam titulares as pessoas mencionadas nas *alíneas* c), d), e), f) e g) do nº 1 do art. 525º
9.3.4 Os valores detidos em usufruto ou detidos em penhor, caução ou depósito ou que possam ser adquiridos de sua exclusiva iniciativa

10. As delimitações específicas
10.1 Generalidades
10.2 A *OPA prévia para aquisição do controle*
10.3 A *OPA subsequente à aquisição do controle*
10.4 A *OPA consolidativa do controle e a OPA para aquisição de maioria qualificada*
10.5 A *OPA para aquisição rápida de posição accionista*

IV. CAPÍTULO — A DELIMITAÇÃO DA OBRIGAÇÃO (CONTINUAÇÃO)

11. Generalidades

12. As derrogações
12.1 O enquadramento jurídico
12.2 As previsões de derrogação
12.2.1 As *derrogações gerais*
12.2.1.1 Aquisição de acções em processo de privatização
12.2.1.2 Aquisições intra-grupo
12.2.1.3 Aquisição por intermediário financeiro em caso de tomada firme ou garantia de colocação
12.2.2 As derrogações à obrigatoriedade de lançamento de *OPA prévia*
12.2.2.1 Exercício de direitos de preferência na transmissão de acções
12.2.3 As derrogações à obrigatoriedade de lançamento de *OPA subsequente*
12.2.3.1 Aquisição por herança ou legado
12.2.3.2 Redução do total dos direitos actuais e potenciais de voto
12.2.3.3 Aquisição de valores mobiliários no exercício de direito de preferência
12.2.3.4 Operações de fusão ou cisão

13. As dispensas
13.1 O enquadramento jurídico
13.2 As previsões de dispensa
13.2.1 As dispensas à obrigatoriedade de lançamento de OPA subsequente
13.2.1.1 A aquisição em rateio
13.2.1.2 A aquisição por doação
13.2.1.3 A redução do total dos direitos actuais e potenciais de voto
13.2.2 As dispensas com carácter geral
13.2.2.1 A aquisição de valores dados em garantia
13.2.2.2 A aquisição no âmbito de operação destinada a prevenir a falência da sociedade
13.2.2.3 A previsão geral da *alínea* f) do nº 1 do art. 529º

V. CAPÍTULO — O CONTEÚDO DA OBRIGAÇÃO DE LANÇAMENTO DE OPA

14. Generalidades

15. As limitações à liberdade de estipulação

15.1 Os valores mobiliários objecto de uma *OPA geral*
15.1.1 Generalidades
15.1.2 As acções como objecto obrigatório de uma *OPA geral*
15.1.2 Os demais valores mobiliários referidos no nº 1 do art. 523º como objecto obrigatório de uma *OPA geral*
15.2 A contrapartida obrigatória
15.2.1 Generalidades
15.2.2 A natureza da contrapartida
15.2.3 O montante da contrapartida

16. As limitações à liberdade de celebração

VI. CAPÍTULO — FALTA DE REALIZAÇÃO DE UMA OFERTA OBRIGATÓRIA

17. Generalidades

18. Inibição de direitos correspondentes a valores mobiliários

19. A responsabilidade civil

20. A responsabilidade contra-ordenacional

Bibliografia

Índice

PRINCIPAIS ABREVIATURAS UTILIZADAS

AAFDL	Associação Académica da Faculdade de Direito de Lisboa
AAVV	Autores vários
Abs.	Absatz
Ac.	Acórdão
art(s).	artigo(s)
BBTC	Banca, Borsa e Titoli di Credito
BMJ	Boletim do Ministério da Justiça
Cap.	Capítulo
CE	Comunidade Europeia
CCTF	Cadernos de Ciência e Técnica Fiscal
cfr.	confrontar
cit.	citada(o)
CMVM	Comissão do Mercado de Valores Mobiliários
Cód.MVM	Código do Mercado de Valores Mobiliários
CSC	Código das Sociedades Comerciais
Dir.	Direcção
DJ	Direito e Justiça
DL	Decreto-Lei
DN	Derecho de los Negocios
DR	Diário da República
ed.	edição
GC	Giurisprudenza Commerciale
ib.	ibidem
id.	idem
JO	Jornal Oficial da Comunidade Europeia
nº(s)	número(s)
ob.cit.	obra citada
p.(pp.)	página(s)
RB	Revista da Banca
RDBB	Revue de Droit Bancaire et de la Bourse
RDM	Revista de Derecho Mercantil

RDMIEF	Revista de Direito Mercantil, Industrial, Económico e Financeiro
RDSSJL	Recueil Dalloz Sirey de Doctrine, de Jurisprudence et de Législation
RevSoc.	Revue des Sociétés
RevSoc/JS	Revue des Sociétés/Journal des Sociétés
RivSoc.	Rivista delle Società
ROA	Revista da Ordem dos Advogados
RTDCDE	Revue Trimestrielle de Droit Commercial et de Droit Économique
s.	section
SA	Sociedade Anónima
t.	tomo
vd.	vide
vol.	volume

I.
INTRODUÇÃO

1. Noções prévias e delimitação do objecto da análise

I. O trabalho que ora se apresenta situa-se na área geral do Direito Comercial e, mais especificamente, tem por objecto a análise do regime da oferta pública de aquisição (OPA) obrigatória[1] no actual sistema jurídico português.

Apesar de se tratar de um tema que, partindo desse conceito central de *OPA obrigatória,* se revela aparentemente bem circunscrito e delimitado, verificamos, numa aproximação mais atenta, que ele implica a consideração de níveis de compreensão de ordem diversa, num universo em que a imprecisão terminológica é uma constante. Será suficiente esta observação inicial para que se afigure metodologicamente prudente o conhecimento de algumas noções prévias que, de forma imediata, são convocadas pelo tema que nos propomos tratar — pensamos, de modo especial, nas noções de OPA, de *OPA obrigatória,* de *OPA geral* e de *OPA parcial* — e para que seja apresentada uma mais correcta e precisa delimitação do nosso objecto de reflexão.

II. O ponto de partida será, naturalmente, o da aproximação à noção de OPA, em relação à qual verificamos que o sistema jurídico nacional não nos proporciona qualquer contributo directo[2]. Apesar disso, e como

---

[1] Em rigor jurídico, cremos que caberia referirmo-nos aqui — assim como no título a que submetemos esta exposição —, no plural, a *ofertas públicas de aquisição obrigatórias,* já que, como teremos ocasião de verificar, o sistema nacional consagra mais do que uma única hipótese de obrigatoriedade. Apesar disso, cremos que a utilização da expressão no singular assinala desde já a existência de múltiplos traços de contacto entre todas essas hipóteses específicas, razão pela qual, sem prejuízo do significado desta advertência inicial, optámos deliberadamente por manter a expressão no singular.

[2] Nem teria — como é evidente — de o fazer. Na verdade, apesar de a epígrafe do art. 524º do Cód.MVM ser, precisamente, a de *conceito de oferta pública de*

normalmente acontece, a regulamentação que implementa permite-nos a recolha de diversos elementos caracterizadores dessa noção; por outro

---

aquisição, a norma contida no artigo limita-se a definir os termos de qualificação da oferta como pública e a apresentar as modalidades que a OPA pode revestir, atendendo à contrapartida da aquisição; por outro lado, e apesar da extensa lista de definições constante do art. 525º do Cód.MVM (que tem a epígrafe *outras definições*), também aqui não encontramos qualquer definição de OPA.

A maior parte das legislações estrangeiras analisadas também não incorpora qualquer definição geral de OPA. Cfr., sobre este ponto, AUGUSTO TEIXEIRA GARCIA, *OPA — Da Oferta Pública de Aquisição e o seu Regime Jurídico*, BFDUC, Coimbra, 1995, pp. 35-36.

Uma excepção será a regulamentação francesa: o art. 1º do Regulamento nº 89-03 da COB define OPA como o *processo que permite a uma pessoa física ou moral de fazer conhecer publicamente que se propõe adquirir (...) todos ou parte dos títulos de uma sociedade inscrita no mercado de cotações oficiais, no segundo mercado ou negociados no mercado sem cotações de uma bolsa de valores*. Para uma análise desta definição vd., por todos, ALAIN VIANDIER, *OPA, OPE, Garantie de Cours, Retrait, OPV*, 2ª Edição, LITEC, Paris, 1993, pp. 4-5.

Em Inglaterra apenas encontramos a definição de *takeover* no *Company Securities (Insider Dealing) Act* de 1985 e nas *Licenced Dealers (Conduct of Business) Rules* de 1983, e apenas para os efeitos dessas regulamentações: *takeover* é definido nesses dois instrumentos como uma *oferta realizada perante todos os titulares de acções de uma sociedade para adquirir essas acções ou uma determinada percentagem delas, ou perante todos os titulares de uma específica categoria dessas acções para adquirir as acções dessa categoria ou uma determinada percentagem delas*. Sobre esta definição e o seu alcance, vd., por todos, ROBERT PENNINGTON, *Company Law*, 5ª Ed., Butterworths, London, 1985, p. 988. No entanto, refira-se desde já que a noção de *takeover* não corresponde à noção portuguesa de OPA, mas antes à de "tomada do controle de uma sociedade", operação que pode ser realizada por intermédio de OPA, mas também por outras vias. Apesar disso, o facto de, na parte mais importante dos casos, a OPA surgir como estrutura contratual ligada juridicamente ao *takeover*, faz com que, muitas vezes, as noções se confundam. Sobre o alcance da distinção vd., entre nós, MENEZES CORDEIRO, «Da tomada de sociedades (takeover): efectivação, valoração e técnicas de defesa», ROA, 1994, pp. 766-768.

Nos EUA, apesar de deliberadamente não constar qualquer definição de *tender offer* do texto do *Williams Act*, já que o Congresso por mais de uma vez ponderou e rejeitou essa inclusão, a SEC e os tribunais têm, de forma gradual, elaborado uma caracterização da figura com base em diversos indícios. Para um panorama dessa construção, vd. SODERQUIST, *Understanding the Securities Law*, 2ª ed., Practising Law Institute, New York, 1990, pp. 239-241; para mais desenvolvimentos, vd. THOMAS L. HAZEN, *The Law of Securities Regulation*, West Publishing, Minnesota, 1985, pp. 348-351. Com múltiplas referências de doutrina e jurisprudência sobre a forma como esta questão se coloca no actual direito Norte Americano vd. ainda GARCIA DE ENTERRIA, *La OPA Obligatoria*, Civitas, Madrid, 1996, pp. 73-84.

I. Introdução 21

lado, encontramos na literatura nacional e estrangeira abundantes contributos para o isolamento dos traços essenciais da caracterização desta figura[3]. Da conjugação dessas duas fontes, de importância evidentemente desigual, resulta claro que esta nossa tarefa preliminar fica bastante facilitada.

Em sentido estrito, numa perspectiva eminentemente jurídica, a OPA assume a natureza de uma *proposta contratual* — mais especificamente

---

[3] A nossa análise não tem a pretensão de proceder à avaliação minuciosa de todas as componentes problemáticas da construção desta noção. Pelo contrário, a especificidade temática que a orienta, impõe que esta noção prévia seja atendida apenas em função dos seus traços gerais, por forma a ser utilizada apenas na medida em que represente um verdadeiro *conceito de trabalho*.

Em qualquer caso, importa afirmar que os traços principais dessas componentes estão geralmente assentes no momento presente (cfr. nota nº 8), resultando de modo claro da panorâmica bibliográfica que apresentamos de seguida. Na doutrina nacional vd. JOSÉ NUNES PEREIRA, «O regime jurídico das ofertas públicas de aquisição no recente Código do Mercado de Valores Mobiliários: principais desenvolvimentos e inovações», RB, nº 18, 1991, pp. 34-38; RAÚL VENTURA, «Ofertas públicas de aquisição e de venda de valores mobiliários», in *Estudos Vários Sobre Sociedades Anónimas (Comentário ao Código das Sociedades Comerciais)*, Almedina, Coimbra, 1992, pp. 117-122; e AUGUSTO TEIXEIRA GARCIA, ob. cit., pp. 35-63; LUÍS BRITO CORREIA, *Direito Comercial*, 2º volume, AAFDL, Lisboa, 1989, p. 392. Em Inglaterra, vd. M.A. WEINBERG, *Take-Overs and Mergers*, 5ª Edição, Sweet & Maxwell, London, 1989, pp. 1-2; ROBERT PENNINGTON, id.ib. Em França, vd. ALAIN VIANDIER, id.ib. Na Alemanha, vd. HANS WÜRDINGER, *Aktienrecht und das Recht der verbundenen Unternehmen*, C.F. Müller, Heidelberg, 1981, pp. 240-241. Na Bélgica, vd. ROBERT WTTERWULGHE, *OPA — L'Offre Publique d'Acquisition, une analyse juridique*, De Boeck, Bruxelas, 1988, pp. 11-20. Em Itália, vd. ROBERTO WEIGMAN, *Trattato delle Società per Azioni* (dir. de G.E. Colombo e G.B. Portale), vol. 10º, UTET, Torino, 1993, pp. 317-318; PAOLO MONTALENTI, *Le Offerte Pubbliche di Aquisto*, Giuffrè, Milano, 1995, pp. 1-5; GIANLUCA ROMAGNOLI, *Le Offerte Pubbliche d'Acquisto Obbligatorie*, CEDAM, Padova, 1996, pp. 21-27; GIUSEPPE NICCOLINI, *Offerta pubblica di acquisto (OPA)*, ED, XXIV, Giuffrè, 1979, p. 766; SALVATORE PESCATORE, «La Struttura contrattuale delle offerte pubbliche di acquisto», RDC, 1975, pp. 79-85; DIEGO CORAPI, «Le offerte pubbliche di acquisto nell'ordinamento dei paesi della Communità Europea», RDCDGO, 1972, p. 291. Em Espanha, vd. RODRIGO URÍA, *Derecho Mercantil*, 20ª Edição, Marcial Pons, Madrid, 1993, pp. 620-621; ANÍBAL SÁNCHEZ ANDRÈS, «Teleologia y tipologia de la ofertas públicas de adquisición en la nueva regulación española», in *La Lucha por el Control de las Grandes Sociedades*, AA.VV., Euroconsorcio Jurídico y Financiero, DEUSTO, Bilbao, 1992, pp. 3-4; CARLOS CARDENAS SMITH, *Regimen Juridico de las Ofertas Publicas de Adquisición*, Civitas, Madrid, 1993, pp. 31-34; CARLOS JAVIER SANZ SANTOLARIA, «Las Ofertas Publicas de Adquisición de Valores (OPA)», CAE, 1990, pp. 273-274. No Brasil, vd. MODESTO CARVALHOSA, *Oferta Pública de Aquisição de Acções*, IBMEC, Rio de Janeiro, 1979, pp. 19-30.

uma *oferta ao público*[4] — de um contrato de compra e venda ou de permuta, ou ainda misto de compra e venda e permuta[5][6], que se caracteriza por ser dirigida à generalidade dos titulares de determinados valores mobiliários[7]. No sistema jurídico nacional, e nos termos do nº 1 do art. 523º do Cód.MVM[*], esses valores mobiliários são as acções, as obrigações e outros valores mobiliários convertíveis em acções e, por fim,

---

[4] Sobre o conceito de *oferta ao público* como modalidade particular de proposta contratual vd., por todos, FERREIRA DE ALMEIDA, *Texto e Enunciado na Teoria do Negócio Jurídico,* Almedina, Coimbra, 1992, pp. 804-809; e MENEZES CORDEIRO, *Teoria Geral do Direito Civil,* 1º Volume, 2ª Edição. AAFDL, Lisboa, 1990, pp. 609-612.

De todo o modo, importa realçar desde já que o regime da OPA consagra específicos traços caracterizadores da natureza *pública* da oferta — cfr. a *alínea* a) do art. 524º do Cód.MVM e os nºs 1 e 2 do art. 116º, para os quais remete. Quanto à justificação positiva da qualificação da OPA como *oferta ao público,* cfr., por exemplo, art. 524º, art. 552º, nº 1 do art. 553º e nº 1 do art. 558º, todos do Cód.MVM.

É hoje relativamente pacífica a qualificação da OPA como proposta contratual, distinguindo-a assim de figuras jurídicas afins como o *convite para contratar,* a *promessa pública* ou o *contrato-promessa unilateral.* Cfr., quanto a este ponto, em relação ao regime nacional, AUGUSTO TEIXEIRA GARCIA, ob.cit., pp. 86-105; em relação ao regime francês, no mesmo sentido, vd. PIERRE BÉZARD, *Les Offres Publiques d'Achat,* Masson, Paris, 1982, pp. 16-18; em relação ao regime espanhol, ainda no mesmo sentido, vd. JAIME ZURITA SAENZ DE NAVARRETE, «El control de las OPAS en la CEE. Comentarios al Proyecto de Directiva», in *OPAS: La Conquista del Poder en La Empresa,* Instituto de Empresa, Madrid, 1989, pp. 258-259.

[5] Cfr. *alínea* b) do art. 524º do Cód.MVM.

[6] A génese desta distinção não apresenta particularidades perante a forma como a mesma se coloca em sede geral, dependendo a qualificação como OPA ou OPT (oferta pública de troca ou de escambo) da natureza dos meios financeiros oferecidos como contrapartida da aquisição. Cfr., por exemplo, ROBERT WTTERWULGHE, ob.cit., pp. 27-28. Apesar disso, será importante referir desde já que, em particular no que respeita à *OPA geral obrigatória,* existem especiais limitações à liberdade de definição da natureza desta contrapartida.

[7] Sobre o conceito de valor mobiliário face ao direito nacional vigente vd., por todos, AMADEU JOSÉ FERREIRA, *Valores Mobiliários Escriturais,* Almedina, Coimbra, 1997, pp. 24-62; e CARLOS OSÓRIO DE CASTRO, *Valores Mobiliários — Conceito e Espécies,* Universidade Católica, Porto, 1996, pp. 7-59. Em todo o caso, deve ser desde já salientado que, para efeitos da regulamentação sobre OPA, não são relevantes todos os valores mobiliários reconhecidos como tal pela lei nacional (cfr. art. 3.1.a) do Cód.MVM), mas apenas aqueles indicados no nº 1 do art. 523º.

[*] Reportam-se ao Cód.MVM todas as disposições legais não referenciadas de modo expresso.

I. Introdução

as obrigações e outros valores mobiliários que confiram o direito à subscrição de acções ou à sua aquisição a qualquer outro título[8].

Adoptando esta noção prévia de OPA, facilmente verificamos que a generalidade dos sistemas jurídicos — e em particular o sistema nacional — não limitam a sua preocupação reguladora à disciplina da *proposta contratual*, antes alargando a sua incidência à regulação de todo o programa contratual que se inicia com essa específica *proposta*[9].

---

[8] Afastamos desta noção alguns elementos caracterizadores que, por vezes, são apontados como dela fazendo parte integrante, o que deverá ser justificado de forma sumária.

Em primeiro lugar, perante o regime nacional não é elemento caracterizador da OPA que os valores que dela são objecto estejam admitidos à negociação em Bolsa de Valores, bastando apenas que assumam a natureza daqueles mencionados no art. 523º do Cód.MVM. Apesar disso, é evidente que o confronto desta noção com outros sistemas jurídicos pode implicar uma solução distinta.

Em segundo lugar, não é elemento caracterizador da noção de OPA que a mesma seja entendida como um instrumento de aquisição do controle de sociedades; sendo certo que esse traço funcional é impressivo, o que, por si mesmo, implica consequências jurídicas a que teremos de atender, revela-se evidente que a OPA — especialmente em sistemas jurídicos como o nacional — não implica necessariamente a *aquisição do controle*, o que é suficiente para que este traço funcional seja afastado da noção prévia com que avançámos.

Finalmente, optámos por não incluir a característica da *irrevogabilidade* da oferta, por a mesma já estar, em grande medida, pressuposta pela natureza de *proposta contratual*.

Quanto aos primeiro e segundo pontos cfr., por todos, RAÚL VENTURA, ob.cit., pp. 120-122; e ROBERTO WEIGMANN, ob.cit., pp. 319-320. Incluindo a função de *instrumento de aquisição do controle* na noção de OPA, cfr., entre múltiplos exemplos, CARLOS OSÓRIO DE CASTRO, «Os casos de obrigatoriedade do lançamento de uma oferta pública de aquisição», in *Problemas Societários e Fiscais do Mercado de Valores Mobiliários*, Edifisco, Lisboa, 1992, p. 11; JOSÉ HENRIQUE CACHON BLANCO, *Derecho del Mercado de Valores,* T. II, Dykinson, Madrid, 1993, pp. 303-304; RODRIGO URÍA, ob.cit., pp. 620-623. Em qualquer caso, parece evidente que o pensamento destes AA. se reporta a uma específica noção de OPA, não pretendendo que a mesma abranja todo o universo conceptual.

[9] Neste sentido, criticando ainda as definições de OPA que colocam a tónica na oferta, cfr. RAÚL VENTURA, ob.cit., pp. 117-122. Com o devido respeito pela opinião do ilustre comercialista, cremos que haverá que distinguir o conceito de OPA, enquanto proposta, do âmbito da regulamentação que, em torno e a partir dessa proposta, é construída pelo sistema. Daí a opção assumida. Em qualquer caso, como facilmente se compreende, não são aproximações incompatíveis e qualquer delas incorpora elementos importantes para a compreensão da noção prévia avançada. A primeira incide a sua atenção no facto de a OPA assumir a natureza de uma proposta contratual, ou seja, na sua

Deparamos, assim, com a consagração de uma regulamentação particular para a operação que se inicia com essa proposta contratual, destacando-a, dentro de parâmetros determinados, da incidência do regime geral — cindindo analiticamente essa operação e destacando os seus momentos principais, diremos que a mesma comporta um anúncio preliminar (arts. 534º a 537º), uma fase da oferta *proprio senso* (arts. 538º a 557), uma fase eventual de revisão da proposta e/ou de lançamento de ofertas concorrentes (arts. 558º a 566º), uma fase de aceitação (arts. 570º e 571º) e uma fase final de execução (arts. 572º a 574º), todas elas objecto de uma regulamentação particular[10].

Partindo desta perspectiva de aproximação, o conhecimento dos elementos caracterizadores da OPA já não resultará da compreensão de uma qualquer noção de proposta de aquisição de valores mobiliários, nem se reduzirá, sequer, ao conhecimento dessa específica proposta, sendo antes caracterizável como uma *proposta com um conteúdo e um subsequente programa contratual normativamente definidos e regulados* — será, como expressivamente lhe chama JOSÉ NUNES PEREIRA[11], um *mecanismo jurídico*.

Neste sentido, a OPA demonstra ser um especial programa ou operação complexa conducente à celebração de contratos de compra e venda e/ou troca de valores mobiliários, o que, ao mesmo tempo revendo e coordenando-se com a noção preliminar com que avançámos, nos permite afirmar que a noção de OPA que teremos presente representa um particular *processo aquisitivo de valores mobiliários*[12][13].

---

qualificação como oferta; a segunda, tendo em atenção a abrangência da regulamentação sobre a OPA, incide a sua atenção no facto de a OPA assumir a natureza de um processo conducente à celebração de determinados negócios jurídicos. No mesmo sentido, vd. JOSÉ MIGUEL JÚDICE, MARIA LUÍSA ANTAS, ANTÓNIO ARTUR FERREIRA e JORGE DE BRITO PEREIRA, *OPA — Ofertas Públicas de Aquisição (Legislação Comentada)*, Semanário Económico, 1992, p. 13; JOSÉ NUNES PEREIRA, cit., p. 34. Importa, no entanto, reter desde já que a abrangência da regulamentação vai ainda para além desta perspectiva mais extensa, como teremos ocasião de analisar introdutoriamente na parte final deste ponto 1.

[10] Para uma análise mais detalhada destas fases e, em geral, do processo de realização da operação vd., por todos, JOSÉ NUNES PEREIRA, cit., pp. 39-47; AUGUSTO TEIXEIRA GARCIA, ob.cit., pp. 129-208.

[11] Id., p. 34.

[12] Temos presente, na expressão utilizada, a noção de *processo de formação do contrato* como manifestação da relevância jurídica global de um conjunto de actos integrados numa sequência norteada para um escopo final. Cfr., quanto à aplicação da noção

III. Enquanto *processo aquisitivo de valores mobiliários*, a OPA surge ladeada por outros programas contratuais colocados na disponibilidade de um qualquer agente do mercado para concretizar uma projectada aquisição de valores mobiliários[14]. É o caso, utilizando os exemplos mais impressivos, da aquisição directa ao alienante ou ainda, se estiverem em causa valores admitidos à negociação em qualquer dos mercados secundários regulados, da aquisição em bolsa de valores[15][16]. Na verdade, qual-

---

de *processo* neste específico âmbito do Direito Civil, MENEZES CORDEIRO, *Direito das Obrigações*, 1º vol., 1986 (reimpressão), AAFDL, Lisboa, pp. 435-437. Refira-se que a utilização dessa noção geral em relação ao processo aquisitivo convocado pela OPA já foi ensaiada, entre nós, por MENEZES CORDEIRO, *Da OPA Geral do Banco Comercial Português, SA, e da Companhia de Seguros Império, SA, Sobre o Banco Português do Atlântico, SA: A Impossibilidade de Bloqueio Sem Recurso a OPA Concorrente*, Parecer de Direito, inédito (6 de Fevereiro de 1995).

[13] Existem, naturalmente, outras *ofertas ao público de aquisição de valores mobiliários* para além da OPA, entre as quais a mais importante — e que mais similitudes apresenta com a OPA — será a prevista no art. 490º do CSC, geralmente denominada *aquisição tendente ao domínio total*. Este mecanismo, no entanto, distingue-se claramente da OPA. A sua génese é distinta, encontrando as suas raízes na *compulsory acquisition* do direito britânico e nos processos de *freezeout* (e *squeezeout*) do direito Norte-Americano. Os seus pressupostos de aplicação são outros, já que depende centralmente de uma concentração de participações inter-societárias. E, principalmente, o *processo aquisitivo* que prevê é muito diferente do resultante da OPA. Por isso, entende-se que esteja fora do nosso âmbito de reflexão, sem prejuízo, naturalmente, de ser tomado em consideração na relação que pode assumir com a matéria em análise. Sobre este instituto, vd., por todos, entre nós, JOSÉ ENGRÁCIA ANTUNES, *Os Grupos de Sociedades*, Almedina, Coimbra, 1993, pp. 726-738; na relação com o processo de OPA, vd. RAÚL VENTURA, ob.cit., pp. 161-171; JOSÉ NUNES PEREIRA, cit., p. 95; CARLOS OSÓRIO DE CASTRO, cit., pp. 17--18. Aparentemente incluindo a aquisição por intermédio do art. 490º no âmbito da OPA, vd. LUÍS BRITO CORREIA (ob.cit., p. 396), que, escrevendo em 1989, estranhamente refere que *em regra a OPA é facultativa. Mas, em certos casos, o CSC impõe-na para protecção dos accionistas minoritários (arts. 313º a 315º e 490º, embora, neste último caso, a oferta obrigatória não seja necessariamente pública)*.

[14] Referimo-nos a aquisição, já que, como é natural, existem outras formas de atingir resultados que, sob o ponto de vista económico, são equiparáveis, para certos efeitos, à aquisição, por vias distintas, como sejam as *delegações de voto (proxy rights* ou *Legitimationsübertragung)* ou ainda os acordos de *sindicato voto*. Cfr., por exemplo, entre as múltiplas referências existentes sobre o assunto, ANÍBAL SANCHÉZ ANDRÉS, «Teleologia ...», cit., pp. 4-5; ROBERT WTTERWULGHE, ob.cit., pp. 20-23.

[15] Cfr. arts. 174º e 176º do Cód.MVM.

[16] No entanto, isso acontece porque a fisionomia das estruturas contratuais se mostra compatível. Já não se pode dizer o mesmo, por exemplo, de uma doação. Trata--se de um ponto que não deixa de provocar consequências ao nível do entendimento das

quer destas hipóteses pode representar uma aquisição por via da celebração de um contrato de compra e venda[17], apenas variando o *processo* ou *programa* que conduz à conclusão do contrato[18].

É a partir deste contexto que se deve compreender a afirmação segundo a qual um dos princípios em que assenta esta matéria é o da *liberdade de lançamento de uma OPA*[19], naquilo que mais não seria, em última análise, que uma mera concretização do princípio geral da autonomia privada[20] como recebido no art. 405º do Código Civil — liberdade, diremos nós retirando as devidas consequências compreensivas, no triplo sentido de liberdade de celebração, de liberdade de estipulação e de liberdade de selecção da técnica — *rectius* do processo — de aquisição[21].

---

regras sobre *OPA obrigatória,* como oportunamente teremos ocasião de verificar. Cfr., infra., 3.2 do III Capítulo.

[17] Utiliza-se o contrato de compra e venda como paradigma na compreensão destes conceitos. Tenha-se em atenção, em qualquer caso, que a generalidade das afirmações produzidas serão aplicáveis, *mutatis mutandis,* ao contrato de permuta e ao contrato misto de compra e venda e permuta.

[18] Como lapidarmente afirma RAÚL VENTURA (ob.cit., p. 142), *especial é o processo de formação do contrato, não o seu conteúdo; cada um dos contratos que por esse processo se formou contém os requisitos específicos de um contrato tipificado na lei — compra e venda ou (...) troca (...).*Vd. ainda JOSÉ NUNES PEREIRA, cit., p. 55.

[19] Vd. AUGUSTO TEIXEIRA GARCIA, ob.cit., p. 209; JOSÉ NUNES PEREIRA, cit., p. 93; ALAIN VIANDIER, ob.cit., p. 189. Este princípio não deve ser confundido com o *princípio de liberdade de realização de OPA* consagrado no art. 526º do Cód.MVM, o qual, como resulta da própria letra do artigo, implica que a realização de uma OPA não depende, como regra, de autorização administrativa.

[20] O conceito é aqui recebido como expressão da esfera de liberdade de actuação negocial dos sujeitos enquanto concretização do princípio da autonomia privada, ou seja, na sua acepção mais tradicional e corrente, não devendo merecer por isso grandes desenvolvimentos nesta sede. Em qualquer caso, para a justificação da formulação adoptada e para mais desenvolvimentos, cfr. CASTRO MENDES, *Teoria Geral do Direito Civil,* vol. II, AAFDL, Lisboa, 1979, pp. 195-196; KARL LARENZ, *Metodologia da Ciência do Direito,* 2ª Edição (tradução da 5ª Edição), Fundação Calouste Gulbenkian, Lisboa, p. 584 e pp. 589-591; MENEZES CORDEIRO, ob.cit. pp. 342-354, e *Da Boa-fé no Direito Civil,* vol. II, Almedina, Coimbra, 1984, pp. 652-654; FERREIRA DE ALMEIDA, ob.cit., pp. 8-13 e 236-243; e CARNEIRO DA FRADA, *Contrato e Deveres de Protecção,* Coimbra, 1994, pp. 60-69.

[21] Num sentido estrito, não se afigura correcto falarmos aqui em *liberdade de selecção do tipo negocial* porque esta, numa leitura que parte do próprio art. 405º do Código Civil, se refere habitualmente à liberdade de selecção do tipo de negócio ou contrato e à sua concreta configuração estrutural; ora, aqui teremos sempre em causa os contratos de compra e venda e permuta. É esta a leitura tradicional dada pela

I. Introdução

No entanto, como teremos ocasião de analisar detalhadamente no presente trabalho, como resultado de um rápido processo iniciado em meados dos anos 50 nos EUA[22] e recebido no final dos anos 60 em Inglaterra[23], várias legislações, entre as quais a nacional[24], têm vindo a

---

doutrina nacional a esta componente do princípio da autonomia privada — vd., por todos, CASTRO MENDES, ob.cit., pp. 201-202.

Em qualquer caso, num sentido mais lato, parece correcto afirmar que o conceito de *liberdade de selecção do tipo negocial,* no que tem de componentes valorativas e explicativas, pode ser estendido ao próprio *processo* ou *programa contratual* eleito por uma entidade para manifestar a sua vontade de aquisição, assim conformando inevitavelmente o contrato que, a final, venha a ser celebrado, especialmente quando esse processo tenha particularidades que o permitam distinguir das regras gerais — facultativas — de formação da vontade negocial.

[22] Temos em atenção o *leading case* PERLMAN v. FELDMANN no qual, no ano de 1955, se consagrou a existência de um dever fiduciário do accionista maioritário e detentor dos poderes de administração em relação aos accionistas minoritários, a partir do qual se entendeu que o *prémio de controle* auferido por este com a venda da sua posição deveria ser distribuído pelos demais accionistas. Os dados de facto desta situação são importantes. Como consequência das fortes restrições de mercado resultantes da guerra da Coreia, a empresa em causa — produtora de aço — foi objecto de uma forte valorização em relação ao anterior valor de mercado e ao próprio valor contabilístico. Neste contexto, o accionista maioritário e, simultaneamente, titular do cargo de Presidente do Conselho de Administração da sociedade, vendeu a sua participação a um terceiro com um importante *prémio.* Veio então a ser entendido que, por esse *prémio* encontrar apenas justificação na valorização da própria sociedade, deveria ser repartido com os accionistas minoritários. É interessante verificar que, na sequência desta famosa decisão (que tem um interessante paralelo na versão original do *City Code* — vd. nota seguinte), o sistema jurídico Norte-Americano veio a aceitar cada vez maiores limitações à ideia que esteve na base da solução, sendo possível afirmar que hoje, como regra, este dever fiduciário inexiste. Existe inúmera bibliografia sobre esta decisão e sobre o seu alcance, com interpretações contraditórias. Para uma recolha não exaustiva, mas bastante aprofundada, dessas referências, vd. GARCIA DE ENTERRIA, ob.cit., pp. 85-91. Sobre o mesmo tema vd. ainda WILLIAM L. CARY, *Corporations — Cases and Materials,* 4ª Ed., The Foundation Press, New York, 1975, pp. 837-839.

[23] Temos em atenção o ponto 10 das *regras particulares* da versão original do *City Code* (1968). Aí se dispunha que, como regra, os administradores que, directa ou indirectamente, detivessem o controle efectivo de uma sociedade não podiam ceder a sua participação de controle, a menos que o adquirente de tal participação alargasse a sua oferta de aquisição, durante um período de tempo razoável, aos titulares das restantes acções da sociedade. Deste modo, num interessante paralelo com o regime Norte-Americano (que se vem a perder face à evolução particular de cada um desses direitos), a génese deste instituto no direito britânico assume uma forte componente *fiduciária.* Teremos ocasião de dedicar a nossa atenção à evolução do regime britânico — vd., *infra,* 7.1.

[24] Vd. desde já os arts. 527º e 528º do Cód.MVM.

adoptar regras impositivas da obrigatoriedade de lançamento de OPA em circunstâncias determinadas, limitando o conteúdo desse espaço de autonomia — surge então a noção de *OPA obrigatória* (ou de obrigatoriedade de lançamento de OPA) a qual, numa primeira aproximação, se prestaria a ser caracterizada a partir da compreensão da *obrigação de utilização do programa contratual pressuposto pela OPA para a realização de operações determinadas*[25]. Assim, já não estará aqui em causa o conteúdo deste particular processo aquisitivo, mas antes a sua imposição perante a verificação de determinado condicionalismo fáctico pressuposto pelo sistema.

Ora, apesar da aparente correcção estrutural da aproximação ensaiada, revela-se claro que a mesma, assumindo um conteúdo eminentemente formal, resulta pouco expressiva — e por isso inadequada aos fins a que ora nos propomos — quando atentamos no conteúdo multifacetado que essa situação jurídica passiva pode albergar. Sendo certo que a noção de OPA obrigatória pressupõe a imposição desse específico programa contratual, verificamos que a mera *colagem* à noção de OPA deixa na sombra aspectos fundamentais do conceito. Daí a necessidade de desenvolvermos algo mais a noção em presença neste momento ainda preliminar, já que da sua compreensão dependerá, em grande medida, a correcta e precisa delimitação do tema a cuja análise nos propomos.

IV. Surgindo como limitação ao espaço de liberdade negocial, verificamos que o vínculo jurídico caracterizador da noção de OPA obrigatória pode assumir intensidades distintas na limitação que opera em relação a esse espaço de autonomia. Tendo em atenção essa diversidade, podemos então conceptualizar vários termos de limitação, com graus de intensidade distintos, que vão da mera imposição de determinado programa para a OPA, que deverá ser seguido sempre que uma entidade pretenda recorrer a esta técnica de aquisição, à imposição a determinada entidade da obrigação de lançamento de uma OPA, mesmo contra a sua vontade de adquirir os valores mobiliários que sejam objecto da oferta.

Se estas hipóteses, que se afiguram à partida tão distintas, podem ser reconduzidas a uma mesma noção unitária de *OPA obrigatória,* importa, em benefício da clareza expositiva, cindir analiticamente as intensidades de vinculação que aqui encontramos. Vejamos, então, a configuração

---

[25] Nesta perspectiva, cfr. CARLOS DE CARDENAS SMITH, ob.cit., p. 36.

concreta que podem assumir essas intensidades de limitação ao espaço da liberdade negocial[26] [27].

Situações existem em que a lei impõe a OPA apenas como *processo obrigatório de aquisição*, ou seja, como *meio* —, salvaguardando, por isso, a liberdade de celebração e a liberdade de estipulação[28].

Nestes casos, a entidade sobre a qual incide a obrigatoriedade mantém inteira autonomia na definição da vontade de efectuar a proposta de aquisição e no conteúdo dessa proposta no que respeita ao elemento essencial da mesma, ou seja, aos valores mobiliários objecto da oferta. Em qualquer caso, pretendendo efectuar a aquisição terá que fazê-lo por intermédio de uma OPA. Trata-se do que designaremos como *intensidade fraca de obrigatoriedade da OPA*.

Situações existem, por outro lado, em que a lei não apenas impõe a OPA como *processo,* como ainda pré-determina um conteúdo para essa oferta, nomeadamente no que respeita aos valores que dela são objecto e à contrapartida oferecida.

A OPA ainda é imposta como *meio,* mas a extensão da obrigação já só salvaguarda a liberdade de estipulação. Nestes casos, a entidade sobre a qual recai a obrigatoriedade apenas mantém inteira liberdade na definição da vontade de efectuar a proposta de aquisição; no entanto, pretendendo efectuar a proposta de aquisição, terá que fazê-lo por intermédio de uma OPA com pré-definição, desde logo, dos valores mobiliários que dela são objecto e da contrapartida oferecida. Trata-se do que designaremos como *intensidade média de obrigatoriedade da OPA*.

Finalmente, situações existem em que a lei impõe a OPA como *processo*, determina fortemente o seu conteúdo e ainda vincula determinada entidade a iniciar o *programa contratual* na qualidade de oferente.

---

[26] É importante ressalvar que, apesar do nível de abstracção em que trabalhamos, não deixamos de ter presente o sistema jurídico nacional nos termos em que conformamos o enquadramento seguinte; no Capítulo V., a propósito do conteúdo específico da obrigação de lançamento de OPA, voltaremos, aí tendo assumidamente presente o regime português, a esta classificação.

[27] Com uma aproximação metodologicamente idêntica, embora com resultados distintos que derivam da observação do sistema italiano, cfr. LELIO BARBIERA, «Riflessi della legge sulle Offerte Pubbliche aventi ad oggeto valori mobiliari...», BBTC, 1995, pp. 578-581.

[28] É certo que a imposição do processo da OPA implica, por decorrência imediata, limitações à liberdade de estipulação. Por isso, deve-se afirmar que estes conceitos são utilizados com intuitos meramente explicativos, devendo por isso ser entendidos como conclusões tendenciais. Cfr. ainda a nota 30.

Nestes casos, a OPA já não é apenas imposta como *meio*, mas também como *fim,* limitando a própria liberdade de celebração — essa entidade é obrigada a lançar a OPA, mesmo que não o pretendesse fazer —, a liberdade de estipulação — essa entidade é obrigada a lançar a OPA com um conteúdo fortemente pré-determinado — e a liberdade de selecção do *processo de aquisição,* já que a proposta de aquisição desses valores mobiliários só pode ser feita por intermédio da OPA. Trata-se do que designaremos como *intensidade forte de obrigatoriedade da OPA*[29].

V. Apesar do carácter sintético que reveste a apresentação destas distintas intensidades de vinculação que pode assumir a obrigatoriedade de lançamento de OPA[30], é-nos imediatamente perceptível a dificuldade de construir uma noção central que não assente em bases formais — a qual, naturalmente, não teria as virtualidades explicativas que são impres-

---

[29] Não se entenda que o facto de nos referirmos a obrigatoriedade forte significa que os sistemas que recorrem a esta estrutura como base do regime imponham a obrigação de forma mais gravosa, em termos *económicos,* para a entidade sobre a qual recai a obrigação. Pelo contrário, o recurso a esta técnica faculta a essa entidade a realização da operação pretendida, apenas impondo subsequentemente a obrigação de lançamento de OPA, com a inerente simplificação de processo e redução de custos, enquanto que as hipóteses de *obrigatoriedade média* impõem a essa entidade a realização da própria operação pretendida por intermédio da OPA. Por isso, a classificação não atende à *relevância económica* da obrigação, mas antes, como referimos, à limitação estrutural ao princípio da autonomia privada.

[30] A bipartição entre OPA como meio obrigatório de aquisição e a *OPA como fim obrigatório,* entre nós adoptada por AUGUSTO TEIXEIRA GARCIA (ob.cit., pp. 213-228), revela-se, na nossa opinião, insuficiente para analisar a complexidade da noção.

Na opinião deste Autor, nos casos em que a OPA é o meio obrigatório de aquisição, *não impõe o legislador a obrigação de o interessado lançar uma oferta, ainda que não queira adquirir quaisquer valores mobiliários, mas tão-só impõe que, se o interessado quiser adquirir valores mobiliários da sociedade visada, terá de recorrer ao meio da oferta pública de aquisição.* Por outro lado, nos casos em que a OPA é imposta como fim obrigatório, a entidade em causa, *mesmo não querendo adquirir valores mobiliários, está obrigada a lançar uma OPA.* Ora, esta bipartição deixa na sombra os casos de *intensidade média da obrigatoriedade*, ou seja, aqueles casos em que a OPA é imposta como meio e é fixado o seu conteúdo no que respeita aos valores mobiliários que dela são objecto, que na opinião do mesmo Autor representam casos de *OPA como meio obrigatório*, que apenas se distinguem dos casos de *intensidade mínima* em função da *quantidade*. Não é assim, na medida em que a *quantidade* é elemento de definição da obrigatoriedade — é juridicamente diferente a hipótese em que se impõe a uma entidade, que pretende adquirir determinada percentagem de valores mobiliários, o processo da OPA, da hipótese em que ainda se impõe que ele proponha a aquisição de valores mobiliários para além dos pretendidos. Neste último caso, a liberdade de estipulação é fortemente limitada.

cindíveis neste momento da análise —, pelo que é com este triplo sentido que, na continuação do presente trabalho, deverá ser entendida a noção de OPA obrigatória.

VI. Sendo certo que a noção de *OPA obrigatória* assume as distintas intensidades *qualitativas* ou *estruturais* que vimos de descrever, deve ainda ser acrescentado, nesta sede preliminar, que se afirma geralmente que esta noção assume também duas diferentes intensidades *quantitativas* — afirma-se, então, que a *OPA obrigatória* pode ser *geral* ou *parcial*, assim se cindindo esse universo conceptual[31].

Assim, entende-se por *OPA geral* aquela que se configura como uma proposta contratual de aquisição dirigida à aquisição de todas as acções e demais valores mobiliários mencionados no n° 1 do art. 523° do Cód.MVM emitidos pela sociedade visada[32], e que sejam apresentados ao oferente dentro do prazo da oferta[33] [34]. Decorrentemente, *OPA geral obrigatória* será toda aquela em que o conteúdo do vínculo pressuponha a imposição deste âmbito da oferta.

Por seu lado, entende-se por *OPA parcial* aquela que se assume como uma proposta de aquisição dirigida apenas à aquisição de parte desses valores mobiliários[35]. Deste modo, *OPA parcial obrigatória* será toda aquela em que, estando pressuposta a imposição da utilização do *processo* da OPA, a mesma deva ser dirigida apenas a parte desses valores mobiliários.

Relacionando as duas distinções operadas a partir desta noção central de *OPA obrigatória*, compreende-se que a *OPA obrigatória geral*, por resultar numa imposição cujo conteúdo se refere aos valores mobiliários objecto da oferta — que por isso condiciona a liberdade de estipulação —, apenas terá sentido nas hipóteses de *intensidade média* e de *intensidade forte da obrigatoriedade,* já que nas hipóteses de *intensidade fraca*

---

[31] Compreende-se que a aproximação a estas noções, por força do seu evidente conteúdo positivo, implique, de forma mais determinante do que acontecia em relação às noções anteriores, um assumido condicionamento derivado da tomada em consideração do sistema jurídico nacional.

[32] Com excepção, naturalmente, daqueles de que o oferente seja titular — cfr. n° 2 do art. 532° do Cód.MVM.

[33] Cfr., desde já, a alínea i) do n° 1 do art. 546° do Cód.MVM.

[34] Vd., por todos, AUGUSTO TEIXEIRA GARCIA, ob.cit., p. 64; CARLOS CARDENAS SMITH, ob.cit., p. 35.

[35] Vd., por todos, AUGUSTO TEIXEIRA GARCIA, id., p. 65; CARLOS CARDENAS SMITH, id.ib.

esse âmbito de autonomia não é afectado. Por seu lado, a *OPA obrigatória parcial*, ao salvaguardar a liberdade de estipulação no que respeita à definição dos valores objecto da oferta, apenas terá sentido nas hipóteses de *intensidade fraca da obrigatoriedade*.

Note-se, de todo o modo, que se trata de matéria que teremos ocasião de analisar de forma mais detalhada no decorrer do presente trabalho, importando por ora apenas a retenção dos elementos nucleares dos conceitos utilizados.

VII. Num âmbito mais geral, e operando uma simplificação com intuitos meramente explicativos, resulta das aproximações conceituais anteriores que encontramos uma dupla faceta na extensão da regulamentação nacional existente sobre o tema — a OPA é encarada, por um lado, como um *particular processo de aquisição de valores mobiliários* e, por outro lado, como uma obrigação, de intensidade variável, associada a determinado condicionalismo.

Sendo evidente que estes universos se integram — a *OPA obrigação* mais não representa que a imposição, com intensidades distintas, dos mecanismos específicos do programa contratual regulado —, com o que isso possa implicar de integração de teleologias normativas, é também evidente que não se confundem, facultando a cisão de universos problemáticos distintos, que se prestam, por isso, a análises jurídicas autónomas[36].

VIII. Tendo então em atenção as noções prévias com que avançámos, revela-se facilitada a devida explicitação e delimitação do significado da afirmação com que iniciámos esta introdução.

O objectivo a que se propõe o presente trabalho é o da compreensão do regime jurídico nacional regulador desta especial acepção à noção de OPA — a *OPA obrigatória*. Por isso, assumiremos como centro de reflexão este especial universo problemático, cindível analiticamente daquele mais geral suscitável a propósito da figura da OPA[37], dedicando-nos, sob o ponto de vista estrutural, ao conhecimento da delimitação desta obrigação — os termos e condições susceptíveis de provocar a obrigatoriedade

---

[36] Por isso, no decorrer do presente trabalho, e sem que isso deva significar a adopção de uma concepção autónoma destes universos normativos, referir-nos-emos à primeira realidade como OPA instrumento de aquisição e à segunda como *OPA obrigatória*. Englobando as duas realidades centrais, utilizaremos a expressão *regime geral sobre OPAs*.

[37] Vd., infra, 2.2.

de lançamento da OPA — e ao seu conteúdo normativo. Este é, em termos sintéticos e introdutórios, o objecto temático a cuja análise nos propomos na presente exposição.

2. As coordenadas de análise

2.1 A actualidade do tema

I. À aparente simplicidade conceptual da OPA e, mais particularmente, da *OPA obrigatória*, contrapõe-se a complexidade técnica da sua relação com a realidade do Direito. Na verdade, o regime jurídico da OPA revela-se como uma temática que centraliza problemáticas das diversas matérias que lhe estão adjacentes, consequentemente polarizando no seu seio factores e níveis de argumentação vários, que vão da mais elementar e pura análise jurídica à aplicação conformadora de princípios e imperativos de ordem económica e política.

Os diversos problemas suscitados pelo regime da *OPA obrigatória* revelam-se como um dos mais relevantes tópicos de condicionamento na definição das decisões e estratégias de actuação dos agentes económicos no que respeita à aquisição e alienação de valores mobiliários. Por isso, as consequências efectivas da adopção pelo legislador de uma qualquer opção de base nesta área — seja no sentido da não imposição de um sistema de *OPA obrigatória*, seja no sentido da sua imposição, seja ainda, neste último âmbito, no que se refira ao alcance concreto dessa imposição — assumem uma leitura económica e social que não pode (ou deve) ser desprezada[38].

O Direito compromete-se então, de forma irremediável, com essas realidades: num primeiro momento, conforma-as; num segundo momento recebe as suas pressões, procedendo à sua integração e reorientando os

---

[38] Trata-se de uma abordagem pouco trabalhada na Europa e que tem grandes desenvolvimentos, sobretudo, nos EUA. Vd., por todos, do geral para o particular, PAUL BURROWS e CENTO G. VELJANOVSKI, The Economic Approach to Law, Butterworths, London, 1981, pp. 2-26; MICHAEL C. JENSEN, «Takeovers: Their Causes and Consequences», in *Readings in Mergers and Acquisitions*, ed. Patrick Gaughan, Blackwell, Cambridge, 1994, pp. 15-43; e ROBERTA ROMANO, «A Guide to Takeovers: Theory, Evidence and Regulation», in *European Takeovers — Law and Practise*, Butterworths, London, 1992, pp. 3-48.

registos normativos por forma a reestabelecer um ponto de equilíbrio[39]. A leitura de um regime — a tarefa a que nos propomos — representará a síntese desses dois momentos.

Neste sentido, é certo que toda a compreensão jurídica representa uma problemática aberta. No entanto, para além da colocação geral desta perspectiva metodológica, revela-se também claro que esta relação será tanto mais evidente e *produtiva* quanto menor seja a sedimentação jurídica com que trabalhemos. Ora, a área em que nos movemos revela-se exemplar no que diz respeito a essa falta de sedimentação jurídica.

II. Se é certo que o presente trabalho se assume como o resultado de uma leitura eminentemente jurídica, importa afirmar, desde já, que esse pressuposto não deve implicar, em momento algum, o esquecimento dos níveis de compreensão que aqui se intersecionam. De outra forma, seria provocado um empobrecimento, porventura irremediável, do esforço de síntese que deve resultar da análise jurídica de um trabalho com estas características.

Por isso, afirma-se que a compreensão desta riqueza problemática não limita a atenção do jurista. Antes a aumenta, ao mesmo tempo que revela a importância dimensional do tema em análise — que é bem visível, aliás, pelo espaço que tem ocupado na análise da doutrina comercialista de diversos países, sobretudo europeus, nos últimos anos —, e que cria dificuldades suplementares à estruturação e ao desenvolvimento de uma análise jurídica integrada e sistemática que sobre si seja realizada, a qual terá sempre que tomar em consideração as barreiras de complexa definição em que a temática se encerra e as condicionantes metodológicas que implica.

III. É incontestável que a aplicação da regulamentação sobre a OPA, desde a sua introdução no sistema jurídico nacional, tem sentido dificuldades e especiais problemas de aplicação — em relação aos quais será difícil encontrar paralelo na experiência recente — que não são compreensíveis apenas como consequência directa da complexidade das suas normas[40].

Este facto revela um clima de incerteza jurídica, tanto mais problemático quando temos em consideração, do ponto de vista simétrico, a

---

[39] Vd. CLAUS-WILHELM CANARIS, Pensamento Sistemático e Conceito de Sistema na Ciência do Direito, Fundação Calouste Gulbenkian, Lisboa, 1989, pp. 114-124.

[40] No mesmo sentido, já no ano de 1992, RAÚL VENTURA (ob. cit. p. 116) afirmava que a prática de poucos meses mostrava que esta era uma regulamentação inquietante.

evidente conveniência de certeza jurídica e estabilidade associadas à área com que trabalhamos. Ora, este nível de compreensão — certamente patológico mas nem por isso de desprezar — é suficiente para nos demonstrar, de forma imediata, a importância prática que reveste a análise desta temática no actual momento do Direito nacional.

IV. Diversos factores, todos eles integrados, podem ser apontados como estando na base deste problema, o qual surge com especiais contornos e particularidades no sistema português[41]. Da sua apresentação sumária, depende a compreensão de algumas das condicionantes metodológicas específicas com que teremos de contar.

Desde logo, contribui para essa incerteza a evidente juventude do mercado nacional e a falta de uma *cultura de mercado* que seja, por um lado, conformadora do regime jurídico que sobre ele fosse aplicada e, por outro, definidora dos termos básicos de actuação da autoridade de mercado. Em resumo, inexistia à data da regulamentação da matéria — e ainda hoje inexiste — suficiente maturidade do mercado de valores mobiliários português[42].

Em estreita ligação com essa falta de *cultura de mercado,* contribuem também para essa incerteza as frequentes intervenções políticas que têm ocorrido em domínios em que a decisão deveria ser eminentemente jurídica — que não poderão passar despercebidas à análise jurídica que seja feita sobre os normativos em causa.

---

[41] Cfr., por todos, em relação a Itália, GIUSEPPE CARRIERO e VIRGINIA GIGLIO, «Il problema delle offerte pubbliche di acquisto», RivSoc., 1994, p. 457; em relação a Espanha, JAVIER GARCÍA DE ENTERRÍA, «Los recursos y acciones contra las OPAs como medida defensiva», RDM, 1991, pp. 427-428; em relação a França, em sede mais geral, vd., por todos, HUBERT DE VAUPLANE e JEAN-PIERRE BORNET, Droit de la Bourse, LITEC, Paris, 1994, pp. 1-6.

[42] Vd. JOSÉ MIGUEL ALARCÃO JÚDICE, JORGE DE BRITO PEREIRA e PEDRO GUSTAVO TEIXEIRA, «Market Regulation» in Portugal: a Capital Markets Profile, Euromoney, London, 1994, pp. 121-122.
Não nos referimos apenas à dimensão dos mercados nacionais, embora evidentemente esse seja um factor a tomar em consideração, mas à própria *dimensão cultural conformadora* assumida pelo mercado de valores mobiliários. É aliás interessante verificar que a própria CMVM, no seu Relatório Anual de 1991 — publicado imediatamente após a sua entrada em funções —, assuma como perspectiva a prazo para a sua actuação *o esforço da criação de uma cultura de mercado,* numa evidente confirmação da presença deste factor de condicionamento, não apenas ao nível legislativo, mas também ao nível administrativo. Cfr. *Primeiro Relatório Anual Sobre a Situação Geral do Mercado de Valores Mobiliários — 1991,* CMVM.

Este facto, somado às claras dificuldades de coordenação de princípios de política económica com a conformação de um sistema jurídico coerente e integrado, tem revelado a reduzida maturidade política na relação com o mercado que tem existido em Portugal[43].

Finalmente, contribuem ainda para essa incerteza a novidade e complexidade dos normativos aplicáveis, a reduzida análise doutrinal[44] e sedimentação jurídica dos mesmos e, acima de tudo, a forma como o regime jurídico foi desenhado e integrado no sistema jurídico nacional.

Demonstra-nos uma rápida análise de Direito Comparado — de que o exemplo inglês serve de paradigma — que, na generalidade dos sistemas jurídicos, a introdução e as eventuais alterações subsequentes do regime da OPA obrigatória surgem como resposta a problemas concretos — por vezes, note-se, de importância dramática — sentidos no mercado. Assim aconteceu na generalidade dos sistemas com alguma proximidade ao nacional. Assim não sucedeu, no entanto, em Portugal, em que a regulamentação sobre esta matéria precedeu, em cerca de três anos, o surgimento da primeira OPA[45].

A introdução dos mecanismos de OPA obrigatória deveu-se, acima de tudo, a uma denominada intenção de *modernização* do regime jurídico português, ou seja, à vontade de introdução em Portugal de mecanismos jurídicos que visavam responder a problemas que, com razoável unanimi-

---

[43] Excelente exemplo (infelizmente não isolado) desta falta de maturidade política é representado pela recente intervenção (DL nº 73/95, de 19 de Abril) propositada pela aquisição de uma importante participação do Banco Totta & Açores. Voltaremos a este *caso* a propósito da relação entre os regimes jurídicos da *OPA obrigatória* e das privatizações — vd., *infra*, 12.2.1.1.

[44] São poucos os trabalhos dedicados na doutrina nacional a este tema quando confrontados com os existentes em outros sistemas jurídicos, embora já revelem um especial interesse pelo tema.

Assim, à data da redacção do presente trabalho, apenas as seguintes obras — todas publicadas posteriormente à entrada em vigor do Cód.MVM — se tinham dedicado especificamente à matéria das OPAs: JOSÉ NUNES PEREIRA, ob.cit., pp. 29-98; RAÚL VENTURA, ob.cit., pp. 103-335; JOSÉ MIGUEL JÚDICE, MARIA LUÍSA ANTAS, ANTÓNIO ARTUR FERREIRA e JORGE DE BRITO PEREIRA, ob.cit.; CARLOS OSÓRIO DE CASTRO, cit., pp. 9-77; e AUGUSTO TEIXEIRA GARCIA, ob.cit. Já posteriormente à data de redacção do presente trabalho foram publicadas — MENEZES CORDEIRO, «Ofertas Públicas de Aquisição», in *Direito dos Valores Mobiliários*, Lex, Lisboa, 1997, pp. 267-290; e JOÃO CALVÃO DA SILVA, «Oferta Pública de Aquisição (OPA): Objecto», in *Estudos de Direito Comercial*, Almedina, Coimbra, 1996, pp. 199-234.

[45] Vd., *infra*, 6.2.

dade, existiram em outros regimes jurídicos e que, previa-se, viriam mais tarde a ser sentidos no sistema nacional[46].

V. Sinal do panorama referenciado é o facto de a regulamentação nacional sobre OPAs obrigatórias, introduzida em 1986 com a entrada em vigor do CSC, já ter sido objecto de duas alterações relevantes desde então — a primeira datando de 1991, com a entrada em vigor do Cód.MVM, e a segunda datando de 1995, com a entrada em vigor do Decreto-Lei nº 261/95, de 3 de Outubro. Trata-se, como é claro, também aqui, de um sinal da abertura dos problemas suscitados e da falta de *estabilidade jurídica* — não apenas legal, note-se — relacionados com esta temática.

Mas também em outros países da Comunidade Europeia se tem produzido, nestes últimos anos, uma vaga de regulamentação sobre o tema, adoptando — ou desenvolvendo — regras definidoras da obrigatoriedade de lançamento de OPAs. Assim aconteceu, por exemplo, em Espanha, com a entrada em vigor do *Real Decreto* 1.197/1991, de 16 de Julho. Assim aconteceu em Itália, com a entrada em vigor da *Legge* de 18 de Fevereiro de 1992, nº 149. Assim aconteceu também em França, com a entrada em vigor do *Arrêté* de 15 de Maio de 1992.

Este panorama, que apenas generaliza a verificação da falta de sedimentação jurídica desta temática, tem vindo a colocar na ordem do dia a problemática da definição dos termos de obrigatoriedade da OPA, quer no Direito interno de cada país, quer ainda no âmbito do Direito Comunitário, no qual as dificuldades de harmonização de legislações nesta matéria se têm revelado de particular destaque.

Assistimos então, subsequentemente à publicação dos respectivos regimes jurídicos, à reabertura da discussão das diversas questões levantadas por esta temática na doutrina de cada país, numa análise que, revelando-se da maior importância numa perspectiva de Direito Comparado, nos permite carrear para o estudo do Direito positivo português contributos e subsídios de importância extraordinária. No limite, entendemos que bastaria esta última constatação para demonstrar a utilidade e a actualidade da temática que nos propomos abordar.

---

[46] No mesmo sentido, a propósito do art. 528º do Cód.MVM, vd. CARLOS OSÓRIO DE CASTRO, ob.cit. pp. 18-19.

2.2 A autonomização analítica da problemática da OPA obrigatória

I. Das afirmações já produzidas resulta que a análise jurídica sobre a problemática da *OPA obrigatória* se integra — mas não se confunde — na problemática mais geral sobre a estrutura aquisitiva da OPA. Estamos perante campos de análise cindíveis que, estando evidentemente coordenados, permitem um estudo autónomo. Importa então isolar, ainda que com a brevidade que nesta sede se impõe, os campos em que a problematização geral sobre este tema assenta, recortando, desse âmbito, aquilo que entendemos facultar a autonomização da análise a que nos propomos. Apenas nesse momento teremos por integralmente justificada a delimitação temática que operámos, *supra*, em 1.

II. Encontramos com facilidade muitos argumentos apresentados *contra* a figura da OPA, os quais apenas encontram paralelo na extensão dos argumentos apresentados a favor[47]. Essa argumentação é geralmente apresentada como causa e resultado de uma leitura jurídica, razão pela qual, e apesar de não concordarmos com essa perspectiva[48], a mesma nos servirá de ponto de partida para a tarefa a que nesta sede nos propomos.

Assim, e numa sintética enunciação desses argumentos, afirma-se geralmente que as OPAs, enquanto técnica específica de aquisição de valores mobiliários, podem provocar a desorganização e o desmembramento das empresas, fomentar as estratégias de curto prazo em prejuízo das mais desejáveis estratégias de médio e longo prazo, distrair os gestores da atenção primordial ao interesse da sociedade, produzir um

---

[47] Trata-se de uma questão já largamente debatida em inúmeras obras jurídicas que, geralmente, se limitam a compilar os argumentos num e noutro sentido, e a que ora só caberá fazer referência. Sobre esta problemática, vd., por todos, AUGUSTO TEIXEIRA GARCIA, ob. cit., pp. 18-20; CARLOS OSÓRIO DE CASTRO, ob. cit., pp. 9-12; ALAIN VIANDIER, ob.cit., pp. 7-12; SODERQUIST, ob.cit., pp. 235-236; BRIᴬN MOORE e KIT STENNING, *The Takeover Guide*, Longman, London, 1988, pp. 7-10; BARTHÉLÉMY MERCADAL e PHILIPPE JANIN, *Sociétés Commerciales*, Francis Lefebvre, Paris, 1994, pp. 795-796; JOSÉ HENRIQUE CACHON BLANCO, ob.cit., pp. 313-316; CARLOS JAVIER SANZ SANTOLARIA, cit., pp. 280-281; JOSÉ LUIS RUÍS-NAVARRO PINAR, «Las OPAS: El Proyecto de Directiva de la Comunidad Europea y la nueva reglamentación francesa», RAP, 1990, pp. 414-417; DIEGO CORAPI, cit., pp. 291-292.

Para uma análise mais aprofundada, numa perspectiva eminentemente económica, vd. o excelente estudo de ROBERTA ROMANO, cit., pp. 3-48.

[48] Teremos ocasião de, adiante, fundamentar devidamente esta posição, que por ora serve apenas de advertência.

excessivo endividamento das sociedades envolvidas em face dos custos desmesurados de algumas operações, apelar à prática de actos ilícitos e privilegiar as facetas financeiras das sociedades em prejuízo das facetas industriais.

No contraponto, afirma-se geralmente que as OPAs podem apresentar importantes benefícios para os accionistas da *sociedade visada*, quer em termos imediatos, por permitirem a realização de um rápido lucro financeiro, assegurando a igualdade de tratamento, com a alienação dos títulos, quer em termos mediatos, por motivarem os dirigentes à condução de uma prudente política de gestão no interesse dos accionistas, que podem apresentar benefícios para a própria *sociedade visada*, facultando um modo de reestruturação rápido e transparente, facultando um modo de resolução de conflitos entre accionistas de controle e entre estes e accionistas minoritários; que podem apresentar benefícios para a *entidade oferente*, por lhe facultarem um instrumento de crescimento rápido, quer horizontal, quer vertical; que, finalmente, podem apresentar benefícios para o mercado e para a economia, por animarem e estimularem o mercado de valores mobiliários e por permitirem a mobilidade das equipas de direcção.

III. O *debate* que, nos seus termos essenciais, vimos de reproduzir, revela-se indefinido nos seus termos de análise e confuso no escopo que pretende assumir. Muitos dos argumentos isolados tomam a parte pelo todo, cortando o universo conceptual da OPA e tendo em atenção apenas formas específicas que esta pode assumir. Por outro lado, a distinção entre aquilo que sejam os específicos *debates* económico e jurídico, esbate-se numa abordagem dotada de evidente acriticidade, sendo amiúde assumidos como jurídicos argumentos que, no momento actual, apenas em termos de análise económica fazem sentido. Finalmente, o objectivo do debate não tem qualquer correspondência no objectivo que seria de esperar de uma problematização com escopo jurídico.

Vejamos então a justificação destas constatações e, superando os termos de colocação do debate, a forma como entendemos que a problemática deve ser analisada.

A generalidade dos argumentos apresentados, em sentido contrário ou a favor das OPAs, têm apenas em vista a utilização da figura como específico *instrumento de aquisição do controle de uma sociedade*, contraposta a outras formas de aquisição como sejam a aquisição directa ao bloco de controle ou a aquisição sistemática de acções em bolsa de valores *(ramassage* ou compras *al goteo); ora*, já tivemos ocasião de justificar que esta característica não representa um elemento essencial da noção de OPA. Fora do debate ficam, deste modo, aqueles casos em que, sendo a OPA utilizada como *instrumento de aquisição de valores mobiliários,* essa aquisição não vise — ou possa não visar apenas — o controle. Fora do debate, ainda na mesma linha, estarão aqueles casos em que a OPA não seja (ou não seja apenas) um *instrumento de aquisição de valores mobiliários,* mas antes uma obrigação a cargo de uma determinada entidade, que serão, exactamente, aqueles em que faremos incidir a nossa atenção ao longo do presente trabalho.

Por outro lado, a generalidade dos argumentos, especialmente aqueles apresentados *contra* a OPA, têm apenas em atenção a utilização da figura como *instrumento hostil de aquisição de valores mobiliários.* Trata-se, certamente, da forma mais espectacular e mediática que o instituto pode assumir e, porventura, aquela em que a sua génese assenta. Em qualquer caso, tomar este sentido como caracterizando a figura para efeitos de debate, ainda para mais em sistemas, como o nosso, em que a OPA pode ser um *instrumento obrigatório de aquisição de valores mobiliários* — resulta numa distorção jurídica evidente, com consequências ao nível da caracterização da figura.

Finalmente, num último sentido comum que se retira da apreciação da argumentação apresentada, verificamos que a mesma tem em grande medida subjacente um debate sobre a legitimidade da utilização da OPA enquanto *instrumento de aquisição de valores mobiliários.* Não se pretende analisar os termos em que o instituto deve ser regulado, e os princípios em relação aos quais — em maior ou menor medida — o mesmo deve ser subordinado, mas antes analisar a sua legitimidade como instrumento aquisitivo.

Ora, sob o ponto de vista jurídico, esta perspectiva é anacrónica, podendo a mesma apenas situar-se numa óptica económica — e ainda assim, não como um debate de legitimidade mas como um debate de oportunidade ou conveniência. Sob o ponto de vista jurídico nenhuma dúvida se pode levantar — nenhuma dúvida se levanta — sobre a legitimidade geral da utilização da OPA *como instrumento de aquisição de valores mobiliários*[49]; por outro lado, quanto à OPA obrigatória, por razões evidentes, ainda menos sentido terá a transposição do escopo do debate.

---

[49] No mesmo sentido vd. CARLOS OSÓRIO DE CASTRO, ob.cit., pp. 9-12, que, mesmo numa perspectiva daquilo que descrevemos como debate sobre a *legitimidade*

Em termos conclusivos, podemos afirmar então que o debate sobre a OPA que vimos de resumir é, no momento presente e sob o ponto de vista jurídico, uma controvérsia ultrapassada e limitada, que apenas em termos históricos deve ser reeditada e que exclusivamente numa perspectiva económica mantém algum do seu significado inicial.

IV. Cremos, então, que esta problemática *panorâmica* sobre a figura da OPA se deve colocar em termos distintos.

Enquanto particular *instrumento de aquisição de valores mobiliários*, a OPA tem revelado particularidades que a tornam num *processo aquisitivo* que reclama a edição de uma regulamentação própria, assente em princípios específicos.

Como já referimos, a caracterização estrutural da OPA como proposta contratual não deve fazer entender que se trata de uma normal proposta a ser regulada nos termos gerais do Direito Civil. Pelo contrário: o seu carácter público, o seu âmbito de incidência específico, as repercussões que implica a diversos níveis e, em sede mais geral, as particulares características do *programa contratual* que lhe está inerente, conferem-lhe especificidades que o sistema deve reconhecer, transformando a OPA num *processo aquisitivo* derrogatório do direito comum[50].

Deste modo, a problemática geral a que vimos de atender não deve assentar o seu paradigma de análise na legitimidade jurídica da utilização deste *instrumento de aquisição de valores mobiliários*, campo em que a discussão se revelará estéril e desprovida de sentido, mas antes na compreensão das particularidades e singularidades que devam merecer do sistema jurídico um tratamento autónomo, bem como no grau de autonomia e especialidade que deve ser consagrado[51]. Apenas neste sentido o debate geral sobre a OPA deve merecer a nossa atenção conformadora.

---

económica, entende que o problema não tem sentido na generalidade dos países europeus. Sobre esta matéria vd. ainda BENITO ARRUÑADA, «Critica a la regulación de OPAs», RDM, 1992, pp. 29-42; JAIME FERNANDO CARBO, «Que rasgos identifican a una empresa como candidato ideal a una OPA?», in *OPAS: La Conquista del Poder en la Empresa,* ob.cit., pp. 27-32; A.COURET, D.MARTIN e L.FAUGÉROLAS, *Securité et Transparence du Marché Financier — nouveau statut de la COB, réforme des OPA-OPE,* Bull. Joly, n° 11 bis, 1989, pp. 23-26. Quanto à forma como o problema se coloca nos EUA, vd., por todos, MICHAEL C. JENSEN, cit., pp. 15-43; e MICHAEL BRADY, «SEC Neglet and the Extinction of the Hostile Takeover», in *Modernizing US Securities Regulations — Economic and Legal Perspectives,* ed. Kenneth Lehn e Robert W. Kamphuis, Irwin Professional Publishing, New York, 1992.

[50] Vd. HUBERT DE VAUPLANE e JEAN-PIERRE BORNET, ob.cit., p. 218.

V. É apenas a partir desta perspectiva que deve ser entendida a nossa afirmação segundo a qual a problemática inerente à *OPA obrigatória* se integra no *debate* sobre a OPA. Apresenta, no entanto, particularidades que o distinguem do mesmo. Nem poderia ser de outro modo. Na verdade, e como muito acertadamente afirma OSÓRIO DE CASTRO[52], *entre o reconhecimento das OPAs como meio legítimo de aquisição de títulos e do controle de empresas e a consagração da sua obrigatoriedade vai (...) um grande passo.*

Partindo desta afirmação, e adaptando os seus termos à matéria em análise, acrescentaremos nós: entre a problemática das particularidades dos termos de regulamentação da OPA enquanto *processo aquisitivo* e a problemática dos termos de consagração da *OPA obrigatória* vai uma diferença de princípios reguladores que, estando integrados, surgem com uma relevância normativa cindível.

Aproveitando a distinção realizada, diremos que estará em causa uma visão distinta da figura — já não atenderemos (apenas) à OPA como *processo aquisitivo de valores mobiliários*, pretendendo fixar a estruturação da sua regulamentação a partir de princípios que apenas fazem sentido perante as suas particularidades, mas antes atenderemos à OPA como uma *obrigação* que, perante a verificação de um condicionalismo pré-fixado, deve impender sobre determinada entidade, pretendendo fixar a estruturação a partir de princípios que estão na génese do próprio vínculo imposto por lei.

Por diferentes palavras: por um lado, estarão em causa os termos e condições a partir dos quais determinada entidade deva ser obrigada a utilizar esta específica técnica de aquisição de valores mobiliários, em prejuízo de qualquer das outras hipóteses que estão ao seu dispor, ou seja, estará em causa a determinação da OPA como *instrumento obrigatório de*

---

[51] Já no final da década de sessenta, trabalhando a partir do panorama inglês da época que, como teremos ocasião de verificar, se apresentava de tal forma complexo e como reflexo de um capitalismo justificadamente apelidado de *selvagem*, que poderia em muito casos, com sentido, suscitar dúvidas sobre a legitimidade da utilização da figura, FRANÇOIS MALAN (*Les Offres Publiques d'Achat — L'Experience Anglaise*, LGDJ, 1969, Paris, pp. 18-37) procedia à análise das vantagens e desvantagens da utilização da figura sob uma perspectiva económica, destacando, sob o ponto de vista jurídico, os elementos que entendia assumirem características de tal forma particulares no processo da OPA que justificavam a edição de regulamentação própria (p. 20): a ideia de uma oferta *pública, geral, oficial e aberta.*

[52] Ob.cit., p. 12.

aquisição; por outro lado, estarão em causa os termos e condições em que determinada entidade deve ser obrigada a utilizar esta técnica de aquisição, não apenas em prejuízo de todas as outras, mas também com um conteúdo especificamente definido; finalmente, estarão ainda em causa as situações em que determinada entidade deva ser obrigada a lançar uma OPA, independentemente da sua vontade de adquirir os valores mobiliários que dela serão objecto, ou seja, estará em causa a OPA como *obrigação legal de emissão desta específica proposta contratual*. No limite, num âmbito que está para além das coordenadas que norteiam esta exposição, o debate assenta na própria discussão sobre a conveniência da fixação deste mecanismo contratual num determinado sistema, em função dos princípios que se pretende defender.

Bastará esta distinção para que, de forma imediata, seja intuída a especifidade do nosso problema em relação àquele mais geral, o que, por si mesmo, é razão metodológica suficiente para justificar a autonomização temática realizada. A intensidade e características dessa especifidade serão, naturalmente, problema a atender no decurso do presente trabalho.

3. As hipóteses de OPA obrigatória

I. A obrigação de lançar uma OPA, independentemente da intensidade e configuração que concretamente assuma, depende da verificação de um conjunto de pressupostos impostos por lei, os quais variam em função do tipo de *OPA obrigatória* que esteja em causa.

Em qualquer caso, e sem prejuízo da existência destas diferenças tipológicas, parece indispensável, nesta fase ainda introdutória da nossa exposição, descrever sumariamente as várias hipóteses de *OPA obrigatória* que se colocam perante nós, esquematizando-as em quadros de compreensão que facilitem a nossa análise. A partir dessa esquematização, abrir-se-á mais facilmente o caminho para a compreensão das relações fixadas entre os respectivos pressupostos e o conteúdo da obrigatoriedade.

II. O regime português consagra cinco hipóteses básicas de *OPA obrigatória:*

Primeira hipótese (resultante da alínea a) do nº 1 do art. 527º do Cód.MVM): quando uma entidade pretenda adquirir valores mobiliários da natureza dos indicados no nº 1 do art. 523º (i), emitidos por uma *sociedade de subscrição pública* (ii), já detendo, nos termos do art. 530º, valores que lhe assegurem mais de metade, mas menos, de dois terços, dos direitos de voto correspondentes ao capital da sociedade visada (**iii**) e pretenda adquirir, em cada ano civil, valores que lhe atribuam mais de 3% desses direitos (**iv**). Trata-se da hipótese que denominaremos como *OPA para consolidação do controle*[53].

Segunda hipótese (ainda resultante da alínea a) do n° 1 do art. 527° do Cód.MVM): quando uma entidade pretenda adquirir valores mobiliários da natureza dos indicados no n° 1 do art. 523° (**i**), emitidos por uma *sociedade de subscrição pública* (**ii**), já detendo, nos termos do art. 530°, valores que lhe assegurem mais de metade, mas menos, de dois terços, dos direitos de voto correspondentes ao capital da sociedade visada (**iii**) e pretenda adquirir valores que, adicionados aos que na altura devam considerar-se como pertencendo-lhe por força do mesmo artigo, lhe confiram dois terços ou mais de dois terços dos mesmos direitos (**iv**). Trata-se da hipótese que denominaremos como *OPA para aquisição de maioria qualificada*[54].

Terceira hipótese (resultante da alínea c) do n° 1 do art. 527° do Cód.MVM): quando, não se tratando de nenhum dos casos anteriores ou de um caso de *OPA prévia para aquisição do controle* (**i**), uma entidade pretenda adquirir valores mobiliários da natureza dos indicados no n° 1 do art. 523° (**ii**), emitidos por uma *sociedade com subscrição pública* (**iii**) que, por si só ou somados aos adquiridos por ela própria, bem como, se for o caso, aos adquiridos por terceiros e que devam considerar-se como pertencendo-lhe por força do art. 530°, desde o dia 1 de Janeiro do ano civil anterior, lhe atribuam mais de 20% dos votos correspondentes ao capital da sociedade visada (**iv**). Trata-se da hipótese que denominaremos como *OPA para aumento rápido de posição accionista*[55].

---

[53] Teremos ocasião de verificar que, para efeitos das regras sobre OPA obrigatória, a noção de *domínio simples* não é coincidente com a noção que resulta do art. 486° do CSC. Por isso, utilizaremos a expressão *controle* para nos referirmos à leitura que, a partir dessa noção de base, é realizada para efeito do Cód.MVM — detenção de valores mobiliários que assegurem mais de metade dos votos correspondentes ao capital social.

[54] Naturalmente que, partindo da terminologia da hipótese anterior, esta será também uma OPA em que estará em causa uma consolidação do controle. Apesar disso, por forma a colocar em destaque o elemento que nos parece mais relevante da hipótese, optámos por qualificá-la como OPA para aquisição de maioria qualificada por estar centrada nessa barreira de 2/3 dos direitos de voto.

[55] A nossa intenção inicial foi a de qualificar esta oferta como OPA para aquisição de minoria significativa. No entanto, apesar de essa qualificação cobrir grande parte das hipóteses em que esteja em causa a sua aplicação, o seu alcance está para além desses

Quarta hipótese (resultante da *alínea* b) do nº 1 do art. 527º do Cód.MVM): quando uma entidade pretenda adquirir valores mobiliários da natureza dos indicados no nº 1 do art. 523º (**i**), emitidos por uma *sociedade com subscrição pública* (**ii**) que, por si ou somados aos que já detenha nos termos do art. 530º, lhe assegurem mais de metade dos votos correspondentes ao capital da sociedade visada (**iii**). Trata-se da hipótese que denominaremos como *OPA prévia para aquisição do controle*.

Quinta hipótese: (nº 2 do art. 528º do Cód.MVM): quando alguma entidade, após a entrada em vigor do Cód.MVM, venha a deter, por qualquer forma que não seja uma OPA obrigatória lançada nos termos do nº 1 do mesmo artigo, ou seja, uma *OPA prévia para aquisição do controle* (**i**), valores mobiliários da natureza dos indicados no nº 1 do art. 523º (**ii**), emitidos por uma *sociedade com subscrição pública* (**iii**), que, por si só ou adicionados, se for o caso, aos que devam considerar-se como pertencendo-lhe nos termos do art. 530º, lhes confiram mais de metade dos votos correspondentes ao capital da sociedade em causa (**iv**). Trata-se da hipótese que denominaremos como *OPA subsequente à aquisição do controle*.

4. Indicação de sequência

I. Qualquer análise jurídica com as características da presente, sob pena de entrar em *roda livre* no estudo do tema a que se propõe, deve seguir um percurso de exposição pré-determinado.

Afirmámos, a propósito da delimitação do tema a cuja análise nos propomos, que o presente trabalho visa analisar o regime jurídico nacional conformador da matéria da *OPA obrigatória*. Deste modo, o núcleo central do nosso tema assenta, em primeiro lugar, na resposta a um problema de previsões normativas ou pressupostos da obrigatoriedade — em que termos e sob que circunstâncias o sistema impõe a *OPA obrigatória* — e, em segundo lugar, num problema de conteúdo da obrigatoriedade — qual o alcance *qualitativo* e *quantitativo* da obrigatoriedade.

---

casos; esta oferta será obrigatória, por exemplo, quando a aquisição aqui referida ocorra por uma entidade que já detenha acções que lhe atribuam mais de metade dos direitos de voto. Por isso, optámos por assinalar na qualificação a rapidez da aquisição já que, não fora esse facto, a aquisição poderia ser realizada sem recurso à OPA.

Perante a delimitação operada e a advertência realizada, compreende-se as dificuldades derivadas da necessidade de, partindo desse centro de análise, integrar as especificidades do problema no âmbito mais geral em que o mesmo se coloca — a problemática sobre a própria OPA. Não é possível analisar fundamentadamente o regime da OPA obrigatória não tendo presente a compreensão prévia de alguns dos problemas interferentes que a OPA, enquanto *instrumento de aquisição,* suscita. E é tanto mais assim quando temos em atenção que o conteúdo da obrigatoriedade de lançamento da OPA passa, de modo irremediável, pelo conhecimento das fases da OPA enquanto processo aquisitivo. No entanto, apesar das evidentes tentações de generalização que o problema central proporciona, será condicionante metodológica do presente estudo a preocupação de funcionalizar a análise geral ao tratamento do tema específico que nos ocupa, não perdendo as coordenadas de colocação do mesmo.

II. Assim, iniciaremos a análise com um primeiro passo destinado ao *conhecimento* do enquadramento jurídico com que teremos de contar, o que nos ocupará o II Capítulo da exposição. Partindo, como é evidente, do enquadramento proporcionado pelo Direito nacional, utilizaremos esta fase para, fazendo uso dos elementos de informação aí recolhidos, proceder ao seu confronto com outros enquadramentos jurídicos de regimes que utilizaremos, no decorrer da análise, como *sistemas de referência.*

Estaremos ainda em fase de recolha de informação; a sua função será então, por um lado, a construção das bases para o desenvolvimento posterior da análise e, por outro lado, a revisão dos limites dessa análise.

III. Dotados dos elementos de informação prévia relevantes, com o que desde já se assume de prévio trabalho crítico nessa mesma recolha de informação, iniciaremos de seguida a compreensão normativa da obrigação.

Começaremos, naturalmente, pela matéria da delimitação da obrigação, o que nos ocupará os III e IV Capítulos da exposição. Trata-se do primeiro passo de verdadeira análise crítica e construtiva, em que, naturalmente, serão postos em causa e trabalhados os elementos de informação já recolhidos. Pretende-se com esta fase do trabalho compreender os diversos elementos das previsões normativas de *OPA obrigatória,* abrindo então o campo para a matéria do conteúdo da obrigatoriedade.

Os pressupostos que estão na base da delimitação de qualquer das hipóteses de *OPA obrigatória* poderiam ser agrupados a partir de múltiplos critérios. No presente trabalho, optámos por conferir destaque a dois desses critérios: o primeiro, relativo à sua configuração no que respeita à delimitação da obrigação, assim facultando uma delimitação positiva e negativa; o segundo, relativo à presença dos elementos de delimitação em todas ou apenas em alguma ou algumas das hipóteses concretas de *OPA obrigatória*, assim abrindo caminho a uma delimitação geral e a uma delimitação específica. Como se compreende, a opção pelos mencionados critérios assentou em razões intimamente ligadas com o percurso da análise que pretendemos realizar, por forma a permitir a sua organização em termos que facilitassem a lógica expositiva.

Deste modo, o primeiro critério central a que atenderemos será o da configuração da delimitação e, cruzando os critérios isolados, começaremos por analisar os pressupostos gerais de obrigatoriedade que são utilizados para atender a essa delimitação positiva. Este caminho, conduzir-nos-á a duas vias básicas de reflexão — a natureza da sociedade emitente dos títulos e os valores mobiliários que são atendidos para efeito da delimitação da obrigação de lançamento de OPA, quer no que respeita à sua natureza e forma de cálculo, quer no que respeita às entidades cuja detenção de valores é equiparada à detenção do *oferente*[56].

Após esse passo, verificaremos de seguida os elementos específicos positivos da delimitação, ou seja, aqueles que estão presentes apenas em algum ou alguns dos casos de *OPA obrigatória*. Será o momento para dedicarmos a nossa atenção a cada uma das hipóteses de *OPA obrigatória* que tivémos ocasião de isolar, o que encerrará o III Capítulo.

Por se tratar de uma técnica de delimitação distinta, optámos por encerrar a matéria da delimitação negativa da obrigatoriedade no IV Capítulo. Será esse o momento para analisarmos duas figuras distintas — a *derrogação*, que representa um verdadeiro elemento de delimitação negativa da obrigatoriedade, e a *dispensa* do lançamento de *OPA obrigatória*.

IV. Conhecida a configuração de todos os elementos de delimitação da obrigatoriedade de lançamento de OPA, trataremos então da matéria do conteúdo da obrigatoriedade, ou seja, analisaremos a extensão, qualitativa e quantitativa, dos vínculos de OPA obrigatória autonomizáveis no siste-

---

[56] O Código refere-se habitualmente a *oferente*, não apenas como aquele que lança a oferta, mas também como aquele em relação a quem ponderamos a obrigatoriedade de lançamento dessa oferta. Trata-se, como resulta claro, de uma aproximação terminológica errada. Apesar disso, como forma de mais facilmente proporcionar a relação com os normativos aplicáveis, também nós poderemos, no decorrer desta exposição, fazer essa aplicação do conceito, pelo que fica desde já feita a devida advertência.

ma — trata-se do tema a que se dedicará o V Capítulo da nossa exposição. Neste momento da análise, já teremos presente todo o conteúdo normativo dessa obrigação, dividido por um critério estrutural com funções eminentemente explicativas — as suas previsões e as suas estatuições.

V. Teremos então ocasião de analisar, de modo muito sucinto, as reacções do sistema à falta de realização de uma *OPA obrigatória*, o que ocupará o VI Capítulo da exposição.

VI. Terminaremos apresentando as principais conclusões da nossa análise.

II.
O ENQUADRAMENTO NORMATIVO

5. Generalidades

I. Propondo-se o presente trabalho à análise da temática da *OPA obrigatória* assumindo como base de reflexão o actual sistema jurídico português, entendemos que, por forma a permitir uma correcta e integrada construção dogmática do nosso objecto de estudo, o primeiro passo a empreender deva passar, por um lado, pelo conhecimento dos principais momentos da evolução do nosso ordenamento e, por outro lado, pelo enquadramento dispensado pelo Direito vigente.

Esse conhecimento, permitindo isolar as principais tendências de regulamentação que sejam imediatamente perceptíveis, facultar-nos-á, não apenas o correcto enquadramento da matéria em termos de direito positivo, que será essencial para a compreensão dos termos de análise mais detalhados e específicos a que atenderemos na continuação da exposição, mas também a introdução de algumas das principais linhas problemáticas que se colocam no Direito português.

II. Enquadrados que estejam os elementos normativos essenciais da regulamentação nacional, será então possível a apresentação comparatística dos mesmos em face dos resultantes de outros sistemas jurídicos.

Se é certo que, no que respeita ao isolamento do instituto a comparar, a nossa análise se facilita — pelo evidente paralelismo funcional e de enquadramento jurídico que o instituto apresenta nos sistemas a trabalhar[57]—, a verdade é que, em qualquer caso, alguns problemas metodológicos se colocam nesta sede, que devem ser tomados em conside-

---

[57] A comparação jurídica, mais do que incidir a sua atenção no paralelismo conceptual, deve atender ao paralelismo problemático do instituto, ou seja, deve assentar num raciocínio funcional, ao mesmo tempo que atende ao seu enquadramento jurídico. Ora, teremos ocasião de verificar que os termos relevantes de comparação proporcionados

ração na compreensão do escopo a que se destina a apresentação que realizaremos.

Importa afirmar, desde logo, que não se pretende apresentar uma compilação de informação que, directa ou indirectamente, corresponda ao problema em tratamento. O objectivo a que se propõe a nossa análise é a compreensão do tratamento dispensado pelo ordenamento nacional à questão da *OPA obrigatória*. Estando a nossa análise comparatística subordinada funcionalmente à análise do Direito nacional, isso significará que a mesma, a partir do isolamento dos elementos relevantes de comparação, deverá fornecer subsídios para o melhor conhecimento do sistema jurídico nacional e para a melhor aplicação, interpretação e integração de regras de direito nacional[58].

Assim, conclusivamente, diremos que o seu escopo, não se esgotando na comparação, se assumirá, em termos finais, como visando o alargamento dos campos de análise e da *informação* a utilizar no presente trabalho.

Por decorrência das considerações anteriores e não sendo a análise de Direito Comparado assumida como um fim em si mesma, compreende-se que a mesma não deva ser considerada como estando limitada à apresentação que, nesta sede, será realizada. Na verdade, as virtualidades compreensivas proporcionadas por essa análise preliminar revelar-se-ão determinantes a propósito do estudo que, mais detalhadamente, será efectuado sobre cada um dos específicos quadros problemáticos a isolar nos Capítulos subsequentes. Por isso, o fim último deste passo da exposição deve ser entendido em paralelo com aquele da apresentação a efectuar a propósito do Direito nacional — o mero conhecimento do enquadramento normativo proporcionado à temática, para subsequente desenvolvimento no decorrer desta exposição.

---

pelo conceito de *OPA obrigatória* se revelam, pelo menos ao nível ainda introdutório em que trabalhamos, como generalizados nos sistemas a comparar, ao que não será alheio o facto de se tratar de uma problemática muito recente, que por isso apresenta níveis de sedimentação jurídica naturalmente reduzidos; uma excepção será encontrada, em todo o caso, no regime francês, a propósito da denominada *mantien de cours*. Sobre esta problemática metodológica, em termos que serão, nos seus traços gerais, adoptados na apresentação a realizar, vd., por todos, CARLOS FERREIRA DE ALMEIDA, *Introdução ao Direito Comparado*, Almedina, Coimbra, 1994, pp. 22-26. Mais especificamente sobre a *aproximação funcional* no Direito Comparado, cfr., por todos, H.A. SCHWARZ-LIEBERMANN VON WAHLENDORF, *Droit Comparé — Théorie Générale et Principes*, LGDJ, Paris, 1978, pp. 185-194.

[58] Vd. CARLOS FERREIRA DE ALMEIDA, ob.cit., pp. 13-14.

No que respeita aos regimes a comparar, procedemos a uma escolha definida por critérios de afinidade com o sistema nacional. Estando em causa o conhecimento do enquadramento jurídico proporcionado à matéria, pretende-se agora introduzir os quadros gerais a partir dos quais, na subsequente análise do sistema nacional, seja facilitado o entendimento das referências a efectuar sobre esses outros sistemas. Duas decorrência resultam imediatamente desta perspectiva: apenas estarão em causa sistemas que incorporem regimes de *OPA obrigatória*[59]; e no âmbito dos sistemas que adoptam regras deste tipo, a escolha é determinada pelas virtualidades analíticas que são proporcionadas pelo confronto com o regime nacional; isto sem prejuízo de, no decorrer da exposição, virem a ser utilizados outros regimes a propósito de quadros problemáticos específicos. Deste modo, analisaremos sucessivamente os traços gerais da regulamentação sobre OPA obrigatória presente nos sistemas jurídicos inglês, francês, espanhol e italiano.

Terminaremos este Capítulo apresentando a forma como o problema se coloca, actualmente, no âmbito do Direito Comunitário. Apesar de,

---

[59] Por essa razão o sistema alemão apenas será atendido a propósito de questões específicas de direito das sociedades, já que a legislação alemã tomada em consideração no momento de elaboração deste texto, nomeadamente no que se refere ao *Aktiengesellschaft*, não incorporava qualquer regulamentação específica sobre a matéria da OPA ou, mais em particular, sobre a regulamentação da *OPA obrigatória*. Existia, é certo, um documento elaborado em 1979, no âmbito de uma Comissão reunida pelo Ministério da Economia *(Bundesfinanzministerium)*, denominado por *Leisätze für Öffentliche Freiwillige Kauf — und Umtauschangebote*. Tratava-se, no entanto, de um documento que continha meras recomendações sem força de lei e com pouco interesse, quer sob o ponto de vista prático, quer sob o ponto de vista teórico. Já posteriormente à redacção deste texto, tivemos conhecimento da publicação, em 14 de Julho de 1995, do *Übernahmekodex*, que veio a entrar em vigor em 1 de Outubro do mesmo ano. Trata-se de um conjunto de recomendações de conduta de conduta dirigidas às partes intervenientes num processo de OPA preparadas pela *Börsensachverständigenkommission*, em cujo art. 16º são reguladas normas sobre OPA obrigatória. Este texto, no entanto, apenas será tomado em consideração perante pontos específicos desta dissertação, em particular no que respeita à análise do conceito de *sociedade de subscrição pública*. Existe ainda diversa doutrina Alemã, elaborada antes e depois da publicação do *Übernahmekodex* que, pelas mesmas razões, não será considerada. Vd., sobre o *Leisätze für Öffentliche freiwillige Kauf — und Umtauschangebote,* HANS WÜRDINGER, *Aktienrecht ...,* ob.cit., pp. 241-242; mais em geral, sobre a forma como esta matéria se coloca perante o Direito alemão, vd. KLAUS J.HOPT, «Reglamentación europea sobre ofertas públicas de adquisición», in *La Lucha por el Control de las Grandes Sociedades,* ob.cit., pp. 22-26.

como teremos ocasião de verificar, não existir qualquer Directiva ou Regulamento aprovados sobre esta matéria, cremos que se trata de matéria integrável na mesma função metodológica assumida para a presente fase da análise; daí o seu atendimento na presente sede.

6. A *OPA obrigatória* em Portugal: evolução legislativa

6.1 *Os períodos de análise*

A evolução da regulamentação nacionai sobre a *OPA obrigatória* seguiu, nos seus passos elementares, as principais etapas da regulamentação geral sobre a figura da OPA. Trata-se de uma constatação com reflexos compreensivos imediatos — significa que, em Portugal, e ao contrário do que aconteceu em outros países, a necessidade de integrar no sistema regras sobre a obrigatoriedade de lançamento de OPA não emergiu da necessidade de corrigir os efeitos da regulamentação sobre a OPA enquanto específico *processo aquisitivo*.

Estando em causa uma análise que parte de um momento muito recente — mais precisamente, parte da data de 1 de Novembro de 1986, com a entrada em vigor do CSC[60] —, abrangendo assim um percurso que se reduz apenas a cerca de uma década, ela permite, apesar disso, o isolamento de três períodos distintos, cada um deles importando regras distintas no que concerne à delimitação dos termos centrais — pressupostos e conteúdo — do regime jurídico da *OPA obrigatória*: o primeiro, situado entre o ano de 1986, com a entrada em vigor do CSC, e o ano de 1991, com a entrada em vigor do Cód.MVM; o segundo, situado entre esse ano de 1991 e o ano de 1995, com a entrada em vigor do DL nº 261/95, de 3 de Outubro; o terceiro período, a partir de 1995.

Atenderemos, sucessivamente, aos principais traços de regulamentação que são propiciados por cada um destes períodos.

---

[60] Como consta do nº 1 do art. 2º do DL nº 262/86, de 2 de Setembro, diploma que, nos termos do seu art. 1º, aprovou o Código das Sociedades Comerciais.

6.2 O *Projecto do Código das Sociedades* e o Código das Sociedades Comerciais

I. O *Projecto do Código das Sociedades* da autoria do Prof. RAÚL VENTURA[61], dado a conhecer no ano de 1983[62], representa a primeira abordagem integrada que foi realizada, entre nós, sobre a matéria do regime jurídico da OPA[63].

No entanto, e assim como aconteceu em relação a vários outros pontos do regime da sociedade anónima, tratou-se de uma abordagem realizada sem estudos preliminares e, o que é mais importante, sem que tivesse subjacente uma experiência prática que ditasse os seus princípios orientadores. Deve ser referido que, até ao ano de 1983, e mesmo até ao ano de 1986, quando entrou em vigor o CSC, nenhuma OPA tinha sido lançada no nosso país[64], o que apenas veio a acontecer em Fevereiro de 1989, com a OPA lançada pela CIMPOR, CECIL e ASLAND sobre as acções da BETÃO LIZ. Por isso compreende-se de forma imediata a inovação representada pelo articulado proposto mas, simultaneamente, a dificuldade e a artificialidade[65] da generalidade das opções que estiverem subjacentes ao mesmo.

Como se afirmava no *preâmbulo* desse Projecto em relação ao regime jurídico das sociedades anónimas[66], *eram muitas e importantes as matérias que, neste domínio, não tinham sido objecto de estudos preliminares nem de tratamento teórico ou prático,* razão pela qual *houve (...) que recorrer aqui ao exemplo das legislações estrangeiras, as mais importantes das quais são recentes ou estão em fase avançada de revisão,*

---

[61] Revisto por uma Comissão da qual faziam parte o Dr. Menéres Pimentel, o Prof. Fernando Olavo e o Dr. António Agostinho Caeiro.

[62] BMJ nº 327, 1983, pp. 45-339.

[63] Antes do Projecto e do CSC, já o Decreto-Lei nº 371/78, de 30 de Novembro, se referia à OPA, no que se deve considerar o primeiro reconhecimento da figura pela legislação nacional. No entanto, fazia-o de forma quase nominal, apenas para sujeitar o lançamento da oferta a autorização prévia do Ministro das Finanças, não disciplinando, sequer introdutoriamente, o respectivo processo contratual. Vd., quanto a este ponto, AUGUSTO TEIXEIRA GARCIA, ob.cit., pp. 30-33.

[64] Para uma apresentação sumária das primeiras OPAs lançadas em Portugal, vd. AUGUSTO TEIXEIRA GARCIA, ob.cit., pp. 30-31.

[65] No sentido de não se tratarem de opções ditadas pela realidade fáctica a que as normas se iriam aplicar, mas antes ditadas por razões externas a esta.

[66] Trata-se de passagem que foi integralmente reproduzida no segundo parágrafo do nº 28 do Preâmbulo do DL nº 262/86.

todas se pautando por princípios coincidentes, em grande parte devido ao esforço de harmonização legislativa que está a ser levado a cabo no Mercado Comum.

Ora, o regime jurídico da OPA integra-se, como poucos, no âmbito desta advertência, razão pela qual, ainda hoje, não encontramos explicação para várias das opções assumidas nesse Projecto, o que, como se compreende, acrescenta um elemento suplementar de dificuldade à tarefa de interpretação de muitos normativos e elementos estruturantes que, desde o Projecto e o CSC, foram mantidos no sistema jurídico nacional[67].

---

[67] Não cremos que assuma relevo autónomo a análise do texto desta Proposta no que respeita ao regime da OPA porque, em termos quase integrais, o mesmo veio a ser transposto para o texto do CSC, razão pela qual remetemos para essa sede.

As alterações introduzidas limitaram-se, salvo um ou outro caso, à correcção de *gralhas* e à uniformização de linguagem. Assim, onde, nos n°s 3 e 4 do art. 294°, no n° 5 do art. 296°, no n° 3 do art. 298° e no n° 4 do art. 301°, todos do Projecto, se referia *Comissão Directiva de Bolsa,* passou a referir-se, nos n°s 3 e 4 do art. 306°, no n° 5 do art. 308°, no n° 3 do art. 310° e no n° 4 do art. 313°, todos do CSC, *Comissão Directiva da Bolsa;* onde, no n° 2 do art. 294° do Projecto, se referia *a oferta pode ser condicionada à aceitação relativa a certo número de acções e bem assim pode ser limitada a um número máximo de acções,* passou a referir-se, no n° 2 do art. 306° do CSC, *a oferta pode ser condicionada à sua aceitação por titulares de certo número mínimo de acções e bem assim, pode ser limitada a um número máximo de acções;* onde, no n° 5 do art. 296° do Projecto, se remetia para o n° 2 do artigo, no art. 308° do CSC, passou a remeter-se para o n° 3; onde, na *alínea* i) do art. 297° do Projecto, se referia *a eventual dependência da oferta quanto à aceitação relativamente a um número mínimo de acções,* passou a referir-se, na *alínea* i) do art. 309° do CSC, *o eventual condicionamento da oferta à sua aceitação por titulares de determinado número de acções;* onde, no n° 1 do art. 299° do Projecto, se referia *quando o oferente for uma sociedade e, durante o período que medear entre a deliberação de lançar e o lançamento da oferta, a referida sociedade ou outra com a qual ela se encontre em relação de domínio ou de grupo adquira acções da sociedade visada, as melhores condições dessas aquisições constituem condição mínima da oferta pública,* passou a referir-se, no n° 1 do art. 311° *se, durante o período que medear entre a deliberação de lançar a oferta e o seu lançamento, a sociedade oferente ou outra com a qual ela se encontre em relação de domínio ou de grupo, adquirir acções da sociedade visada, as condições mais onerosas dessas aquisições constituem condição mínima da oferta pública;* onde, no n° 4 do mesmo art. 299° do Projecto, se referia *órgãos de administração ou fiscalização,* passou a referir-se, no n° 4 do art. 311°, *órgãos de administração e fiscalização;* onde, no n° 1 do art. 301° do Projecto, se referia *a compra ou troca por uma pessoa, singular ou colectiva, de acções de uma sociedade deve revestir a forma de oferta pública quando,* passou a referir-se, no n° 1 do art. 313°, *a compra ou troca de acções de uma sociedade deve revestir a forma de oferta pública quando;* por fim, onde, no n° 4 desse mesmo art. 301° do Projecto, se referia *o número*

Trata-se de dificuldade que, como teremos ocasião de verificar, não deixaremos de sentir ao longo do percurso expositivo que teremos de enfrentar.

II. Deste modo, a regulamentação sobre a OPA foi introduzida em Portugal no ano de 1986 com a entrada em vigor do CSC, cuja Secção II do Capítulo III do Título IV, mais concretamente entre os arts. 306º a 315º, abordava esta matéria[68]. Este regime foi subsequentemente alterado pelo DL nº 229-B/88, de 4 de Julho, e regulamentado pela Portaria nº 422-A/88, da mesma data.

Como referimos, o CSC, representando o primeiro instrumento regulador da disciplina da OPA enquanto programa contratual de aquisição de valores mobiliários, ou seja, enquanto *processo aquisitivo*, representa, simultaneamente, o corpo jurídico que introduz em Portugal a figura da *OPA obrigatória*, ao impor, no seu art. 313º, um conjunto de previsões em que a OPA surgia como *forma obrigatória de aquisição*. Por isso, este regime propicia-se a ser dividido em dois núcleos principais: por um lado, pretende regular o *programa contratual* provocado pelo lançamento de uma OPA; por outro lado, pretende regular as previsões de obrigatoriedade de OPA e o respectivo conteúdo de obrigatoriedade. Identificaremos, sucessivamente, as passagens do regime que se integram no primeiro e segundo grupos.

No primeiro grupo, ou seja, no que respeita às regras que disciplinam o *processo aquisitivo* da OPA, encontramos o art. 306º (destinatários e condicionamentos da oferta), o art. 307º (autoridade fiscalizadora), o art. 308º (lançamento de oferta pública), o art. 309º (conteúdo da oferta pública), o art. 310º (contrapartida da oferta pública), o art. 311º (aquisições durante o período da oferta), o art. 312º (dever de confidencialidade) e o art. 315º (ofertas públicas de aquisição de obrigações convertíveis ou

---

de acções a adquirir, em si mesmo, não justifica ou quando (...), passou a referir-se no nº 4 do art. 313º do CSC, *o número de acções a adquirir, em si mesmo, não justifica a oferta ou quando (...)*.

Já posteriormente à entrada em vigor do CSC, o DL nº 229-B/88, de 4 de Julho, introduziu outras alterações, limitadas aos arts. 314º e 315º do CSC que, como é natural, também representam desconformidades com o texto do Projecto.

[68] Sobre as razões e opções subjacentes a esta regulamentação, encontramos no início do ponto 18 do preâmbulo apenas a seguinte referência — *regulamenta-se a oferta pública de aquisição de acções, que passa a ser procedimento obrigatório, verificadas certas circunstâncias (...)*.

obrigações com direito de subscrição de acções[69]. Estamos perante um conjunto de normas que, podendo ser reconduzidas, como o fizemos, a um objectivo geral de regulação do programa contratual imposto por uma OPA, se apresentam como extremamente heterogéneas no que respeita ao objecto imediato da regulamentação que incorporam — o que não representa mais do que uma consequência directa da fragmentação legislativa existente na época na área do direito do mercado de valores mobiliários —, revelando normas que se destinam directamente a regular as especificidades deste programa contratual — referimo-nos, em particular, aos arts. 306º, 308º a 311º e 315º —, outra de natureza eminentemente administrativa, limitando-se a atribuir competências de fiscalização — referimo-nos ao art. 307º — e, finalmente, outra que regula uma matéria que só incidentalmente e por *conexão económica* é integrada no regime da OPA, já que pertence a uma sede mais geral — referimo-nos ao art. 312º[70].

No que respeita ao segundo grupo, ou seja, às normas de regulamentação da *OPA obrigatória*, o panorama reduz-se ao art. 313º (oferta pública como forma obrigatória de aquisição) e ao art. 314º (acções contadas como de um oferente). Como é evidente, adoptando a perspectiva de que a *OPA obrigatória* se assume como a imposição do recurso ao *processo aquisitivo* da OPA para realização de determinadas operações, também as normas incluídas no primeiro grupo serão relevantes nesta sede, embora apenas em termos mediatos.

III. Será suficiente o mero confronto destas normas com os desenvolvimentos legislativos ocorridos posteriormente — e especialmente

---

[69] Note-se que a redacção desta epígrafe tem presente a alteração introduzida pelo DL nº 229-B/88, de 4 de Julho, diploma que também veio alterar a *alínea* d) do art. 314º.

[70] As *operações de iniciados* representam uma matéria que apesar de, na prática, se apresentar como íntima do regime da OPA, por ser em relação a esta que mais facilmente se propicia, está, naturalmente, para além dela. Apesar disso, compreende-se a necessidade de regular esta matéria em face do espaço vazio de regulamentação que existia sobre a mesma. Como se refere no preâmbulo do CSC (em passagem que já constava do preâmbulo do Projecto), *regulamenta-se a matéria da oferta pública de aquisição de acções, que passam a ser procedimento obrigatório, verificadas certas circunstâncias, assim como se proíbem as operações de iniciados no mesmo contexto, visando defender os pequenos accionistas contra a exploração de informações privilegiadas (...).* Sobre o denominado *insider trading* vd., entre nós, por todos, FÁTIMA GOMES, *Insider Trading*, APDMC, 1996; vd. ainda LUIS RAMON RUIZ RODRIGUEZ, *Proteccion Penal del Mercado de Valores*, Tirant, Valencia, 1997, pp. 126-251.

II. O Enquadramento Normativo

com repercussões práticas destes desenvolvimentos — para resultar claro que a regulamentação imposta pelo CSC, tendo os méritos inerentes ao pioneirismo de definição de princípios e quadros gerais de problematização, assentava em bases pouco reflectidas, incorporando, por um lado, falhas na regulamentação do processo contratual da OPA e, por outro lado, impondo um regime de *OPA obrigatória* que se veio a revelar pouco mais do que inoperante[71].

Em qualquer caso, em particular no que respeita a este último ponto, a descrição do condicionalismo assumido pelo CSC como determinante da obrigatoriedade de utilização da OPA, bem como a compreensão do conteúdo obrigacional, revelam-se como dados essenciais para o entendimento dos traços gerais de evolução do instituto, já que, como teremos ocasião de verificar, muitas das soluções aqui adoptadas, por vezes com importância estrutural[72], foram mantidas nas alterações introduzidas posteriormente.

IV. Nos termos do art. 313º do CSC, a OPA era imposta como *forma obrigatória de aquisição*, quando se verificasse a ocorrência das seguintes condições cumulativas: (**i**) que a sociedade visada se tratasse de uma *sociedade com subscrição pública*[73] (*alínea* a) do nº 1); (**ii**) que o contrato de sociedade desta não estipulasse direito de preferência dos accionistas nas compras ou trocas de acções (*alínea* b) do nº 1); (**iii-1**) que o oferente já possuísse acções da sociedade visada que lhe assegurassem o domínio[74] desta, (**iii-2**) ou as acções por ele possuídas, juntamente com as acções a

---

[71] Contra, mas sem justificação, EDDY WYMEERSCH («Problems of the Regulation of Takeover Bids in Western Europe», in *Europen Takeovers, Law and Practice*, ob.cit., p.99) considera que o CSC incorpora um *detalhado e completo* regime de base legal sobre a matéria dos valores mobiliários, e em particular sobre a OPA.

[72] É o caso, expondo apenas o exemplo mais impressivo, da previsão perante a qual a obrigação de lançamento de OPA é imposta em relação às *sociedades com subscrição pública* e não, como acontece em vários ordenamentos jurídicos estrangeiros, em relação às sociedades emitentes de valores mobiliários admitidos à negociação em bolsa de valores.

[73] Nos termos do nº 1 do art. 284º do CSC, entendia-se, como regra, por sociedade com subscrição pública, não apenas as sociedades constituídas com apelo a subscrição pública (cfr. arts. 279º e 280º, ambos do CSC), mas também todas aquelas que, num aumento de capital, tivessem recorrido a subscrição pública, e ainda aquelas cujas acções estivessem cotadas em bolsa; nos termos do nº 2 do mesmo artigo, a subscrição entendia-se como pública independentemente de ser efectuada por meio de instituição de crédito ou outra equiparada por lei para esse efeito.

[74] Cfr. art. 486º do CSC.

adquirir, lhe atribuíssem o domínio da referida sociedade, (**iii-3**) ou ainda quando as acções a adquirir, só por si ou somadas às por ele adquiridas desde o dia 1 de Janeiro do ano civil anterior, excepto por efeito de aumento de capital, lhe atribuíssem 20% dos votos correspondentes ao capital social (*alínea* c) do n° 1).

Verificamos, deste modo, que o art. 313° fixava duas condições com carácter geral, presentes em todas as previsões de OPA obrigatória — referimo-nos às *alíneas* a) e b) do n° 1 — e três condições com carácter específico e alternativo — todas constantes da *alínea* c) do n° 1, as quais caracterizam as hipóteses concretas em que era imposto o recurso à OPA obrigatória.

As condições gerais prendiam-se apenas com qualidades inerentes à sociedade visada — a sua natureza de *sociedade com subscrição pública* e a compatibilidade entre o regime de transmissão de acções previsto no contrato e as regras sobre OPA, ou seja, a inexistência de direito de preferência dos accionistas nas compras ou trocas de acções[75].

As condições específicas prendiam-se com qualidades inerentes à entidade oferente na sua relação com a sociedade visada — a detenção de acções da sociedade visada que assegurassem o domínio desta e a pretensão de aquisição de novas acções, a pretensão de aquisição de acções que atribuíssem o domínio da sociedade visada e, ainda, a pretensão de aquisição de acções dessa sociedade que, somadas às adquiridas desde 1 de Janeiro do ano civil anterior, excepto por efeito de aumento de capital, lhe atribuíssem 20% dos votos correspondentes ao capital social. Deste modo, verificamos que estas condições específicas obedeciam a funções distintas: a primeira, pretendia regular o processo de *aumento* ou *sedimentação* do domínio; a segunda, pretendia regular o processo de *aquisição* do domínio; a terceira pretendia regular o processo de *aquisição* de um número de valores mobiliários relevantes em lapsos limitados de tempo.

V. Por outro lado, e no que respeita ao conteúdo da obrigatoriedade, importa reafirmar que este se limitava à imposição da OPA como *instrumento obrigatório de aquisição,* ou seja, perante a reunião das condições inerentes às qualidades da sociedade visada, e pretendendo determinada

---

[75] Sendo certo que, neste último caso, estava ainda em causa um problema geral de compatibilização entre o processo de uma OPA e o exercício do direito de preferência na transmissão de acções.

II. O Enquadramento Normativo

entidade adquirir acções dessa sociedade que provoque a integração de alguma das previsões específicas de OPA, a aquisição deveria ser feita por recurso ao *processo aquisitivo* da OPA.

Assim, apenas se impunha o *processo contratual*, resultando então naquilo a que, perante os termos de vinculação à liberdade negocial, chamámos na Introdução desta exposição de *intensidade fraca da obrigatoriedade*[76].

VI. Perante a descrição do condicionalismo assumido pelo CSC como determinante da obrigatoriedade de utilização da OPA, haverá a reter, neste momento ainda introdutório, as seguintes tendências principais da regulamentação: as sociedades em relação a cujo capital se impunha a obrigatoriedade de OPA eram as sociedades *com subscrição pública*, não se fazendo depender essa obrigatoriedade do facto de os valores emitidos por essa sociedade estarem cotados[77]; o alcance da obrigatoriedade da OPA limitava-se àquilo que definimos como *OPA-meio*, ou seja, perante o CSC o conceito de OPA obrigatória referia-se apenas à faceta de *forma obrigatória de aquisição,* sempre com uma intensidade de *obrigatoriedade fraca;* por decorrência da tendência anterior, não existia, em caso nenhum, a obrigatoriedade de lançamento de OPA geral, quer *prévia* à aquisição relevante, quer subsequente à mesma; o CSC não estipulava regras específicas para a fixação da contrapartida da *OPA obrigatória,* com excepção do caso de existirem aquisições entre a decisão de lançamento da oferta e o seu efectivo lançamento; as previsões de obrigatoriedade de OPA não se limitavam, no seu núcleo central, à hipótese de aquisição do *domínio* da sociedade visada, antes se alargando à

---

[76] Deve salientar-se que a única regra atinente à matéria da contrapartida da OPA obrigatória era a do n° 1 do art. 311°, que dispunha que, caso o oferente ou outra entidade em relação de domínio ou de grupo com esta, adquirisse acções da sociedade visada entre a *deliberação* de lançamento da oferta e o seu lançamento, as condições mais onerosas dessas aquisições constituiriam *condição mínima da oferta pública*. Note-se ainda, de forma lateral, que a referência feita neste número a *deliberação* devia ser entendida como feita a *decisão.*

[77] Evidentemente que o facto de estarem cotadas, como resulta da norma do n° 1 do art. 284° do CSC, implicava a qualificação como *sociedade com subscrição pública*; no entanto, deve atender-se ao facto de a condição de obrigatoriedade ir muito para além desse ponto, incluindo outras situações na previsão — se a cotação implicava a qualificação como *sociedade com subscrição pública*, o contrário não era necessariamente correcto. Trata-se de ponto que teremos ocasião de analisar cuidadamente e que por ora interessa reter apenas nos seus termos essenciais.

sedimentação do mesmo e à aquisição de quantidades relevantes de valores mobiliários em lapsos reduzidos de tempo.

6.3 O Código do Mercado de Valores Mobiliários

I. Este regime jurídico foi substancialmente alterado com a entrada em vigor, no ano de 1991, do Cód.MVM, cujo Capítulo I do Título IV, entre os arts. 523º e 584º, se dedicava de modo específico a esta matéria[78]. Subsequentemente, ao abrigo da competência que lhe era atribuída pelo próprio Cód.MVM, a CMVM regulamentou diversas matérias relacionadas com a disciplina da OPA.

Assim aconteceu com o Regulamento nº 91/4, de 22 de Julho, sobre *Ofertas Públicas*[79]; com o Regulamento nº 91/5, de 22 de Julho, sobre Taxas, posteriormente revogado pelo Regulamento nº 93/2, também sobre *Taxas*, de 31 de Março[80]; com o Regulamento nº 91/7, de 22 de Julho, sobre *Prospectos*[81]; e, finalmente, com o Regulamento nº 91/8, de 22 de Julho, sobre Sessões de Bolsa[82][83].

A regulamentação constante do Cód.MVM veio, em grande medida, ordenar a já mencionada heterogeneidade normativa e desordenação sistemática de alguns dos preceitos constantes do CSC, ao mesmo tempo que alterou e desenvolveu de forma significativa o regime do programa contratual da OPA e o regime da *OPA obrigatória*.

No que respeita ao primeiro ponto, refira-se desde já que as normas constantes da Secção II do Capítulo III do Título IV do CSC que, por

---

[78] O Acórdão da Relação de Lisboa de 10 de Janeiro de 1994 (CJ, 1994, 1, pp. 142 e ss), num interessante caso de aplicação da lei no tempo (que representa, tanto quanto é do nosso conhecimento, o único exemplo de jurisprudência nacional em matéria de OPA), entendeu que, apesar de a generalidade do Título IV do Cód.MVM ter entrado em vigor em 23 de Maio de 1991, o nº 2 do art. 528º apenas entrou em vigor em 23 de Julho do mesmo ano. Por essa razão, entendeu esse acórdão r.ão estar sujeita à obrigatoriedade de lançamento de OPA subsequente uma aquisição indirecta de mais de 50% do capital de uma sociedade com subscrição pública ultimada antes desse dia 23 de Julho.

[79] Vd. arts. 4º a 9º deste Regulamento.

[80] No que respeita à revogação do Regulamento nº 91/5, de 22 de Julho, vd. art. 12º deste Regulamento. No que respeita à relação com a matéria da OPA, vd. *alínea* c) do art. 4º, art. 5º, art. 7º e art. 10º.

[81] Vd. art. 18º deste Regulamento.

[82] Vd. arts. 3º e 4º deste Regulamento.

[83] Temos em atenção apenas os Regulamentos anteriores à entrada em vigor do DL nº 261/95. Quanto aos Regulamentos posteriores a esse DL, vd., infra, 6.4.

pertencerem a uma sede mais geral, estavam aí deslocadas — referimo--nos ao art. 307º (entidade fiscalizadora)[84] e ao art. 312º (dever de confidencialidade), foram revogadas, a primeira expressa e a segunda tacitamente[85], e integradas na sua sede própria.

No que respeita à regulamentação da OPA enquanto específico *programa contratual*, o Cód.MVM veio responder às inúmeras lacunas existentes no CSC, impondo um regime que, pela extensão e complexidade que incorpora, faria a sua apresentação tornar-se num processo fastidioso e deslocado nesta sede. Em qualquer caso, é importante reter que os artigos do CSC apontados como integrando este pólo do regime foram

---

[84] Evidentemente que esta revogação se deveu, em termos imediatos, à constituição da CMVM, à qual passou a caber a supervisão e fiscalização tanto do mercado primário como dos mercados secundários de valores mobiliários. Em qualquer caso, no que respeita ao problema que nos ocupa, teve como efeito mediato a correcta sistematização dos preceitos relativos à fiscalização das OPAs. Sobre as atribuições, jurisdição e competência da CMVM, vd. arts. 12º a 19º do Cód.MVM, especialmente o art. 16º.

[85] Parece claro que o legislador pretenderia entender o art. 666º do Cód.MVM como uma norma geral sobre *abuso de informação*, enquanto que o art. 312º do CSC seria entendido como comportando uma norma especial sobre *dever de confidencialidade* nos processos de OPA. Na verdade, bastará verificar as previsões de ambas as normas para verificar que a do art. 666º do Cód.MVM consome a do art. 312º do CSC, indo muito para além dela.

Assim, no art. 666º do Cód.MVM, não apenas se impõe a obrigação de confidencialidade a outras pessoas para além das previstas no art. 312º do CSC — pensamos especialmente nos casos de *trabalho ou serviços ocasionais* —, como se impõe ainda outras obrigações para além dessa — especialmente a da *alínea* a) do nº 1 —, como ainda se estatuem consequências resultantes da violação das obrigações que estão muito para além da obrigação de indemnizar prevista no art. 312º do CSC. Por isso, se estivéssemos perante uma relação de especialidade, isso significaria que, durante a preparação da OPA, apenas as pessoas mencionadas no art. 312º do CSC estariam cobertas pelo dever de confidencialidade, podendo, por exemplo, utilizar as informações em seu proveito, e que, em qualquer caso, a consequência da violação desse dever seria apenas a obrigação de indemnizar. No mesmo sentido, aponta a revogação do art. 524º do CSC, norma geral sobre *abuso de informações*, pela entrada em vigor do Cód.MVM.

Ora, esta conclusão é manifestamente absurda perante a compreensão sistemática do art. 666º do Cód.MVM, razão pela qual, na nossa opinião, se deve entender que o art. 312º do CSC foi tacitamente revogado pela entrada em vigor do Cód.MVM. Em qualquer caso, importa mencionar que o nº 2 do art. 3º do recente DL nº 261/95 revogou expressamente o art. 312º do CSC, não incorporando qualquer norma especial sobre esta matéria, o que poderá ser entendido como uma aceitação da posição exposta.

todos mantidos em vigor, pretendendo o Cód.MVM assumir-se como um diploma de extensão e desenvolvimento desses preceitos.

Finalmente, no que respeita à regulamentação da *OPA obrigatória*, o Cód.MVM veio impor um conjunto de regras da maior importância para o estudo da temática em análise, entre as quais caberá destacar o art. 523º (âmbito de aplicação) que, apesar do seu carácter geral, serve de *porta de entrada* para a compreensão do regime da *OPA obrigatória*, a *alínea* d) do nº 1 e o nº 2 do art. 525º (pessoas actuando em concertação com o oferente), os arts. 527º e 528º (obrigatoriedade da oferta pública de aquisição e obrigatoriedade de lançamento de uma oferta geral) que, em conjunto com o art. 313º do CSC, passaram a representar as normas centrais a atender nesta matéria, o art. 529º (dispensa de oferta de aquisição), o art. 530º (valores contados como do oferente) e o art. 531º (falta de realização de uma oferta geral)[86].

II. O Cód.MVM veio impor uma regulamentação muito mais elaborada e desenvolvida do que a existente até à data, procurando responder a diversas falhas da disciplina do *programa contratual* da OPA e à clara inoperância do regime da *OPA obrigatória*. Se é verdade que o regime da OPA foi introduzido com o CSC, não é menos verdade que apenas com o Cód.MVM é que o mesmo assumiu a importância, quer sob o ponto de vista da análise jurídica, quer sob o ponto de vista da relevância económica, que hoje lhe é atribuída.

Assim, no que respeita especificamente à matéria da *OPA obrigatória*, o Cód.MVM procurou conciliar a nova disciplina com aquela já constante do CSC, acrescentando diversas hipóteses de *OPA obrigatória* ao sistema existente até à data e procedendo a alterações às anteriores, tentando, apesar disso, não descaracterizar o seu núcleo essencial. Afirmava então o preâmbulo do Decreto-Lei nº 142-A/91, diploma que aprovou o Cód.MVM, que *quanto à oferta pública de aquisição (...) não se considerou conveniente alterar, pelo menos desde já, alguns conceitos fundamentais adoptados nos arts. 306º a 315º do Código das Sociedades Comerciais (sem prejuízo de complementações que se julgaram indispensáveis)*. Em consonância, o nº 2 do art. 523º do Cód.MVM, introduzindo o âmbito de regulamentação pretendido pelo Cód.MVM, dispunha que *salvo no que de outro modo se regule neste capítulo, às ofertas públicas*

---

[86] A generalidade destes normativos serão objecto da nossa específica reflexão no III Capítulo, pelo que ora alinharemos apenas os seus elementos principais de enquadramento.

de aquisição referidas no número anterior são ainda aplicáveis os artigos 306º a 315º do Código das Sociedades Comerciais (...). Deste modo, o Cód.MVM propunha uma regulamentação bipartida entre o seu próprio corpo e aquela que já resultava do CSC.

Tratou-se de opção que não deixou de merecer críticas da doutrina nacional[87], as quais, aliás, devem, na nossa opinião, ser consideradas como plenamente justificadas. Na verdade, não apenas era implicada a necessidade de confrontar normas com integrações sistemáticas distintas, como ainda se potenciavam dúvidas concretas de interpretação que, tivesse sido outra a opção do legislador, seriam facilmente evitáveis[88].

III. Deste modo, para além dos casos de OPA obrigatória previstos no art. 313º do CSC, agora lateralmente alterados pelo disposto no art. 527º do Cód.MVM, que continuavam a servir de quadro de referência para o novo regime, impunha-se ainda a obrigatoriedade de lançamento de uma OPA geral, nos termos do art. 528º do Cód.MVM, quando: **(i)** alguma entidade pretendesse adquirir valores que, por si só ou adicionados aos que devam considerar-se como pertencendo-lhe, lhe conferissem mais de metade dos votos correspondentes ao capital da sociedade em causa; **(ii)** quando alguma entidade, após a entrada em vigor do Cód.MVM e verificando-se as demais condições gerais, viesse a deter, por qualquer forma que não fosse uma OPA obrigatória prévia, valores que, por si só ou adicionados aos que devessem considerar-se como pertencendo-lhe, lhe conferissem mais de metade dos votos correspondentes ao capital da sociedade em causa[89].

Convirá relembrar que, no quadro previsto no CSC, o art. 313º fixava duas condições com carácter geral, presentes em todas as previsões de OPA obrigatória, que se prendiam com qualidades inerentes à sociedade visada — a sua natureza de *sociedade com subscrição pública* e o regime de transmissão de acções previsto no contrato, ou seja, a inexistência de direito de preferência dos accionistas nas compras ou trocas

---

[87] Cfr. RAÚL VENTURA, ob.cit., pp. 231-32; JOSÉ MIGUEL JÚDICE; MARIA LUÍSA ANTAS, ANTÓNIO ARTUR FERREIRA E JORGE DE BRITO PEREIRA, ob.cit., pp. 13-14.

[88] Refira-se desde já que a unificação desta regulamentação apenas veio a ser realizada com o DL nº 261/95.

[89] Para uma análise dos vários problemas de compatibilidade entre estas regras do Cód.MVM e as regras do CSC, problemas que, após a entrada em vigor do DL nº 261/95 se devem considerar ultrapassados e a que, por isso, não atenderemos na continuação desta exposição, vd. RAÚL VENTURA, ob.cit., pp. 231-232 e 240-241.

de acções. Com o Cód.MVM, estas continuaram a ser as duas únicas condições com carácter geral, embora o seu conteúdo tenha sido alterado.

Assim, onde antes se entendia por *sociedade com subscrição pública* aquelas previstas no art. 284° do CSC — as sociedades constituídas com apelo a subscrição pública, aquelas que, num aumento de capital, tivessem recorrido a subscrição pública, e ainda aquelas cujas acções estivessem cotadas em bolsa —, com a *alínea* a) do n° 2 do art. 527° do Cód.MVM veio-se equiparar a essas as sociedades que tivessem dispersado o seu capital pelo público por qualquer outra forma, nomeadamente através de ofertas públicas de venda ou troca lançadas pela própria sociedade ou pelos seus accionistas[90].

Por outro lado, onde antes era condição geral de obrigatoriedade de OPA a inexistência de estipulação de direito de preferência dos accionistas nas compras ou trocas de acções, com a *alínea* b) do mesmo artigo veio estipular-se que esse facto só *dispensaria*[91] a obrigatoriedade de OPA quando as acções fossem efectivamente adquiridas por accionistas no exercício desse direito de preferência.

Quanto às novas condições específicas, verificamos que as mesmas continuavam a prender-se com qualidades inerentes à entidade oferente na sua relação com a sociedade visada. De qualquer modo, ao contrário da heterogeneidade funcional que resultava das hipóteses previstas no CSC, as novas condições então introduzidas, que passavam a valer em paralelo com as anteriores, obedeciam a uma única função — a regulação do processo de aquisição do controle.

IV. Perante o sistema de OPA obrigatória emergente do Cód.MVM, no confronto e na coordenação com o que resulta do CSC, haverá a reter desde já as seguintes tendências da regulamentação: reafirma-se o princí-

---

[90] Alteração com a maior das importâncias no que respeita à compreensão deste sistema e que teremos ocasião de analisar detalhadamente. Vd., *infra,* 8.2.

[91] A referência da alínea b) do n° 2 do art. 527° a *dispensa* poderia ser entendida como pretendendo convocar o regime do art. 529°, que tem aliás a epígrafe *dispensa de oferta de aquisição*. No entanto, parece não ter qualquer sentido a aceitação, no n° 1 do art. 527° do Cód.MVM, do quadro de previsões do art. 313° do CSC, ao mesmo tempo que se transformava um pressuposto da obrigação — e correlativamente um elemento de identificação da mesma — num elemento de apreciação da CMVM sujeito, nomeadamente, à regra do n° 4 desse art. 529°. Por isso, entendemos que aqui a expressão *dispensará* pretende apenas delimitar negativa e automaticamente a regra da *alínea* b) do n° 1 do art. 313° do CSC, não tendo o sentido atribuído à mesma expressão no sistema do Cód.MVM. Teremos ocasião de analisar com maior detalhe esta alteração.

pio segundo o qual as sociedades em relação a cujo capital se impõe a obrigatoriedade de OPA são as sociedades com subscrição pública, não se fazendo depender essa obrigatoriedade do facto de os valores por si emitidos estarem cotados, apesar de o alcance desse conceito ser alterado pela introdução de uma equiparação; o âmbito de obrigatoriedade da OPA alarga-se, ou seja, deixa de se referir apenas à faceta de *forma de aquisição com obrigatoriedade fraca*, passando a integrar casos de *obrigatoriedade média e forte,* ou seja, no que respeita a esta última, da obrigação de efectuar a proposta de aquisição de valores mobiliários, mesmo contra a vontade de aquisição dos títulos, por intermédio da OPA; por decorrência da tendência anterior, ao lado das OPAs parciais obrigatórias, surgem as OPAs gerais obrigatórias, quer na sua faceta de *OPA prévia,* quer na sua faceta de *OPA subsequente*; as previsões de obrigatoriedade de OPA, continuando a não se limitar à hipótese de aquisição do *domínio* da sociedade visada, vêem este traço assumir uma importância fundamental na compreensão do regime.

6.4 O Decreto-Lei nº 261/95, de 3 de Outubro

I. O regime jurídico que vimos de apresentar, então dividido centralmente entre os articulados do CSC e do Cód.MVM, foi de novo alterado com a entrada em vigor do recente DL nº 261/95, de 3 de Outubro. Subsequentemente à introdução destas alterações, a CMVM editou ainda o Regulamento 95/8, de 23 de Novembro, sobre *deveres de comunicação emergentes da derrogação de obrigatoriedade de lançamento de OPA*[92].

O DL nº 261/95, tendo implicado uma profunda alteração na estrutura elementar da regulamentação existente, ao unificar o regime, antes dividido entre o CSC e o Cód.MVM, no corpo deste último, e assim tendo respondido aos problemas de ordem metodológica antes sentidos, veio ainda introduzir um conjunto de modificações da maior relevância no que respeita ao problema que nos ocupa. Por isso, não deverá ser a importância da alteração sistemática introduzida no regime que deverá fazer esquecer a relevância das alterações materiais introduzidas, quer no que respeita à dimensão de regulação do *programa contratual* quer ainda,

---

[92] Já posteriormente à redacção deste trabalho foram aprovados alguns diplomas com relevância na análise desta matéria.

e especialmente, no que respeita à dimensão de regulação da *OPA obrigatória*.

O propósito assumido pelo diploma, segundo resulta do seu preâmbulo, passa pela vontade de *flexibilização de regimes* e pela *simplificação de procedimentos que, sem concessões no que respeita à defesa da estabilidade e transparência do mercado e à protecção dos investidores, contribuam para o dinamismo e o crescimento sustentado do mercado de capitais. Paralelamente, procurou-se retirar algumas lições da experiência da aplicação havida, esclarecendo-se dúvidas de interpretação e corrigindo-se soluções que se revelaram menos adequadas ou razoáveis.* No que respeita à matéria que nos ocupa, afirma ainda o preâmbulo do diploma ter-se entendido *que, não se tendo ainda formado o consenso dos Estados membros da União Europeia necessário para a aprovação da proposta de directiva apresentada sobre esta matéria pela Comissão e tendo em conta as condições actuais do tecido empresarial português, não se justifica a alteração da definição genérica do condicionalismo legal determinante da obrigatoriedade do lançamento de ofertas públicas de aquisição, que se manteve basicamente inalterado.*

Teremos ocasião de verificar, ao longo do decurso do presente trabalho, que alguns dos propósitos assumidos neste preâmbulo não se revelam conformes com o alcance das alterações efectivamente introduzidas. Na verdade, importa reter desde já que, mesmo no que se refere à *definição genérica do condicionalismo legal determinante da obrigatoriedade do lançamento de ofertas públicas de aquisição*, foram introduzidas alterações da maior relevância ao sistema pré-existente, entre as quais caberá destacar um dos elementos delimitadores desta obrigatoriedade — o conceito de *sociedade com subscrição pública* —, em relação ao qual as alterações assumem particular importância.

II. No que respeita ao regime do *programa contratual*, serão de salientar as alterações introduzidas no art. 532º (princípios gerais), no art. 534º, no art. 540º (relatório do órgão de administração da sociedade visada), no art. 542º (recusa de registo), no art. 546º (anúncio de lançamento da oferta), no art. 550º (contrapartida da oferta), no art. 553º (conteúdo do relatório do órgão de administração da sociedade visada), no art. 558º (revisão facultativa da oferta), no art. 561º (lançamento de ofertas concorrentes), no art. 564º (anúncio preliminar e registo), no art. 567º (interrupção da negociação em bolsa), no art. 568º (transacções proibidas), no art. 575º (limitação dos poderes de administração da sociedade visada) e no art. 581º (ofertas subsequentes).

No que respeita ao regime da *OPA obrigatória* serão de salientar as alterações introduzidas no n° 2 do art. 525° (pessoas actuando em concertação com o oferente), no novo sistema de previsões de *OPA obrigatória* introduzido no art. 527°, que não se limita a decalcar o sistema resultante da anterior versão desse artigo com o art. 313° do CSC, no art. 528°, no art. 529° (dispensa de oferta de aquisição), no art. 530° (valores contados como do oferente) e no art. 531° (falta de realização de uma oferta obrigatória). Importância extrema reveste ainda a introdução de dois novos artigos no Código — os arts. 528°-A (derrogações) e 531°-A (perda da qualidade de sociedade com subscrição pública). Finalmente, fora da sede da regulamentação da OPA, mas com importância primordial no que respeita a esta, caberá assinalar a introdução, na nova *alínea* j) do n° 1 do art. 3°, de uma definição de *sociedade de subscrição pública*.

III. No que respeita às previsões de *OPA obrigatória*, e sem prejuízo das alterações de estrutura a que já fizemos referência, haverá a assinalar as seguintes alterações de regime: **(i)** em geral, onde antes, nas previsões da *alínea* c) do n° 1 do art. 313° do CSC, se referia domínio, passou agora a referir-se *metade dos votos correspondentes ao capital da sociedade visada*, no que se deve entender um esclarecimento do conceito antes utilizado; **(ii)** onde, ainda nessa previsão do CSC, se impunha a OPA como *forma obrigatória de aquisição,* para o caso de as acções a adquirir, só por si ou somadas às já adquiridas desde 1 de Janeiro do ano civil, excepto por efeito de aumento de capital, lhe atribuírem 20% dos votos correspondentes ao capital social, passou a *alínea* c) do n° 1 do art. 527° do Cód.MVM a manter a mesma previsão, eliminando a referência a *aumento de capital;* **(iii)** onde antes, ainda na mesma *alínea* do CSC, se impunha a OPA, como *forma obrigatória de aquisição*, para quaisquer aquisições da entidade dominante, veio agora dispor-se que essa obrigatoriedade só existe quando a entidade *já detenha valores que lhe assegurem mais de metade, mas menos de dois terços, dos direitos de voto correspondentes ao capital da sociedade visada e pretenda adquirir, em cada ano civil, valores que lhe atribuam mais de 3% desses direitos, ou, em qualquer momento, valores que, adicionados aos que na altura devam considerar-se como pertencendo-lhe por força do mesmo artigo (artigo 530°) lhe confiram dois terços ou mais de dois terços dos mesmos direitos.*

IV. Já verificámos que o art. 313° do CSC fixava duas condições com carácter geral, presentes em todas as previsões de OPA obrigatória — a sua natureza de *sociedade com subscrição pública* e a inexistência de estipulação de direito de preferência dos accionistas nas compras ou trocas de acções. Já verificámos também que, com a entrada em vigor do Cód.MVM, estas continuaram, conceptualmente, a ser as duas únicas condições com carácter geral, embora o seu conteúdo tenha sido alterado. Ora, com a entrada em vigor do DL n° 261/95, mais uma vez assistimos à alteração desses pressupostos.

Assim, na versão original do Cód.MVM entendia-se por *sociedade com subscrição pública*, por força da aplicação conjunta da *alínea* b) do n° 1 do art. 313 do CSC, com o art. 284° do CSC e com a *alínea* a) do n° 2 do art. 527, as sociedades constituídas com apelo a subscrição pública, aquelas que, num aumento de capital, tivessem recorrido a subscrição pública, aquelas cujas acções estivessem cotadas em bolsa e ainda as sociedades que tivessem dispersado o seu capital pelo público por qualquer outra forma, nomeadamente através de ofertas públicas de venda ou troca lançadas pela própria sociedade ou pelos seus accionistas. Com as alterações introduzidas pelo DL n° 261/95, o conteúdo do conceito foi elimitado por um conjunto de hipóteses de *perda da qualidade de sociedade com subscrição pública*.

Por outro lado, na versão original do Cód.MVM era erigida a condição geral de obrigatoriedade de OPA a inexistência de estipulação de direito de preferência dos accionistas na compra ou troca de acções, quando as acções fossem efectivamente adquiridas por accionistas no exercício desse direito de preferência. Com as alterações introduzidas pelo DL 261/95, esse pressuposto perdeu, formalmente, a especificidade que antes detinha, sendo agora integrado, com alterações, num conjunto de *derrogações* à obrigatoriedade de OPA previstas no novo art. 528°-A, as quais cortam verticalmente os pressupostos de cada uma das hipóteses de OPA obrigatória[93].

V. Assim, em conclusão, o regime jurídico com que teremos de contar na elaboração do presente trabalho, assenta, primariamente e após a recente alteração legislativa, no corpo do Cód.MVM, mais exactamente no Capítulo I do Título IV. Aqui é regulado, ao longo de 9 Secções, todo o programa contratual iniciado com a oferta, ao mesmo tempo que são incorporadas as regras sobre a obrigatoriedade de lançamento de OPA que, nos seus termos mais essenciais, são objecto de previsão nos arts. 527° e 528°.

---

[93] O que, como teremos ocasião de verificar, não alterou em nada a sua qualificação e natureza jurídica.

No entanto, para além das normas contidas nestes artigos, será necessário atender ainda, numa primeira linha, a todas as normas complementadoras do regime de obrigatoriedade — por exemplo, o art. 528-A (derrogações), o art. 529º (dispensa de oferta de aquisição), o art. 530º (valores contados como do oferente), o art. 531º (falta de realização de oferta obrigatória) e o art. 531-A (perda da qualidade de sociedade com subscrição pública) —, e numa segunda linha a todas as normas reguladoras do programa contratual que é posto em causa pelo regime de obrigatoriedade o que, em termos finais, fará incidir a nossa atenção na generalidade dos artigos do Capítulo I do Título IV. Para além do Cód.MVM, teremos ainda necessidade de atender à regulamentação emanada da CMVM sobre esta matéria, que já tivemos ocasião de isolar, e ainda ao CSC, como sede do regime geral sobre sociedades anónimas.

6.5 Conclusão: as previsões de OPA obrigatória e o respectivo conteúdo obrigacional no Direito português vigente

I. Perante a evolução da regulamentação que vimos de referir, especialmente no que respeita ao panorama actual dessa mesma regulamentação, estamos agora em condições de descrever as hipóteses em que o regime português impõe a OPA obrigatória, o que deverá ser feito nesta sede por forma a melhor integrar o enquadramento jurídico com que teremos de contar ao longo do presente trabalho.

Como já referimos, o alcance da obrigatoriedade da OPA varia, assumindo nuns casos o alcance de OPA obrigatória parcial e, noutros, o alcance de OPA obrigatória geral, hipóteses que coabitam, em termos que veremos não serem inteiramente pacíficos, no regime nacional. Assim, procederemos sucessivamente à análise dos casos que se incluem em uma e na outra hipóteses[94].

II. Assim, as hipóteses de *OPA parcial obrigatória* (que simultaneamente são as hipóteses em que a OPA é obrigatória como *meio* e que correspondem a uma dimensão de *intensidade fraca da obrigatoriedade)* são:

Nos termos da alínea a) do nº 1 do art. 527º do Cód.MVM, quando uma entidade pretenda adquirir valores mobiliários da natureza dos in-

---

[94] Saliente-se que qualquer das previsões que referiremos podem ser alvo de delimitação negativa.

dicados no n° 1 do art. 523° (**i**), emitidos por uma *sociedade de subscrição pública* (**ii**), já detendo, nos termos do art. 530°, valores que lhe assegurem mais de metade, mas menos de dois terços, dos direitos de voto correspondentes ao capital da sociedade visada (**iii**), e pretenda adquirir, em cada ano civil, valores que lhe atribuam mais de 3% desses direitos (**iv**).

Ainda nos termos da alínea a) do n° 1 do art. 527° do Cód.MVM, quando uma entidade pretenda adquirir valores mobiliários da natureza dos indicados no n° 1 do art. 523° (**i**), emitidos por uma *sociedade de subscrição pública* (**ii**), já detendo, nos termos do art. 530°, valores que lhe assegurem mais de metade mas menos de dois terços dos direitos de voto correspondentes ao capital da sociedade visada (**iii**), e pretenda adquirir, em qualquer momento, valores que, adicionados aos que na altura devam considerar-se como pertencendo-lhe por força do mesmo artigo, lhe confiram dois terços ou mais de dois terços dos mesmos direitos (**iv**).

Nos termos da alínea c) do n° 1 do art. 527° do Cód.MVM, quando, não se tratando de nenhum dos casos anteriores ou de um caso de OPA geral obrigatória (**i**), uma entidade pretenda adquirir valores mobiliários da natureza dos indicados no n° 1 do art. 523° (**ii**), emitidos por uma *sociedade de subscrição pública* (**iii**) que, por si só ou somados aos adquiridos por ela própria, bem como, se for o caso, aos adquiridos por terceiros e que devam considerar-se como pertencendo-lhe por força do art. 530°, desde 1 de Janeiro do ano civil anterior, lhe atribuam mais de 20% dos votos correspondentes ao capital da sociedade visada (**iv**).

III. Por outro lado, as hipóteses de OPA geral obrigatória (que simultaneamente são as hipóteses em que a OPA é obrigatória como *meio* e como *fim* e ainda que correspondem a dimensões de *intensidade média* e *forte* da obrigatoriedade*)* são:

Nos termos da *alínea* b) do n° 1 do art. 527° e do n° 1 do art. 528°, ambos do Cód.MVM, quando uma entidade pretenda adquirir valores mobiliários da natureza dos indicados no n° 1 do art. 523° (**i**), emitidos por uma *sociedade de subscrição pública* (**ii**) que, por si só ou somados aos que já detenha nos termos do art. 530°, lhe assegurem mais de metade dos votos correspondentes ao capital da sociedade visada (**iii**). Este é o caso de *intensidade média da obrigatoriedade.*

Finalmente, nos termos do n° 2 do art. 528° do Cód.MVM, quando alguma entidade, após a entrada em vigor do Cód.MVM (**i**), venha deter, por qualquer forma que não seja uma OPA obrigatória lançada nos termos do n° 1 do mesmo artigo (**ii**), valores mobiliários da natureza dos indicados no n° 1 do art. 523° (**iii**), emitidos por uma *sociedade de subscrição pública* (**iv**), que, por si só ou adicionados, se for o caso, aos que devam considerar-se como pertencendo-lhe nos termos do art. 530°, lhe confiram mais de metade dos votos correspondentes ao capital da sociedade em causa (**v**).

7. Ordenamentos estrangeiros

7.1 O Direito inglês

I. A observação do Direito inglês revela-se, a todos os títulos, de uma importância extraordinária. Em primeiro lugar, porque a dimensão do *mercado de valores mobiliários* deste país — bem como a *cultura de mercado* em que o mesmo assenta — não encontra paralelo em qualquer outro país europeu[95]. Em segundo lugar, e como consequência directa desse facto, porque a regulamentação inglesa é o resultado de uma experiência notável e rica em vicissitudes várias que, por isso, foi utilizada, directa ou indirectamente, como exemplo e inspiração para muitas das legislações europeias nesta área, nomeadamente para a nacional.

A evolução do regime jurídico inglês revela-nos um caso exemplar em que, por um lado, a aceitação da figura da OPA precedeu a sua regulamentação e em que, por outro lado, a regulamentação da OPA como *instrumento de aquisição de valores mobiliários* não surgiu em paralelo com a regulamentação da *OPA obrigatória*, antes tendo-a claramente precedido — a regulamentação da *OPA obrigatória* encontra a sua génese na aplicação do regime do processo contratual da OPA, surgindo como correcção das deficiências[96] de aplicação daquele. Por isso, e sem prejuízo de a nossa atenção se ir focar especialmente no regime vigente, já que é

---

[95] Para o conhecimento de alguns termos de comparação em momentos distintos das últimas décadas, vd. GEOFFREY MILLS, «Acquisitions — Setting the Scene», in *Company Acquisitions Handbook,* 3ª Ed., Tolley, 1994, pp. 1-4; NORMAN. S. POSER, *International Securities Regulation,* Little, Brown & Co., Boston, 1991, pp. 251-252; EDDY WIMEERSCH, «Cession de Controle et Offres Publiques Obligatoires», RPS, 1991, pp. 216-217; LORENZO DE ANGELIS, «Il nuovo City Code on Take-overs and mergers», RivSoc., 1985, pp. 1170-1171; DIEGO CORAPI, cit., pp. 291-292.

[96] Não em sentido jurídico, mas antes no sentido de criação de resultados contestados pelo mercado.

em relação a esse que se propicia o enquadramento geral que procuramos neste momento, deteremos alguma da nossa atenção no conhecimento dos principais momentos dessa evolução[97].

II. Não obstante a popularização desta forma de aquisição de valores mobiliários em Inglaterra entre a segunda metade dos anos quarenta e a década de cinquenta[98], apenas em Outubro de 1959 foi redigida a primeira tentativa de regulamentação sistematizada desta matéria — o *Notes on Amalgamations of British Business*, também conhecido como *City Memorandum*[99].

---

[97] Sobre a evolução do regime inglês em matéria de OPA até ao *City Code*, em relação à qual apenas se pretende apresentar os tópicos principais, vd., por todos, L.C.B GOWER, *Principles of Modern Company Law,* 5ª Ed., Sweet & Maxwell, London, 1992, pp. 703-704; LORENZO DE ANGELIS, «Il *City Code*: dieci anni dopo», RivSoc., 1978, pp. 1353-1356; ROBERT PENNINGTON, «Relazione sulle offerte pubbliche di acquisto di titoli a fine di controllo e sulle altre offerte pubbliche», RivSoc., 1975, pp. 735-740; J.H. FARRAR, *Company Law,* Butterworths, London, 1985, pp. 501-502; PIERGAETANO MARCHETTI, «Le offerte pubbliche di acquisto — Le norme della City di Londra sulle offerte pubbliche di acquisto e sulle concentrazioni», RivSoc., 1977, pp. 753-757; GIANNI NUNZIATE, «Take-Over Bids», RDC, 1961, pp. 163-171; GARCIA DE ENTERRIA, ob.cit., pp 31-45..

[98] São vários os factores que contribuíram para esta situação, nomeadamente a subvalorização generalizada de cotações que se verificou até 1958, directamente motivada pela grande carga fiscal imposta à distribuição de dividendos, as dificuldades de gestão sentidas em muitas empresas após 1945, a desactualização da descrição nos balanços dos bens sociais e a atracção provocada no mercado por sociedades com grandes recursos de capital num momento em que era particularmente difícil o acesso a crédito bancário. Para uma descrição mais detalhada deste panorama vd., por todos, ROSS CRANSTON, «The rise and fall of the hostile takeover», in *Europen Takeovers — Law and Practise,* cit., pp. 77-80.

[99] Até então, a regulamentação aplicável aos takeovers era extremamente reduzida e insipiente, estando principalmente contido no *Prevention of Fraud (Investments) Act* de 1939 (revisto em 1958) e em alguma regulamentação posterior que não se aplicava directamente aos *merchant banks.* Em face da escassa regulamentação existente e do deficiente âmbito de aplicabilidade da mesma, trata-se de um período em que inúmeros excessos foram cometidos, num panorama de verdadeiro *capitalismo selvagem.*

Um dos casos mais importantes, e que hoje é entendido como estando directamente na base de concepção do *City Code,* é o da chamada "grande guerra do alumínio" que, em 1958, a propósito da aquisição do controle da *British Aluminium Company* pelas sociedades *Tube Investments* e *Reynolds Metals,* colocou na praça pública um combate feroz por uma das mais importantes sociedades inglesas, opondo a generalidade dos tradicionais Bancos da *City of London* a um *outsider* — o Banco M.M. Warburg & Co., na pessoa de Sigmund Warburg. Sobre este caso vd., por todos, ROSS CRANSTON, cit., pp. 83-84. Em geral, sobre este período, vd. L.C.B GOWER, ob.cit., pp. 703-704.

II. O Enquadramento Normativo 73

Este texto, que pretendia estabelecer um conjunto de regras disciplinadoras do processo contratual da OPA por forma a evitar o comportamento abusivo das partes envolvidas, resultou de um *convite* do Governador do Banco de Inglaterra à *Issuing Houses Association* para se pronunciar sobre a regulamentação dos *takeover bids*, entidade que redigiu o texto em colaboração com o *Accepting Houses Comitee*, a *Association of Investment Trusts*, a *British Insurance Association*, o *Comitee of London Clearing Bankers* e a *London Stock Exchange*[100].

O *City Memorandum*, que se diz hoje ter sido *mais honrado no seu incumprimento do que na sua observância*[101] representa o ponto de partida do processo de auto-regulamentação que ainda hoje é adoptado em Inglaterra nesta área do Direito[102].

III. Em Outubro de 1967, como consequência directa da avaliação de diversos problemas sentidos na aplicação dessa regulamentação, e perante um panorama de fortes críticas provenientes principalmente da imprensa e do Parlamento[103], foi reunido um grupo de trabalho — o *City*

---

[100] Vd. GIANNI NUNZIATE, cit., pp. 163-171.

[101] A expressão é de ROSS CRANSTON, cit., p. 89. L.C.B. GOWER, de forma não menos expressiva, chama às Notes on Amalgamations of British Business um *modesto conjunto de "Queensberry Rules"* (as *Queensberry Rules* eram um conjunto de regras sobre a prática do boxe em Inglaterra, editadas em 1867).

Por forma a tentar corrigir alguns dos problemas sentidos, o *City Memorandum* foi revisto em 1963, dando lugar às *Revised Notes on Company Amalgamation and Mergers*.

[102] Para uma exaustiva análise, sob os pontos de vista histórico e crítico, das técnicas de regulamentação adoptadas na área do mercado de valores mobiliários britânico, vd. J.H. FARRAR, ob.cit., pp. 474-500.

É interessante verificar que a reunião do *City Working Party* para elaboração do *City Code on Takeovers and Mergers* se seguiu a um amplo debate sobre a melhor forma de regulamentação desta matéria — se baseada num sistema de auto-disciplina, se baseada num sistema de intervenção estatal com actuação de um órgão de fiscalização nomeado pelo governo, de certa forma à semelhança da *Securities and Exchange Commission* Norte Americana. A opção foi no primeiro sentido, sendo os argumentos então apresentados para fundamentar essa decisão os mesmos que, ainda nos dias de hoje, são utilizados na apreciação do problema — o sistema de auto-regulamentação facultava um grau de flexibilidade, de rapidez e de eficácia de intervenção que não eram equiparáveis aos da outra opção; o *Panel* e o seu secretariado teriam a possibilidade de agir imediatamente antes e durante uma transacção, enquanto que uma comissão de base estatal, na maior parte dos casos, veria essa eficácia de actuação posta em causa pela rigidez de meios e virtual impugnação judicial. Vd. M.A. WEINBERG, ob.cit., pp. 389-390.

[103] Essas críticas derivaram, sobretudo, de um triplo conjunto de factores: **(i)** a insuficiente protecção dos accionistas minoritários, tornada clara por um conjunto de

Working Party — do qual faziam parte membros indicados pelo Banco de Inglaterra, pela *Issuing Houses Association,* pela *Accepting Houses Comittee,* pela *Association of Investment Trust Companies,* pela *British Insurance Association,* pelo *London Clearing Banker's Comittee,* pela *Confederation of British Industry,* pela *London Stock Exchange* e pela *National Stock Association of Pension Funds.*

Como resultado desse trabalho, em Março de 1968 foi publicado o *City Code on Takeovers and Mergers* que, tendo sido objecto de várias revisões gerais[104], ainda hoje representa o documento central a atender na compreensão da regulamentação desta matéria no Direito inglês.

O *City Code* assume a natureza de um Código de auto-disciplina, não tendo por isso força de lei[105]. No seu âmbito, ainda no ano de 1968,

---

operações em que foi adquirido o controle de sociedades, por valores substancialmente superiores aos do mercado, em prejuízo destes; **(ii)** a deficiente aplicação das regras sobre direito de informação dos accionistas, tornada clara por um conjunto de situações em que se revelava a incompatibilidade entre as informações financeiras tornadas públicas por entidades oferentes e as que derivavam posteriormente dos órgãos e entidades de fiscalização; e **(iii)** a prática de procedimentos de defesa pela sociedade visada consideradas eticamente incorrectas e que, por muitas vezes, frustravam a OPA em curso — é o caso do aumento de capital no curso da OPA, deliberado pelo órgão de administração sem consentimento dos accionistas, colocando as novas acções em entidades de confiança do management.

É interessante verificar que, ainda hoje, estes três factores problemáticos representam algumas das principais linhas de ponderação das legislações europeias sobre esta matéria, nomeadamente da nacional. Vd. T. PETER LEE, «Regulation of takeovers in selected national legal sistems», *European Takeovers — Law and Practise,* (dir. Klaus Hopt e Eddy Wymeersch), Butterworths, London, 1992, pp. 133-134; GRAHAM STEDMAN, *Takeovers,* Longman, London, 1993, pp. 64-67.

[104] Referimo-nos às revisões de 1969, 1972, 1976, 1981, 1985, 1986, 1988 e 1990. Vd. ROBERT PENNINGTON, Company Law, cit., p. 998; J.H. FARRAR, ob.cit., p. 502.

[105] Como se afirma expressamente na sua Introdução: O Código não tem, nem pretende ter, força de lei. Apesar disso, tem sido reconhecido, quer pelo governo, quer pelas demais autoridades, que aqueles que pretendem agir no âmbito do mercado de valores mobiliários do Reino Unido devem adoptar uma conduta, em matérias relacionadas com "takeovers", de acordo com as boas práticas do comércio e por isso de acordo com o Código.

Em qualquer caso, importa referir que a natureza jurídica do *Code* representa matéria extremamente complexa, que não caberá desenvolver em detalhe nesta sede e que está em profunda revisão neste momento. Na verdade, já por várias vezes os Tribunais adoptaram as suas regras, considerando que o regime aí contido representa um conjunto objectivo de garantias de *fairness* perante os accionistas minoritários que estes tomam em consideração na formação das suas decisões — neste sentido, o alcance do *Code* ainda

II. O Enquadramento Normativo

foi criado o *Panel on Takeovers and Mergers,* entidade cujas competências não são atribuídas por lei[106] e a quem compete a aplicação — com funções de supervisão, aconselhamento, interpretação e aplicação de sanções — e a revisão das regras do *City Code*[107].

---

seria meramente indirecto. No entanto, muito recentemente (em 1991, com o caso *R v Spens)* entendeu o *Court of Appeal,* no âmbito de um processo criminal, que a matéria contida no *Code* apresenta uma tal similitude com a lei que a sua discussão representa uma questão de direito — por isso sujeita a julgamento por juízes — e não uma questão de facto — hipótese em que estaria sujeita a julgamento por jurados. Sobre este ponto, vd. GRAHAM STEDMAN, ob.cit., pp. 63-64. Por se tratar de uma matéria intrinsecamente ligada ao estatuto do *Panel on Takeovers and Mergers,* procederemos a alguns desenvolvimentos complementares e referências bibliográficas nessa sede.

[106] A expressão inglesa, que melhor permite compreender o seu conteúdo, é *non-statutory body.*
No ano de 1986, no âmbito da reorganização do sistema financeiro propiciado pela entrada em vigor do *Finantial Services Act,* foi ponderada a alteração de estatuto do *Panel,* a qual foi mantida, nos seus aspectos estruturais, intacta, por pressões do próprio *Panel.* Para uma descrição deste processo e respectivas referências bibliográficas vd., por todos, NORMAN S. POSER, ob.cit., pp. 254-255.

[107] O *Panel* é formado por um Presidente e um Vice-Presidente independentes, nomeados pelo Governador do Banco de Inglaterra, e por um representante de cada uma das seguintes entidades: *The Association of British Insurers, The Association of Investment Trust Companies, The Association of Unit Trusts and Investment Funds, The British Bankers' Association, The British Merchant Banking and Securities Houses Association, The Confederation of British Industry, The Institute of Chartered Accountants in England and Wales, The International Stock Exchange of the United Kingdom and the Republic of Ireland Limited, The Investment Management Regulatory Organisation, The National Association of Pension Funds* e *The Securities and Futures Authority.* Para uma análise detalhada da estrutura, funcionamento e natureza do *Panel,* vd. M.A. WEINBERG, ob.cit., pp. 3098-3100; GRAHAM STEDMAN, ob.cit. pp. 58-64; A.J. BOYLE e J.R. BIRD, *Company Law,* 2ª ed., Jordan & Sons Ld., Bristol, 1987, pp. 681-683; T. PEETER LEE, ob.cit., pp. 134-135; e J.H FARRAR, ob.cit., p. 502.
Assim como acontece quanto ao *Code,* também a natureza jurídica do *Panel* se revela como matéria complexa e em revisão no presente momento. Já em 1985, J.H. FARRAR *(id.,* p. 500) qualificava o estatuto do *Panel* como assentando num *limbo.* Confirmando essa afirmação, dois casos recentes *(case R v Panel on Takeovers and Mergers, ex parte Datafin plc* e *case R v Panel on Takeovers and Mergers, ex parte Guinness plc,* respectivamente de 1987 e 1991) foi estabelecido o princípio segundo o qual as decisões do *Panel* estariam — dentro de certos limites — sujeitas a recurso judicial, o que apenas acontece, em regra, em relação a entidades com competências atribuídas por lei — *statutory bodies.* O fundamento para essas decisões assenta no facto de se justificar essa possibilidade de recurso por a actuação do *Panel* ser similar àquela de um *statutory body.* Sobre esta matéria, vd. GRAHAM STEDMAN, ob.cit., pp. 63-64; L.C.B. GOWER, ob.cit.,

O panorama que conduziu à criação do *Code* e do *Panel*, a que já nos referimos de modo sumário, é por si mesmo explicativo dos principais objectivos assumidos pelo *City Code* que, na formulação actual, são os seguintes[108]: (1) assegurar a igualdade de tratamento entre todos os accionistas titulares da mesma categoria de acções; (2) regular a transmissão de *informação privilegiada* no decurso de qualquer oferta; (3) assegurar a seriedade de qualquer anúncio de lançamento de uma oferta; (4 e 5) assegurar a igualdade no conhecimento de informação adequada e atempada por forma a facultar aos accionistas as bases de decisão sobre os méritos de qualquer oferta; (6) assegurar o funcionamento correcto do mercado no que respeita às acções das sociedades envolvidas nas operações; (7) assegurar que a administração de qualquer sociedade visada por uma oferta, não tome medidas que visem a frustração dessa oferta contra a vontade dos seus accionistas; (8) corrigir os excessos do abuso de uma posição maioritária; (9) estabelecer as bases do comportamento adequado da administração de uma sociedade visada no decurso de uma oferta; (10) assegurar que, como regra, nos casos de aquisição ou consolidação, directa ou indirecta, de uma posição de controle, seja realizada uma oferta geral a todos os accionistas. É a partir deste enquadramento que deve ser compreendida a regulamentação imposta para a *OPA obrigatória*.

IV. A figura da *OPA obrigatória* foi introduzida no Direito inglês pelo *City Code,* no que deve ser considerada a primeira consagração europeia deste mecanismo, tendo sofrido, do ano de 1968 até ao presente, uma evolução extremamente interessante.

Deve mesmo ser referido que parte das críticas que formavam o panorama que levou à redacção do *Code* assentavam exactamente na mesma base que conduziu à consagração da *OPA obrigatória* — por várias vezes foram realizadas operações de tomada do controle de sociedades, recorrendo à aquisição particular ou a OPAs parciais, por valores

---

pp. 706-707; NIGEL BOARDMAN, «Legal Aspects of Acquisitions», in *Company Acquisitions Handbook,* 3ª Ed., Tolley, London, 1994, pp. 71-72; NORMAN S. POSER, ob.cit., p. 256-257; M.A. WEINBERG, ob.cit., pp. 3092-3097; e ROBERT PENNINGTON, *Company Law,* cit., 998-999; A.J. BOYLE e J.R. BIRD, ob.cit., pp. 683-684.

[108] Trata-se de princípios consagrados no *Code* sob a epígrafe *General Principles,* após a Introdução e antes das Definições e das Regras propriamente ditas. Para uma análise destes princípios e das suas concretizações, vd. GRAHAM STEDMAN, ob.cit., pp. 66-67; ROBERT PENNINGTON, *Company Law,* cit., pp. 999-1000; A.J. BOYLE e J.R. BIRD, ob.cit., pp. 685-687; T. PEETER LEE, cit., pp. 133-134.

substancialmente superiores aos do mercado, sem que as vantagens derivadas desse aumento de valor fossem partilhadas por todos os accionistas, o que conduziu a uma fortíssima reacção dos accionistas minoritários. Por isso, o sistema foi avançando gradualmente no sentido da extensão aos accionistas minoritários do preço pago ao detentor do controle, como se pode verificar da sucinta exposição que se segue.

Na versão original do *City Code,* a *OPA obrigatória* assumia uma feição bastante restrita, estando intimamente ligada à relação fiduciária dos accionistas com os administradores da sociedade visada. Na verdade, dispunha-se no Ponto 10 das *regras particulares* que, como regra, os administradores que, directa ou indirectamente, detivessem o controle efectivo de uma sociedade não podiam ceder a sua participação de controle, a menos que o adquirente de tal participação alargasse a sua oferta de aquisição, durante um período de tempo razoável, aos titulares das restantes acções da sociedade[109]. Deste modo, a formulação implicava que, em termos imediatos, a obrigação imposta incidia não sobre o adquirente das acções, mas antes sobre os administradores — a solução tinha em vista situações concretas ocorridas antes da redacção do *City Code,* e respondia apenas aos problemas efectivamente sentidos.

Em 1972, essa regra veio a ser alterada, sendo contruído um sistema bipartido. Ao mesmo tempo que se mantinha a obrigação sobre os administradores, nos termos da *rule* 35ª a *OPA obrigatória* era imposta a qualquer entidade que viesse a deter valores mobiliários que conferissem uma percentagem de direitos de voto igual ou superior a 40%. Pela primeira vez a *OPA obrigatória* é directamente imposta aos adquirentes de valores mobiliários, sendo descaracterizada a sua natureza de obrigação *fiduciária* dos administradores[110]. Quatro anos mais tarde, na revisão de 1976, o limite vem a ser fixado nos 30%, que ainda se mantém até aos dias de hoje.

V. Actualmente, esta matéria ainda se encontra centralmente regulada pelo *City Code on Takeovers and Mergers.* No entanto, e sem prejuízo de ser aí que encontramos o enquadramento jurídico sobre a específica matéria que nos ocupa, importa referir que existem um conjunto de regras em outras fontes sobre a matéria geral dos *takeovers.*

---

[109] EDDY WIMEERSCH, cit., pp. 216-217; ROBERTO WEIGMAN, *Trattato ...,* ob.cit., pp. 394-395.

[110] Vd. GEOFFREY MORSE, *Company Law,* 14ª Ed., Sweet & Maxwell, London, 1991, pp. 858-859; ROBERTO WEIGMAN, id.ib.

Na verdade, para além do *City Code,* ainda encontramos conjuntos relevantes de regras directamente enquadradoras desta matéria no chamado *Yellow Book*[111], aplicáveis apenas nos casos em que a sociedade visada tenha os seus títulos negociados na Bolsa de Valores de Londres[112]; no *Companies Act* de 1985[113]; no *Finantial Services Act* de 1986[114]; e nas *Rules Governing Substancial Acquisition of Shares (RGSAS)* de 1980.

VI. Após o conhecimento sumário da evolução do regime inglês e a apresentação do enquadramento normativo que o mesmo nos proporciona, importa agora dedicar mais especificamente a nossa atenção ao regime de *OPA obrigatória* imposto pelo *City Code on Takeovers and Mergers.*

---

[111] O Yellow Book — nome pelo qual são geralmente conhecidas as *Listing Rules of the UK Stock Exchange* — incorpora um conjunto de regras elaboradas pela Bolsa de Londres sobre a admissão de valores mobiliários aos mercados de capitais e sobre as obrigações específicas derivadas dessa admissão. Trata-se de um conjunto de normas que, apesar de terem uma entidade emitente comum, apresenta uma natureza jurídica heterogénea — parte das regras aí contidas têm uma natureza similar à das regras do *City Code,* a que já nos referimos; outras têm uma natureza legislativa, por serem emitidas ao abrigo de uma competência expressamente atribuída pela Parte IV do *Finantial Services Act.* Vd. GRAHAM STEDMAN, ob.cit., p. 13.

[112] As regras relevantes encontram-se contidas no Capítulo 2 da Secção 6 do *Yellow Book* e, naturalmente, apenas se aplicam em relação a sociedades cotadas. A parte mais substancial dessas regras prende-se com especiais características do direito à informação no curso de uma oferta, não tendo por isso relevância directa para a análise do tema específico que nos ocupa. Para uma análise detalhada das regras do *Yellow Book* relacionadas com *takeovers,* vd. GRAHAM STEDMAN, ob.cit., pp. 379-393.

[113] As regras contidas no *Companies Act* com relevo na definição do enquadramento geral desta matéria, referem-se a pontos específicos do regime, como sejam, por exemplo, as acções na disponibilidade dos accionistas minoritários para fazer valer os seus direitos no caso de uma *public company* pretender ser registada como uma *private company* (s. 54) ou no caso de os interesses sociais serem conduzidos de forma injustamente (*unfairly*) prejudicial aos seus interesses, ou como sejam ainda as obrigações de informação na disponibilidade dos accionistas e obrigações de notificação (por exemplo, ss. 318, 198-220, 312 e 314). Em qualquer caso, também aqui não encontramos regras directamente enquadradoras do tema mais específico que nos ocupa. Para uma análise das normas do *Companies Act* relacionadas com *takeovers,* vd., GRAHAM STEDMAN, ob.cit., pp. 57-58.

[114] As regras contidas no *Finantial Services Act* com relevo no enquadramento geral desta matéria referem-se exclusivamente à intervenção — e inerentes termos de responsabilidade — das entidades autorizadas a desenvolver actividades de *investment business* (como definidas na s.1). Sobre esta matéria, vd. GRAHAM STEDMAN, ob.cit., pp. 57-58, 262-264 e 258.

Importa começar por afirmar que o âmbito subjectivo de aplicação das regras sobre *OPA obrigatórias* deriva do próprio âmbito geral de aplicação do *City Code*. Este, conforme se dispõe em 4. da Introdução, regula os *takeovers* efectuados sobre qualquer *public company*[115] com sede no Reino Unido, Ilhas do Canal e Ilha de Man, independentemente do facto de os valores mobiliários por si emitidos estarem ou não cotados, e ainda, nos termos da regra 4.(a) da Introdução, sobre *private companies,* perante a verificação de um conjunto de circunstâncias excepcionais que, de forma unitária, podem ser reconduzidas às situações em que o capital da sociedade tenha sido objecto de qualquer forma de dispersão nos dez anos anteriores à operação em análise.

As hipóteses concretamente fixadas para a relevância, nesta sede, das *private companies,* são as seguintes: quando a sociedade tenha visto as suas acções admitidas à negociação em bolsa de valores em algum momento dos dez anos anteriores à data da operação em causa; quando a negociação do seu capital tenha sido publicitada na imprensa, de forma regular num período seguido de, pelo menos, seis meses, nos dez anos anteriores à data da operação em causa; quando o seu capital tenha sido objecto de específicas formas de negociação pública nos dez anos anteriores à data da operação em causa, nomeadamente no mercado sem cota-

---

[115] Independentemente do facto de estar cotada, como assinala M.A. WEINBERG, ob.cit., p. 391.

O conceito de public company foi alvo de uma evolução complexa. A distinção entre *public* e *private companies* foi introduzido no Direito inglês com o *Companies (Consolidation) Act* de 1908, que caracterizava as *private companies* como aquelas que tinham um número de accionistas inferior a cinquenta, ou previam limitações à livre transmissibilidade de acções, ou ainda aquelas em que era proibida qualquer forma de proposta ao público para negociação das suas acções. A distinção tinha sobretudo alcance no que respeita às obrigações contabilísticas das sociedades. Apesar de os efeitos da distinção terem variado, o conceito manteve a mesma base de compreensão até ao ano de 1980. O *Companies Act* de 1980, ao implementar a 2ª Directiva Comunitária em Direito das Sociedades, veio definir *public company* como toda aquela que, adoptando a forma de sociedade anónima, visse reconhecido o estatuto de *public company* por declaração contida no contrato de sociedade e tivesse obedecido às regras de constituição específicas das *public companies; private company,* por seu turno, é definida como toda aquela que não seja uma *public company.*

Trata-se de matéria que teremos ocasião de analisar com mais detalhe no decorrer do presente trabalho a propósito do conceito de *sociedade com subscrição pública*, e de que importa apenas reter os elementos essenciais. Vd. J.H. FARRAR, ob.cit., pp. 28-30; L.C.B. GOWER, ob.cit., pp. 12-13.

ções[116]; e ainda quando a sociedade tenha emitido capital recorrendo a subscrição pública nos dez anos anteriores à data da operação em causa[117].

Sem prejuízo dos desenvolvimentos que oportunamente apresentaremos, importa reter desde já que este âmbito de aplicação significa, em paralelo com o que acontece no regime português, que a obrigatoriedade de lançamento de OPA é fixada independentemente do facto de a sociedade visada ter os seus títulos cotados, atendendo a outros elementos de determinação relacionados com os termos de dispersão do capital social.

VII. Quanto aos demais elementos de fixação dos pressupostos da obrigatoriedade, haverá que atender à 9º regra do *Code,* a qual impõe a *OPA obrigatória*: **(i)** quando alguma entidade adquira acções que, juntamente com as acções já por si detidas ou adquiridas por entidades que consigo ajam em concertação, lhe atribuam 30% ou mais dos direitos de voto de determinada sociedade; **(ii)** ou quando alguma entidade que, juntamente com qualquer entidade que consigo aja em concertação, detenha entre 30% e 50% dos direitos de voto de determinada sociedade, e adquira, ou faça qualquer entidade que consigo aja em concertação adquirir, num período de doze meses, acções que lhe atribuam mais de 1% dos direitos de voto dessa sociedade.

VIII. Perante as previsão de obrigatoriedade de OPA, impõe o mesmo art. 9º do *Code*, que essa entidade alargue a sua oferta aos demais detentores de acções e valores mobiliários equiparados.

Por diferentes palavras e no que respeita à intensidade da obrigação em presença, dir-se-á que, perante as mencionadas previsões, se impõe sempre uma *OPA geral*. Não existem no Direito inglês hipóteses de *intensidade fraca* — já que a oferta deve sempre ser dirigida à aquisição de todas as acções — ou de *intensidade média* — já que a obrigação de lançamento da oferta é encarada como um fim, podendo o adquirente concretizar a operação de compra ou troca de títulos e surgindo a obrigação como consequência dessa aquisição. Por isso, todas as hipóteses revestem uma evidente *intensidade forte,* sendo a obrigação imposta em limitação da *liberdade de celebração* — o adquirente é obrigado a lançar a OPA mesmo que não pretendesse adquirir mais títulos para além dos que já detém.

---

[116] Vd. S. 163(2)(B) do *Companies Act* de 1985.
[117] Para um enquadramento destas hipóteses, vd. M.A. WEINBERG, ob.cit., pp. 391-
-392.

IX. É interessante verificar que, tendo as regras sobre *OPA obrigatória* surgido como resultado da vontade de corrigir os efeitos da aplicação das regras sobre o *programa contratual* da OPA, as *RGSAS* resultaram da vontade de corrigir o que se entendiam como *efeitos perversos* das regras sobre *OPA obrigatória*. Ora, apesar de estas *RGSAS* não integrarem hipóteses de *OPA obrigatória*, caberá, nesta sede, enquadrar o seu conteúdo por forma a melhor entendermos a forma como este sistema funciona.

Por várias vezes se verificaram *market raids* em que uma entidade adquiria, num lapso de tempo muito limitado, títulos representativos de 29.9% dos votos em determinada sociedade (lembre-se que a *OPA obrigatória* apenas existe a partir dos 30%), oferecendo um preço substancialmente acima do preço de mercado nesse momento[118]. Ora, foi entendido que esta conduta representava uma prática *unfair* para os demais accionistas que, pretendendo vender as suas acções, não o podiam fazer em face da limitação do período de tempo em que se processava a aquisição, bem como para os membros do órgão de administração da sociedade visada, que subitamente tinham de contar com um novo accionista detentor de uma participação muito significativa.

Assim, as *RGSAS* vieram limitar a total liberdade de aquisição a um máximo de 14.9%, estabelecendo um processo específico acima dessa percentagem. Nos termos da *Rule* 1 deste texto, como regra, não é permitido a uma entidade, num período de sete dias, adquirir acções representativas de direitos de voto, ou direitos sobre acções, representando 10% ou mais dos direitos de voto, se essa aquisição, somada com as acções e/ou os direitos já na titularidade dessa entidade, lhe conferirem 15% ou mais — sempre com o limite de 30% — dos direitos de voto[119].

---

[118] Por isso, a sua aplicação está limitada às sociedades que tenham os seus títulos admitidos à negociação em algum dos mercados secundários regulados, já que apenas quanto a estas existe, em princípio, a liquidez de títulos necessária para que o problema possa existir, como resulta do Ponto 2 da Introdução deste texto.

[119] Importará fazer algumas ressalvas. Em primeiro lugar, estas regras não se aplicam aos casos em que, por força da aquisição, resulte uma detenção de acções que confiram mais de 30% dos direitos de voto da sociedade visada; nesse caso, aplicar-se--ão as restrições à aquisição resultantes da *Rule* 5 do *City Code,* sendo obrigatório o lançamento de uma OPA subsequente. Por outro lado, estas regras também não aplicáveis no caso de a aquisição ser efectuada como um *block trade,* ou seja, no caso de se tratar de uma aquisição feita com a intenção de dispersar subsequentemente os valores em causa a um conjunto de entidades independentes antes das 12 horas do dia de bolsa seguinte. Para uma análise mais detalhada das *RGSAS* vd. GRAHAM STEDMAN, ob.cit., pp. 141-144; e J.H. FARRAR, ob.cit., pp. 526-527.

X. Caberá, para terminar este enquadramento normativo, salientar alguns dos pontos mais relevantes que resultam do sistema inglês, estabelecendo desde já o seu confronto com os parâmetros retirados da observação do sistema nacional: assim como acontece em Portugal, também em Inglaterra a obrigação de lançamento de OPA não depende do facto de a sociedade cujo capital esteja em causa ter os seus valores mobiliários admitidos a cotação; ao contrário do que acontece entre nós, em Inglaterra não existem *OPAs obrigatórias parciais;* também ao contrário do que acontece entre nós, o sistema inglês é dimensionado, de modo exclusivo, em torno da imposição da OPA como vínculo dotado de *obrigatoriedade forte,* ou seja, como obrigação imposta a determinada ou determinadas entidades de propor a aquisição, mesmo contra a sua vontade, dos valores relevantes emitidos pela sociedade em causa; por isso, e como decorrência da conclusão anterior, em nenhum caso a OPA é imposta como *mecanismo obrigatório de aquisição,* mas apenas como obrigação subsequente a uma aquisição; finalmente, e ainda de modo diverso ao que acontece entre nós, o sistema inglês tem sempre presente a noção de mudança de controle a propósito de cada hipótese de *OPA obrigatória —* é assim, em termos directos, no que respeita à regra 9.1; é assim, em termos mediatos, no que respeita à regra 9.2 que, relembre-se, apenas é aplicável quando, à partida, já exista uma posição accionista que atribua uma percentagem de direitos de voto dimensionada entre os 30% e os 50% do total de votos.

7.2 O Direito francês

I. Assim como acontece em relação a Inglaterra, também a análise do regime francês apresenta uma importância extraordinária na compreensão da evolução dispensada ao tratamento da figura da OPA e, mais particularmente, da *OPA obrigatória.* E se é certo que a dimensão do mercado francês — bem como a popularidade da utilização da *estrutura aquisitiva* da OPA — é substancialmente inferior à do mercado inglês, caberá aqui salientar que as mais próximas afinidades culturais entre os sistemas jurídicos francês e português fazem com que a observação deste Direito assuma, se não uma maior importância do que aquela realizada em relação ao direito inglês, pelo menos uma importância idêntica.

Em termos similares aos da experiência inglesa, a compreensão da evolução do regime francês revela-nos as particulares dificuldades sentidas na regulação desta matéria, assumindo-se cada revisão operada ao regime precedente como um reflexo directo dos problemas sentidos na prática do mercado. Como consequência directa desta leitura recíproca entre o Direito e a factualidade sobre o qual ele é aplicado, a consagração do regime da *OPA obrigatória* — e mais particularmente a definição da incidência e intensidade do regime de obrigatoriedade — é posterior à regulamentação da OPA enquanto *processo contratual*, surgindo, também aqui, como instrumento de correcção sucessiva dos resultados de aplicação do direito constituído. Por isso, antes de procedemos à apresentação do tratamento dispensado a esta matéria pelo regime vigente, parece-nos que será conveniente a apresentação de um breve resumo da evolução do mesmo.

II. A origem da regulamentação francesa em matéria de OPA data do ano de 1966, tendo na sua origem a consciência do carácter lacunar do direito geral sobre sociedades comerciais e sobre bolsa de valores para lidar com uma OPA lançada, no ano de 1964, sobre as acções da sociedade *Franco Wyoming Oil Company*[120].

A regulamentação então adoptada assumiu a singular forma de uma mera troca de cartas entre a *Chambre Syndicale des Agents de Change*[121]

---

[120] A FRANCO WYOMING OIL COMPANY era uma sociedade Norte-Americana que, apesar disso, mantinha uma relação muito estreita com França, já que não apenas tinha um Conselho de Administração composto maioritariamente por membros de nacionalidade francesa, como ainda tinha os seus títulos muito dispersos no mercado deste país com transacções regulares na Bolsa de Paris.

Os problemas suscitados pelo confronto desta oferta, lançada em Abril de 1964 por um grupo de sociedades Norte Americanas, com o direito francês então vigente, foram múltiplos. O mais ilustrativo, que chegou mesmo a ser objecto de análise judicial, prendia-se com a própria estrutura da aquisição. A sociedade visada defendia a nulidade do processo, alegando que o mesmo seria desconforme aos usos que regiam em França as transacções de valores mobiliários, os quais apenas admitiriam dois modos de negociação de títulos — a aquisição em Bolsa e a aquisição directa. Ora, na opinião da administração da sociedade visada, a operação proposta, como é evidente, não passava pela emissão de ordens de compra em Bolsa, nem assumiria a natureza de uma aquisição directa por estar descaracterizada a negociação particular dos termos do contrato.

Sobre esta operação, entendida por alguns autores como a primeira OPA existente no mercado francês, e sobre os seus efeitos, vd. MICHEL TROCHU, «Les Offres Publiques d'Achat», RTDC, 1967, pp. 697; ALAIN VIANDIER, ob.cit., p. 12; PIERRE BÉZARD, Les Offres Publiques d' Achat, ob.cit., p. 25; e «Rapport de la 4ème Table Ronde — Quel Role Pour le Marché Financier dans la Restruturaction des Enterprises?» (redigido por Marie-Noelle Dompe), *Entretiens du 25ème Anniversaire de la COB*, pp. 2-3.

[121] A Chambre Syndical des Agents de Change era o órgão executivo da *Compagnie des Agents de Change,* entidade corporativa de natureza jurídica *sui generis*

(cartas de 29 de Abril e de 3 de Novembro de 1966) e o Ministro da Economia e Finanças (cartas de 6 de Julho e de 26 de Novembro de 1966) e, pretendendo responder aos problemas suscitados pela mencionada operação e por outras que, entretanto, foram iniciadas[122], ocupava-se, nessa perspectiva, quase exclusivamente com o regime do *programa contratual* da OPA: opera-se desde então a distinção entre a fase secreta e a fase pública do processo; era dispensada especial atenção, na primeira fase, a problemas como o da justificação do preço e, especialmente, o da seriedade do oferente, por forma a evitar que a OPA não representasse uma mera operação de especulação financeira; exige-se a autorização do Ministro da Economia e Finanças para passar à fase pública; por outro lado, era dispensada especial atenção, na segunda fase, à matéria da informação aos accionistas e publicidade da oferta[123].

III. Cedo se demonstrou a insuficiência dessa regulamentação. Entre 1966 e 1970, foram realizadas quarenta e quatro ofertas no mercado francês, as quais colocaram os mais variados e complexos problemas à *Chambre Syndicale des Agents de Change,* tendo, consequentemen-

---

que reunia os corretores das Bolsas de Valores. À *Chambre Syndical,* nos termos do art. 21 do Decreto de 7 de Outubro de 1890 e do art. 6° do Regulamento Geral da *Compagnie,* cabiam as seguintes atribuições: representar a *Compagnie;* exercer um papel de conciliação entre os seus membros; controlar as suas actividades; e, no ponto que mais nos interessa, organizar o funcionamento do mercado de valores mobiliários.

O facto de a origem da regulamentação francesa ancorar numa iniciativa de um órgão com estas características vai marcar decisivamente um ponto essencial da evolução do regime: o âmbito de aplicação do regime da OPA — e posteriormente da *OPA obrigatória —* fica ligado à integração da sociedade visada nos mecanismos de Bolsa de Valores, não dependendo, como já verificámos acontecer no Direito inglês, de outros critérios externos a essa realidade. Sobre a *Compagnie* e a *Chambre Syndical des Agents de Change,* vd., por todos, HUBERT DE VAUPLANE e JEAN-PIERRE BORNET, ob.cit., pp. 29--31; e PIERRE BÉZARD, *Les Offres Publiques d'Achat,* ob.cit., pp. 21-22.

[122] Na verdade, ainda antes do final do ano de 1966, duas outras ofertas foram lançadas: a primeira em Abril de 1966, lançada pela FIAT sobre a SIMCA; a segunda em Setembro de 1966, lançada pela SAINT-FRÉRES sobre a COMPTOIR. Vd. MICHEL TROCHU, cit., p. 697.

[123] Sobre esta regulamentação, com importantes desenvolvimentos, vd. o excelente estudo de MICHEL TROCHU, cit., pp. 697-706. Vd. ainda PIERRE BÉZARD, ob.cit., pp. 25--26; MARCEL CARTERON, «La Proteccion des Intérêts des Accionaires Minoritaires et la Prise de Controle des Sociétés Par Les Groupes Concurrents», RevSoc., 1969, pp. 145--147; GERMAIN BRULLIARD e DANIEL LAROCHE, *Précis de Droit Commercial,* 7ª Ed., PUF, Paris, 1970, p. 509; e ALAIN VIANDIER, cit., p. 13.

te, revelado as importantes lacunas desse regime da *troca de cartas* e as múltiplas controvérsias que, sobre a interpretação do mesmo, eram suscitadas[124].

Impunha-se então uma revisão do regime vigente. Por isso, em 24 de Novembro de 1969 o Ministro da Economia e Finanças reuniu um grupo de trabalho composto pelo Presidente da entretanto recém criada *Commision des Operations de Bourse* (COB)[125], pelo Síndico da *Compagnie des Agents de Change* e pelo Director do Tesouro, grupo esse que veio a dar corpo à *reforma de 1970*.

Na sequência desta reforma, o regime da OPA passou a assentar em duas fontes distintas: por um lado, num Aditamento realizado ao Regulamento Geral da *Chambre Syndicale des Agents de Change* (Cap. V, entre os arts. 68º e 85º), homologado pelo Ministro da Economia e Finanças em 21 de Janeiro; por outro lado, num *Código de Boa Con-*

---

[124] Vd. MICHEL TROCHU, «La Reglementation de l'Offre Publique d'Achat», RDS, 1971, p. 124-1; GERMAIN BRULLIARD e DANIEL LAROCHE, ob.cit., p. 509.
A mais importante destas operações foi certamente a OPA lançada pela BOUSSOIS--SOUCHON-NEUVESEL (BSN), uma sociedade dinâmica e em forte crescimento, sobre as acções da SAINT-GOBAIN, uma tradicional e importante sociedade, mas com evidentes problemas de flexibilidade na gestão — processo que se iniciou em 19 de Novembro de 1968 e terminou em 7 de Fevereiro de 1969 com o insucesso da oferta —, não apenas por causa do peso das sociedades em presença, especialmente da visada, mas também por causa da amplitude das campanhas de informação e publicidade postas em marcha.
Esta operação implicou a ponderação de um conjunto de problemas que, em certa medida, vieram a marcar a evolução posterior da regulamentação francesa, como sejam o da possibilidade e conveniência de controlar os objectivos económicos, industriais e financeiros pretendidos com a operação; o dos termos em que a informação deveria ser canalizada para os accionistas no decurso de uma oferta; e, finalmente, o das vantagens e desvantagens de um sistema sem *força de lei* como aquele que existia então. Sobre esta operação e as suas consequências ao nível da evolução da regulamentação francesa, vd. PIERRE BÉZARD, ob.cit., p. 26; GUSTAVO MINERVINI, «Un Takeover Bid Clamoroso alle Porte di Casa Nostra (l'affaire Saint-Gobain), RDC, 1969, pp. 547-550; «Rapport de la 4ème Table Ronde — Quel Role Pour le Marché Financier dans la Restruturaction des Enterprises?», cit. pp. 5-6.

[125] A *Commision des Operations de Bourse* (COB) foi criada pela *ordonnance* nº 67-833 de 28 de Setembro de 1967 com a dupla função de protecção do investimento público em valores mobiliários e de zelar pelo bom funcionamento do mercado. Para uma análise detalhada das competências e poderes da COB vd. HUBERT DE VAUPLANE e JEAN--PIERRE BORNET, ob.cit., pp. 10-29; MAURICE COZIAN e ALAIN VIANDIER, ob.cit., pp. 385--389; PIERRE BÉZARD, ob.cit., pp. 23-24; ALAIN VIANDIER, ob.cit, pp. 34-40; MICHEL FLEURIET, *Les OPA en France,* ob.cit., pp. 9-12.

duta redigido pela própria COB e homologado pelo Ministro na mesma data[126].

A bipartição de fontes implicava, naturalmente, uma repartição dos aspectos específicos tratados pelo regime. Assim, enquanto que o Regulamento assumia as características de uma fonte de regulamentação geral sobre o processo da OPA, desenvolvendo a regulamentação das fases privada e pública do processo, o *Código de Boa Conduta* da COB preocupava-se com alguns aspectos específicos, grande parte dos quais eram representados pelos problemas antes sentidos na aplicação do Direito: as obrigações de informação aos accionistas (regras 3ª a 12ª)[127]; a gestão da sociedade visada durante o processo de OPA (regra 13ª) e a transacção de títulos objecto da oferta durante o processo desta (art. 14º).

---

[126] Para uma análise geral desta regulamentação, vd. YVES GUYON, *Droit des Affaires,* 2ª ed., Economica, Paris, 1982 (temos conhecimento de uma terceira edição, de 1990), pp. 569-575; MICHEL TROCHU, «La reglementation de l'Offre Publique d'Achat», cit., pp. 124-2 a 124-6; GERMAIN BRULLIARD e DANIEL LAROCHE, ob.cit., pp. 509-512; PIERRE BÉZARD, ob.cit., pp. 26-28; ROBERT PENNINGTON, «Le Offerte Pubbliche di Acquisto nell'Ordenamento dei Paesi della Communità Europea», cit., pp. 295-296; LAURA BIONE GUALANDI, «Recenti Sviluppi della Disciplina delle OPA all'Estero», RDC, 1972, pp. 153-154; AMILCARE LANZA, «Testi per l'OPA», RivSoc., 1970, pp. 460-466.

[127] É interessante verificar que o princípio de protecção dos accionistas minoritários, que posteriormente irá conduzir à consagração do processo de *mantien de cours* e à própria *OPA obrigatória,* se vê neste momento — em que a regulamentação do processo da OPA ainda é entendida como uma mera correcção dos efeitos perversos do funcionamento do mercado — inteiramente canalizado para a matéria das obrigações de informação. Na verdade, o problema da informação aos accionistas era, como afirma MICHEL TROCHU, *desde há algum tempo uma preocupação da moda.*

Daí a especial atenção dedicada a esta matéria no Código da COB, o qual impunha específicas obrigações de informação às entidades intervenientes no processo, especialmente durante a fase pública da oferta — destaque-se a obrigação a cargo do oferente de apresentar um *documento de informação inicial,* com informações sobre os motivos e intenções a que se propõe o oferente, sobre o modo de financiamento da operação, sobre o número de títulos da sociedade visada já detidos pelo oferente e sobre a retribuição acordada para a intermediação das ordens de transacção (regra 4); e obrigação a cargo da administração da sociedade visada de apresentar uma *nota de informação* sobre a oferta, indicando justificadamente a opinião do Conselho de Administração sobre o interesse ou risco que apresenta a oferta para a empresa, e indicando ainda o número de acções da sociedade em poder dos membros do Conselho (regra 8).

Sobre as obrigações de informação previstas no Código da COB, com excelentes desenvolvimentos, vd. MICHEL TROCHU, «La Réglementation de l'Offre Publique d'Achat», cit., pp. 124-2 a 124-5; vd. ainda GERMAIN BRULLIARD e DANIEL LAROCHE, ob.cit., pp. 511-512.

II. O Enquadramento Normativo 87

Ponto da maior importância, que deriva directamente dos termos de imposição do regime anterior e das competências da *Chambre Syndical*, é o do âmbito subjectivo de aplicação das regras — nos termos do art. 68º do Regulamento Geral, as mesmas eram apenas aplicáveis às ofertas de aquisição ou troca realizadas sobre *acções inscritas no mercado de cotações oficiais ou negociadas no mercado sem cotações de uma bolsa de valores*. Ora, como teremos ocasião de analisar em maior detalhe, é a partir deste quadro normativo que se começará a desenhar a evolução do regime que conduzirá à consagração da *OPA obrigatória*, razão pela qual esta delimitação do âmbito de aplicação das regras será transmitida para a própria delimitação da obrigação de lançamento de OPA, na medida em que a mesma surgirá como correcção, nas revisões posteriores[128], dos efeitos de aplicação do regime do próprio *processo aquisitivo* da OPA.

IV. A introdução de regras sobre *OPA obrigatória* apenas se veio a verificar no ano de 1989[129], em termos que adiante teremos ocasião de

---

[128] A bipartição de matéria foi mantida, com algumas alterações, nas reformas subsequentes de 1972, 1973, 1978, 1986 e 1988, as quais já serão atendidas apenas na perspectiva da *OPA obrigatória*. Para um quadro histórico da evolução de regulamentação francesa, vd. A.COURET, D.MARTIN e L.FAUGÉROLAS, ob.cit., p. 27; sobre o seu alcance em termos mais gerais, vd. ALAIN VIANDIER, ob.cit., pp. 13-14. Em particular, sobre as reformas de 1972 e de 1973, vd., por todos, PIERRE BÉZARD, ob.cit., pp. 27-27; sobre a reforma de 1978, vd., por todos, com grandes desenvolvimentos, PIERRE BÉZARD, id., pp. 47-126 e PIERRE BÉZARD e PIERRE CHAPUT, «La COB et la Protection des Actionnaires Minoritaires dans les Groupes de Sociétés», RevSoc./JS, 1982, pp. 492-495; sobre a reforma de 1986, vd., por todos, RAYMONDE VATINET, «Les Défenses Anti-OPA», RevSoc., 1987, pp. 540-541.

[129] É certo que o Aditamento ao Regulamento Geral realizado em 1970, recolhendo e desenvolvendo uma regra que já remontava à *troca de cartas* de 1966, dispunha, no seu art. 69º, que *a oferta pública deve ter por objectivo dar à sociedade oferente o controle da sociedade visada ou permitir-lhe reforçar o controle, tendo a "Chambre Syndical" em conta, na apreciação feita sobre esta condição, o número de títulos de que é composto o capital desta sociedade, a repartição desse capital pelo público e o número de acções que a sociedade oferente demonstre ser já proprietária*. Ora, esta norma parece já incorporar alguns elementos de obrigatoriedade, apesar de o fazer em nome da não utilização da OPA como instrumento especulativo — pretendendo o oferente utilizar a OPA como processo aquisitivo de títulos, deve fazê-lo por forma a alcançar algum dos objectivos permitidos; em qualquer casos, e este é o ponto que mais descaracteriza a situação como uma hipótese de *OPA obrigatória*, seria sempre possível a aquisição ilimitada de títulos por outro processo, nomeadamente por aquisição directa. No entanto, e ao contrário do que poderia ter acontecido, esta norma não veio a evoluir no sentido do alargamento da obrigatoriedade, mantendo-se presa ao seu núcleo genético — garantir a *respeitabilidade*

analisar em detalhe. No entanto, isso não significa que o sistema francês, até esse ano, se tenha mantido alheio aos problemas de protecção dos interesses de accionistas minoritários que, em Inglaterra, tinham dado lugar à imposição dessas regras. Pelo contrário, o que aconteceu foi que esses problemas tiveram como resultado, no sistema jurídico francês, uma resposta de conteúdo diferente, do maior interesse sob o ponto de vista histórico, e que se começou a desenvolver a partir do ano de 1970 — a chamada *mantien de cours* (manutenção de cotação).

Nesse ano de 1970, e na sequência de algumas operações de aquisição de quantidades substanciais de títulos que conferiam o controle de sociedades inscritas no mercado de cotações oficiais, a COB expôs, no seu Relatório Anual, a ideia que veio a estar na base da adopção desse procedimento de *mantien de cours* e que, em grande medida, ainda hoje é utilizada como fundamentação do próprio regime de *OPA obrigatória*[130] — a admissão de títulos à cotação implica, da parte da sociedade que tem essa iniciativa, a intenção de associar todos os accionistas aos problemas e às vantagens da empresa; por isso, a sociedade que recorre ao mercado assume um "contrato" com esse mesmo mercado, o qual lhe confere um conjunto de "direitos", nomeadamente de ordem económica e financeira, mas lhe exige, correlativamente, que respeite as "obrigações correspondentes". Com base nesta ideia, afirma ainda a COB[131] que o valor suplementar acordado para a cessão de um bloco de controle é o reflexo do preço que o adquirente atribui à própria empresa, o qual não pertence apenas aos accionistas maioritários, mas à universalidade dos accionistas de uma sociedade cotada.

Perante esta constatação, e sendo claro que o Direito vigente não incorporava qualquer resposta a este problema, ainda no mesmo texto a COB propunha que fosse implementada, com a maior urgência, legislação específica sobre a negociação de blocos de acções atributivos do controle de sociedades.

Na verdade, o problema sentido pela COB não era, neste momento, um problema de correcção dos efeitos do regime da OPA. Pelo contrário — a OPA, ainda que limitada no seu objecto, era um instrumento que permitia satisfazer, em maior ou menor medida, um imperativo de trata-

---

da oferta. Sobre o citado art. 69°, vd. MICHEL TROCHU, «La Réglementation de l'Offre Publique d'Achat», cit., p. 124-2.

[130] Vd. 3° Relatório da Commision des Operations de Bourse — 1970, p. 160.
[131] P. 130.

mento igualitário entre os sócios; o que acontecia era que esse imperativo se via comprometido, não numa aquisição por intermédio de OPA, mas antes perante aqueles casos em que, em bolsa de valores ou fora dela, uma entidade alienava a outra uma participação que lhe conferisse o controle da sociedade.

Era aí, na verdade, que nascia o problema, razão pela qual se compreende, com a distância que já é facultada à investigação histórica, que a resposta não tenha nascido no seio do regime da OPA, mas antes por aplicação dos mecanismos tradicionais da bolsa de valores — se o problema era a desigualdade de tratamento dos accionistas por alienação de um *bloco de controle,* a resposta não teria de ser mais que a imposição ao adquirente da extensão do preço pago por via da apresentação e manutenção de ordens de compra, em bolsa de valores, durante um período pré-fixado, por forma a que os demais accionistas, querendo fazê-lo, as cruzassem com as suas ordens de venda.

A partir desta ideia base, vem a ser adoptado, nos arts. 201º a 204º do Regulamento Geral, na sequência da revisão de 1973, um sistema segundo o qual, perante a aquisição em bolsa de valores de uma participação de títulos de uma sociedade cotada que fosse susceptível de proporcionar o controle dessa sociedade, ou seja, que fosse qualificada como *bloco de controle*, o adquirente era obrigado a colocar uma ordem de compra em bolsa, durante um período de quinze sessões consecutivas de bolsa e dirigida a todos os títulos da sociedade visada que lhe fossem apresentados, *à cotação pela qual a cessão do bloco de controle se tivesse efectuado*. Essa regra veio a ser completada pela Decisão Geral da COB de 27 de Fevereiro de 1973, a qual impunha regra idêntica para os casos em que a aquisição de títulos fosse realizada fora de bolsa, em nome da *igualdade de tratamento entre todos os accionistas*[132]. Estamos perante as duas faces da denominada *mantien de cours*.

V. Por intermédio do recurso a este mecanismo, o sistema francês conseguia alcançar um resultado de correcção do sistema equiparável, com as devidas salvaguardas, àquele que, em Inglaterra, tinha conduzido à imposição de regras de *OPA obrigatória*. No entanto, e apesar das

---

[132] Note-se que o *Règlement Général* apenas seria aplicável às transacções efectuadas em Bolsa, razão pela qual a obrigação imposta apenas poderia ser aplicada nesse âmbito, excluindo todas as transacções efectuadas fora de Bolsa. Sobre esta Decisão Geral e os efeitos da sua adopção, vd. ALAIN VIANDIER, ob.cit., p. 312; PIERRE BÉZARD e PIERRE CHAPUT, cit., p. 494.

evidentes virtualidades que o sistema apresentou, a solução adoptada apresentava inconvenientes técnicos de realce que, ano após ano, se foram demonstrando.

Em primeiro lugar, o facto de a solução estar ligada à aquisição de um *bloco,* fazia com que fosse inoperativa no caso de a operação não incorporar a cessão de um bloco de títulos — em bolsa ou fora de bolsa —, especialmente nos casos de aquisição sucessiva de títulos no mercado *(ramassage)*[133]; em segundo lugar, a noção de *controle* era motivo para as mais variadas dúvidas[134]; em terceiro lugar, idênticas questões eram suscitadas a propósito da definição do preço do *bloco,* especialmente nos casos em que estivessem em causa operações complexas, e a propósito dos termos de aplicação do mecanismo a essa operações[135]; finalmente,

---

[133] Vd. DOMINIQUE SCHMIDT e CLAUDE BAJ, «De l'Ancien au Nouveau Règlement Général du Conseil des Bourses de Valeurs», RDB, 1992, p. 138.

[134] A verdade é que não existia um critério preciso para qualificar o controle perante a aquisição de um bloco de acções, confrontando-se duas perspectivas distintas: uma de raíz económica, que pretendia ancorar o conceito numa noção de controle de facto, entrando por isso em consideração com a estrutura de dispersão do capital; outra de raíz jurídica, que pretendia ancorar o conceito numa noção de controle maioritário dos direitos de voto.

A perspectiva económica, tendo vencido num primeiro momento, veio a ser afastada em 1989, momento em que a intervenção da lei clarificou o problema. Na verdade, até esse ano, apesar da clara maioria de casos em que o *bloco de controle* representava mais de 50% dos votos, foram por várias vezes qualificadas como *blocos de controle* participações inferiores a essa percentagem (naturalmente, tendo em atenção a estrutura de dispersão do capital) — em 1983, foram assim qualificadas participações entre os 37,2% e 49,2%; em 1986, chegou a merecer essa qualificação uma participação representativa de 30,6% do capital da sociedade em causa. Vd. 12º e 15º Relatórios da *Commission des Operations de Bourse;* A.COURET, D.MARTIN e L.FAUGÉROLAS, ob.cit., pp. 35-36; DOMINIQUE SCHMIDT e CLAUDE BAJ, id.ib.; EDDY WYMEERSCH, ob.cit., pp. 208-209.

[135] Vd. ALAIN VIANDIER, ob.cit. p. 313; e PIERRE BÉZARD e PIERRE CHAPUT, cit., pp. 493-494.

Um bom exemplo dessas dificuldades é-nos revelado pela tomada do controle da SAINTRAPT ET BRICE (SB) pela SAINT-GOBAIN (SG) por intermédio de um processo complexo de aquisição de títulos seguida de aumento de capital. Em 29 de Julho de 1983 foi celebrado um contrato entre a SG e a COMPAGNIE GÉNÉRALE d'ELECRICITÉ (CGE) nos termos do qual a primeira ficava titular de uma opção de compra de 27,7% do capital da SB. Posteriormente, por ter sido descoberto um passivo superior ao pensado na SB, foi celebrado um Protocolo adicional entre a SG e a CGE nos termos do qual a primeira se comprometia a efectuar a aquisição na condição de a CGE não se opor à prévia deliberação de um aumento de capital na SB, a ser subscrito pela SG. Entretanto realizou-se a compra e venda ficando a SG titular de 27,7% dos títulos; após o aumento

em quarto lugar, a própria legalidade formal e constitucionalidade da solução — especialmente no que respeita à Decisão Geral — eram postas em causa[136].

Deve ser assinalado, por forma a compreendermos devidamente o sistema, que durante todo este período a OPA é entendida como um verdadeiro *instrumento de aquisição do controle,* tendo sido usado dez vezes em 1980, seis vezes em 1981, duas vezes em 1982[137], quatro vezes em 1983[138], e normalmente sob a forma de oferta pública de troca. A explicação para estes números é simples — ao ser utilizada a *mantien de cours* como instrumento de correcção daquilo que se entendia ser a desigualdade de tratamento dos accionistas perante a aquisição de um bloco de controle, a OPA via-se reduzida ao seu núcleo original de compreensão, ou seja, à configuração de um mero instrumento aquisitivo de valores mobiliários.

VI. Procurando responder a todas estas críticas, o regime jurídico descrito foi alterado por força da entrada em vigor da Lei nº 89-531, de 2 de Agosto de 1989, e das consequentes alterações aos Regulamentos da CBV e da COB, homologados pelo *Arrêté* de 28 de Setembro de 1989.

A Lei nº 89-531[139] — respeitante ao *melhoramento da transparência e da segurança do mercado financeiro* — implicou uma profunda revisão do regime jurídico do mercado de valores mobiliários francês, nomeadamente no que respeita à reestruturação e reforço dos poderes da COB[140],

---

de capital, essa detenção passou para 38%, valor que atribuía o controle à SG. Por não ter sido iniciado o processo de *mantien de cours,* foi interposta uma acção no *Tribunal de Grande Instance de Paris,* o qual entendeu estar pe ante uma operação complexa da qual a venda de títulos era apenas um dos elementos, razão pela qual não seria obrigatória a *mantien de cours.* Sobre esta operação, vd. YVES REIHARD «Sociétés par Actions», RTDC, 1989, pp. 79-80.

[136] Vd. ALAIN VIANDIER, id.ib.; A.COURET, D.MARTIN e L.FAUGÉROLAS, ob.cit., p. 28; HUBERT DE VAUPLANE e JEAN-PIERRE BORNET, ob.cit., p. 217; EDDY WIMEERSCH, cit., p. 207.

[137] Vd. 15º Relatório da Commision des Operations de Bourse — 1982.

[138] Vd. 16º Relatório da Commision des Operations de Bourse — 1983.

[139] Em geral, sobre este regime, vd. A.COURET, D.MARTIN e L.FAUGÉROLAS, ob.cit., pp. 27-38; MICHEL FLEURIET, Les OPA en France, Dalloz, Paris, 1991, pp. 18-19; CHRISTIAN GAVALDA, «Commentaire de la Loi du 2 Août 1989, Concernant l'Amélioration de la Transparence et de la Sécurité du Marché Financier», RevSoc., 1990, pp. 16--17; EDDY WYMEERSCH, cit., pp. 208-215.

[140] Sobre este ponto, vd. CHRISTIEN GAVALDA, cit., pp. 1-15; A.COURET, D.MARTIN e L.FAUGÉROLAS, ob.cit., pp. 5-22.

tendo por isso um alcance que, na verdade, vai muito para além da matéria da *OPA obrigatória*; em qualquer caso, passaremos a isolar a nossa atenção nas alterações introduzidas no tratamento da matéria que nos ocupa.

O traço mais impressivo da revisão foi, sem qualquer dúvida, a introdução da obrigatoriedade de lançamento de uma OPA perante a detenção por qualquer entidade, directamente ou através de concertação, de mais de 1/3 do capital ou dos direitos de voto de uma sociedade admitida à negociação no mercado de cotações oficiais ou no segundo mercado (art. 5.3.1 do Regulamento Geral da CBV)[141], sendo assim adoptada, em termos estruturalmente paralelos ao que vimos acontecer perante o Direito inglês, uma solução de *intensidade forte de obrigatoriedade da OPA*.

Pela primeira vez, era introduzida no sistema — como instrumento de protecção dos interesses dos accionistas minoritários — a figura da *OPA obrigatória*. Pela primeira vez, ainda, a protecção dos accionistas minoritários — antes protagonizada pela *mantien de cours* — passava a ser directamente desencadeada em face da passagem de determinados limites de capital ou de direitos de voto, independentemente do processo causa que conduziu à aquisição; no entanto — e este é um ponto da maior importância em face das evoluções subsequentes —, admitia-se a possibilidade de o oferente limitar a oferta a 2/3 das acções da sociedade visada[142], ou seja, apesar da *obrigatoriedade forte* da OPA, a mesma era apenas consagrada na dimensão de *OPA parcial*.

VII. Deve no entanto ser realçado que, apesar da consagração da figura da *OPA obrigatória*, o legislador francês entendeu manter em vigor — e mesmo aperfeiçoar[143] — o processo da *mantien de cours,* agora

---

[141] Vd. A.COURET, D.MARTIN e L.FAUGÉROLAS, ob.cit., pp. 27-33.

[142] Tratou-se de ponto controverso desde a sua introdução — nomeadamente por ser contrário ao disposto no art. 4º da Proposta Alterada de 13ª Directiva Comunitária — e que, como veremos adiante, esteve directamente na base da necessidade subsequente de revisão do regime imposto em 1989. Sobre os argumentos apontados a favor de qualquer das soluções possíveis, vd. A.COURET, D.MARTIN e L.FAUGÉROLAS, ob.cit. pp. 29-30; e DOMINIQUE CARREAU e JEAN-YVES MARTIN, «La Réforme du Régime Juridique des Offres Publiques», cit., pp. 452-453.

[143] A clara definição dos pressupostos de despoletamento da *mantien de cours* representa, nesta área específica, o grande aperfeiçoamento introduzido em 1989. Na verdade, e como já tivemos ocasião de mencionar, não era evidente a noção de *bloco de controle* antes de 1989, razão pela qual se suscitavam as maiores dúvidas na definição da obrigatoriedade de aplicação deste mecanismo. Ora, agora o art. 5.3.6 do Regulamento Geral vinha deixar claro que apenas existia a obrigação de despoletar o processo de

denominado de *garantie de cours,* no que deve ser entendido como uma confirmação do entendimento de estarmos perante respostas diferentes a problemas que, tendo uma base comum, também podem assumir uma caracterização diferente.

Assim, o legislador francês optava por harmonizar os dois procedimentos, cruzando uma evolução particular do Direito francês com aquela que, de raíz essencialmente britânica, começava a ser consagrada em diversos países europeus: o processo de *OPA obrigatória* teria como pressuposto básico a detenção de uma participação superior ao limiar do 1/3 do capital ou dos direitos de voto, independentemente do processo aquisitivo utilizado para alcançar essa participação; o processo de *garantie de cours* tinha como pressuposto básico a aquisição, a entidades determinadas, de um conjunto de títulos (um *bloco de títulos*) que conferissem o *controle maioritário* dos direitos de voto de uma sociedade cotada.

Esta harmonização, tornando de certo modo *confusa a fronteira que separava até agora, com tanta clareza, a justificação teórica da oferta pública, operação voluntária, daquela da "mantien de cours", operação imposta*[144], implicava a tomada em consideração dos diferentes pressupostos de aplicação obrigatória dos dois processos: o limiar de detenção de títulos ou de direitos de voto — 1/3 para a *OPA obrigatória* e 1/2 para a *mantien de cours* —; e o processo de aquisição — a *OPA obrigatória* não considerava o processo de aquisição, preocupando-se apenas com a mera detenção de títulos num determinado momento, enquanto que a *mantien de cours* se mantinha ancorada à noção de *cessão de bloco de títulos*[145].

VIII. Acontece, no entanto, que o regime que, nos traços mais impressivos, vimos de descrever[146], que supostamente encerraria, com

---

mantien de cours quando o beneficiário da cessão de títulos obtém o controle maioritário do capital ou dos direitos de voto de uma sociedade em relação à qual os títulos são negociados nos mercados regulamentados (Mercado de Cotações Oficiais, Segundo Mercado e Mercado sem Cotações.

Em qualquer caso, e como teremos ocasião de verificar em detalhe, esta clarificação do pressuposto da *mantien de cours* acabará por estar na base de um dos principais problemas sentidos por este regime — o da relação entre a *mantien de cours* e a *OPA obrigatória*. Sobre as alterações introduzidas neste processo, vd. CHRISTIEN GAVALDA, cit., pp. 21-22; A.COURET, D.MARTIN e L.FAUGÉROLAS, ob.cit., pp. 35-38.

[144] A afirmação é de A.COURET, D.MARTIN e L.FAUGÉROLAS, ob.cit., pp. 36.
[145] Vd. ALAIN VIANDIER, ob.cit., pp. 318-329.
[146] Foram introduzidas outras disposições que, por não terem sido alteradas na revisão de 1992, teremos ocasião de analisar a esse propósito. Na verdade, impunha-se

alguma estabilidade e consenso, um ciclo de evolução iniciado em 1970, compatibilizando um mecanismo tipicamente francês — a *garantie/ /mantien de cours* — com a figura da *OPA obrigatória*, acabou por provocar um conjunto de problemas que dificilmente encontrarão paralelo na história recente do mercado de capitais francês.

Na verdade, no ano de 1991, quatro oferentes em cinco, ao ultrapassarem o limite de 1/3 por aquisição de *blocos de acções* a accionistas determinados, e tendo lançando subsequentemente, como tinham de fazer, uma *OPA obrigatória*, limitaram a sua aquisição aos 2/3 do universo de valores mobiliários relevantes. O resultado foi simples — enquanto que o accionista maioritário vendia integralmente a sua participação, já que essa operação era objecto de compra e venda *directa*, os accionistas minoritários viam-se constrangidos à redução proporcional da participação que pretendiam alienar. Destas ofertas, em dois casos — e perante fortíssimas pressões — o oferente renunciou durante o processo ao seu direito de limitar a oferta[147], enquanto que nos outros dois manteve a limitação a 2/3 até ao final do processo [148]. Processos judiciais sem suces-

---

ainda a obrigatoriedade de lançamento de uma OPA quando alguma entidade, que já tivesse mais de 1/3 mas menos de 1/2 do capital ou dos direitos de voto de uma sociedade em idênticas condições, aumentasse o número de títulos ou de direitos de voto detidos em, pelo menos, 2% num período de doze meses, ou ainda quando viesse a deter a maioria absoluta de títulos ou direitos de voto (art. 5.3.4 do regulamento). Ainda no que respeita à matéria da *OPA obrigatória*, foi introduzida a *Offre Publique de Retrait* para casos especiais de alteração substancial da sociedade — nomeadamente por alteração da sociedade para sociedade em comandita por acções imposta por accionista detentor de 2/ /3 dos direitos de voto (art. 7.2.4 do Regulamento da CBV), alteração substancial dos estatutos, nomeadamente no que respeita à forma da sociedade ou às condições de transmissão das acções ou dos direitos de voto associados — e ainda para casos de repartição do capital da sociedade em que um accionista, directa ou indirectamente, viesse a deter pelo menos 95% dos direitos de voto (arts. 7.2.2 e 7.2.3 do Regulamento Geral).

[147] Referimo-nos à oferta lançada por EURIS sobre LOCA EXPANSION e à oferta lançada por IFINT sobre EXOR.

[148] Referimo-nos à oferta lançada pela sociedade PINAULT sobre a PRINTEMPS e à oferta lançada pelas GALERIES LAFAYETTE sobre as NOUVELLES GALERIES RÉUNIES. Esta última representa um processo com a maior importância e complexidade, do qual poderemos apenas apresentar os elementos principais. À partida, a sociedade NOUVELLES GALERIES RÉUNIS (NGR) tinha o seu capital dividido em três grandes blocos: um detido pela sociedade DEVANLAY (D) — 47,7% dos direitos de voto —, outro detido pela sociedade GALLERIES LAFAYETTE (GL) — 27,1% dos direitos de voto — e outro detido pela sociedade PROVENTUS (P) — 12,1% dos direitos de voto; dispersos pelo público estavam apenas 11,6% das acções a que respeitavam 13,1% dos

so foram iniciados nestes casos; no entanto, a contestação ao sistema era evidente e maior que nunca.

---

direitos de voto. Perante a vontade demonstrada pelo accionista D de vender a sua participação, a GL manifesta a sua vontade de efectuar essa aquisição; no entanto, GL não pretendia adquirir o controle da sociedade, que era efectivamente exercido por D, razão pela qual apenas adquire, em 16 de Abril de 1991, 16,4% dos títulos (passando a deter 38,4% dos direitos de voto, ou seja, mais de 1/3), e fazendo os restantes 9,3% serem adquiridos pelo Banco CREDIT COMMERCIAL DE FRANCE, entidade que entra na operação com uma óptica meramente financeira, com a intenção de voltar a colocar no mercado os títulos no prazo máximo de seis meses. No próprio dia da aquisição, NG apresentam um requerimento de dispensa de OPA, alegando que o controle maioritário da sociedade pertencia à sociedade D, pedido que vem a ser indeferido por a participação de D ser inferior a 50%. Por isso, em 30 de Abril a NG lança uma OPA obrigatória com o limite de 2/3 do capital. Neste momento, vários problemas se colocavam, dos quais haverá a destacar os seguintes: D entendia existir concertação entre a NG e o CCF, o que era negado por estes; D entendia que, por existir concertação, devia ser iniciado um processo de *mantien de cours* já que, apesar de não existir maioria absoluta dos direitos de voto, existiria um controle maioritário *de facto*. A *Cour d'Appel* vem a entender que, apesar de existir concertação, a *garantie de cours* não seria aplicável por não estar em causa mais de 50% dos direitos de voto. Em Julho de 1991 a OPA é encerrada sob fortes protestos com a aquisição de apenas 53% das acções apresentadas para venda que, somadas às já detidas pela NG, resultava num total de 2/3 das acções. Em 1 de Julho de 1991, antevendo os resultados da operação, afirmava DIDIER MARTIN ao jornal Option Finance: *As consequências desta legislação, apesar de lógicas, não deixaram de surpreender o mercado. A CBV encontra-se de novo à beira de uma situação difícil de resolver.*

Para a cronologia e textos principais deste processo, vd. ALAIN VIANDIER, ob.cit., pp. 455-470; vd. ainda a excelente anotação ao Acórdão da *Cour d'Appel*, de DOMINIQUE CARREAU e JEAN-YVES MARTIN, RevSoc., 1992, pp. 79-87, que conclui da seguinte forma: *se as soluções aqui alcançadas pelo Tribunal merecem a nossa aprovação, não podemos deixar de assinalar que este litígio — assim com a maior parte daqueles que ocorreram após a entrada em vigor da nova regulamentação bolsista — encontra a sua origem em uma única e mesma regra, ou seja, na possibilidade reconhecida aos oferentes de limitar as ofertas públicas aos dois terços do capital da sociedade visada. É evidente que o interesse dos accionistas minoritários é de poder vender a totalidade dos seus títulos nas melhores condições. A Grã-Bretanha compreendeu-o bem e adoptou uma solução que dá satisfação a este interesse (vd. a Regra 9 da Secção F do City Code on Takeovers and Mergers). Em França, apenas o processo da "garantie de cours" dá essa garantia aos accionistas minoritários. Parece claro que se impõe uma reforma da regulamentação francesa quanto a este ponto, assim como o Ministro das Finanças reconheceu recentemente (...). Se a França vier a adoptar a regra britânica da oferta a 100%, que se arrisca a ser a lei comunitária de amanhã, a regulamentação bolsista francesa tornar-se-ia simplificada, desaparecendo o processo da "garantie de cours". O tratamento dos accionistas minoritários seria claramente melhorado. Apesar disso, parece evidente que a aquisição do controle de uma sociedade passaria a ser bem mais cara a um*

A lei, procurando harmonizar princípios contraditórios, ditava um regime que era claramente insuficiente — a OPA era obrigatória no limite de 1/3, podendo ser limitada a 2/3 e a *garantie de cours* era obrigatória por força da aquisição do *bloco de controle,* indo aos 100%. O resultado desta harmonização de processos implicava que a primeira solução fosse sistematicamente escolhida em prejuízo da segunda — ora, apesar de, sob um ponto de vista formal, essa opção não implicar qualquer ilicitude, parecia evidente que existia uma descoordenação material entre o sistema e os princípios que o estruturavam, razão pela qual os accionistas minoritários entendiam estarem afectados os seus interesses[149].

IX. É este o contexto a partir do qual devem ser compreendidas as recentes alterações introduzidas no Título V do *Réglement Général* da CBV (modificado pelo *Arrêté* de 15 de Maio de 1992) que, definitivamente, aceleraram o processo de *colonização* do espaço da *garantie de cours* pelo da *OPA obrigatória*, assim aproximando o regime francês da generalidade daqueles dos países europeus e da proposta de harmonização comunitária.

Na verdade, perante a verificação dos efeitos práticos das complexas dificuldades de harmonização destes dois processos, o legislador francês optou por consagrar, como instrumento central do sistema, a figura da *OPA obrigatória*. A introdução da obrigatoriedade de lançamento de OPA tendente à aquisição dos 100% de títulos, onde antes era permitida a limitação a 2/3, implicou que a *garantie de cours* ficasse reduzida ao espaço de um processo normalmente facultativo e quase marginal[150] —

---

oferente potencial (...). O capitalismo francês está pronto para isso? Aí está a chave do problema.

[149] Vd. DOMINIQUE SCHMIDT e CLAUDE BAJ, cit., p. 139; DOMINIQUE CARREAU e JEAN-YVES MARTIN, «La Réforme du Régime Juridique des Offres Publiques», cit., p. 453; HUBERT DE VAUPLANE e JEANN-PIERRE BORNET, ob.cit., p. 218.

[150] Os autores da reforma de 1992 chegaram mesmo a ponderar o desaparecimento do processo de *garantie de cours,* tendo optado por o manter — ligando-o a uma ideia de *oferta pública de aquisição simplificada* — em face da maior simplicidade e celeridade que apresenta. De todo o modo, os casos em que o mesmo deve ser obrigatoriamente despoletado foram substancialmente limitados, reduzindo-se à aquisição de um bloco de títulos susceptível de conferir o controle maioritário em capital ou em direitos de voto de uma sociedade cujos títulos são negociados no Mercado sem Cotações (art. 5.3.6 do Regulamento Geral); e à detenção indirecta da maioria do capital ou dos direitos de voto de uma sociedade com títulos negociados em qualquer dos mercados regulamentados, derivada da aquisição do controle de uma outra sociedade, na medida em que os títulos

em qualquer caso, deve ser realçado que não teria de ser necessariamente assim na medida em que, em tese, seria possível a compatibilização destes dois processos em termos distintos. Apesar disso, e como teremos ocasião de verificar, a experiência francesa de bipartição de processos deixou algumas marcas relevantes no sistema ora instituído, as quais, não sendo imediatamente perceptíveis, são fundamentais para permitir a compreensão integrada deste enquadramento.

Deste modo, perante a evolução apresentada do regime francês, importa agora apresentar, de forma evidentemente sucinta, o quadro normativo com que se apresenta, no presente momento, o Direito francês, para o que poderemos isolar as hipóteses de *OPA obrigatória* em três grandes grupos:

O primeiro grupo[151], que representa a *pedra-de-toque* de todo o sistema, é representado por aqueles casos em que uma entidade, directa ou indirectamente, venha a deter mais de 1/3 das acções ou dos direitos de voto de uma sociedade francesa cujos títulos estejam inscritos no mercado de cotações oficiais ou no segundo mercado (art. 5.4.1 do Regulamento CBV), ou ainda por aqueles casos em que seja adquirido o controle de uma sociedade que detenha mais de 1/3 das acções ou dos direitos de voto de uma sociedade cujos títulos estejam inscritos no mercado de cotações oficiais ou no segundo mercado, desde que os títulos detidos por aquela representem uma parte essencial dos seus activos (art. 5.4.3 do Regulamento CBV). Reunidas as previsões de um dos dois grupos, a entidade adquirente é obrigada a lançar uma OPA sobre todas as acções e demais valores mobiliários que dêem lugar às acções ou a direitos de voto, emitidos pela sociedade, ou seja, estamos perante um caso de *intensidade*

---

detidos por esta sociedade sem uma parte essencial dos seus activos (art. 5.3.7 do Regulamento Geral). Todos os outros casos em que o processo de *garantie de cours* pode ser imposto, derivam de uma autorização de utilização deste processo simplificado em prejuízo daquele da *OPA obrigatória*. Vd., por todos, ALAIN VIANDIER, ob. cit., pp. 311-333; DOMINIQUE CARREAU e JEAN-YVES MARTIN, «La Réforme do Régime Juridique des Offres Publiques», cit., pp. 457-461; MICHEL JEANTIN, *Droit des Sociétés,* 3ª Ed., Montchrestien, Paris, 1994, pp. 418-420; DIDIER MARTIN e JEAN-PAUL VALUET, *Les Offres Publiques d'Achat,* T. 1, Joly, Paris, 1993, pp. 60-64; ARNAUD PERRIER e RAPHAELLE SCHACCHI, *Les Stratégies anti-OPA,* Economica, Paris, 1995.

[151] Para uma análise mais detalhada das hipóteses de *OPA obrigatória* aqui mencionadas, vd. ALAIN VIANDIER, ob.cit., pp. 213-220; DIDIER MARTIN e JEAN-PAUL VALUET, ob.cit., pp. 65-66; MICHEL JEANTIN, ob.cit., pp. 414-415.

forte de obrigatoriedade da OPA em que a mesma se configura como *OPA geral obrigatória*.

O segundo grupo[152], é representado por aqueles casos em que, à partida, uma entidade detenha, directa ou indirectamente, entre 1/3 e 1/2 das acções ou dos direitos de voto de uma sociedade francesa cujos títulos estejam inscritos no mercado de cotações oficiais ou no segundo mercado, e aumente, num período de tempo inferior a um ano, a sua participação em mais de 2% do número total de acções ou de direitos de voto na sociedade (art. 5.4.4 do regulamento Geral).

Finalmente, o terceiro grupo[153] é representado por aqueles casos em que, à partida, uma entidade detenha, directa ou indirectamente, entre 1/3 e 1/2 das acções ou dos direitos de voto de uma sociedade francesa cujos títulos estejam inscritos no mercado de cotações oficiais ou no segundo mercado, e venha a deter a maioria absoluta em um desses universos (art. 5.4.4 do Regulamento).

X. Aparentemente, este enquadramento seria suficiente para nos proporcionar uma aproximação ao regime de previsões da obrigatoriedade de lançamento de uma OPA do Direito francês actual. Teríamos então em consideração que a definição dos limites a partir dos quais é imposta a *OPA obrigatória* seria feita a partir de uma primeira noção — a de *detenção de títulos* (e já não a de *aquisição*) — coordenada com duas outras noções — a de *acções*[154] e a de direitos de voto[155]. A partir desta formulação, e por palavras distintas, estaríamos a afirmar aquilo que pareceria

---

[152] Vd. ALAIN VIANDIER, ob.cit., pp. 222-223; DIDIER MARTIN e JEAN-PAUL VALUET, ob.cit., pp. 67-68; MICHEL JEANTIN, ob.cit., p. 415.

[153] Vd. ALAIN VIANDIER, ob.cit., pp. 220-222; MICHEL JEANTIN, pp. 414-415.

[154] Quanto à noção de títulos de capital, dispõe o art. 5.4.2 do Regulamento que estes devem ser entendidos como referentes a *títulos* que conferem direitos de voto se o capital da sociedade é constituído também por títulos sem direito de voto. Entende-se então que isto significa que não são contadas — devem ser subtraídas do número total dos títulos de capital — as acções preferenciais sem direito de voto e os títulos de participação (*certificats d'investissement*). Com críticas a esta solução, vd. MICHEL FLEURIET, ob.cit., p. 89. Por outro lado, deverão ser mantidas para cálculo todas as outros títulos, mesmo que temporariamente limitados no seu direito de voto, e as acções próprias.

[155] Quanto à noção de direitos de voto, deverão não apenas ser deduzidas as acções preferenciais sem voto, mas também as acções próprias ou as acções temporariamente limitadas no seu direito de voto. A discordância entre este universo e aquele dos títulos de capital torna-se mais evidente quando temos em atenção a possibilidade de existência de valores mobiliários com direito de voto para além das acções — os *certificados de voto*, e a admissibilidade no direito francês de acções com *direito de voto duplo*.

ser uma evidência: que o regime francês teria superado a bipartição entre regime de obrigatoriedade subsequente à aquisição de um *bloco de controle* e aquele subsequente à detenção de um número de títulos superior a determinado limite. No entanto, e como já tivémos ocasião de afirmar, a bipartição realizada pela revisão de 1989 deixou algumas marcas, a partir da compreensão das quais verificamos que este sistema de previsões não pode ser analisado de forma tão simplista.

Nesta perspectiva, a análise do sistema de dispensas da obrigatoriedade de lançamento de OPA revela-se particularmente interessante, esclarecendo, em grande medida, a funcionalidade dos limites expostos a partir do qual a OPA é imposta. Nos termos do art. 5.4.6 do Regulamento, são admitidas como hipóteses de dispensa de OPA obrigatória as seguintes situações: que a entidade detentora dos títulos já detivesse anteriormente o controle da sociedade no sentido do terceiro *inciso* da primeira *alínea* do art. 355.1 da Lei n° 66-537 de 24 de Julho de 1966 sobre sociedades comerciais[156]; que a sociedade em causa seja já controlada maioritariamente por um terceiro[157]; e ainda quando a entidade adquira os títulos ou os direitos de voto a um cedente exterior ao grupo a que pertence, se esse grupo controlar já a sociedade emitente no quadro de uma consolidação de contas das sociedades que o constituem[158].

---

[156] Esta norma dispõe que uma entidade dispõe de *controle* sobre uma sociedade quando *ela determine de facto, pelos direitos de voto de que dispõe, as decisões nas assembleias gerais dessa sociedade*. Esta remissão é entendida como valendo também para a presunção de *controle* contida nessa norma (Avisos SBF 91-2951, de 1/10/91 e 92--3340, de 23/12/92), a qual se refere à detenção, directa ou indirecta, *de uma fracção de direitos de voto superior a 40% e que nenhum outro associado ou accionista disponha directa ou indirectamente de uma fracção superior à sua*.

[157] Deve-se notar que a noção de *controle maioritário* é uma noção naturalmente mais restrita que aquela de controle *de facto*, já que implica o controle da maioria absoluta dos direitos de voto.

[158] As outras hipótese de dispensa de OPA previstas no mesmo artigo são as seguintes: **a)** a aquisição resultar (**i**) de uma transmissão a título gratuito, (**ii**) de um aumento de capital em numerário reservado a pessoas determinadas (trata-se de um novo caso de dispensa que vem adequar a lei à prática existente), ou (**iii**) de uma transmissão a título universal — operação de fusão ou transmissão universal parcial de activos; **b)** a aquisição não exceder 3% do número total de títulos ou de direitos de voto e o adquirente se comprometa a recolocar os títulos ou direitos de voto excedentes num prazo não superior a 18 meses; **c)** a integração nos pressupostos de lançamento da OPA resulte da redução do número total de títulos ou de direitos de voto da sociedade; **d)** as pessoas que controlem a sociedade emitente procedam a uma reorganização de títulos no interior do seu

A análise destes casos de dispensa de obrigatoriedade de lançamento de OPA, confrontados com os casos de imposição dessa obrigação, dão--nos — agora sim — um quadro ora mais correcto dos termos substanciais do regime. Assim, verifica-se que o limite de obrigatoriedade de lançamento de OPA por detenção de percentagem de acções ou de direitos de voto superior a 1/3 não deve ser lido de uma forma simplista, visto que, em bom rigor, essa detenção apenas imporá, de modo irreversível, a obrigatoriedade de lançamento de OPA, no caso de essa entidade não deter anteriormente o controle *de facto* da sociedade e/ou no caso de não existir um terceiro com o controle *de juris* — controle maioritário — da sociedade, visto que, em qualquer destes casos, a SBV poderá dispensar o lançamento da OPA. Por isso, o limite de 1/3 continua ligado indissociavelmente ao conceito de controle, o qual delimita essa percentagem por duas vias — o conceito de controle maioritário limita-o no caso de este ser detido por terceiro; o conceito de controle de facto limita-o no caso de este ser detido pelo oferente.

XI. Ponto que deve também merecer a nossa atenção a propósito desta descrição do regime francês actual, é o de verificar que o conceito de partida no direito francês para a definição dos pressupostos da obrigatoriedade de OPA não é equivalente ao conceito português de *sociedade com subscrição pública,* ou sequer à solução britânica que já apontámos, visto que resulta do art. 5.4.1 do Regulamento que estão em causa apenas os títulos inscritos no mercado de cotações oficiais e no segundo mercado (o art. 5.4.4 remete para esta norma, pelo que se presume que o universo é o mesmo).

Quanto ao mercado sem cotações, dispõe o art. 5.3.6 do Regulamento que a aquisição de um bloco de títulos susceptível de conferir o controle maioritário no capital ou nos direitos de voto de uma sociedade com os seus títulos inscritos neste mercado dá lugar à instauração de uma *garantie de cours*, como vem definida no art. 5.3.5. Na verdade, este é o único caso em que, no presente sistema, a *garantie de cours* apresenta

---

grupo, sem que a reorganização tenha por efeito modificar substancialmente o equilíbrio dos accionistas associados nesse grupo; **e)** a ultrapassagem do limite resulte de um acordo de concertação que tenha sido comunicado à COB, cuja publicidade tenha sido assegurada pela SBF, e desde que os signatários não tenham procedido, directa ou indirectamente, no ano anterior a qualquer aquisição significativa de títulos com direito de voto e se comprometam a não alterar significativamente, durante dois anos, o equilíbrio respectivo das suas participações no seio da concertação.

uma relevância autónoma, já que nos restantes casos (aquisição de acções cotadas no mercado de cotações oficiais ou no segundo mercado) passou a ser um procedimento de carácter facultativo.

XII. Caberá agora, por forma a terminarmos o enquadramento jurídico propiciado pelo regime francês, destacar alguns dos seus elementos que, por confronto com a visão panorâmica que realizámos tomando como coordenadas de referência os regimes português e inglês, se revelam mais importantes e impressivos. Assim: após um período em que o atendimento aos interesses que, em Inglaterra, tinham suscitado a consagração da *OPA obrigatória,* encontraram resposta na *mantien/garantie de cours,* o sistema francês consagra hoje a *OPA obrigatória* como elemento central de regulação dos interesses do mercado; ao contrário do que verificámos acontecer em relação aos sistemas inglês e português, o direito francês faz depender a aplicação das regras sobre *OPA obrigatória* do facto de a sociedade a cujo capital a detenção se refira ter os seus valores admitidos à cotação em algum dos mercados regulados; o regime francês encara a *OPA obrigatória* apenas na dimensão de *obrigatoriedade forte,* ou seja, enquanto obrigação de lançamento de oferta, mesmo contra a vontade de aquisição dos valores mobiliários em causa, após a detenção de determinado número de valores mobiliários, assim se aproximando do sistema inglês e afastando do sistema português; consequentemente, em nenhuma situação a OPA é imposta como *instrumento obrigatório de aquisição,* quer dotada de *obrigatoriedade fraca,* quer dotada de *obrigatoriedade média;* finalmente, caberá referir que o sistema francês apenas encara a *OPA obrigatória* como oferta geral, e nunca como oferta parcial, de novo se aproximando do sistema britânico e, consequentemente, de novo se afastando do sistema português.

7.3 *O Direito espanhol*

I. Cremos resultar evidente que, perante a observação dos regimes inglês e francês, a observação de qualquer dos outros regimes que isolámos na Introdução se afigurará de importância desigual, já que, embora por razões diferentes, esses sistemas jurídicos se apresentam como verdadeiros percursores na influência que provocaram — e continuam a provocar — em relação aos demais sistemas jurídicos europeus.

Por isso, se o objectivo desta nossa fase da exposição se reduzisse ao conhecimento do surgimento da figura da *OPA obrigatória* na Europa e às vicissitudes que estiveram na base dos termos em que a mesma é hoje geralmente entendida, poderíamos terminar aqui esta fase de enquadramento normativo geral, recorrendo à observação dos demais regimes europeus apenas a propósito de quadros problemáticos restritos.

Acontece, no entanto, que a função da presente fase da nossa exposição, como tivémos ocasião de a apresentar na Introdução, está para além desses objectivos que tornariam dispensável a continuação do nosso percurso, sendo também suscitada em face da necessidade de melhor conhecer as traves principais dos regimes aos quais, a propósito desses quadros de análise mais detalhada que efectuaremos, teremos ocasião de recorrer. Por isso, e realizada esta advertência, continuaremos com o regime espanhol, italiano e, finalmente, terminaremos com a apresentação do actual panorama do Direito Comunitário.

II. Em Espanha, assim como aconteceu em Portugal, a regulamentação sobre *OPA obrigatória* revela uma clara recepção dos contributos problemáticos dos sistemas europeus mais evoluídos[159] — referimo-nos particularmente aos já analisados sistemas inglês e francês —, fazendo com que a evolução do regime espanhol já não surja, como acontecia nesses casos, como o resultado imediato dos problemas sentidos no particular mercado que regulava, mas antes como um resultado de impulsos de natureza eminentemente política.

Apesar de a OPA, enquanto *instrumento de aquisição de valores mobiliários*, ter sido bastante utilizada no mercado espanhol entre o final da década de sessenta e o princípio da década de setenta[160], a primeira regulamentação editada sobre o tema data apenas de 1980 — trata-se do

---

[159] Para uma análise detalhada do modo como esta recepção ocorreu vd. GARCIA DE ENTERRIA, ob.cit., pp. 107-114; vd. ainda RODRIGO URÍA, ob.cit., p. 607.

[160] Será importante salientar, de todo modo, que a generalidade das OPAs lançadas durante este período tinham apenas uma de duas finalidades — ou, perante a pretensão de saída do mercado de cotações oficiais, a compra de acções — pela própria sociedade — aos accionistas que se tivessem oposto a essa deliberação de exclusão, ou a reorganização de participações no seio de grupos já formados. Vd. MARIA ANGELS VALLVÉ RIBERA, «Situacion actual e futura de las OPAs en España. Perspectivas desde la Bolsa de Barcelona», in *OPAS: La Conquista del Poder en la Empresa*, ob.cit., p. 21.

É apenas a partir do ano de 1987, em especial após a OPA (hostil) lançada, nesse ano, pelo BANCO DE BILBAO sobre o BANCO ESPAÑOL DE CREDITO, que veio a fracassar, e após a OPA lançada, já no ano de 1988, pela sociedade TORRAS-KIO sobre a EBRO, que esta técnica de aquisição se popularizou verdadeiramente. Vd., sobre estas operações, JOSÉ LUÍS CEA GARCIA, «En la cresta de la OPA», Economistas, 1988//89, p. 323.

Real-Decreto 1.848/1980. Tratava-se de uma legislação que, ao mesmo tempo que incorporava a disciplina das OPA enquanto *programa contratual*, introduzia já no sistema espanhol a figura da *OPA obrigatória*. Apesar de ser considerada uma legislação *desactualizada* para a época, até porque era baseada em alguns anteprojectos redigidos entre 1970 e 1971[161], trata-se de um instrumento normativo que consagra diversos traços e tendências de regulamentação que ainda hoje encontramos presentes[162] — o paralelo com a experiência portuguesa, tomando como elemento de confronto o regime constante do CSC, propicia-se com facilidade.

III. A aplicação do Real-Decreto 1.848/1980 cedo revelou diversas insuficiências, especialmente em duas áreas específicas: a das *ofertas concorrentes* e a da *OPA obrigatória*. Por isso, impunha-se uma revisão da legislação que, respondendo a algumas dessas necessidades, foi realizada pela entrada em vigor do *Real-Decreto* 279/1984 que, no seu preâmbulo, afirmava ser sua intenção *recolher a nova experiência adquirida durante os três anos de vigência do regime anterior.* De todo o modo, também ele sofreu contestações de diversa ordem e é geralmente entendido como tendo apresentado uma regulamentação pouco satisfatória[163].

IV. Este diploma foi posteriormente alterado pela Lei 24/1988, de 28 de Julho, a *Lei do Mercado de Valores,* que reviu profundamente o ordenamento do mercado de valores mobiliários espanhol, apesar de ter mantido em vigor parte desse outro diploma no que respeita à matéria da OPA. Na verdade, no que respeita a matéria da *OPA obrigatória*, constava do seu art. 60° que *quem pretenda adquirir, em um só acto ou em actos sucessivos, um determinado número de acções admitidas a negociação em Bolsa de Valores ou outros valores que directa ou indirectamente*

---

[161] Vd. CARLOS CARDENAS SMITH, *Regimen Juridico de las Ofertas Publicas de Adquisición*, ob.cit., p. 24.

[162] Sobre este ponto e, mais desenvolvidamente, em sede geral, sobre a evolução da regulamentação espanhola nesta matéria, vd. FERNANDO SÁNCHEZ CALERO, *Régimen Jurídico de las Ofertas Públicas de adquisición (OPAS), Comentario sistemático del RD 1.197/1991* (Dir. Fernando Sánches Calero), vol. I., Centro de Documentación Bancaria y Bursátil, Madrid, 1993, pp. 14-20; na mesma perspectiva e com abundantes referências bibliográficas, vd. ainda JAIME ZURITA Y SÁENZ DE NAVARRETE, «El Régimen Español de la OPA: Análisis del Real Decreto 1197/1991, de 26 de Julio», in *La Lucha por el Control de las Grandes Sociedades*, cit., pp. 91-97. Mais particularmente sobre o Real-Decreto 1.848/1980 vd. RODRIGO URÍA, ob.cit., pp. 620-621 e MARIA ANGELS VALLVÉ RIBERA, cit., pp. 19-20.

[163] Vd. CARLOS DE CARDENAS SMITH, ob.cit., pp. 24-25.

possam dar direito à sua subscrição ou aquisição, desta forma alcançando uma participação significativa no capital de uma sociedade, não poderá fazê-lo sem promover uma oferta pública de aquisição dirigida a todos os seus titulares[164].

No entanto, esta norma surgia sem regulamentação completa, dispondo-se no mesmo artigo que eram deixadas para regulamentação posterior a fixação de matérias tão importantes como sejam, por exemplo, a de qualificação de *participação significativa* e a das *regras e prazos de cômputo da mesma,* razão pela qual se manteve em vigor o RD 279/84, com pequenas modificações[165].

---

[164] Continuando ainda – *serão regulamentados: a participação que será qualificada como significativa; as regras e prazos para cálculo da mesma, tomando em consideração as participações directas e indirectas; os termos em que a oferta será irrevogável ou em que poderá ser submetida a condição e as garantias exigíveis quando a contrapartida consista em dinheiro, valores já emitidos ou valores cuja emissão ainda não tenha sido deliberada pela sociedade; a modalidade do controle administrativo a cargo da Comissão Nacional do Mercado de Valores e, em geral, o processo das ofertas públicas de aquisição; as limitações à actividade do órgão de administração da sociedade cujas acções sejam objecto da oferta; o regime das possíveis ofertas concorrentes; as regras de rateio, quando necessário; as operações exceptuadas deste regime por considerações de interesse público e os demais pontos cuja regulamentação seja julgada necessária.*

Quem adquirir o volume de acções e alcançar a participação significativa a que se refere o primeiro parágrafo sem a obrigatória oferta pública de aquisição, não poderá exercer os direitos políticos derivados das acções assim adquiridas, sem prejuízo das sanções previstas no Título VIII da presente Lei. As deliberações adoptadas com a sua participação serão nulos. A Comissão Nacional do Mercado de Valores terá legitimidade para iniciar as acções de impugnação correspondentes.

Quem adquirir um volume de acções admitidas a negociação numa Bolsa de Valores que represente mais de cinquenta por cento dos votos da sociedade emitente, não poderá modificar os estatutos desta, salvo nos termos que regulamentarmente se admitam, sem promover uma oferta pública de aquisição dirigida ao remanescente das acções com voto admitidas a negociação. Regulamentarmente serão regulados, em relação com a operação a que se refere este parágrafo, para além dos limites contemplados no parágrafo segundo, o preço mínimo a que deve ser efectuada esta oferta pública de aquisição.

As ofertas públicas de aquisição de acções ou outros valores que directa ou indirectamente possam dar direito à sua subscrição ou aquisição formuladas de modo voluntário, deverão ser dirigidas a todos os seus titulares e estarão sujeitas às mesmas regras e processo que as contempladas neste artigo.

[165] Encontramos um elenco não exaustivo, mas bastante completo, dos traços por regulamentar em MARIA ANGELS VALLVÉ RIBERA, cit., pp. 21-23. Vd. ainda, no mesmo

II. O Enquadramento Normativo

V. Respondendo à clara insatisfação provocada pela complexidade que derivava desta conjugação entrou recentemente em vigor o *Real-Decreto* 1.197/1991, o qual incorpora os traços centrais da regulamentação espanhola sobre a OPA e, mais especificamente sobre a *OPA obrigatória*. Será então neste diploma que centraremos a nossa atenção.

Importa começar por referir que o sistema espanhol é, de todos aqueles que já tivemos ocasião de observar, o que se revela de apresentação mais complexa. E é assim porque o sistema se divide em várias ramificações, criando sub-regimes distintos para os casos de aquisição directa e indirecta, assumindo ainda várias formas neste último caso, e ainda para os casos de *OPAs obrigatórias atípicas,* que não são desencadeados a partir da noção central de aquisição de *participação significativa.* Por isso, procurar-nos-emos nesta sede apenas em apresentar a estrutura básica deste regime, deixando para mais tarde os eventuais desenvolvimentos que sejam suscitados sobre problemas mais específicos.

Fazendo uma análise panorâmica dos pressupostos da *OPA obrigatória* para o caso de *aquisição directa,* que representam o núcleo do actual Direito espanhol, verificamos que os mesmos podem ser esquematizados da seguinte forma: **(i)** que a sociedade visada tenha a totalidade ou parte dos seus títulos admitidos a negociação em bolsa de valores ou, não sendo esse o caso, já tenha requerido essa admissão (n°s 1 e 7 do art. 1° do *Real-Decreto)*[166]; **(ii)** e que alguma entidade pretenda adquirir a título oneroso, em um só acto ou em actos sucessivos, acções, direitos de subscrição, obrigações convertíveis, warrants, ou quaisquer outros valores mobiliários que possam dar lugar à subscrição ou aquisição de acções, por forma

---

âmbito, CARLOS JAVIER SANZ SANTOLARIA, cit., pp. 275-276; FERNANDO POMBO, *International M&A Law,* Euromoney, London, 1991, pp. 132-134; JOSÉ LUIS CELA GARCIA, cit., pp. 326-327; JUAN GUITARD MARÍN, «Principales innovaciones en el régimen jurídico de las OPAs establecidas por el Real Decreto 1197/1991, de 26 de Julio», DN, 1991, pp. 1-2; e F.VICENT CHULIA, *Derecho Mercantil,* 3ª Ed., Tomo II, José M. Bosch, Barcelona, 1990, pp. 392-393. Com uma análise mais detalhada da relação entre o RD 279//84 e a Lei 24/1988, vd. LUÍS MARIA CAZORLA PRIETO, «El control de una sociedad a atraves de la adquisicion de pequeños paquetes in bolsa», in *OPAS: La Conquista del Poder en la Empresa,* cit., pp. 97-107.

Como refere RODRIGO URÍA (ob.cit., p. 608), a Lei de 28 de Julho de 1988 representa *uma lei tecnicamente incompleta e de implementação progressiva, tanto pelo seu calendário de entrada em vigor, como pelas numerosas disposições que precisam de desenvolvimento regulamentar.*

[166] Este pressuposto manter-se-á presente em todas as demais hipóteses de OPA obrigatória a que atenderemos.

a alcançar, juntamente com os títulos já detidos, se for esse o caso, uma *participação significativa* no capital da sociedade visada, ou seja, uma participação que represente percentagem igual ou superior a 25%, 50% ou 100% do capital da sociedade visada (n°s 1 e 2 do art. 1°)[167].

O conteúdo das obrigações variará em função do caso, ou seja, em função da *participação significativa* que se pretende adquirir, assim criando um sistema em *cascata* bastante singular. Quando se pretenda adquirir uma participação igual ou superior a 25%, mas inferior a 50%, a oferta deverá ser lançada sobre um número de acções da sociedade visada que represente, pelo menos, 10% do seu capital (n° 3 do art. 1°). Idêntica abrangência é imposta quando já se possua uma participação igual ou superior a 25%, mas inferior a 50%, e se pretenda aumentar a participação em, pelo menos, 6% num período de 12 meses (n° 4 do art. 1°). Finalmente, quando se pretenda alcançar uma participação igual ou superior a 50% do capital da sociedade visada, a oferta deverá ser lançada sobre um número de acções da sociedade visada que represente, pelo menos, 75% do seu capital (n° 5 do art. 1°)[168].

Em qualquer destes casos, é importante notar, a intensidade da obrigatoriedade assenta num *grau médio*, sendo a *OPA obrigatória* entendida na sua faceta de *instrumento obrigatório de aquisição*[169] com limitação da liberdade negocial no que respeita, desde logo, aos valores mobiliários objecto da oferta.

Paralelamente ao regime exposto, que incide sobre as *aquisições directas,* o art. 3° do Real-Decreto consagra um regime incidente sobre *aquisições indirectas.*

Assim, nos termos da *alínea* a) do n° 1 do art. 3°, em caso de fusão ou de aquisição de uma participação que confira o controle de uma sociedade gestora de participações sociais que detenha uma *participação significativa* numa sociedade cotada, ou de outra uma sociedade, indepen-

---

[167] Para a análise, em sede geral, desta regulamentação, vd., por todos, JOSÉ ENRIQUE CACHON BLANCO, ob.cit., pp. 317-322; GARCIA DE ENTERRIA, ob.cit., pp. 114-131; RODRIGO URÍA, ob.cit., pp. 620-622; JUAN GUITARD MARÍN, cit., pp. 1-9; CARLOS DE CARDENAS SMITH, ob.cit., pp. 36-66.

[168] Caso se parta de uma posição inferior a 25%, será esta a obrigação que estará em causa, e não aquela prevista no n° 3 do art. 1°, que assim é prejudicada. Vd. CARLOS DE CARDENAS SMITH, ob.cit., p. 43.

[169] Para uma análise das consequências desta opção do legislador espanhol vd. JUAN GUITARD MARÍN, cit., pp. 3-4

dentemente da sua qualificação, em que a detenção dessa *participação significativa* constitua parte relevante do seu activo e seja motivo determinante da operação, deverá ser lançada uma OPA, prévia à operação, sobre todos os valores emitidas pela sociedade cotada. No caso de se tratar de sociedade que não corresponda à mencionada descrição, o regime será distinto para a fusão e para a aquisição de participação de controle. Tratando-se do primeiro caso, a OPA apenas é imposta, nos termos da *alínea* b) mesmo do número, no caso de essa sociedade deter uma participação de, pelo menos, 50% do capital da sociedade cotada, devendo ser lançada, subsequentemente à operação, sobre uma participação correspondente a 75% do capital desta[170]. Ainda nos termos da mesma *alínea*, não será obrigatória a oferta se, no prazo de seis meses, a participação *em excesso* for alienada por OPV. Tratando-se da aquisição de participação de controle, agora nos termos da *alínea* c) do mesmo número, a OPA é imposta no caso de a sociedade cuja participação seja adquirida deter uma *participação significativa*, nos termos em que a mesma é entendida no art. 1º, sendo a oferta lançada, embora com carácter subsequente, nos *termos de conteúdo* que seria se estivéssemos perante uma *aquisição directa*[171]. Mais uma vez, a oferta não será imposta se, no prazo de seis meses, a *participação em excesso* for alienada por via de OPV[172].

A par destas hipóteses, que são geralmente designadas como *típicas OPAs obrigatórias*[173], o Real Decreto ainda contempla outros casos em que é imposta a obrigatoriedade de lançamento de OPA. É o caso das operações de redução de capital[174], da modificação de estatutos numa

---

[170] Mas nunca menos de 10%, o que terá relevância no caso de a participação *adquirida indirectamente* ser superior a 65%.

[171] Embora, mais uma vez, estando em causa uma OPA que tem de ser lançada para a detenção de, pelo menos, 75% do capital da sociedade visada, a mesma não possa ser lançada para menos de 10%, o que de novo só terá relevância no caso de a participação adquirida indirectamente ser superior a 65%.

[172] Para uma descrição mais detalhada deste regime, vd. desde já JAIME SURITA SÁENZ DE NAVARRETE, *Régimen Jurídico...*, ob.cit., pp. 75-92; JOSÉ ENRIQUE CACHON BLANCO, ob.cit., pp. 322-323; CARLOS DE CARDENAS SMITH, ob.cit., pp. 49-58.

[173] Vd. RODRIGO URÍA, ob.cit., p. 622.

[174] Nos termos do nº 2 do art. 3º do Real-Decreto, *se como consequência de uma redução do capital a participação de um accionista superar qualquer das percentagens de participação a que se referem os números 3, 4 e 5 do artigo 1º, o referido accionista não poderá concretizar uma nova aquisição de acções, ou de outros valores mobiliários que possam dar direito à sua subscrição ou aquisição, sem promover uma oferta pública de aquisição nas condições estabelecidas nos números correspondentes do mencionado*

sociedade com acções admitidas a cotação em que exista um accionista detentor de mais de 50% dos direitos de voto[175], da vontade de requerer a exclusão da negociação[176] e ainda da redução do capital por aquisição de acções próprias[177].

VI. Assim como procedemos em relação aos sistemas português, inglês e francês, será este o momento para assinalarmos alguns dos traços do regime espanhol que, por confronto com esses, se revelam mais impressivos. Assim: ao contrário dos regimes português e inglês, e no mesmo sentido que o francês, o regime espanhol toma apenas em consideração, para efeitos de delimitação geral do regime sobre *OPA obrigatória*, as sociedades com valores admitidos à cotação em bolsa de valores (ou que tenham requerido essa admissão); ao contrário dos regimes francês e inglês, mas aqui aproximando-se do regime português, a trave es-

---

artigo. Sobre a interpretação deste artigo, vd., por todos, CARLOS DE CARDENAS SMITH, ob.cit., pp. 62-63; e JOSÉ ENRIQUE CACHON BLANCO, ob.cit., pp. 323-324.

[175] Nos termos do nº 1 do art. 5º do Real-Decreto, *toda a entidade que, sendo titular de acções que representem mais de cinquenta por cento dos votos de uma sociedade admitida à negociação em Bolsa de Valores, pretenda, pela primeira vez desde que tenha adquirido ou recuperado tal percentagem dos direitos de voto, modificar os Estatutos da referida sociedade, deverá formular previamente uma oferta pública de aquisição dirigida às demais acções da sociedade. Entender-se-á que quem possua a mencionada percentagem de cinquenta de por cento dos direitos de voto pretende modificar os Estatutos sempre que o órgão de administração da mesma entenda submeter à Assembleia Geral uma proposta de modificação dos Estatutos.* Sobre a interpretação deste artigo vd., por todos, JOSÉ LUIS GARCÍA-PITA Y LASTRES, *Régimen Jurídico ...*, ob.cit., pp. 103-152; e JOSÉ ENRIQUE CACHON BLANCO, ob.cit., pp. 326-327.

[176] Nos termos do nº 1 do art. 7º do Real-Decreto, *quando uma sociedade que tenha valores admitidos à negociação em bolsa delibere a sua exclusão da mesma, a Comissão Nacional do Mercado de Valores, se, examinados os eventuais procedimentos que a sociedade tenha estabelecido para proteger os interesses dos titulares dos valores, considerar que a exclusão pode lesar os interesses dos mencionados titulares, poderá condicionar a que a sociedade promova uma oferta pública de aquisição nos termos previstos neste artigo, para proceder à sua amortização (...).* Sobre a interpretação deste artigo vd., por todos, MIGUEL SÁNCHEZ-CALERO GUILARTE, *Régimen Jurídico ...*, ob.cit., pp. 189-201; CARLOS DE CARDENAS SMITH, ob.cit, pp. 70-75.

[177] Nos termos do art. 9º do Real-Decreto, *quando a redução do capital de uma sociedade cotada se realize mediante a compra por esta das suas próprias acções para amortização, aplicar-se-á, sem prejuízo dos requisitos mínimos do art. 170 da Lei sobre Sociedades Anónimas, o estabelecido no presente Real-Decreto.* Sobre a interpretação e efeitos deste artigo no que respeita ao regime jurídico da *OPA obrigatória*, vd. RODRIGO URÍA, ib.id; JUAN GUITARD MARIN, cit., pp. 5-7.

trutural do sistema espanhol assenta na obrigação de lançamento de *OPA prévia;* apesar disso, e como acontece entre nós, o sistema necessita do amparo de hipóteses de *OPA subsequente;* o sistema toma em consideração outros valores mobiliários, para além das acções, para a definição do condicionalismo que conduz à obrigação de lançamento de OPA, mais uma vez se aproximando do regime nacional, o que, como teremos ocasião de observar em análise mais detalhada, se revela como uma decorrência do facto de a estruturação do regime assentar na obrigação de lançamento de *OPA prévia.*

7.4 O Direito italiano

I. Até recentemente, a legislação existente em Itália sobre a OPA era extremamente reduzida, limitando-se ao art. 18° da Lei de 7 de Junho de 1974 — n° 216, o qual dispunha a obrigação de comunicação prévia à *Comissioni Nazionale per le Società e la Borsa (CONSOB)*[178] — o órgão de fiscalização do mercado — das condições, modalidade e termos de desenvolvimento de qualquer OPA sobre acções ou obrigações convertíveis em acções, ao mesmo tempo que atribuía a essa Comissão poderes para determinar os termos segundo os quais a oferta deveria ser tornada pública[179].

Sendo assim, compreende-se que, durante todo esse período, as fontes principais a atender nesta área sejam o resultado de regulamentações de índole administrativa e corporativa — referimo-nos à prática da própria CONSOB[180], que edificou gradualmente um conjunto de regras sobre

---

[178] Para uma descrição geral da estrutura, funções e poderes da CONSOB, vd., entre a múltipla literatura existente sobre o tema, SALVATORE GRILLO, *Il Controllo del Mercato Mobiliarie in Italia — Aspetti Istituzionali,* Giuffrè, Milano, 1989, pp. 7-51; G.FERRI, *Diritto Commerciale,* 9ª Edição, UTET, Torino, 1993, pp. 464-468; GIUSEPPE AULETA e NICCOLÒ SALANITRO, *Diritto Commerciale,* 8ª ed., Giuffrè, Milano, 1993, pp. 490-493.

[179] Este artigo foi alterado pela Lei de 23 de Março de 1983 — n° 77, e pela Lei de 4 de Junho de 1985 — n° 281. Cfr. ARIBERTO MIGNOLI, «Riflessioni critiche sull'esperienza italiana dell'opa: idee, problemi, proposte», RivSoc., 1986, pp. 3-7; LORENZO DE ANGELIS, «L'informazione societaria nell'OPA: prospettive di regolamentazione in Italia ed esperienze comparatistiche degli altri Stati membri della CEE», RivSoc. 1987, pp. 97--100; GAETANO CASTELLANO, «Le offerte pubbliche di acquisto: I problemi non risolti dalla legge di reforma», GC, 1975, Parte I, pp. 5-33.

[180] Sobre a competência da CONSOB e o seu papel no mercado de capitais Italiano, vd., por todos, FRANCO PIGA, «La cessioni del controllo delle societá quotate in borsa:

a disciplina da OPA, embora limitadas, como é natural, à regulação do respectivo programa contratual, e ao *Codice di Comportamento Adottato dal Comitato Direttivo degli Agenti di Cambio della Borsa de Milano* de Dezembro de 1971[181].

Quanto à prática da CONSOB, importa referir que a mesma procurava geralmente, com uma legitimidade formal aliás muito duvidosa, resolver os diversos problemas de disciplina do processo da OPA não resolvidos pela Lei de 7 de Junho de 1974 — que eram, note-se, quase todos — e colocados à sua apreciação. Para termos uma noção do alcance das lacunas de disciplina deixadas à atenção da CONSOB, bastará tomar em atenção que é desta prática que surgem princípios como, por exemplo, a *irrevogabilidade* e a *imodificabilidade* da oferta.

Tratava-se, por isso, de uma intervenção eminentemente casuística e direccionada à resolução do problema que estivesse em presença, sendo mesmo muito duvidosos os poderes da CONSOB para impor um sentido normativo dessa prática, pelo que se compreende o carácter pouco inovador, especialmente quando comparamos com o sistema inglês, que geralmente assumia. Em face deste panorama, não será de estranhar a inexistência, nessa prática, de qualquer preocupação específica com a *OPA obrigatória*, figura que desconhecia em absoluto[182].

Por outro lado, o *Codice* representa um esforço de auto-regulamentação *contratual* — a violação das suas regras implicava a emergência de responsabilidade contratual ou pré-contratual —, dele constando um conjunto articulado de regras sobre OPA, que apenas vinculavam as entidades signatárias envolvidas na Bolsa de Valores de Milão e que se inspirava claramente na experiência de auto-regulamentação inglesa.

A função desta disciplina era, sobretudo, a de resolver os diversos problemas operacionais suscitados no mercado de Milão em função da insuficiente legislação existente, pelo que se compreende que esteja focada na disciplina do *processo contratual* da OPA, matéria em que apresenta desenvolvimentos muito consideráveis. Também aqui, no que

---

profili di rilevanza generale e prospettive», RivSoc., 1984, pp. 1163-1166; GUIDO ROSSI, «Le società e la borsa: le nuove frontiere», RivSoc., 1981, pp. 1-16.

[181] Que é contemporâneo da primeira OPA lançada em Itália, a oferta lançada pela LATINA sobre as acções da DE ANGEL FRUA. Sobre esta operação, bem como as que imediatamente se seguiram, vd. RIBERTO WEIGMANN, ob.cit., p. 327.

[182] Sobre a intervenção da CONSOB no âmbito da Lei de 7 de Junho de 1974, vd. GIUSEPPE NICCOLINI, cit., pp. 768-770;

respeita à matéria da *OPA obrigatória,* encontramos uma total omissão, no que não deve ser entendido como mais do que um sinal da inexistência de problemas idênticos aos que estiveram na base da recepção desta regulamentação em Inglaterra. Aliás, é mesmo interessante verificar que o *Codice* regula a matéria do *objecto da oferta* com uma preocupação absolutamente distinta daquela que está na base da recepção da figura da *OPA obrigatória* — a da utilização da OPA como instrumento especulativo. Por isso, o art. 2º do *Codice* impunha que a OPA devia ter por objecto um quantitativo de títulos idóneo para permitir a aquisição de uma participação mínima de 10% do capital social ou das obrigações emitidas pela sociedade visada[183].

II. O panorama descrito foi substancialmente alterado com a entrada em vigor da recente Lei de 18 de Fevereiro de 1992 — nº 149, o qual introduziu em Itália a figura da *OPA obrigatória.*

Este diploma, que regula as ofertas públicas de venda, de subscrição, de aquisição e de permuta de títulos, veio praticamente revolucionar o sistema italiano, que deixou então de assentar numa regulamentação fragmentária e em grande parte de base não legislativa, para passar a ter um sistema integrado de legislação sobre ofertas públicas de transacção e subscrição[184]. Aliás, deve ser salientado que a entrada em vigor deste diploma se enquadra numa mais vasta revisão da regulamentação sobre mercado de valores mobiliários, que integra, nomeadamente, a legislação de reforma da CONSOB (Lei de 4 de Junho de 1985 — nº 281) e a legislação sobre *insider trading* (Lei de 17 de Maio de 1991 — nº 157).

No entanto, também aqui, após os aplausos iniciais derivados da introdução de uma regulamentação de há muito exigida pela doutrina, seguiu-se a manifestação de muitas reservas derivadas das opções assumidas e da sua deficiente integração nos regimes mais gerais sobre sociedades comerciais e mercado de capitais[185].

Deste modo, é no âmbito da Lei de 18 de Fevereiro de 1992 que encontramos o actual regime italiano sobre a *OPA obrigatória* a que

---

[183] Sobre o Codice, vd. ROBERTO WEIGMANN, ob.cit., p. 356; GIUSEPPE NICCOLINI, ob.cit., pp. 767-768; PIERGAETANO MARCHETTI, «L'offerta pubblica di acquisto in Italia», RivSoc., 1971, pp. 1162-1166; DIEGO CORAPI, ob.cit., p. 296; ROBERT R. PENNINGTON, cit., pp. 755-757;

[184] Vd. G.FERRI, ob.cit., pp. 474-476.

[185] Cfr. ROBERTO WEIGMANN, ob.cit., p. 355; PAOLO MONTALENTI, «La legge italiana sulle offerte pubbliche: prime riflessioni», GC, 1992, pp. 831-836.

atenderemos de seguida, naquele que, expressivamente, FERRI apelida de o *momento politicamente mais significativo da disciplina* contida neste diploma[186].

III. A Lei de 18 de Fevereiro de 1992 impõe a OPA obrigatória quando[187]: **(i)** a sociedade visada tenha os seus valores admitidos à cotação; **(ii-1)** alguma entidade pretenda adquirir acções ou outros valores mobiliários que, por qualquer forma, possam atribuir esse direito, que lhe confiram, directa ou indirectamente, o controle dessa sociedade (art. 10.1)[188], ou, **(ii-2)** não sendo possível isolar um ou mais accionistas de controle, quando alguma entidade pretenda adquirir uma participação não inferior àquela de maioria relativa detida nesse momento por um accionista ou accionistas, caso estejamos perante um sindicato de voto (art. 10.3), **(iii-3)** ou quando alguma entidade tenha adquirido uma participação correspondente a metade daquelas previstas nas previsões anteriores e pretenda, no prazo de um ano, adquirir acções com direito a voto em medida superior a um quinto dos títulos já detidos ou a 2% do capital social (art. 10.7), **(iii-4)** ou se alguma entidade adquirir, por meio distinto da OPA, uma participação igual ou superior àquelas mencionadas nas hipóteses anteriores, e ainda, finalmente, **(iii-5)** se alguma entidade vier a adquirir, por qualquer forma, uma participação que lhe atribua 90% (art., 10.9)[189].

---

[186] Ob.cit., p. 476.

[187] Para uma análise mais detalhada, em sede geral, destes pressupostos da obrigatoriedade de lançamento de OPA, vd., entre muitos, ROBERTO WEIGMAN, Trattato, ob.cit., pp. 414-451; PAOLO MONTALENTI, *Le Offerte Pubbliche...*, cit.., pp. 7-82; GIANLUCA ROMAGNOLI, ob.cit. pp. 93-231; FRANCESCO GALGANO, *Sommario di Diritto Commerciale,* 2ª ed., Giuffrè, 1992, pp. 292-293; PAOLO MONTALENTI, cit., pp. 847-868; G. FERRI, ob.cit., pp. 477-479; GIUSEPPE AULETA e NICCOLÒ SALANITRO, ob.cit., pp. 190-193.

[188] Para efeitos de aplicação desta previsão entende-se por controle, nos termos do art. 10.2 da *Legge,* a detenção de acções que atribuam a maioria dos votos na Assembleia Geral, ou permitam exercer uma *influência dominante* nessa Assembleia. No entanto, para além desta posição de partida, inúmeros problemas se colocam, especialmente no que respeita à relevância do *controle indirecto.* O problema começa por, neste nº 1 do art. 10º, a propósito da noção de *aquisição indirecta* não se integrar o caso das *sociedades controladas,* assim como acontece no nº 2 do mesmo, agora em particular sobre a o conceito de controle indirecto. Para uma análise bastante completa deste específico problema, vd. PAOLO MONTALENTI, ob.cit., pp. 853-856.

[189] As afinidades com a *offre publique de retrait* prevista no sistema francês são claras. De todo o modo, importa salientar que, ao contrário do que acontece nesse sistema, em Itália a obrigação de lançamento desta oferta surge automaticamente com a

Como se compreende, as previsões de obrigatoriedade isoladas merecem tratamento distinto no que respeita ao decorrente conteúdo da obrigação. Deste modo, as hipóteses prevista nos arts. 10.1, 10.3 e 10.7, implicam a obrigação de lançar uma oferta sobre uma percentagem de títulos idêntica àquela que faz desencadear a obrigatoriedade, ou seja, tratam-se de casos exemplares em que a OPA é imposta apenas como mero *instrumento de aquisição,* numa dimensão de *obrigatoriedade fraca.* A hipótese prevista no art. 10.8 implica o lançamento de uma OPA sobre uma percentagem de títulos não inferior àquela adquirida previamente, ou seja, trata-se de um caso em que a OPA é imposta como *meio* e como *fim,* numa dimensão de *obrigatoriedade forte.* Finalmente, com uma extensão *qualitativamente* idêntica, a hipótese do art. 10.9 implica o lançamento de uma OPA sobre a totalidade dos títulos, ou seja, assume--se de igual modo como um caso de *OPA geral obrigatória.*

IV. Caberá, para terminar esta esquemática apresentação da estrutura da obrigatoriedade de lançamento de OPA no âmbito do Direito italiano, confrontar os traços mais impressivos do mesmo com aqueles que resultaram das observações dos direitos português, inglês, francês e espanhol. Assim: como acontece nestes últimos dois sistemas, a obrigação de lançamento de OPA é construída em face da cotação dos títulos da sociedade em causa, ficando os sistemas português e inglês como os únicos que alargam essa obrigatoriedade a outras sociedades com títulos não admitidos à cotação em bolsa de valores; como acontece em Portugal e Espanha, o sistema parte da imposição da *OPA prévia,* não construindo a OPA como uma mera obrigação subsequente que resulte da verificação de determinados pressupostos; de todo o modo, e assim como acontece nesses sistemas, são criadas algumas situações paralelas de *OPA obrigatória subsequente,* deste modo configurando o sistema como *misto.*

7.5 A Proposta Alterada de 13ª Directiva

I. Apesar de ainda não terem atingido qualquer resultado visível, os planos de harmonização das legislações comunitárias em matéria de OPA

---

detenção referida, não dependendo da vontade dos accionistas minoritário, razão pela qual a mesma tem sido apelidada de sintoma de *sobre-dirigismo* do legislador Italiano. Vd. PAOLO MONTALENTI, id., pp. 866-867.

existem desde há mais de duas décadas[190]. Na verdade, já em 1974 ROBERT PENNINGTON apresentou um *projecto preliminar de Directiva* à Comissão das Comunidades[191], que se assumia expressamente como inspirado no sistema britânico e que veio a cair num relativo esquecimento até 1985.

Nesse ano a Comissão, no seu Livro Branco e ao tratar da harmonização em matéria de Direito das Sociedades, anunciou a sua firme decisão de avançar com o processo de harmonização nesta área, fixando o ano de 1987 como data previsível de apresentação da Proposta e o ano de 1989 como data previsível da sua adopção pelo Conselho. Como estava programado, no ano de 1987 foi efectivamente apresentado um Anteprojecto de Directiva que, após discussão e introdução de alterações, veio a conduzir à apresentação, em 19 de Janeiro de 1989, da Proposta de 13ª Directiva. Perante as muitas reservas levantadas pelos Estados Membros, especialmente pela Alemanha, a Proposta foi revista e alterada. Subsequentemente, em 14 de Setembro de 1990, foi apresentada a 2ª Proposta de 13ª Directiva, mais geralmente conhecida por *Proposta Alterada de 13ª Directiva*.

II. Se é certo que este texto teve a qualidade de colocar na ordem do dia, em diversos países europeus, a problemática da OPA — e, mais especificamente, da OPA obrigatória —, e verdade é que, até à data, não ocorreram mais desenvolvimentos significativos do processo, que aparenta estar parado perante as múltiplas reservas levantadas pelos Estados Membros[192].

---

[190] Para um panorama mais específico do processo vd., por todos, KLAUS J. HOPT, «Reglamentación europea sobre ofertas públicas de adquisición», cit., pp. 19-65; e JAIME ZURITA SAENZ DE NAVARRETE, «El control de las OPAS en la CEE. Comentarios al Proyecto de Directiva», cit., pp. 260-261.

[191] Comissão CE Doc. XI/56/74; ROBERT PENNINGTON, cit., pp. 730-803.

[192] No ano de 1989, JAIME ZURITA SAENZ DE NAVARRETE («El control de las OPAS en la CEE. Comentarios al Proyecto de Directiva», in OPAS: La Conquista del Poder en La Empresa, cit., p.260) apontava 1 de Janeiro de 1993 como data provável de aprovação desta Directiva pela Comissão. Se é certo que o optimismo manifestado se revelou excessivo, a afirmação também é sinal da mudança de perspectiva e da descrença que, nos últimos anos, se tem operado em função à aprovação desta Directiva. Vd. ainda KLAUS HOPT, «La reglamentación...», cit., pp. 28-32.

Aliás, é interessante verificar que o DL nº 142-A/91, de 10 de Abril, que aprovou o Cód.MVM, no nº 21 do seu preâmbulo por mais de uma vez refere a proposta de Directiva como elemento inspirador e desde já seguido. Idêntica situação acontece em relação à regulamentação espanhola.

III. Nos termos do art. 1º e do nº 1 do art. 4º da *Proposta Alterada de Directiva* impõe-se a obrigação de lançar uma OPA geral quando[193]: **(i)** a sociedade visada tenha os seus títulos admitidos para transacção no mercado de um ou vários Estados-membros; **(ii)** alguma entidade, na sequência de uma aquisição directa ou indirecta[194], venha a deter títulos que, adicionados aos que já detém, lhe confiram uma percentagem de direitos de voto nessa sociedade nunca fixada acima de um terço dos direitos de voto existentes à data dessa aquisição[195].

IV. Perante o confronto da descrição do condicionalismo assumido pela *Proposta Alterada* como determinante da obrigatoriedade de lançamento de OPA com aquele que resulta da observação dos sistemas já isolados, haverá a reter as seguintes tendências da regulamentação: contrariamente ao que se passa nos sistemas português e inglês, as sociedades em relação a cujo capital se impõe a obrigatoriedade de OPA não são todas as *sociedades de subscrição pública*, mas apenas aquelas com títulos sujeitos à negociação em bolsa de valores comunitária; contrariamente aos sistemas português, espanhol e italiano, o alcance da obrigatoriedade da OPA reduz-se à imposição da *OPA subsequente,* assim dotada de uma dimensão de *obrigatoriedade forte*; por decorrência da tendência anterior, não existe a previsão de OPAs parciais, sendo sempre com carácter geral que as mesmas são impostas; as previsões de obrigatoriedade de OPA limitam-se, no seu núcleo central, à hipótese de aquisição do

---

[193] Cfr., por todos, KLAUS HOPT, «La reglamentación...», cit., pp. 32-38.
[194] Cfr. nº 2 deste mesmo art. 4º.
[195] A definição deste limite de 1/3 revela-se enquadrado no âmbito do Direito Comunitário, tendo em atenção, para além da noção de controle — que pode ser atingido no limiar do 1/3 —, a possibilidade de um accionista com acções que lhe atribuam essa percentagem de direitos de voto bloquear as deliberações mais importantes da sociedade. Assim acontece com as deliberações de limitação ou supressão do direito de preferência dos sócios em aumento de capital (vd. art. 40º da Directiva 77/91 CEE), de aumento ou redução do capital social (vd. art. 7º da Directiva nº 78/855 CEE) e de fusão ou cisão (vd. art. 5º da Directiva nº 82/891).
Em qualquer caso, e como muito bem assinala JAIME ZURITA SAENZ DE NAVARRETE (id., p. 262), o art. 4º da Proposta de Directiva, ao fixar este limite de 1/3, não resolve (porventura deliberadamente) a situação das aquisições efectuadas por quem, à partida, já detenha títulos que lhe confiram mais de 1/3 dos direitos de voto. Vd., ainda sobre este ponto, JOSÉ LUIS RUÍS-NAVARRO PINAR, cit., pp. 420-421; ROBERTO WEIGMAN, *Trattato ...,* ob.cit., pp. 400-401.

domínio da sociedade visada, o que é entendido como acontecendo a partir da barreira de 1/3 dos direitos de voto.

É interessante verificar que, não obstante as declarações expressas de pré-harmonização sistematicamente repetidas pelo legislador português, qualquer dos traços isolados é contrário ao disposto no sistema jurídico nacional.

III.
A DELIMITAÇÃO DA OBRIGAÇÃO

8. A natureza da sociedade emitente dos títulos

8.1 *Generalidades*

I. Bastará um simples confronto das várias hipóteses de *OPA obrigatória* previstas no nosso sistema, para verificarmos que todas elas têm um ponto de partida comum que provém da versão original deste regime constante do CSC — a qualificação como *sociedade com subscrição pública*[196] da entidade emitente[197] dos títulos

---

[196] Ou como sociedade de subscrição pública, como passou a referir o DL nº 261//95, de 3 de Outubro. Teremos ocasião de analisar desenvolvidamente o panorama subjacente a esta — aparentemente pequena — alteração de nomenclatura.

[197] Não são previstas especiais particularidades para a configuração da entidade oferente, seja face ao regime do processo da OPA, seja face às regras sobre OPA obrigatória. Apesar de resultar da análise de algumas passagens desta regulamentação que a lei toma como paradigma a hipótese de o oferente ser uma pessoa colectiva (sem prejuízo da definição abrangente do art. 525.1.a) do Cód.MVM) e de, em termos práticos, ser sistematicamente esse o caso, nenhum obstáculo existe à hipótese de o *oferente* ser uma Problema curioso é o de a entidade *oferente* e a entidade *visada* serem uma mesma pessoa colectiva. Estando em causa acções, estas hipóteses de auto-OPA ficam fortemente limitadas pelas regras societárias aplicáveis, transformando a hipótese numa mera questão teórica. Já assim não acontece, no entanto, estando em causa outros valores mobiliários previstos no nº 1 do artº 523º. Vejamos um exemplo. A aquisição de obrigações próprias, para efeitos de amortização, não depende da observância das limitações gerais percentuais para aquisição de acções próprias constantes do art. 317º do CSC. Por essa razão, pode a sociedade emitente vir a adquirir a totalidade (e não apenas percentagem inferior a 10%) das obrigações convertíveis que emitiu. Na verdade, o art. 354º do CSC prevê duas hipóteses básicas de aquisições lícitas de obrigações próprias — a primeira, refere-se à generalidade das aquisições; a segunda, refere-se a aquisições com um escopo específico, ou seja, a aquisições que visem a subsequente conversão ou amortização do empréstimo

que alguma entidade pretenda adquirir — estando perante uma hipótese de OPA *obrigatória prévia* —, ou que sejam por ela detidos —

---

obrigacionista. Cada um dos grupos de hipóteses segue um regime próprio no que respeita às limitações a que a aquisição está sujeita. Assim, estando em causa aquisições que não correspondam a qualquer dos objectivos específicos mencionados (conversão ou amortização do empréstimo), a aquisição de obrigações próprias segue as limitações gerais de aquisição de acções próprias previstas no art. 317º do CSC. Por outro lado, estando em causa aquisições de obrigações próprias para efeitos de conversão ou de amortização do empréstimo, esse regime limitativo já não deve ser obrigatoriamente seguido. Ao abrir os dois grupos de hipóteses de aquisição lícita de obrigações próprias, o legislador revela um particular objectivo normativo — criar um regime especial para os casos de aquisições destinadas à conversão ou amortização e criar um regime geral para as demais aquisições. Neste sentido, podemos afirmar que não faria sentido criar os dois grupos de hipóteses se a cada uma não correspondesse um regime distinto, já que a justificação da diferença de previsão depende da diferença de estatuições. Ora, as razões que fazem com que o legislador imponha restrições à compra de acções próprias estão, em grande medida, presentes numa situação de compra de obrigações próprias. Daí a equiparação geral. No entanto, essas mesmas restrições perdem o seu sentido quando a aquisição de obrigações próprias se destine à conversão ou à amortização. Tomando este último caso — o da aquisição para amortização — como centro de ponderação, dir-se-à que a vontade da sociedade de proceder à amortização do empréstimo afasta a aplicação das limitações já que, de outra forma, essas limitações inviabilizariam a própria possibilidade de amortizar. Note-se, em abono dessa posição, que mesmo no que respeita à aquisição de acções próprias o legislador permite, nos termos do art. 317.3.b), que o limite de 10% seja ultrapassado quando a aquisição vise *executar uma deliberação de redução do capital*. Por isso, compreende-se que não faria qualquer sentido impor essa limitação de 10% às aquisições de obrigações próprias para efeitos de amortização. O sistema equiparativo é, deste modo, coerente. No entanto, se dúvidas não se levantam quanto à licitude jurídica da aquisição, já o mesmo não se pode dizer quanto à forma de proceder a essa aquisição. Estando em causa uma sociedade de subscrição pública e na medida em que estejam reunidos os demais pressupostos da obrigatoriedade de OPA, poderia esta hipótese, numa primeira aproximação, representar um curioso exemplo de auto-OPA obrigatória. Cremos, no entanto, que não será assim. Primeiro, porque o entendimento dessa obrigatoriedade implicaria uma verdadeira auto-OPA, ou seja, uma oferta sobre valores emitidos pela própria sociedade oferente, hipótese que parece não estar contemplada no nosso regime como permissão e, menos ainda, como obrigação. Segundo, porque a aquisição das obrigações convertíveis próprias implica a cessação da potencialidade dos votos que lhes são inerentes (a amortização implica a impossibilidade de conversão futura desses valores), razão pela qual cessa, nos termos expostos, a justificação central que leva o sistema jurídico a atender a estes valores para efeitos de OPA obrigatória. Terceiro, porque o princípio da igualdade de tratamento dos accionistas/obrigacionistas pode ser atingido por recurso a formas diferentes de aquisição, nomeadamente por aquisição directa em condições idênticas e/ou por manutenção de uma ordem de compra em bolsa de valores por um período razoável pré-determinado.

estando perante uma hipótese de *OPA obrigatória sucessiva* ou *subsequente*[198].

Na verdade, ao contrário do que já vimos acontecer em outros sistemas, como sejam os sistemas francês, espanhol ou italiano[199], o legislador nacional não fez depender a obrigação de lançamento de OPA do facto de estarem em causa valores mobiliários admitidos à negociação em mercado secundário, maxime em bolsa de valores, antes tendo alargado essa incidência de obrigatoriedade pela utilização desta noção de *sociedade com/de subscrição pública*, a qual tem subjacente uma opção de abrangência que, sendo certo que integra esses casos, pretende estar dotada de um alcance que está para além deles[200].

II. Do exposto deriva, como é natural, a centralidade problemática deste traço de delimitação da obrigação de lançamento de OPA, já que, como facilmente se pode intuir, a utilização deste conceito vem colocar dúvidas e problemas de interpretação muito particulares de extrema importância que, fora a solução adoptada centralizada pelo facto objectivo de estarmos perante uma sociedade cotada[201], naturalmente não estariam em causa. Mais: a determinação das sociedades emitentes dos títulos, em

---

[198] Cfr. n° 1 do art. 527° e n° 2 do art. 528°, ambos do Cód.MVM. Idêntica solução já resultava da remissão efectuada pela versão original do n° 1 do art. 527° do Cód.MVM para o art. 313° do CSC, e antes da entrada em vigor do Cód.MVM, do próprio art. 313° do CSC. De todo o modo, importa desde já salientar que esta estabilidade conceptual não deve por forma alguma ser confundida com estabilidade do regime jurídico, visto que em qualquer destes textos — CSC, versão original do Cód.MVM e versão do Cód.MVM após as alterações introduzidas pelo DL n° 261/95 — o conceito de sociedade com/de subscrição pública apresenta compreensões distintas.

[199] Bem como aquele que resulta da Proposta alterada de 13ª Directiva.

[200] Deve, no entanto, ser salientado, que alguma doutrina desses países, especialmente em Espanha, questiona a justiça da limitação das regras sobre OPA obrigatória e, mais em geral, das regras sobre o seu *processo aquisitivo*, aos casos de sociedades cotadas. É o caso, por exemplo, de ANÍBAL SÁNCHEZ ANDRÉS (cit., p.10), que, em sede geral, afirma o seguinte — *a pergunta que haverá de formular a este propósito é muito simples. Se nas sociedades admitidas a cotação, nas quais os níveis de disciplina e informação disponível são muito mais rigorosos, a formulação de uma oferta geral é sujeita a um processo regulado e de ordem pública, tem sentido deixar ao livre arbítrio do oferente toda a articulação do processo quando essa oferta se refira a sociedades não cotadas? Na nossa opinião, os problemas de igualdade de tratamento entre os accionistas (que é um assunto societário geral) colocam-se de modo similar nas sociedade abertas e fechadas (...).*

[201] Ou até, como acontece em Espanha, de uma sociedade com acções cotadas ou que já tenha requerido a admissão à cotação.

relação às quais o legislador pretende ver aplicado o regime de *OPA obrigatória,* é, como teremos ocasião de verificar, não apenas um dos mais complexos e importantes traços de delimitação da obrigação em análise, como ainda um dos mais significativos traços de compreensão deste regime, razão pela qual dificilmente se compreende o quase absoluto silêncio e acriticismo com que a nossa doutrina tem abordado este particular momento da regulamentação.

É em face destas considerações que deve ser entendida a importância que atribuímos a este passo da nossa análise, a qual justifica que dediquemos de forma especial a nossa atenção à compreensão deste conceito de *sociedade com/de subscrição pública,* verificando, sucessivamente, a consagração desta noção no Direito nacional pelo CSC, momento no qual teremos ainda ocasião de verificar as afinidades que o mesmo apresenta com as noções paralelas de *public company* e *société faisant appel public a l' épargne,* das quais o conceito em análise recolhe vários elementos de definição, e ainda de analisar com detalhe a justificação da delimitação efectuada pelo legislador na relação que a mesma mantém com o estatuto jurídico associado à noção (**8.2**); de seguida verificaremos as alterações introduzidas pelo Cód.MVM, especialmente no que se refere à noção de *sociedade equiparada a sociedade com subscrição pública* e as suas repercussões ao nível da compreensão normativa dos preceitos (**8.3**); finalmente, teremos ocasião de verificar as alterações recentemente introduzidas pelo DL nº 261/95 e as suas repercussões normativas, concluindo esta fase da análise pela apresentação das entidades que, perante o regime em vigor, devem merecer a qualificação de *sociedade de subscrição pública* ficando, por mera decorrência dessa qualificação, sujeitas ao regime de *OPA obrigatória* (**8.4**).

8.2 O conceito de sociedade com subscrição pública face ao art. 284º do CSC

8.2.1 A delimitação do conceito

I. A utilização do conceito de *subscrição pública* como instrumento de qualificação de uma sociedade surge, entre nós, apenas no ano de 1986, com a entrada em vigor do CSC. Antes desse momento, apenas encontramos o conceito de *subscrição pública* utilizado por referência ao próprio *processo de subscrição* e por contraposição ao conceito de *subs-*

crição privada — assim acontecia, nomeadamente, com o art. 164º do Código Comercial[202], com o DL nº 371/78, de 30 de Novembro[203] e com a Portaria nº 365/79, de 25 de Julho[204].

Sendo certo que qualquer dos diplomas *supra* mencionados integra a noção de *subscrição pública* — associando-lhe determinadas consequências de regime —, em nenhuma passagem dos mesmos — ou, refira-se, de qualquer outro — se qualifica a sociedade que recorra a esse tipo de subscrição como uma *sociedade com subscrição pública*. A qualificação que, em concreto, fosse realizada de um acto de subscrição, como tendo características públicas ou privadas, não implicava qualquer qualificação ou estatuto decorrente para a sociedade que a ela tivesse recorrido, esgotando-se, por isso, as consequências normativas do conceito na regulamentação do próprio processo de subscrição.

Este quadro foi alterado, como referimos, pelo disposto no art. 284º do CSC, o qual veio dispor que, em regra — salvo quando da lei resultasse o contrário — seriam entendidas como *sociedade com subscrição pública* aquelas sociedades constituídas com apelo a subscrição pública, aquelas que, num aumento de capital, tivessem recorrido à subscrição pública e, finalmente, todas aquelas cujas acções fossem cotadas em bolsa de valores. Deste modo, a qualificação de determinada entidade como *sociedade com subscrição pública,* na leitura que lhe é dada pelo CSC, seria consequência da aplicação de um de dois critérios: **(i)** do recurso à subscrição pública em qualquer momento da vida social, ou seja, quer na sua constituição quer em aumento de capital, **(ii)** ou ainda do facto de a sociedade ter as suas acções cotadas em bolsa de valores.

II. Numa primeira aproximação poderia ser entendido estarmos perante uma inútil duplicação de critérios, já que qualquer sociedade com títulos cotados em bolsa de valores teria de, no momento da sua constituição ou em aumento de capital subsequente, ter recorrido à subscrição

---

[202] Que se refere aos casos em que para a constituição definitiva das sociedades anónimas houver que recorrer a **subscrição pública** (realce nosso).

[203] Que, no seu art. 2º, vem considerar como subscrição particular aquela em que os valores se destinam exclusivamente a ser subscritos por um número predeterminado de pessoas singulares ou colectivas, e como subscrição pública toda aquela que não se integre nesses casos.

[204] Que, nos termos do seu art. 1º, estabelece as regras a que deve obedecer o prospecto a publicar pelas sociedades que pretendam efectuar uma emissão de obrigações destinada, no todo ou em parte, a **subscrição pública** (realce nosso).

pública. No entanto, como teremos ocasião de verificar de seguida, não é de todo assim.

O n° 1 do art. 37° do DL 8/74, de 14 de Janeiro, que, à data da entrada em vigor do CSC, regulava esta matéria, dispunha que um dos requisitos necessários à admissão à cotação de acções emitidas por sociedades nacionais passava pelo facto de se encontrar em poder do público uma percentagem desse capital susceptível de, em cada caso e atentas as características do sector e da empresa, garantir a constituição de um mercado com dimensão suficiente para assegurar a transacção normal dos títulos sem flutuações sensíveis dos respectivos preços.

Perante esta norma, resulta evidente que seria possível depararmo--nos com uma situação de dispersão de capital, susceptível de ser integrada neste requisito de admissão à cotação, sem que a mesma derivasse do recurso à subscrição pública no momento da constituição da sociedade ou em aumento de capital — bastaria, para isso, que essa dispersão fosse derivada de qualquer outro acto que tivesse por consequência a dispersão como seja, por exemplo, a oferta pública de venda ou de troca[205]. Deste modo, os critérios de qualificação mencionados no n° 1 do art. 284° do CSC não se duplicavam, antes se complementando na construção que operam da noção.

III. Se, antes da entrada em vigor do CSC, o recurso à subscrição pública não implicava uma decorrente qualificação específica da sociedade em causa e, por outro lado, se não existia qualquer outro conceito paralelo àquele que temos ora em análise, isso acontecia, naturalmente, na

---

[205] Deste modo, e até à entrada em vigor do Cód.MVM, poderia dar-se o caso de uma sociedade ter o seu capital suficientemente disperso para permitir a admissão à cotação sem que fosse qualificada de sociedade com subscrição pública, bastando para isso que os seus valores não estivessem efectivamente cotados e que a causa da dispersão não assentasse no recurso à subscrição pública.

Esta situação foi corrigida pela *alínea* a) do n° 2 do art. 527° do Cód.MVM, que veio equiparar às sociedades com subscrição pública aquelas que tivessem dispersado o seu capital por qualquer outra forma não prevista neste art. 284° do CSC.

No entanto, é esta correcção que vem tornar real a redundância que antes era apenas aparente — sendo equiparada a *sociedade com subscrição pública* toda aquela que tenha dispersado o seu capital por recurso à subscrição pública ou por qualquer outra forma, e sendo exigível a dispersão de capital para admissão das acções à negociação em qualquer dos mercados (vd. arts. 304.1.h) e 364.1.c), ambos do Cód.MVM) tornava-se claro que, a partir desse momento, qualquer sociedade que tivesse os seus títulos cotados em Bolsa já seria qualificável como *sociedade com subscrição pública* (ou equiparada) independentemente dessa admissão.

medida em que o legislador nacional não associava quaisquer efeitos jurídicos que implicassem essa qualificação.

Ora, com o CSC, é evidente que não assistimos apenas à consagração na noção, mas também à associação de efeitos normativos que derivavam da qualificação implicada —o legislador estabeleceu, então, quatro particularidades de regulamentação aplicáveis a estas *sociedades com subscrição pública*[206] que, por contraposição, não teriam aplicação em relação a quaisquer outras sociedades anónimas.

A primeira particularidade prendia-se com a matéria da publicidade dos actos sociais, sendo estipulado no n° 2 do art. 167° que *nas sociedades anónimas os avisos, anúncios e convocações dirigidos aos sócios ou a credores, quando a lei ou o contrato mandem publicá-los, devem ser publicados de acordo com o número anterior e ainda num jornal da localidade da sede da sociedade ou, na falta deste, num dos jornais aí*

---

[206] Mais duas particularidades constavam do Projecto e não foram transpostas para o articulado do CSC.

Uma quinta particularidade, relativa ao regime de registo ou depósito das acções ao portador, resultava do n° 2 do art. 319° do *Projecto*. Nos termos do n° 1 do art. 319° do *Projecto*, estipulava-se a obrigação de as acções ao portador serem mantidas em regime de registo ou depósito e, no n° 2 desse artigo, exceptuavam-se da aplicação dessa regra as acções ao portador emitidas por sociedades com subscrição pública, *sem embargo de, em qualquer altura, poderem os seus titulares sujeitá-las voluntariamente a algum desses regimes ou subtraí-las dos mesmos*. A não transposição desta regra derivou do facto de o sistema constante do *Projecto* para o regime de registo e depósito das acções ter sido alterado na versão final do CSC. Cfr., a este propósito, o n° 28 do Preâmbulo do DL n° 262/86.

Uma sexta particularidade constava do n° 1 do art. 446° do *Projecto*, nos termos do qual *relativamente a sociedades com subscrição pública e sem prejuízo do disposto nesta lei quanto a sociedades coligadas, em anexo ao relatório anual do conselho de administração ou da direcção, será apresentada a lista dos accionistas que possuam, na data do encerramento do exercício a que o relatório respeita, segundo os registos da sociedade e as informações dos accionistas, acções correspondentes a dez por cento ou mais do capital da sociedade*. A não transposição desta particularidade derivou da alteração da estrutura do regime sobre Publicidade de Participações constante do *Projecto*. Neste, as obrigações de divulgação de participações eram impostas, em primeira linha, por referência às participações detidas pelos membros dos órgãos de administração e fiscalização (art. 445°), apenas sendo impostas em relação aos demais accionistas na particular situação de estarmos perante uma *sociedade com subscrição pública*. Com o CSC, essa publicidade veio a respeitar, de modo paralelo, aos membros dos órgãos de administração e fiscalização (art. 447°) e aos demais accionistas detentores de acções ao portador não registadas (art. 448°).

mais lidos; tratando-se de sociedade com subscrição pública, a publicação será ainda feita em jornal diário de Lisboa e Porto.

A segunda particularidade prendia-se, precisamente, com a matéria que nos ocupa, e já foi por nós referida — a da *OPA obrigatória* —, sendo estipulado na *alínea* a) do n° 1 do art. 313° do CSC que um dos requisitos para que *a compra ou troca de acções de uma sociedade* devesse *revestir a forma de oferta pública* seria o facto de se tratar de *sociedade com subscrição pública*[207].

A terceira particularidade prendia-se com as regras especiais de eleição de membros do Conselho de Administração, sendo estipulado no n° 8 do art. 392° do CSC que *nas sociedades com subscrição pública (...) é obrigatória a inclusão no contrato de algum dos sistemas previstos neste artigo* e que, caso do contrato nada constasse nesse sentido, seriam aplicadas as regras constantes dos n° 6 e 7° do mesmo artigo[208].

Finalmente, a quarta particularidade prendia-se com a obrigação de prestação de caução dos administradores, sendo estipulado no n° 3 do art. 396° que *excepto nas sociedades com subscrição pública, a caução pode ser dispensada por deliberação da assembleia geral ou constitutiva que eleja o conselho de administração ou um administrador e ainda quando a designação tenha sido feita no contrato de sociedade, por disposição deste.*

Retira-se então do exposto que, para o legislador do CSC, o facto de uma sociedade recorrer à subscrição pública — no acto de constituição ou em aumento de capital —, ou o facto de ter as suas acções cotadas em bolsa de valores, implicaria, desde logo, quatro particularidades de regime em relação àquelas que não estivessem nessas situações — ficaria adstrita a mais rigorosas regras de publicidade dos actos sociais; ficaria sujeita às regras de *OPA obrigatória;* ficaria sujeita às regras especiais de eleição de membros do Conselho de Administração previstas no art. 392° do CSC; e, por fim, não poderia ser dispensada a caução dos administradores.

---

[207] Importa desde já realçar que, de todo o modo, esta regra não era entendida como aplicável a todas as sociedades com subscrição pública, mas apenas àquelas cujo contrato social não estipulasse direito de preferência dos accionistas na compra ou troca de acções — vd. *alínea* b) do mesmo número. Teremos, de todo o modo, ocasião de analisar esta especial delimitação com maior detalhe.

[208] Curiosamente, a regra paralela para nomeação judicial de membro do Conselho Fiscal a requerimento de minorias (art. 418° do CSC) nada tem a ver com o conceito de *sociedade com subscrição pública*. Tal será devido, com toda a probabilidade, à vontade de generalizar esta última solução a todas as sociedades anónimas e ainda à necessária intervenção jurisdicional que ocorre neste processo.

IV. Deverá ainda ser referido, agora em relação mais directa com a temática que nos ocupa, que o CSC, ao receber a já citada noção de *sociedade com subscrição pública* em sede de regulamentação sobre *OPA obrigatória,* especificou os termos de qualificação proporcionados em sede geral. Na verdade, perante a delimitação do conceito operada pelo nº 1 do art. 284º, veio a *alínea* b) do nº 1 do art. 313º dispor que essa obrigatoriedade apenas existiria no caso de *o contrato de sociedade não estipular direito de preferência nas compras ou trocas de acções.*

Na formulação constante da *alínea* b) do nº 1 do art. 313º do CSC, a ponderação da estipulação de direito de preferência nas compras ou trocas de acções representa, como já tivemos ocasião de afirmar, uma verdadeira delimitação negativa dos pressupostos de obrigatoriedade de lançamento de OPA — se é certo que um desses pressupostos é integrado pela qualificação da sociedade emitente dos títulos como *sociedade com subscrição pública,* esse pressuposto é negativamente delimitado nos casos de constar uma estipulação, no contrato de sociedade, de direito de preferência na compra ou troca de acções. Significa isto, por diferentes palavras, que apenas as *sociedades com subscrição pública* de cujo contrato social não constasse essa estipulação integrariam este pressuposto de obrigatoriedade de utilização do processo contratual pressuposto pela OPA.

A razão para esta especial delimitação parece clara e encontra acordo na generalidade da doutrina nacional que se ocupou da matéria. Sendo certo que, no que respeita às sociedades com valores admitidos à cotação, estaríamos sempre perante hipóteses em que estaria pressuposta a livre negociabilidade dos títulos[209][210], já quanto às *sociedades com subscrição*

---

[209] Na verdade, esse é um requisito cujo preenchimento é necessário, por razões evidentes, para que os valores mobiliários em causa sejam admitidos à cotação. Daí que estivesse expressamente previsto na *alínea* d) do nº 1 do art. 37º do DL nº 8/74, de 14 de Janeiro (*os estatutos da sociedade não contenham cláusulas impeditivas da normal transacção das acções cuja admissão se requer*), bem como, posteriormente, do nº 2 do art. 291º do Cód.MVM (*só poderão transaccionar-se em bolsa ... os valores mobiliários integralmente realizados e que se encontrem livres de ónus ou encargos, bem como de quaisquer limitações ou vinculações quanto aos direitos patrimoniais e sociais que os integrem ou à sua transmissibilidade.* Este último artigo é aplicado por remissão da *alínea* g) do nº 1 do art. 303º no que respeita à admissão de acções ao Mercado de Cotações Oficiais, e por remissão do nº 1 do art. 364º no que respeita à admissão de acções à cotação no Segundo Mercado. Trata-se, aliás, de requisito comum a outros ordenamentos, já que se pretende com a própria estrutura de negociabilidade dos títulos em bolsa de valores. Perante o Direito francês, vd., por todos, MAURICE COZIAN e ALAIN VIANDIER,

Droit des Sociétés, ob.cit., pp. 382-383; perante o Direito espanhol, vd., por todos, JOSÉ ENRIQUE CACHON BLANCO, ob.cit., pp. 453-454; perante o Direito italiano vd., por todos, GUIDO FERRARINO, «L' ammissione alla quotazione in bcrsa», BBTC, 1992, pp. 318-319; e GASTONE COTTINO, *Diritto Commerciale,* vol. II, tomo I, 2ª edição, CEDAM, Padova, 1992, pp. 170-171.

[210] Note-se que, quando nos referimos a *livre transmissibilidade dos títulos,* temos em atenção apenas a não aposição de qualquer limitação a essa transmissibilidade no contrato de sociedade, estando por isso pressuposto o enquadramento propiciado pelo art. 328º do CSC. Não se integram nesta noção os casos em que a limitação seja fundamentada num acordo parassocial.

Vem esta ressalva a propósito de um interessante debate que, perante o direito italiano, tem sido efectuado em torno da compatibilidade entre os *sindicati de blocco,* acordos parassociais relativos à transmissão de acções, e as regras sobre *OPA obrigatória,* a partir da qual veio GUIDO ROSSI («Le diverse prospettive dei sindicati azionari nelle società quotate e in quelle non quotate», RivSoc., 1991, pp. 1353-1372) defender a nulidade desses contratos quando os mesmos tivessem por objecto acções de sociedades cotadas. E essa conclusão derivaria do facto de a existência de um contrato desse tipo não ser, por qualquer forma, compatível com a obrigação de lançamento de *OPA obrigatória,* porque, nesse caso, o *oferente* estaria a ser obrigado a efectuar uma proposta contratual a um conjunto de entidades que, em face de um contrato anterior, se teriam comprometido a não alienar, ou a alienar em condições distintas daquelas pressupostas pela OPA, os títulos por si detidos; por outro lado, impossibilitaria o sucesso integral da oferta quando esta fosse dirigida à totalidade do capital social. Deste modo, estaríamos perante uma contradição entre o princípio da livre transferibilidade dos valores mobiliários e a admissibilidade de celebração de contrato desse tipo, a qual deveria ser resolvida em prejuízo da segunda. Posteriormente à publicação deste artigo, veio outro autor, RENZO COSTI («I sindicati di blocco e di voto nella legge sull'OPA», BBTC, 1992, pp. 472-475), defender a posição contrária. Na opinião deste Autor, a existência de um *sindicato di bloco* seria totalmente irrelevante para a disciplina da OPA, já que os destinatários da OPA teriam o direito, mas não o dever, de alienar as suas acções no âmbito da oferta; por outro lado, ainda que essa obrigação existisse, esse facto apenas acarretaria a nulidade do acordo por impossibilidade de cumprimento. Sendo assim, não se verificaria qualquer incompatibilidade entre as figuras, já que, mesmo no que respeita aos contratantes, estes poderiam sempre entender, por acordo, alienar as acções, assim distratando o acordado. Aliás, esta última opinião encontra mesmo amparo na constatação da diversidade de efeitos jurídicos entre o caso de inclusão deste tipo de cláusulas no contrato social (que, relembre-se, nenhum problema coloca face ao regime da *OPA obrigatória* por este respeitar apenas a sociedades com valores admitidos a negociação em mercado secundário regulado) e o caso em presença, em que essas cláusulas são apenas objecto de acordo parassocial e por isso dotadas de eficácia meramente obrigacional, diversidade essa que é aceite geralmente pela doutrina italiana. Sobre este ponto vd., por todos, LUISA DE REN-ZIS, *Problemi Dibattuti in Tema di Circolazione di Azione e Quote,* CEDAM, Padova, 1990, pp. 75-78; e ALESSANDRO PEDERSOLI, «Sindicati di Blocco: Valità, Tipi ed Effeti», in *Sindicati di Voto e Sindicati di Blocco,* dir. de Franco Bonelli e Pier Giusto Jaeger, Giuffrè, Milano, 1993, pp. 241-242.

pública não cotadas não seria necessariamente assim. Estas, na verdade, e dentro dos limites impostos pelo art. 328º do CSC, poderiam sempre ver consagradas no seu contrato social cláusulas de limitação a essa transmissibilidade. Ora, muito dificilmente seria possível, perante uma situação concreta, a compatibilização da obrigatoriedade de lançamento de OPA, e mesmo do *processo aquisitivo* da OPA, com o exercício do direito de preferência pelos accionistas — a sobreposição da obrigatoriedade implicaria a frustração do direito de preferência e a sobreposição do direito de preferência implicaria a dificuldade — ou mesmo a impossibilidade — de funcionamento do processo da OPA[211].

8.2.2 A afinidade com os conceitos de *public company* e de *société faisant appel publique a l'épargne*

I. Uma análise comparatística revela-nos que este art. 284º do CSC e o regime jurídico que lhe está associado, encontra relevantes traços de afinidade no conceito de *public company* adoptado no Direito inglês e no conceito de *société faisant appel publique a l'épargne* adoptado no Direito francês, deles tendo recebido alguns dos seus traços mais impressivos[212]. Em bom rigor, aparentando receber a noção adoptada no Direito inglês, o art. 284º aproximou-se determinantemente da solução adoptada no Direito francês, sendo essa aproximação ainda mais evidente quando atentamos nas alterações introduzidas posteriormente.

---

[211] Vd. RAÚL VENTURA, *Ofertas Públicas de Aquisição e de Venda de Valores Mobiliários,* cit., pp. 229-230; CARLOS OSÓRIO DE CASTRO, cit., pp. 25-26; AUGUSTO TEIXEIRA GARCIA, ob.cit., pp. 214-215.

De todo o modo, convirá assinalar desde já que, sem prejuízo da nossa concordância geral com a formulação exposta, teremos ocasião de verificar que a questão não se coloca nos precisos termos ora apresentados — nem a consagração do direito de preferência se incompatibiliza, à partida, com a obrigatoriedade da OPA, antes dependendo do seu exercício para que essa incompatibilização se opere, como veremos de seguida, nem esta é a única razão para a especial delimitação que temos em atenção, como teremos ainda ocasião de verificar.

[212] O que, aliás, vem na decorrência directa de algumas considerações produzidas anteriormente. Em primeiro lugar, a consagração do *conceito de sociedade com subscrição pública* não resulta de qualquer processo que possa ser explicado tomando como base a experiência nacional. Em segundo lugar, é o próprio Preâmbulo do CSC, no seu ponto 25, que refere ter sido o recurso a ordenamentos estrangeiros a forma de, em muitos casos, ultrapassar a falta de tratamento teórico ou prático, em Portugal, de muitas das matérias do regime das sociedades anónimas.

Importará, por isso, dedicar alguma da nossa atenção à forma como o problema é tratado nestes sistemas, daí retirando o alargamento da base compreensiva de índole crítica em que nos devemos colocar no desenvolvimento da análise em curso.

II. A distinção entre *public* e *private companies* foi introduzido no Direito inglês com o *Companies (Consolidation) Act* de 1908 e sedimentada com o *Companies Act* de 1948, diploma que caracterizava as *private companies* como aquelas que tinham um número de accionistas inferior a cinquenta, ou previam limitações à livre transmissibilidade de acções, ou ainda aquelas em que era proibida qualquer forma de proposta ao público para negociação das suas acções. Verificamos assim que, perante esta formulação, a distinção assentava num triplo critério: número de accionistas; liberdade na transmissão de acções e possibilidade de negociação pública dos títulos[213].

O *Companies Act* de 1980, ao implementar a 2ª Directiva Comunitária em Direito das Sociedades, veio alterar a base da distinção, definindo *public company* como toda aquela entidade que, adoptando a forma de sociedade anónima, visse reconhecido o estatuto de *public company* por declaração contida no contrato de sociedade e tivesse obedecido às regras de constituição específicas das *public companies; private company*, por seu turno, é definida como toda aquela que não seja uma *public company*[214].

Atentando na alteração introduzida, deve ser salientado que, apesar de ser certo que se trata de um traço atenuado, a distinção não perdeu a sua ligação à ideia de negociação pública dos títulos — nos termos da s. 81 do *Companies Act* de 1985 é proibido a uma *private company* oferecer valores mobiliários por si emitidos à negociação pública, o que, a ser feito, constitui mesmo delito criminal[215].

No entanto, não apenas essa negociabilidade pública dos títulos é uma consequência da qualificação — e não um requisito da mesma —, como ainda as consequências da distinção vão muito para além deste ponto[216], sendo por isso possível afirmar que, em qualquer das formula-

---

[213] Vd. J.H. FARRAR, *Company Law*, ob.cit., pp. 28-30; GEOFFREY MORSE, *Company Law*, ob.cit., pp. 45-47.

[214] Vd. MARK STAMP, Private Company Law, Longman, London, 1991, pp. 9-10; GEOFFREY MORSE, ob.cit., pp. 45-46.

[215] Para mais desenvolvimentos sobre esta regra, especialmente no que respeita à noção de *público* aqui presente, vd., por todos, MARK STAMP, ob.cit., pp. 9-10.

[216] São muitas e de vária ordem as consequências de regime derivadas da distinção entre *public company (pub.c)* e *private company (priv.c.)*, entre as quais caberá destacar:

III. A Delimitação da Obrigação 129

ções apresentadas, estamos perante uma distinção que opera ao nível da própria estrutura da sociedade[217] e, por isso, não se assume apenas como uma forma de qualificação estatutária num determinado momento da sua vida social, à qual se pretendem associar efeitos jurídicos. Por isso, ainda, se entende que uma *private company* não possa assumir o estatuto de uma *public company* sem modificação estatutária, já que essa transformação implicaria uma modificação das suas características essenciais.

III. Já a noção de *société faisant appel publique a l'épargne*, mais que uma classificação estrutural que opere ao nível das características da sociedade *(rectius,* do *tipo* de sociedade), representa um verdadeiro estatuto social, sendo por isso um instrumento mais flexível e funcionalizado a um desígnio principal — proteger a posição dos accionistas minoritários em situações nas quais exista uma importante dispersão do capital social[218].

A noção de *société faisant appel publique a l'épargne* foi introduzida no Direito francês pelo art. 72º da Lei de 24 de Julho de 1966[219], que

---

as *pub.c.* devem ter, pelo menos, dois administradores, enquanto que as *priv.c.* podem ter um único administrador (CA 1985, s. 282· 1); existem regras específicas para a nomeação dos administradores das *pub.c.* (CA 1985, s. 292); existem regras distintas para as obrigações contabilísticas das sociedades (CA 1985, ss. 222 e 242; podem ser estabelecidas limitações à transmissibilidade dos títulos nas *priv.c.* (CA 1985, s. 91); existem regras específicas para a possibilidade de as *pub.c.* adquirirem e onerarem acções próprias (CA 1985, ss. 171 e 150). Para uma análise mais desenvolvida das consequências de regime derivadas desta distinção, vd. J.H. FARRAR, ob.cit., pp. 29-30; MARK STAMP, ob.cit., p. 10.

[217] Daí que se afirme que a classificação dos tipos de sociedade no Direito inglês se opera por intermédio de um duplo critério — a responsabilidade dos sócios e a distinção entre *public e private company*. Vd. JH. FARRAR, ob.cit., p. 28; THIEFFRY e outros, *Guide des Sociétés dans la Communauté Européene*, CFCE, Paris, 1992, pp. 339-340.

[218] Vd. MICHEL JEANTIN, ob.cit., p. 343.

[219] De todo o modo, tenha-se em atenção que a noção de *appel publique a l'épargne* já era consagrada em alguns diplomas anteriores, nomeadamente na Lei de 30 de Janeiro de 1907, no DL de 30 de Outubro de 1935, no DL de 8 de Agosto de 1935 e no DL de 31 de Agosto de 1937, embora em alguns destes diplomas o conceito utilizado fosse *sociétés faisant appel à l'épargne publique*. Vd., sobre este ponto, MICHEL DE JUGLART e BENJAMIN IPPOLITO, *Traité de Droit Commercial*, II. vol., 2ª parte, 3ª ed., revista e actualizada por PONTAVICE e DUPICHOT, Montchrestien, Paris, 1982, pp. 30-31; e GERMAIN BRULLIARD e DANIEL LAROCHE, *Précis de Droit Commercial*, ob.cit., p. 145. Este art. 72º da Lei de 24 de Julho de 1966 foi já objecto de múltiplos comentários, dos quais a exposição seguinte representa apenas uma recolha dos traços essenciais. Para uma recolha de múltiplas referências bibliográficas sobre o mesmo no âmbito do Direito francês, vd. HUBERT DE VAUPLANE e JEAN-PIERRE BORNET, *Droit de Bourse*, ob.cit., p.14.

atribuía esta qualificação àquelas sociedades que tivessem valores mobiliários admitidos à negociação no mercado de cotações oficiais ou no segundo mercado de uma bolsa de valores e ainda àquelas que tivessem recorrido a intermediário financeiro ou a qualquer forma de publicidade para a colocação dos seus títulos[220]. É sem grande dificuldade que encontramos traços de afinidade com o conteúdo do art. 284º do CSC.

Posteriormente, este conceito viu o seu conteúdo alargado por via da intervenção da COB, entidade que considerou a enumeração constante do mencionado art. 71º como meramente exemplificativa, razão pela qual, após uma evolução constante mas nem sempre coerente, hoje se entende serem integráveis nessa qualificação, para além dos mencionados casos, todas as situações em que parte significativa dos títulos de uma sociedade estejam dispersos pelo público, independentemente do modo como essa dispersão foi realizada[221].

No que respeita à análise das principais alterações introduzidas pela Lei de 24 de Julho de 1966, para além do que respeita à matéria que especificamente nos ocupa, vd. MARCEL CARTERON, cit., pp. 143-155; PIERRE BÉZARD e PIERRE CHAPUT, cit., pp. 481-507.

[220] Importará realçar dois pontos: sendo certo que, em regra, estarão em causa acções, é pacífico o entendimento segundo o qual a qualificação se aplicará também no caso de estarem em causa quaisquer outros valores mobiliários, desde que os mesmos estejam admitidos à negociação em qualquer dos mercados mencionados; por outro lado, apesar de não estar aqui integrado o Mercado Sem Cotações, isso não significará que as sociedades que vejam aí admitidos os seus títulos à negociação não sejam *sociétés faisant appel publique a l'épargne*, já que, em princípio, essa qualificação decorrerá de qualquer dos outros critérios que se mencionarão de seguida. Sobre a interpretação deste artigo vd., por todos, MICHEL JEANTIN, ob.cit., pp. 336-337; GERMAIN BRULLIARD e DANIEL LAROCHE, ob.cit., pp. 145-146; M. BARTHÉLEMY MERCADAL e M. PHILIPPE JANIN, *Sociétés Commerciales*, ob.cit., p. 369; GASTON LAGARDE, *Droit Commercial*, Tomo I, 2º Vol., 2ª Ed., Dalloz, Paris, 1980, p. 300; JEAN GUYÉNOT, *Cours de Droit Commercial*, LJNA, Paris, 1977, pp. 600-601. Defendendo que, em regra, as sociedades inscritas no Mercado Sem Cotações não são consideradas *sociétés faisant appel publique a l'épargne*, mas sem justificação aparente, vd. HUBERT DE VAUPLANE e JEAN-PIERRE BORNET, ob.cit., p. 169.

[221] O entendimento que hoje a COB defende, tendo por base o art. 2º do Regulamento nº 92-02, assenta na presunção de se tratar de *société faisant appel publique a l'epargne* toda aquela que tenha um número de accionistas superior a 300 ou que proponha a negociação de valores mobiliários por si emitidos a mais de 300 pessoas. A forma como essa dispersão foi alcançada não é relevante para a integração na qualificação, não sendo sequer feita qualquer distinção entre accionistas terceiros e accionistas trabalhadores. Vd. ALAIN VIANDIER, ob.cit., p. XIII; e HUBERT DE VAUPLANE e JEAN-PIERRE BORNET, ob.cit., p. 14; MICHEL DE JUGLART e BENJAMIN IPPOLITO, ob.cit., p. 31. Com críticas a este alargamento da noção, especialmente no que respeita ao indiferenciamento da

III. A Delimitação da Obrigação

A partir do momento em que uma entidade seja qualificada como *société faisant appel publique a l'épargne*, passa a ver determinadas particularidades de regime aplicáveis. A primeira, e porventura a mais importante, resulta no facto de passar a ser objecto de controle pela COB no que respeita à qualidade da informação fornecida aos accionistas e às operações de subscrição ou negociação pública de títulos que sejam realizadas[222]. Outras particularidades de regime relacionam-se com o mais elevado capital social imposto a estas sociedades, bem como o mais apertado regime a que ficam sujeitas as operações de aumento de capital e de convocação de Assembleias Gerais[223].

IV. É suficiente um confronto, ainda que superficial, entre o art. 284º do CSC e as noções de *public company* e de *société faisant appel public a l'épargne* que vimos de descrever, para verificar os traços de aproximação existentes entre os conceitos; é ainda suficiente o mesmo confronto para verificarmos que, como referimos introdutoriamente, o art. 284º, ao aparentemente receber, em função da posição sistemática que ocupa, a noção consagrada no Direito inglês, se aproximou, em termos materiais, do sentido presente no Direito francês.

Qualquer destes conceitos — de *sociedade com subscrição pública*, de *public company* ou de *société faisant appel publique a l'épargne* — tem um elemento essencial que surge como comum — a pretensão de associar determinados efeitos jurídicos a sociedades que, independentemente do facto de verem os seus valores mobiliários cotados em bolsa de valores, tenham traços de *publicização* do seu capital. Daí a utilização de instrumentos de qualificação como o recurso à subscrição pública na constituição da sociedade ou em aumento de capital, a negociação pública (ou negociabilidade pública) dos seus títulos, o recurso a intermediário financeiro para a colocação dos títulos, o número de accionistas e consequente dispersão de capital, etc.

Nessa medida, os efeitos jurídicos associados tomam sempre essa característica por pressuposto, nela encontrando parte relevante da sua razão de ser. Por estarmos perante casos em que encontramos presente

---

qualidade dos accionistas, vd. M. BARTHÉLEMY MERCADAL e M. PHILIPPE JANIN, ob.cit., pp. 370-371.

[222] Vd. HUBERT DE VAUPLANE e JEAN-PIERRE BORNET, ob.cit., pp. 13-16; ALAIN VIANDIER, ob.cit., p. XIII.

[223] Vd. MICHEL JEANTIN, ob.cit., pp. 347-370; GERMAIN BRULLIARD e DANIEL LAROCHE, ob.cit., pp. 146-150; GASTON LAGARDE, ob.cit., p. 300.

essa *publicização* do capital, os efeitos jurídicos daí derivados são sempre impostos num nível sistemático mais *elevado* do que aquele que deriva da mera cotação dos valores, ou seja e por diferentes palavras, estamos perante uma qualificação que impõe um conjunto de regras que podem, ou não, ser complementadas com aquelas que derivam da admissão à cotação — independentemente da forma como a qualificação opera, está sempre presente que, se a sociedade vir os seus valores admitidos à cotação, manterá esse estatuto jurídico e vê-lo-á complementado com os efeitos que derivam dessa admissão; se não vir os seus valores admitidos à cotação em mercado secundário regulamentado terá, pelo menos, esse estatuto.

Por isso se pode que, afirmar o seguinte — sendo certo que, em qualquer destes sistemas, as sociedades com valores cotados serão sempre *sociedades com subscrição pública, public companies* ou *sociétés faisant appel public a l'épargne*, consoante o caso, o inverso já não é verdadeiro[224][225].

---

[224] Como, para o sistema francês, afirma ALAIN VIANDIER (ob.cit., p. XII-XIII), *podemos dizer que a cotação presume o "appel publique" mas que o "appel publique" não presume a cotação; uma sociedade cotada pressupõe necessariamente o "appel publique a l'epargne" enquanto que uma sociedade que recorre ao "appel publique a l'épargne" não é necessariamente uma sociedade cotada.* Vd. ainda MAURICE COZIAN e ALAIN VIANDIER, *Droit des Sociétés,* ob.cit., pp. 381-382.

[225] Daí que qualquer destes conceitos se distinga muito claramente daqueles que, sob a aparência de uma similitude terminológica, pressupõem efectivamente a cotação ou negociação regulamentada dos valores mobiliários, como é o caso do conceito de *companhia aberta* consagrado no Direito brasileiro.

Nos termos do art. 4º da Lei nº 6.404 de 15 de Dezembro de 1976 (Lei sobre sociedades anónimas), *a companhia é aberta ou fechada conforme os valores mobiliários de sua emissão estejam ou não admitidos à negociação em Bolsa ou no mercado de balcão.* Deste modo, a distinção não considera outro critério — nomeadamente o da dispersão do capital — para além do referido, razão pela qual — no limite — uma *companhia fechada* pode ter um número de accionistas idêntico ou superior ao de uma *companhia aberta.*

Não foi, no entanto, sempre assim: a Lei 4.506, de 30 de Novembro de 1964, ao introduzir o conceito de *sociedade anónima de capital aberto* associando-lhe vários incentivos fiscais, definia estas como as sociedades em que pelo menos 30% das suas acções com direito de voto, cotadas em Bolsa de Valores, pertencessem a mais de 200 sócios, nenhum deles com mais de 3% do capital; posteriormente, com a Resolução 106/ /68 do Conselho Monetário Nacional, foi cortado o cordão umbilical com a cotação dos valores, considerando como *sociedades de capital aberto* aquelas que tivessem, pelo menos 20% das suas acções ordinárias dispersas pelo público; com a Resolução 176/71

No entanto, para além desse traço comum, de natureza eminentemente funcional, encontramos diferenças muito assinaláveis na compreensão de cada uma dessas qualificações. Na verdade, como já tivémos ocasião de verificar, a distinção entre *public* e *private companies* opera ao nível da própria natureza da sociedade, ou seja, ao nível da sua caracterização estrutural. Já o conceito de *société faisant appel publique a l' épargne* se assume como uma qualificação que apenas pretende associar determinados efeitos jurídicos à dispersão do capital, assumindo-se por isso como um mero estatuto da sociedade, que pode ser adquirido em face da mera verificação dessa dispersão.

Ora, apesar de o art. 284º do CSC estar integrado num conjunto de normas sobre *Características e Contrato,* no Capítulo sobre Sociedades Anónimas (na parte referente ao próprio Contrato de Sociedade), o que, aparentemente, revela a pretensão de receber o conceito no sentido que lhe é dado pelo Direito inglês, veio o CSC incluir na sua delimitação os casos em que o recurso à subscrição pública se fizesse posteriormente à constituição, e ainda os casos em que a sociedade tivesse as suas acções cotadas em Bolsa, independentemente de a mesma ter recorrido à subs-

---

foi considerado que a dispersão também se poderia dar, entre os 20% e os 49%, por recurso às acções preferenciais sem direito de voto. No entanto, o recurso ao conceito de dispersão foi atenuado pela Lei das Sociedades Anónimas.

De todo o modo, deve ser referido que a possibilidade de *companhias fechadas* dispersarem o seu capital é fortemente limitada pelo disposto no § único do art. 4º da Lei das Sociedades Anónimas, regra que impede a realização de *ofertas públicas* por estas sociedades.

Sobre a evolução que o conceito sofreu no Direito brasileiro, vd. o excelente estudo de NELSON EIZIRIK, «Propriedade e Controle na Companhia Aberta — Uma Análise Teórica», RDMIEF, 1984, pp. 90-104. Sobre a forma como hoje o conceito é consagrado existe numerosa bibliografia, entre a qual caberá destacar, sem preocupações de exaustão, ALFREDO LAMY FILHO e JOSÉ LUÍZ BULHÕES PEDREIRA, *A Lei das S.A.,* Renovar, Rio de Janeiro, 1992, pp. 91-92; FRAN MARTINS, *Novos Estudos de Direito Societário,* Saraiva, São Paulo, 1988, pp. 10-11; JOSÉ DA SILVA PACHECO, *Tratado de Direito Empresarial — Sociedades Anónimas e Valores Mobiliários,* Saraiva, São Paulo, 1977, pp. 251-259; GERALDO CAMARGO VIDIGAL, «Características e natureza da Companhia ou SA», in *Comentários à Lei das Sociedades por Acções,* (coordenação de Geraldo Camargo Vidigal e Ives Gandra da Silva Martins), IASP e Resende, São Paulo, 1978, pp. 30-33. Sobre a relação entre as regras sobre *emissão pública e privada de valores mobiliários* e as características de *companhia aberta* e *fechada,* vd. NELSON EIZERIK, *Aspectos Modernos do Direito Societário,* Renovar, Rio de Janeiro, 1992, pp. 3-25; e ARNOLDO WALD, «Dos conceitos de emissão e de oferta pública na legislação do mercado de capitais», RDMIEF, 1972, pp. 17-20.

crição pública. Bastaria isso para tornar evidente que a natureza da distinção não se alicerça na mesma base estrutural que está a subjacente à distinção entre *public* e *private companies*[226].

Na verdade, a qualificação de uma entidade como *sociedade com subscrição pública,* como resultante do CSC, já não é entendida como uma característica da sociedade derivada do seu próprio contrato — uma sociedade constituída sem recurso a subscrição pública poderia ganhar essa qualificação posteriormente sem alteração da sua estrutura, bastando para isso que recorresse à subscrição pública em aumento de capital; uma sociedade que nunca tivesse recorrido à subscrição pública poderia ganhar essa qualificação, bastando para isso que, em algum momento, os seus títulos fossem admitidos à negociação em bolsa de valores.

Deste modo, verifica-se que a qualificação constante do art. 284º do CSC pretende apenas conferir à sociedade um determinado estatuto, ao qual associa consequências jurídicas que não alteram, de forma alguma, a sua natureza. Por isso mesmo, já entre nós afirmou OLIVEIRA ASCENSÃO[227] que esta *categoria de sociedades com subscrição pública é artificiosamente demarcada para as submeter a um regime particular,* de onde resulta a aproximação evidente que, em termos finais, o art. 284º do CSC apresenta com a noção de *société faisant appel publique a l'épargne*[228].

8.2.3 A justificação normativa da qualificação

I. Sendo certo que, pelas razões já avançadas, o conceito de *sociedade com subscrição pública* não pretende realizar um corte, de tal forma relevante, que opere ao nível da própria estrutura da sociedade, antes correspondendo a um mero estatuto assumido pela mesma perante a verificação de determinados pressupostos, importa então tentar isolar, a partir da compreensão desses mesmos pressupostos, qual a *ratio juris* que

---

[226] Evidentemente que a demarcação vai para além deste traço, tornando-se clara nas consequências estruturais de regime que a distinção implica no Direito inglês e que não encontram paralelo no direito nacional.

[227] *Direito Comercial,* vol. IV, lições policopiadas, Lisboa, 1993, p. 180. Refira-se, no entanto, que como tivemos ocasião de verificar as particularidades de regime destas sociedade vão além da mera aplicação do regime da *OPA obrigatória* e das regras especiais sobre eleição de administradores, que este Autor refere.

[228] A extensão dessa aproximação será matéria a analisar de seguida, a propósito da tentativa de justificação normativa da qualificação como sociedade com subscrição pública operada pelo CSC.

a justifica, ou seja, tentar determinar as razões que levaram o legislador, em 1986, a conceber este conceito e a associar-lhe as especiais consequências de regime que já tivemos ocasião de apresentar.

Como é natural, esta verificação deve ser feita, inicialmente, tendo em atenção o panorama normativo contemporâneo ao CSC, não deixando, em qualquer caso, de também ter presente, como coordenadas de análise, os desenvolvimentos resultantes das intervenções legislativas posteriores, nomeadamente aquelas respeitantes ao Cód.MVM.

II. Sabe-se que, nos termos do nº 1 do art. 284º do CSC, a qualificação como *sociedade com subscrição pública* depende da verificação de um de dois pressupostos — do recurso à subscrição pública; ou da cotação das acções emitidas pela sociedade. Ora, perante esta formulação e atendendo ao próprio *nomen juris* adoptado pelo legislador no art. 284º do CSC, a primeira via de resposta que somos convidados a analisar passa pela compreensão da justificação desta delimitação a partir da ligação do conceito à ideia central de *recurso à subscrição pública*.

A ser assim, diríamos que o legislador entendeu que, por uma sociedade recorrer à subscrição pública, no momento da sua constituição ou em operação de aumento de capital, passou a assumir uma caracterização específica, a qual seria suficiente para justificar, por si mesmo, as particularidades de regulamentação que lhe estão associadas[229]. Apesar de, numa primeira aproximação, mais influenciada pelos termos usados que por outros elementos de interpretação, parecer ser esta a resposta que resulta da literalidade da terminologia utilizada pelos normativos em presença, parece-nos claro que, dotados dos elementos de informação derivados de uma análise mais atenta, a mesma não poderá ser aceite.

III. Não é esta a sede própria para abordar de forma desenvolvida a complexa temática da *subscrição pública* de valores mobiliários; pelo contrário, cumprirá apenas recolher os seus elementos essenciais, confrontando-os, subsequentemente, com o estatuto de *sociedade com subscrição pública* que temos presente.

---

[229] De todo o modo, importa assinalar que um primeiro obstáculo se coloca desde logo a esta construção. Sabendo nós que, como já tivemos ocasião de verificar, a integração dos pressupostos de admissão à cotação em bolsa de valores por uma sociedade anónima não depende do recurso a essa subscrição pública, antes podendo derivar de qualquer outra causa de dispersão do capital como seja, por exemplo, a OPV ou a OPT, resulta claro que o segundo dos critérios previstos no nº 1 do art. 284º teria de ser entendido, nesta formulação, como um mero instrumento auxiliar de integração da qualificação, ou seja, como uma correcção do sistema.

Como afirma MENEZES CORDEIRO, *a subscrição de acções é um acto jurídico pelo qual uma pessoa manifesta a intenção de aceitar a titularidade de determinadas acções, com todos os deveres daí derivados e, designadamente, o de realizar o seu valor,* constituindo uma das fases do processo tendente à constituição duma sociedade anónima ou à concretização da alteração duma sociedade preexistente, por aumento do capital[230].

Apesar de ser certo que a *subscrição* de acções não existe apenas nestes dois momentos[231] — o da constituição e o do aumento de capital —, parece claro que encontramos aqui o cerne de aplicação do conceito, ideia que o próprio CSC de certa forma reflecte na regulação que opera, entre os arts. 279º e 284º, da constituição de sociedades com apelo a subscrição pública[232] e, entre os arts. 456º e 462º, da subscrição de acções no âmbito de um aumento de capital. Ora, sendo evidente que a *subscrição* de acções representa, por natureza, um traço comum a qualquer sociedade anónima, decorre desse facto que, a encontrarmos nesta sede a *ratio* do estatuto de *sociedade com subscrição pública,* a mesma assentaria, não na ideia de subscrição, mas antes no carácter público que a mesma revestiria. Por isso, deverá ser nesta caracterização que devemos focar a nossa atenção.

Nos termos do art. 2º do DL nº 371/78, de 30 de Novembro, diploma em vigor à data de publicação do CSC[233], dispunha-se que era considerada como *particular* a subscrição em que os valores se destinassem exclusivamente a ser subscritos por um número predeterminado de pessoas singulares ou colectivas; em todos os casos aí não incluídos, a subscrição seria considerada como *pública*[234]. Deste modo, o critério de distinção

---

[230] MENEZES CORDEIRO, «Da preferência dos Accionistas na Subscrição de Novas acções; Exclusão e Violação», ROA, 1980, p. 345. Como acentua o mesmo Autor, a subscrição não se confunde com a *aquisição*. A *aquisição* pode ser originária ou derivada. Será originária quando, após a subscrição, se realize a escritura pública de constituição da sociedade ou de aumento de capital. Será derivada quando se refira à transmissão de acções já subscritas.

[231] Vd. nº 4 do art. 116º do Cód.MVM. Cfr. HELENA TAPP BARROSO, *Subscrição de Acções Através de Intermediários Financeiros. O caso especial da tomada firme,* Dissertação de Mestrado, Junho de 1994, ainda inédita, pp. 39-48.

[232] A constituição de sociedades comerciais por *subscrição particular,* não estando especialmente regulada, resulta das regras gerais sobre constituição constantes dos arts. 7º e ss. do CSC.

[233] E que era regulamentado pela Portaria nº 365/79, de 25 de Julho.

[234] Com o Cód.MVM esta caracterização foi alterada para termos que, aliás, não alteram o sentido da exposição em curso, antes a confirmando, como teremos ocasião de

assentava, em termos finais, na determinação ou indeterminação dos destinatários da subscrição. Por outro lado, nos termos do art. 3º do mesmo diploma, dispunha-se que era considerada como oferta pública de títulos ou valores mobiliários toda aquela em que a promoção da transacção dos títulos ou valores ou a prévia identificação dos eventuais subscritores, adquirentes ou alienantes fosse efectuada com recurso a quaisquer meios publicitários (**i**), ou em que não estivesse previamente identificada a totalidade dos subscritores, adquirentes ou alienantes (**ii**).

Resulta claro da análise do art. 2º do DL nº 371/78 — e, refira-se desde já, do nº 1 do art. 116º do Cód.MVM — que, na distinção entre subscrição pública e particular, está nuclearmente presente o círculo de entidades às quais a emissão se dirige. Ora, tomando estes normativos em atenção, verificamos que muito dificilmente a compreensão dos mesmos, por si só, seria suficiente para justificar a imposição do estatuto de sociedade com subscrição pública.

Em primeiro lugar porque, como facilmente se verifica, a ideia de recurso à *subscrição pública,* por si mesma, nunca poderia justificar as consequências de regime que estão associadas a esse estatuto quando atentamos na similitude estrutural da situação de uma sociedade que tenha recorrido a *subscrição pública* com aquela que, não o tendo feito, tenha visto o seu capital ser disperso por qualquer outra forma. Na verdade, entre a sociedade que recorreu a uma oferta pública de subscrição e aquela que, não o tendo feito, recorreu a uma oferta pública de venda, a

---

verificar. Nos termos do nº 1 do art. 116º do Cód.MVM, considera-se que existe subscrição pública de valores mobiliários quando a subscrição é oferecida a um número indeterminado de pessoas, a um número determinado de pessoas não previamente determinadas ou por qualquer forma de comercialização pública. Por seu turno, o nº 2 do mesmo artigo, considera existir comercialização pública sempre que os valores mobiliários são oferecidos à subscrição através de intermediários financeiros para colocação junto do público, através de anúncios, folhetos, prospectos, circulares, cartazes ou outros meios publicitários destinados ao público, mediante prospecção ou procura de subscritores junto do público, quer esta prospecção ou procura se realizem através de administradores, empregados, agentes e outras pessoas singulares ou colectivas ligadas à entidade emitente ou a quaisquer intermediários financeiros, quer através de correspondência, ou finalmente mediante negociação com o público em escritório ou estabelecimento a que ele tenha acesso. Finalmente, nos termos do nº 3 do mesmo artigo, dispõe-se que será havida como pública a subscrição de acções emitidas por sociedades cotadas em bolsa de valores, ainda que a subscrição seja reservada aos respectivos accionistas e a subscrição de quaisquer valores oferecidos simultaneamente à subscrição pública e particular.

única diferença estrutural que encontramos assenta na própria configuração da operação em causa — subscrição num caso e transacção no outro —, não parecendo justificável que essa diferença possa, por alguma forma, explicar a imposição do estatuto de *sociedade com subscrição pública* à primeira, mas já não à segunda.

Em segundo lugar, e se o argumento anterior fosse insuficiente para demonstrar que não é a ideia de recurso à *subscrição pública* que está subjacente à consagração do especial estatuto de *sociedade com subscrição pública*, concorre no mesmo sentido a integração no conceito — em termos paralelos — das sociedades que, como se refere na parte final do n° 1 do art. 284° do CSC, tenham as suas acções cotadas em bolsa de valores. E esta integração é realizada, como já tivemos ocasião de verificar, independentemente de essas sociedades terem, em algum momento, recorrido à subscrição pública, já que, mesmo nunca o tendo feito, merecem a qualificação que temos presente em função do mero facto objectivo de terem as suas acções admitidas à cotação. Bastaria, em boa verdade, este último ponto para demonstrar que o conceito de *sociedade com subscrição pública* não encontra o seu núcleo explicativo na mera ideia de recurso à *subscrição pública*, ao contrário do que, numa primeira aproximação, aparentaria.

É certo que o recurso à subscrição pública está presente na compreensão do conceito, do que devem ser retiradas consequências na interpretação destes normativos; no entanto, essa ideia não permite ao intérprete compreender a *ratio* do conceito em presença, a qual estará para além do que vimos de expor. De todo o modo, esta circunstância permite--nos desde já afirmar o seguinte — a noção de *subscrição pública* apenas pode ser relacionada com o conceito de *sociedade com subscrição pública* em virtude da correspondência terminológica, e não por ligação directa dos conteúdos normativos.

Perante este panorama, e antecipando desde já conclusões que teremos ocasião de justificar posteriormente, mas que desde já se podem intuir, seria convidativo afirmar, fazendo uma mera aproximação conceptual, que o *nomen juris* de *sociedade com subscrição pública* mais se deveria aproximar daquele de *société faisant appel publique a l'épargne*, já que parece ser a ligação à ideia de *investimento público* que está presente no conceito utilizado no direito nacional. De todo o modo, como teremos ocasião de verificar de seguida, também essa aproximação é mais aparente que real, já que o conceito de *sociedade com subscrição pública*, sendo certo que recebe um conteúdo mais alargado do que aquele que

III. A Delimitação da Obrigação 139

derivaria do mero recurso à ideia de *subscrição pública*, como já tivemos ocasião de demonstrar, comporta, de todo o modo, um conteúdo mais reduzido do aquele que derivaria do recurso à ideia de *investimento público*.

IV. Tendo presente o quadro traçado e o fracasso da nossa primeira via de resposta, importará agora recolocar metodologicamente o âmbito problemático em que nos movemos, nesse contexto afirmando que a resposta à questão que nos ocupa apenas poderá ser encontrada a partir de duas construções alternativas — ou em face do isolamento do traço compreensivo comum — a existir — entre as sociedades que tenham recorrido à *subscrição pública* e as sociedades com acções cotadas em Bolsa, sendo certo que esse traço deverá, em termos finais, justificar sistematicamente o estatuto que temos presente; ou, caso a via de análise anterior se mostre insuficiente para nos conduzir aos resultados almejados, através do isolamento de justificações distintas, embora coordenadas intrinsecamente, que permitam a inclusão dessas duas hipóteses no conceito unificado de *sociedade com subscrição pública*. Assente a questão nestes termos, verificamos que esse âmbito problemático se limita, assim abrindo caminho para clarificação da nossa resposta.

V. A consagração do conceito de *sociedade com subscrição pública* pelo CSC aparenta significar uma resposta à necessidade sentida pelo legislador nacional, em termos de certa forma paralelos àqueles já descritos a propósito do sistema francês, de encontrar um conceito que integrasse um conjunto de hipóteses em que existe *dispersão do capital social*[235], sendo certo que esse conceito deveria estar dotado de uma maior abrangência do que aquele que derivaria do mero recurso à noção de cotação em bolsa de valores.

---

[235] Por diversas vezes, no decorrer deste Capítulo, reencontraremos esta noção de dispersão, sem que, no entanto, apresentemos um critério para determinar a partir de que momento essa dispersão é relevante. Trata-se, é importante salientar, de opção deliberada. Se é certo que, em face de um conjunto de argumentos que apresentaremos, resulta claro que estaremos sempre a falar de um nível de dispersão inferior àquele que serve de requisito para a admissão à cotação, não se vislumbra com facilidade o modo de determinar a fronteira entre a *dispersão* e a *não dispersão,* para efeitos da qualificação como *sociedade com/de subscrição pública*. Cremos, na verdade, que essa determinação dependerá, acima de tudo, na omissão de uma disposição legal, da prática da CMVM, não sendo possível transpor para o direito português, sem mais, formulações de outros ordenamentos, como, por exemplo, a do Direito Francês, derivada da experiência da COB, que entende existir dispersão se a sociedade tiver mais de 300 accionistas. De todo o modo, trata-se de problema hoje atenuado (mas não eliminado), em face da inserção da regulamentação sobre *perda da qualidade de sociedade de subscrição pública*.

É, na verdade, em face dessa dispersão — com o complexo conjunto valorativo de interesses que lhe está subjacente[236] — que parece fazer sentido o estatuto específico que impõe. Apenas nas sociedades anónimas em que esteja presente essa dispersão, faz sentido afirmar que devam ser impostas regras impositivas da obrigatoriedade de lançamento de OPA — nas sociedades fechadas, as regras gerais sobre sociedades anónimas permitiriam, em grande medida, equilibrar o jogo de interesses que esteja presente[237]. Ainda com maior facilidade se compreendem as particularidades de regime associadas às mais rigorosas regras sobre publicidade dos actos sociais, à imposição de especiais regras sobre eleição dos membros do órgão de administração e ao maior rigor no que respeita à prestação de caução pelos administradores.

Ora, a partir da compreensão dos pressupostos de qualificação da subscrição como pública previstos no DL n° 371/78[238], o legislador tem condições para presumir que uma operação de subscrição de acções que aí se integre implicará uma subsequente dispersão do capital. A partir da compreensão do requisito de admissão à cotação previsto no n° 1 do art. 37° do DL 8/74[239], o legislador tem também condições para entender que uma sociedade que o preencha terá necessariamente o seu capital disperso. Por isso se compreende — recolocada que esteja a deficiente opção terminológica do legislador — que sociedades que nunca recorreram à subscrição pública possam ser consideradas como *sociedades com subscrição pública,* bastando para isso que tenham as suas acções cotadas em bolsa de valores[240].

---

[236] Como afirmam JEAN-FRANÇOIS BIARD e JEAN-PIERRE MATTOUT «Offres Publiques d' Acquisition: l'émergence de principes directeurs de droit boursier», BD, 1993, p.3), em relação ao direito francês, *menos o accionista é identificado ou identificável, mais a lei lhe confia protecção (...),* numa leitura coordenada com o facto de *a capacidade de mobilização do investimento público (ser) um objectivo fundamental numa economia desenvolvida.*

[237] De igual modo acontece quanto à imposição de especiais regras para a eleição dos membros do Conselho de Administração.

[238] Sendo certo que a conclusão ainda se tornará mais evidente quando atentamos nos n°s 1 a 3 do art. 116° do Cód.MVM.

[239] E, posteriormente, na alínea h) do n° 1 do art. 304° do Cód.MVM, que considera um dos requisitos da admissão de acções à cotação *estar ou ser assegurada, até ao momento da admissão à cotação, uma suficiente dispersão das acções pelo público.*

[240] Refira-se desde já, de todo o modo, que a inclusão das sociedades com acções cotadas no âmbito das sociedades com subscrição pública depende de outros factores de

III. A Delimitação da Obrigação

Em face das considerações precedentes, estamos em condições de retirar uma primeira conclusão no que respeita à interpretação dos normativos em presença, afirmando que, perante a formulação do nº 1 do art. 284º do CSC e ao contrário do que parece resultar da sua letra, nem todas as sociedades que tenham recorrido à *subscrição pública* devem ser consideradas como *sociedades com subscrição pública*. Na verdade, merecerão apenas essas qualificação as sociedades que, por terem recorrido à *subscrição pública,* promoveram a dispersão do capital, já que nenhum sentido teria a imposição deste estatuto perante a mera verificação formal desse recurso à subscrição pública, desatendendo do resultado do mesmo, por ser em face desse resultado que o legislador baseia os efeitos jurídicos que associa à noção[241].

Do exposto resulta, portanto, que a noção de *recurso à subscrição pública* serve apenas como instrumento auxiliar — e não central — da qualificação, ao contrário do que acontece com esta noção de *dispersão do capital* a que acabamos de recorrer. No entanto, como já deixámos entender e teremos ocasião de verificar de seguida, não é apenas em redor do recurso à ideia de dispersão do capital que o conceito estabelece a sua delimitação — se estamos em condições de afirmar que as sociedades que tenham recorrido à *subscrição pública,* mas que em consequência desse facto não dispersaram o seu capital, não devem ser consideradas como *sociedades com subscrição pública,* já não nos é possível afirmar, no contraponto, que todas as sociedades que tenham o capital disperso devam ser consideradas como *sociedades com subscrição pública.* Se assim fosse, seriam apenas as características derivadas da presença de *investimento público* que ditariam a qualificação, em termos paralelos àqueles que resultam da noção de *société faisant appel publique a l'épargne.*

VI. Na verdade, do exposto não se deverá por qualquer forma retirar que, da mesma forma que vimos acontecer no âmbito do direito francês, o conceito de *sociedade com subscrição pública,* como consagrado pelo CSC, deva ser alargado a todas as sociedades em relação às quais

---

análise, que verificaremos adiante, não se esgotando — por qualquer forma — na mera verificação da dispersão de capital.

[241] Saliente-se que a alteração recentemente introduzida pelo DL nº 261/95, ao aditar a nova alínea j) do nº 1 do art. 3º do Cód.MVM, vai precisamente neste sentido, qualificando como *sociedades de subscrição pública* apenas aquelas que tenham *parte ou a totalidade do seu capital disperso pelo público* **em virtude** *de se haverem constituído com apelo a subscrição pública* ou de, *num aumento de capital, terem recorrido a subscrição pública (...).*

estejamos perante a verificação da dispersão do capital social, independentemente da forma como essa dispersão se tenha realizado. Estando o conceito de *sociedade com subscrição pública* intimamente associado à ideia de dispersão do capital social, esta referência não esgota o quadro compreensivo da previsão do estatuto — deste modo, e como já tivemos ocasião de referir, sendo certo que, da qualificação adoptada no art. 284º do CSC, podemos retirar que apenas sociedades com dispersão do capital podem ser consideradas como *sociedades com subscrição pública,* isso não significará que todas essas sociedades devam merecer a qualificação que temos em análise. Veremos de seguida, de forma cuidada, as razões que nos levam a avançar estas afirmações.

Ao interpretarmos as normas jurídicas em presença, e como resulta do nº 3 do art. 9º do Código Civil, teremos de presumir que o legislador soube exprimir o seu pensamento em termos adequados. Ora, parece claro que, na definição da delimitação deste conceito de *sociedade com subscrição pública,* o legislador poderia, por exemplo, como fez o legislador francês no art. 72º da Lei de 24 de Julho de 1966, ter integrado todas as sociedades que viram, no passado, os seus valores mobiliários ser negociados publicamente, nomeadamente por intermédio de ofertas públicas de subscrição, de venda ou de troca; poderia mesmo ter recorrido ao âmbito do art. 3º do DL nº 371/78, integrando no conceito as sociedades no âmbito das quais tivesse ocorrido uma oferta pública de títulos. No entanto não o fez. E concretizou a sua opção, sabendo que a mesma implicava que situações aparentemente iguais, em termos de resultado final, iriam merecer consequências de regime distintas — todas estas sociedades, em termos finais, teriam o seu capital disperso; no entanto, apenas algumas mereceriam o estatuto de *sociedade com subscrição pública* e, decorrentemente, apenas essas veriam aplicadas as particularidade de regulamentação, em especial no que respeita à *OPA obrigatória.*

Já tivemos ocasião de afirmar que a ideia de recurso à subscrição pública não é suficiente para justificar o estatuto de *sociedade com subscrição pública.* Por isso procurámos construir um núcleo explicativo que integrasse todas as sociedades que merecem essa qualificação, passando a considerar a ideia de *recurso à subscrição pública* como um mero instrumento de construção de uma base compreensiva em que surge fazendo parte do seu núcleo essencial a ideia de *dispersão.* No entanto, e sem prejuízo do já afirmado, a verdade é que a escolha desse âmbito de previsão, a par da inclusão da cotação dos títulos, tem repercussões normativas que devem ser atendidas.

Na nossa opinião, a opção assumida implica que, de tendencialmente comum entre o *recurso à subscrição pública* e o facto de a sociedade ter os seus valores cotados, exista desde logo um outro traço compreensivo de delimitação do conceito para além da dispersão do capital e que, numa primeira aproximação, poderia ser esquecido — a tendencial intervenção da própria *sociedade com subscrição pública* na obtenção deste estatuto. Esclarecendo melhor: a razão para esta especial delimitação assenta na intervenção que a sociedade emitente tem, de forma necessária, nas operações de subscrição pública e que não tem, normalmente, nesses outros casos de negociação pública de títulos; por outro lado, na intervenção que a sociedade emitente tem, de forma tendencial, na admissão dos seus valores à cotação.

Compreende-se que esse traço de delimitação suplementar esteja presente, especialmente perante as regras sobre *OPA obrigatória,* as quais, em face da importância que assumem perante a própria sociedade, dificilmente seriam compatibilizadas com a *imposição* da qualificação por mera intervenção de um accionista, sem a participação, ou mesmo com a oposição, da própria sociedade. E note-se, na decorrência do que vimos de afirmar, que, se é certo que o conceito de *société faisant appel publique a l'épargne* depende da mera existência de dispersão do capital, como vimos, também é certo que a aplicação das regras sobre *OPA obrigatória* não é alargada a todas as sociedades que se integrem nessa qualificação, mas apenas àquelas que tenham valores cotados.

Do exposto resulta, então, outro traço fundamental de compreensão dos normativos em análise: já verificámos que, ao contrário do que parece dar a entender o art. 284º do CSC, nem todas as sociedades que recorreram à subscrição pública merecem a qualificação de *sociedade com subscrição pública,* mas apenas aquelas que, por resultado dessa subscrição pública, viram o seu capital disperso; agora, é-nos possível ir mais longe, afirmando que, também ao contrário do que aparenta dispor o art. 284º do CSC, merecerão igualmente a qualificação de *sociedade com subscrição pública* aquelas sociedades que, por recurso a outra forma de dispersão, para além da subscrição pública, em que tenham participado, viram o seu capital ser objecto de dispersão. No âmbito em que nos movemos, não existe, na verdade, qualquer diferença entre a sociedade que promoveu a dispersão do seu capital por recurso à subscrição pública no momento da sua constituição ou em aumento de capital e aquela que a promoveu por recurso a uma OPV para alienação das acções próprias. Em ambos os casos existe dispersão e a causa dessa dispersão assenta num acto da sociedade. No entanto, por razões evidentes, já não será assim no caso de estarmos, por exemplo, perante uma OPV promovida por accionistas.

VII. Fora da qualificação ficarão, deste modo, as sociedades não cotadas em bolsa, aquelas que não tenham o capital social disperso, e ainda aquelas que, tendo o seu capital disperso, não viram a sociedade participar nesse processo de dispersão. Nestes casos, a sociedade em causa apenas merecerá a qualificação de *sociedade com subscrição pública* se requerer a admissão dos seus títulos à cotação. Significa isto que, nos casos em que dispersão se efectue por outra forma que não tenha pressuposta a intervenção da sociedade, o estatuto de *sociedade com subscrição pública* apenas será aplicável perante um outro acto que, em regra, provirá da própria sociedade — o requerimento de admissão das suas acções à cotação.

Temos presente que, nos termos da *alínea* b) do n° 1 do art. 40° do DL n° 8/74, diploma que regulava esta matéria no momento da publicação do CSC, era atribuída aos accionistas detentores de títulos em percentagem não inferior a 10% do capital social de uma sociedade anónima a legitimidade para requerer a admissão à cotação desses mesmos títulos[242]. No entanto, cremos que esta faculdade excepcional não afasta, de forma radical, a delimitação suplementar que vimos de descrever, apesar de vir integrar uma outra linha de compreensão.

Em primeiro lugar, porque essa faculdade era atribuída a título excepcional, como cremos decorrer da interpretação dos requisitos previstos no n° 2 desse art. 40°, especialmente no que respeita à exigência interesse público prevista na *alínea* d). Em segundo lugar, porque, ainda que não fosse a própria sociedade a requerer a admissão à cotação, esta teria sempre o direito de se opor à admissão e, sendo certo que a admissão poderia ser efectuada em prejuízo da oposição, isso apenas poderia acontecer quando o mencionado interesse público se sobrepusesse aos interesses manifestados pela sociedade. Em terceiro e último lugar, porque sempre se teria de admitir que, sendo a sociedade cotada, independentemente do processo que tivesse conduzido a essa cotação, o especial estatuto atribuído às *sociedades com subscrição pública* deveria ser-lhe aplicado.

---

[242] Trata-se de regra que foi mantida com a entrada em vigor do Cód.MVM — cfr. alínea a) do n° 2 do art. 312° do Cód.MVM.

Deste modo, não cremos que essa faculdade excepcional de requerimento de admissão à cotação afecte, em termos reais, a afirmação com que avançámos. Todas as sociedades com títulos cotados devem ser consideradas *sociedades com subscrição pública,* na medida em que as mesmas terão sempre o seu capital disperso e que terão, em regra, participado na qualificação, sendo certo que, nos casos excepcionais em que não o tenham feito, a qualificação será imposta, em última análise, em função do interesse público cuja ponderação esteve subjacente na admissão à cotação. De todo o modo, e focando agora a nossa atenção nos casos em que a dispersão do capital provenha da *subscrição pública* no momento da constituição ou em aumento de capital, e que não tenha os seus títulos admitidos à cotação, apenas a intervenção da própria sociedade pode facultar essa qualificação.

Daqui se retira, em concordância com as considerações já produzidas, que este estatuto deve sempre ser aplicado às sociedades que tenham as suas acções cotadas, já que os efeitos jurídicos que decorrem dessa cotação se integram naqueles que derivam do facto de estarmos perante uma *sociedade com subscrição pública.* Sendo certo, de todo o modo, que, ainda aqui, encontraremos esse traço tendencial de participação da sociedade na obtenção do estatuto.

VIII. Em conclusão, entendemos que a qualificação como *sociedade com subscrição pública,* como resultante do art. 284º do CSC, assenta numa *ratio* complexa.

Começando pela parte final da nossa análise, dir-se-á que todas as sociedades com acções cotadas merecem essa qualificação. Se é certo que, nestes casos, existirá sempre dispersão do capital e estará geralmente presente existirá normalmente a intervenção da própria sociedade no processo de dispersão, o que, de certa forma, já justificaria a inclusão, a verdade é que, em termos finais, a *ratio* do estatuto derivará da afinidade de regimes no que respeita às obrigações da sociedade — por definição, as obrigações que derivam da admissão à cotação devem ser compatibilizadas com aquelas que derivam da qualificação como *sociedade com subscrição pública.*

Para além das sociedades com acções cotadas, merecerão igualmente esta qualificação as sociedades que tenham o seu capital disperso e que tenham participado nessa mesma dispersão — não apenas, é importante notar, por recurso à subscrição pública no momento da constituição ou em aumento de capital.

8.3 Os conceitos de *sociedade com subscrição pública* e de *sociedade equiparada* face à versão original do n° 2 do art. 527° do Cód.MVM

8.3.1 A delimitação dos conceitos

I. A partir da especial delimitação operada no conceito de *sociedade com subscrição pública* para efeitos da regulamentação da *OPA obrigatória*, a qual, nos termos expostos, já era introduzida, embora de forma limitada, no próprio CSC, o conceito em análise foi cindido: na regulamentação posterior, o legislador passou a operar uma especial delimitação no conceito de *sociedade com subscrição pública* aplicável à matéria da *OPA obrigatória;* para além desta, em sede geral, o conceito mantinha a sua formulação original[243]. Trata-se de um dado de compreensão que já era claro com a versão original do Cód.MVM, a que atenderemos de seguida, e que, com as alterações posteriormente introduzidas neste pelo DL n° 261/95, que consagrou, na *alínea* j) do n° 1 do art. 3° do Código, uma noção autónoma, se tornou ainda mais evidente.

II. É assim que, com a entrada em vigor do Cód.MVM, duas grandes alterações foram introduzidas na regulação da matéria que nos ocupa. A primeira, constante da *alínea* b) do n° 1 do art. 527° do Cód.MVM (na versão original), dispunha que *o facto de o contrato de sociedade atribuir aos accionistas direito de preferência na compra ou troca das respectivas acções só dispensará a obrigatoriedade da oferta publica de aquisição (...) quando as acções forem efectivamente adquiridas pelo accionista no exercício desse direito de preferência*[244]. A segunda, prevista na *alínea* a)

---

[243] É interessante salientar desde já que as alterações introduzidas ao conceito — directamente ou por equiparação — sempre se afirmaram expressamente como não incidindo no conteúdo do art. 284° do CSC. Assim aconteceu com a versão original do Cód.MVM, como constava do n° 2 do art. 527° (*para efeitos do número anterior ...*), e com as alterações introduzidas pelo DL n° 261/95, de 3 de Outubro, como consta do n° 1 do art. 3° do Cód.MVM (*para os efeitos deste diploma consideram-se...*).

[244] Esta norma, que visava esclarecer o disposto na já citada alínea b) do n° 1 do art. 313° do CSC, é absolutamente descabida em relação ao sistema em que se insere, apresentando múltiplas imperfeições. Relembre-se que, nos termos do disposto no CSC, caso o contrato de sociedade estipulasse direito de preferência dos accionistas na compra ou troca de acções não seria aplicável o regime da *OPA obrigatória*. Com esta norma, vem o legislador dispor que o mero estabelecimento do direito de preferência não implicava a *dispensa* da obrigação de lançamento de OPA, sendo para isso necessário que as

III. A Delimitação da Obrigação

desse mesmo número, veio equiparar às *sociedades com subscrição pública* aquelas que *hajam dispersado o seu capital pelo público por qualquer outra forma* não prevista no art. 284º do CSC, *nomeadamente através de oferta ou ofertas públicas de venda ou troca lançadas pela própria sociedade ou pelos seus accionistas*. Como é facilmente compreensível em função da análise tecida em redor do art. 284º do CSC, é aqui que encontramos as alterações mais importantes a atender no que respeita à matéria que nos ocupa.

---

acções fossem *efectivamente adquiridas por accionistas no exercício desse direito de preferência*.

Primeira perplexidade: uma entidade que esteja obrigada ao lançamento de uma OPA não pode saber de antemão se os accionistas vão ou não exercer o direito de preferência, o que apenas pode acontecer após a manifestação da vontade de alienação; por isso, nunca poderá o mesmo ser *dispensado* da obrigação de lançamento da OPA se as acções fossem adquiridas no exercício desse direito, se o direito apenas pode ser exercido perante a própria OPA. Em conclusão, e nas palavras de RAÚL VENTURA (ob.cit., pp. 230-231), *o (...) preceito terá de ficar letra morta, quanto à possível isenção de OPA, a qual será obrigatória mesmo que o direito de preferência esteja estipulado no contrato; mas a OPA fracassará se os outros accionistas exercerem o direito de preferência quanto às acções daqueles que aceitarem a OPA*. Segunda perplexidade: como muito bem assinala OSÓRIO DE CASTRO (ob.cit., p.24) na interpretação que faz deste artigo, o exercício do direito de preferência não se opera apenas em relação à participação proporcional, já que o accionista que adquire a totalidade da participação que outro accionista se propõe vender — por os demais accionistas se terem desinteressado do exercício da preferência — também o faz no exercício do mesmo direito (embora acrescido). Sendo assim, não se compreende qual a coordenação valorativa pretendida pelo legislador ao estipular esta regra para o exercício do direito de preferência na compra ou troca de acções, sendo certo que, nos termos da *alínea* a) do nº 1 do art. 529º, a subscrição dos valores mobiliários aí mencionados *no exercício de direitos de preferência inerentes a valores mobiliários de que seja titular* não só é apenas causa de dispensa de OPA, como ainda só o será *desde que o interessado e as pessoas referidas no artigo 530º se tenham limitado a subscrever a parte que lhes competia na emissão, proporcionalmente aos valores que detinham*. Finalmente, e como terceira perplexidade: a *alínea* b) do nº 1 do art. 313º do CSC considera a não estipulação de direito de preferência como um verdadeiro requisito da obrigação de lançamento da OPA; ao vir estabelecer a *clarificação* que temos em análise, a *alínea* b) do nº 1 do art. 527º veio dispor que essa estipulação só *dispensará* a obrigatoriedade de lançamento quando as acções fossem efectivamente adquiridas no exercício dessa preferência. Ora, sabe-se que as hipóteses de dispensa de obrigatoriedade de lançamento de OPA estão sujeitas a regras especiais, entre as quais caberá assinalar aquelas constantes do nº 4 do art. 529º do Cód.MVM. Deste modo, surgia a dúvida legítima de saber se estaríamos perante um requisito de obrigatoriedade, de avaliação objectiva, ou antes perante um requisito de dispensa paralelo àqueles constantes do nº 1 do art. 529º, sujeito por isso à avaliação da CMVM.

Finalmente, caberá ainda mencionar, agora em função da não-alteração, o impacto do Cód.MVM no que respeita ao especial estatuto jurídico associado à qualificação da sociedade como *sociedade com subscrição pública*. Nos termos do disposto no CSC, os efeitos jurídicos derivados dessa qualificação relacionavam-se apenas com as regras sobre publicidade dos actos sociais, *OPA obrigatória*, com as regras de eleição dos membros do Conselho de Administração e ainda com o regime de prestação de caução pelos administradores, como já tivemos ocasião de verificar, panorama que foi mantido intacto com esta versão original do Cód.MVM[245].

8.3.2 A justificação normativa da qualificação de *sociedade equiparada*

I. Sendo certo que, para além dos casos de cotação de acções, merecedores de uma atenção particular, o núcleo essencial do conceito de *sociedade com subscrição pública* — conforme resultava do CSC — assentava nos dois elementos essenciais que tivemos ocasião de isolar, ou seja, na dispersão do capital social e na intervenção da sociedade emitente no processo que conduziu a essa mesma dispersão, parece claro que as alterações introduzidas pelo Cód.MVM visaram introduzir — pelo menos no que respeita à sua aplicação como instrumento delimitador da obrigatoriedade de lançamento de OPA — uma alteração radical nos termos de compreensão do conceito e na justificação normativa da qualificação associada[246].

---

[245] Naturalmente que, em função das distinções já operadas, nos referimos apenas, e de forma directa, ao estatuto da *sociedade com subscrição pública*, já que, no que respeita à *subscrição pública*, enquanto operação ou processo, o Cód.MVM importou relevantes alterações — para um panorama dos artigos que se dedicam a essa regulamentação, cfr. arts. 112º.2, 112º.3, 116º, 122º, 123º.3, 124º.2, 125º, 129º, 132º, 143º, 146º.1, 155º e 161º, todos do Cód.MVM. Deve ser realçado, no que respeita ao confronto entre os dois âmbitos normativos, que a qualificação como *sociedade com subscrição pública* não implicava, sequer, a qualificação necessária da operação de subscrição de acções por si emitidas como uma *subscrição pública;* para que isso acontecesse, seria necessário que a operação se integrasse num dos casos referidos, no nº 1 do art. 116º, em sede geral. A qualificação necessária como *subscrição pública* estava apenas reservada, nos termos do nº 3 do art. 116º, para a *subscrição de acções emitidas por sociedades cotadas em bolsa de valores*. Refira-se, no entanto, que este ponto foi objecto de revisão posterior com o DL nº 261/95, como teremos ocasião de oportunamente verificar.

[246] Parece-nos, sem dúvida, extraordinário, que estas alterações tivessem sido introduzidas, de novo, sem a atenção que deve merecer um conceito fulcral de todo o regime

Em bom rigor, haverá que afirmar que essa *alteração radical* não operou directamente ao nível da formulação resultante do CSC, sendo apenas de assinalar, neste âmbito, o *esclarecimento* introduzido na regra referente ao exercício do direito de preferência, o qual já foi objecto de análise.

Sendo assim, a estrutura do *conceito de sociedade com subscrição pública,* que tivémos ocasião de analisar, quase não se viu alterado, mantendo formalmente (mas apenas formalmente) intacta a sua relevância normativa para efeitos da delimitação da obrigação de lançamento de OPA. No entanto, para além dessa aparência, como teremos ocasião de verificar, o Cód.MVM produziu, de forma indirecta, alterações muito relevantes — verdadeiramente revolucionárias — no sistema compreensivo em que nos movemos, ao criar, nos termos da *alínea* a) do nº 1 do art. 527º, a noção de *sociedade equiparada à sociedade com subscrição pública* — aquelas sociedades que tivessem *dispersado o seu capital pelo público por qualquer outra forma* não prevista no art. 284º do CSC, *nomeadamente através de oferta ou ofertas públicas de venda ou troca lançadas pela própria sociedade ou pelos seus accionistas.*

II. No que respeita à primeira parte da norma, ou seja, a referência efectuada à dispersão do capital social pelo público por *oferta ou ofertas públicas de venda ou troca lançadas pela própria sociedade,* pouco haverá a referir para além, por um lado, do aplauso no que respeita ao seu conteúdo e, por outro lado, da verificação da patente infelicidade no que respeita à sua formulação.

A possibilidade de qualificar como *sociedades com subscrição pública* aquelas sociedades que tivessem *dispersado o seu capital pelo público por qualquer outra forma* não prevista no art. 284º do CSC, *nomeadamente através de oferta ou ofertas públicas de venda ou troca lançadas pela própria sociedade* era já, na interpretação realizada a partir desse art. 284º, uma conclusão que entendemos firme e justificada. Neste sentido, a *alínea* a) do nº 1 do art. 527º do Cód.MVM mais não fazia do que consagrar a interpretação que, já em face do art. 284º do CSC, nos parecia a mais correcta, dessa forma esclarecendo o seu conteúdo e retirando todas as dúvidas — justificadas — que poderiam emergir.

No entanto, a técnica legislativa utilizada para introduzir essa alteração revelava-se manifestamente infeliz. Na verdade, estranhamente, a

---

do Direito Societário e do Direito do Mercado de Valores Mobiliários. Como veremos, as alterações introduzidas descaracterizaram em absoluto o conceito, não sendo perceptível a razão que levou a essa alteração.

alínea a) do nº 1 do art. 527º do Cód.MVM, operou este *esclarecimento* apenas no âmbito do regime da *OPA obrigatória,* esquecendo a definição geral constante do CSC[247], o que, demonstrando uma infeliz técnica legislativa, não tinha de todo o modo consequências de maior — não apenas porque cremos que essa interpretação já derivava do próprio CSC, como ainda pela possibilidade de recorrer ao Cód.MVM como elemento sistemático de interpretação do art. 284º do CSC. Por outro lado, e ainda mais estranhamente, o Cód.MVM veio proceder a este *esclarecimento* por recurso a uma equiparação, quando nenhuma diferença existia, nesta particular parte da norma, entre as sociedades com *subscrição pública* e as sociedades *equiparadas.* Mais uma vez, pelas razões que vimos de referir, encontramo-nos perante uma infelicidade de redacção que, estamos certos, de todo o modo não apresentaria consequências relevantes ao nível do regime.

III. No entanto, para além deste *esclarecimento,* a *alínea* a) do nº 1 do art. 527º do Cód.MVM veio proceder a uma verdadeira revolução no sistema em que trabalhamos[248], ao entender que deveriam ser consideradas como *sociedades equiparadas* a *sociedades com subscrição pública* todas aquelas que tivessem visto o seu capital disperso por qualquer forma não mencionada no art. 284º do CSC, *nomeadamente através de oferta ou ofertas públicas de venda ou troca lançadas (...) pelos seus accionistas.* E assim se prescindia, de forma expressa e inelutável, da intervenção da sociedade no processo de dispersão como elemento de delimitação do conceito para efeitos de aplicação das respectivas consequências jurídicas, em especial no que respeita à regulamentação sobre *OPA obrigatória.*

A partir deste momento, o sistema passou a comportar uma noção geral, que derivava do art. 284º do CSC, uma especificação a essa noção para efeitos de aplicação do regime sobre OPA, que derivava da *alínea* b) do nº 1 do art. 313º do CSC e da *alínea* b) do nº 1 do art. 527º do Cód.MVM, e ainda uma outra noção de *sociedade equiparada a sociedade com subscrição pública,* que derivava da *alínea* a) do nº 1 desse mesmo art. 527º. No entanto, apesar da existência destas três aproximações a um conceito central, a delimitação da noção de *sociedade equiparada* apresentava uma tal abrangência que incluía todas as demais

---

[247] O que ainda se virá a tornar mais evidente com as alterações introduzidas pelo DL nº 261/95, às quais teremos ocasião de dedicar a nossa atenção — vd., *infra,* 8.4.

[248] Em relação à qual, adiante-se desde já, não somos capazes de isolar as razões que a ela conduziram, para além, como é evidente, de se tratar de uma mera opção de política legislativa.

III. A Delimitação da Obrigação

hipóteses de integração consagradas pelo sistema, já que, ao dispor que a delimitação dessa qualificação se operava através da verificação da dispersão do capital *por qualquer outra forma não prevista* no art. 284º do CSC, a norma em causa implicava que, para efeitos da delimitação da obrigação de lançamento de OPA, fosse totalmente desatendida a fonte em que assentasse a dispersão.

Por isso, compreende-se agora a nossa afirmação inicial segundo a qual o Cód.MVM terá produzido uma verdadeira revolução no sistema em que trabalhamos — não fora a letra da lei, que salvaguardava formalmente os traços de qualificação do art. 284º do CSC, e todas as sociedades que aqui fossem incluídas estariam também, por definição, incluídas na noção de sociedade equiparada, já que qualquer sociedade que tivesse dispersado o seu capital por recurso à subscrição pública ou a qualquer outro mecanismo com idêntico resultado, ou ainda que tivesse as suas acções cotadas em bolsa de valores teria o seu capital disperso.

IV. Importará, então, atentar nesta nova qualificação e, sem prejuízo da aparente irrelevância prática da tarefa, isolar os traços que permitam operar a sua distinção da noção de *sociedade com subscrição pública*. Sendo certo que, no âmbito em que nos movemos, os efeitos de regime derivados da qualificação como *sociedade com subscrição pública* ou como *sociedade equiparada* se confundem, haverá, ainda assim, que interrogar, para bem da compreensão dogmática do conceito, a razão da equiparação. Apenas nesse momento teremos justificado o alargamento da delimitação da obrigação de lançamento de OPA.

Dois níveis de questões se levantam de forma imediata — o primeiro, prende-se com o conhecimento dos traços de distinção entre os conceitos, já que o mero facto de se ter recorrido a uma *equiparação* significa, em termos finais, a pré-compreensão da existência de traços de distinção em relação ao objecto da equiparação, com a consequente aceitação que a *sociedade equiparada* não preenche todas as características que nos permitam considerá-la uma *sociedade com subscrição pública;* o segundo nível de questões, derivará do conhecimento dos traços de afinidade, já que, apesar da diferença pressuposta, o legislador entendeu dever aplicar os mesmos efeitos jurídicos no que respeita à obrigatoriedade de lançamento de OPA[249].

---

[249] Repita-se que a equiparação apenas operava em relação ao regime jurídico da *OPA obrigatória,* não sendo extensível às demais particularidades de regime constantes do CSC.

V. Não parece ser necessário tecer grandes considerações para chegar à conclusão que, por confronto com a análise já realizada a propósito do art. 284º do CSC, parece surgir como clara e evidente — a noção de *sociedade equiparada* atende, de forma exclusiva, às características objectivas de dispersão seu capital social[250], em termos totalmente equiparáveis àqueles que resultam do conceito de *société faisant appel publique à l'épargne*.

Na verdade, nenhuma dúvida parece surgir na possibilidade, conferida por esta versão original do Cód.MVM, de qualificar como *sociedade equiparada a sociedade com subscrição pública* uma entidade que nunca tivesse pretendido dispersar o seu capital, que nunca tivesse participado nesse processo de dispersão, ou mesmo, no limite, que se tivesse oposto expressamente a esse processo. Bastaria para isso, por exemplo, que um accionista lançasse uma oferta pública de venda das acções por si detidas, consequentemente provocando o resultado de dispersão.

É a partir desta caracterização objectiva que encontramos, simultaneamente, o traço de aproximação e de separação entre as noções. Na verdade, como já tivemos ocasião de analisar com detalhe, a noção de *sociedade com subscrição pública* apela, não apenas a essa dispersão do capital, mas também, como segundo elemento de compreensão, à intervenção da sociedade nessa mesma dispersão. Agora, pretendendo alargar a obrigatoriedade de lançamento de OPA, o legislador dificilmente poderia, sob pena de descaracterizar em absoluto o conceito utilizado, considerar como *sociedades com subscrição pública* as sociedades que tivessem o seu capital disperso por qualquer forma. Daí que os conceitos se aproximem, no que respeita à existência de dispersão e se afastem no que respeita à forma como essa dispersão tenha operado, em especial no que respeita à intervenção que a sociedade tenha operado nessa mesma dispersão.

---

[250] Relembre-se que, como já tivemos ocasião de justificar, a parte da *alínea* a) do nº 1 do art. 527 do Cód.MVM que se refere às sociedades que hajam dispersado o seu capital pelo público por qualquer forma não prevista no art. 284º do CSC, *nomeadamente através de oferta pública de venda ou de troca lançada pela própria sociedade,* deve ser compreendida como integrando a própria noção de *sociedade com subscrição pública* prevista nesse mesmo art. 284º. Sendo assim, a parte da norma a que se refere esta afirmação e, consequentemente, a análise ora em curso, é a que integra no conceito de *sociedade equiparada* aquelas sociedades que hajam dispersado o seu capital pelo público por qualquer forma não prevista no art. 284º do CSC, *nomeadamente através de oferta pública de venda ou de troca lançada (...) pelos seus accionistas.*

III. A Delimitação da Obrigação 153

VI. Estranha solução, dir-se-ia à partida, esta de fazer incidir sobre sociedades cujo capital foi *aberto* sem intervenção da sociedade — e até mesmo contra a sua vontade — o regime de *OPA obrigatória*. E é assim, quer quando confrontamos este regime com outros regimes estrangeiros, quer quando atentamos, numa perspectiva sistemática, em outros traços do regime português.

Na verdade, não se consegue — ou pelo menos não conseguimos — entender a razão que, em termos sistemáticos, justifica este especial contorno do regime da *OPA obrigatória,* perante aquelas outras particularidades de regime que, no âmbito do CSC, eram proporcionadas às sociedades com subscrição pública, ou seja, às regras de publicidade dos actos sociais, às regras de eleição dos administradores e às regras sobre prestação de caução por estes. Cremos que mais facilmente se compreenderia, por exemplo, que a aplicação das especiais regras de publicidade dos actos sociais dependesse da mera verificação de estarmos perante uma sociedade com o capital disperso, porque seria uma resposta a uma necessidade provocada por um facto objectivo, do que se compreende a aplicação das regras sobre *OPA obrigatória,* porque estas implicam, desde logo, um regime de transacções de valores mobiliários muito limitadores da liberdade negocial dos accionistas. Mas a opção do legislador foi, precisamente, a contrária — para aplicar as especiais regras sobre publicidade dos actos sociais, seria relevante a forma como ocorreu a dispersão, mas para aplicar as regras sobre *OPA obrigatória* já não seria assim.

Aliás, devemos relembrar que é exactamente isso o que acontece no Direito francês. O conceito de *société faisant appel publique à l'épargne* depende da mera verificação de uma situação de dispersão, estabelecendo um regime específico suscitado em face dessa dispersão. No entanto, não faz parte desse regime a imposição das regras sobre *OPA obrigatória,* dependendo a imposição dessas regras do facto de as acções estarem cotadas.

Por outro lado, essa estranheza ainda mais se acentua quando tomamos em consideração a facilidade dos termos em que seria possível a um accionista, isoladamente, provocar essa qualificação. Na verdade, nos termos do ponto 10 do Regulamento nº 91/04 da CMVM, eram apenas interditadas as OPV que tivessem em vista a alienação de *quantidades inferiores a 5% do capital da sociedade emitente ou 100.000 acções, quando esta quantidade seja inferior a tal percentagem.* Significava isto, em termos práticos, que seria possível a um accionista com apenas 5% do capital social — no limite, com menos de 5%, desde que essa percentagem significasse um número superior a 100.000 acções —, lançar uma OPV tendo a sua participação por objecto, assim provocando a consequente dispersão do capital e, consequentemente, a qualificação da sociedade participada como *sociedade com subscrição pública*[251].

VII. No entanto, independentemente das características peculiares da solução adoptada — que cremos ser merecedora de múltiplas críticas *de jure constituendo* —, a verdade é que a lei dificilmente poderia ser mais clara na formulação adoptada.

Daí que, com o Cód.MVM, se tenha revelado claro que a qualificação de *sociedade com subscrição pública* ou equiparada passou a depender de um mero facto objectivo — a dispersão do capital —, sendo irrelevante o processo que conduziu a essa dispersão, quer no que respeita à intervenção da sociedade, quer ainda no que respeita à própria estrutura do acto ou actos de dispersão.

Se dúvidas pudessem existir, com o CSC, que o conceito não encontrava na ideia de recurso à *subscrição pública* o seu cerne explicativo, as mesmas ter-se-iam por totalmente dissipadas com o Cód.MVM que cortou toda a ligação directa a essa mesma ideia, antes o ligando, para efeitos de aplicação do regime de *OPA obrigatória,* à verificação de uma mera situação objectiva de dispersão do capital social.

8.4 O conceito de *sociedade de subscrição pública* face à *alínea j)* do nº 1 do art. 3º do Cód.MVM

8.4.1 A delimitação do conceito

I. Atribulada história, esta do conceito de *sociedade com subscrição pública,* a qual ainda mais merecerá essa qualificação quando atendemos a que, já posteriormente à entrada em vigor do Cód.MVM, mais especificamente com o DL nº 261/95, de 3 de Outubro, a delimitação especial do conceito que se retirava deste diploma voltou a ser alterada, agora em termos que, pelo menos sob o ponto de vista formal, ainda se revelam mais originais do que aqueles que resultavam das alterações introduzidas pela versão original do CSC.

---

[251] Cfr. CARLOS OSÓRIO DE CASTRO, ob.cit., pp. 22-23, que apresenta importantes críticas, de *jure constituendo*, a esta opção do legislador.

III. A Delimitação da Obrigação 155

Estas alterações operaram a três níveis distintos — (**i**) por um lado, foi introduzida no próprio Cód.MVM, mais precisamente na *alínea* j) do nº 1 do seu art. 3º, uma definição de *sociedade de subscrição pública*[252], o que teve por consequência imediata a eliminação do conceito de *sociedade equiparada às sociedades com subscrição pública* que constava da versão original da *alínea* a) do nº 2 do art. 527º do Cód.MVM; (**ii**) por outro lado, a *dispensa*[253] de obrigatoriedade referente ao exercício do direito de preferência, que constava da versão original da *alínea* b) do nº 2 do art. 527º, passou agora a ser considerada, na *alínea* b) do nº 1 do novo art. 528º-A, como uma condição geral de *derrogação* à obrigatoriedade de lançamento de OPA; (**iii**) finalmente, o novo art. 531º-A passou a regular a *perda da qualidade de sociedade de subscrição pública*, matéria omissa até esse momento e que tinha sido fonte das maiores dificuldades de interpretação.

II. Deste modo, nos termos do nova *alínea* j) do nº 1 do art. 3º do Cód.MVM, *sociedades de subscrição pública* passaram a ser definidas como as *sociedades que tenham parte ou a totalidade do seu capital disperso pelo público em virtude de se haverem constituído com apelo a subscrição pública, de, num aumento de capital, terem recorrido a subscrição pública, ou de as suas acções estarem cotadas em bolsa ou terem sido objecto de oferta pública de venda ou de troca, ou de venda em bolsa, nos termos do art. 366º do presente Código*[254].

---

[252] O DL 261/95 alterou, no âmbito do Cód.MVM, o nomen juris de *sociedade com subscrição pública* para *sociedade de subscrição pública*. E dificilmente se poderia entender tratar-se de um lapso. Na verdade, para além das razões que resultarão das considerações que produziremos, esse novo *nomen juris* é sucessivamente utilizado: o preâmbulo refere-se à *sociedade de subscrição pública,* assim como acontece com a *alínea* j) do nº 1 do art. 3º, a *alínea* a) do nº 3 do art. 116º, o nº 1 do art. 527º e, finalmente, com a epígrafe, nº 1 e nº 3 do art. 531º-A do Código.

[253] Era este o termo usado pela lei, embora não correspondesse a uma verdadeira dispensa.

[254] O art. 366º do Cód.MVM consagra uma particular operação que tem por escopo a dispersão do capital através de vendas em bolsa — no mercado sem cotações — de acções colocadas à disposição de intermediário autorizado pela sociedade ou pelos accionistas. A regulação desta matéria está integrada na Subsecção referente ao Segundo Mercado, respeitando mais precisamente a uma hipótese de admissão condicional de acções à cotação neste. Teremos ocasião de analisar com maior detalhe os termos a partir dos quais o recurso a esta operação de dispersão dá lugar à qualificação de sociedade de subscrição pública.

Relembre-se que, como se dispõe no texto do nº 1 deste art. 3º, a definição citada vale apenas *para os efeitos deste diploma,* ou seja, do próprio Cód.MVM[255]. Deste modo, parece que a vontade do legislador passou pela manutenção da noção do art. 284º do CSC, atribuindo-lhe um carácter geral, criando uma nova noção apenas para os efeitos do próprio Cód.MVM — a definição constante deste é, pelo menos sob o ponto vista terminológico, distinta daquela constante do CSC; a definição do Cód.MVM pretende aplicar-se apenas no âmbito deste diploma; o art. 284º do CSC não faz parte dos artigos do CSC revogados pelo nº 2 do art. 3º do DL nº 284/95; finalmente, os efeitos decorrentes de uma e outra noção são formalmente distintos[256]. Importa, no entanto, referir desde já, que temos as maiores dúvidas que esta intenção do legislador tenha sido efectivamente concretizada.

A segunda alteração introduzida pelo DL nº 284/95 passou pela qualificação como derrogação à obrigatoriedade de lançamento de OPA da *aquisição de valores mobiliários no exercício de direitos de preferência estipulados para a respectiva transmissão no contrato de sociedade a favor de todos os accionistas* — alínea b) do nº 1 do art. 528º-A do Cód.MVM. Tratou-se da consagração expressa da natureza que já lhe devia ser atribuída desde a versão do CSC, agora propiciada pela criação de quadros integrados e separados de *dispensas* e *derrogações,* razão pela qual se trata de uma alteração que não produziu grandes novidades ao nível do sistema jurídico.

Finalmente, a terceira alteração introduzida passou pela introdução no sistema — novo art. 531º-A do Cód.MVM, de um conjunto de situações que, após declaração da CMVM, permitem a *perda da qualidade de sociedade de subscrição pública.*

8.4.2 A justificação da delimitação

I. As alterações introduzidas no Cód.MVM por força da entrada em vigor do DL nº 261/95, que vimos, nos seus traços gerais, de referir,

---

[255] A propósito deste artigo escreve OLIVEIRA ASCENSÃO («Valor Mobiliários e Título de Crédito» in *Direito dos Valores Mobiliários,* Lex, Lisboa, 1997, p. 33) tratar--se de *uma longa série de definições ... com técnica repugnante à índole do direito português, ... ainda por cima "para os efeitos deste diploma", o que é outro empréstimo anglo-americano inadmissível entre nós.*

[256] Naturalmente que a verificação do alcance desta bipartição conceptual será objecto de reflexão mais atenta na continuação da análise.

vieram culminar — pelo menos por ora — a constante e turbulenta evolução normativa que se veio verificando nesta área após a entrada em vigor do CSC.

Duas opções devem, na nossa opinião, ser destacadas à partida — por um lado, as alterações introduzidas aparentam pretender demarcar, embora em termos mitigados, o conceito em presença da ligação semântica ao *recurso à subscrição pública,* que parecia resultar do art. 284º do CSC e do art. 527º da versão original do Cód.MVM, reformulando os laços terminológicos que ainda os ligavam, e passando a atender, já não à formulação de *sociedade com subscrição pública,* mas antes à formulação de *sociedade de subscrição pública;* por outro lado, e agora já no âmbito de uma perspectiva de análise bem mais complexa, cremos que o DL nº 261/95 fez o conceito voltar a assentar na base explicativa que, na nossa opinião, já derivava do CSC.

No entanto, estas opções foram concretizadas por via de uma aparentemente inexplicável duplicação de conceitos e respectivos estatutos associados, ao definir, para efeitos do Cód.MVM, a *sociedade de subscrição pública,* mantendo, para efeitos da regulamentação geral constante do CSC, o conceito de *sociedade com subscrição pública* que já provinha da versão original do regime da *OPA obrigatória.*

Teremos ocasião de dedicar a nossa atenção, de forma sucessiva, a estas opções do legislador. Começaremos por produzir algumas considerações sobre a opção pelo *nomen juris* de *sociedade de subscrição pública,* confrontando o mesmo com o *nomen juris* constante do art. 284º do CSC; passaremos, de seguida, a dedicar a nossa cuidada atenção ao complexo problema da forma como estes conceitos devem ser entendidos, quer em sede geral, quer no que respeita à particular problemática da *OPA obrigatória* que nos ocupa na presente exposição.

II. Como referimos, a fórmula de *sociedade com subscrição pública* aparentava pretender designar as sociedades que recorreram à subscrição pública, o que, quer em relação ao texto do CSC, quer em relação ao texto da versão original do Cód.MVM, representaria uma leitura errónea das normas em presença. Na verdade, desde a entrada em vigor do CSC, principalmente desde a entrada em vigor do Cód.MVM, que o conceito mais se aproxima daquilo que seria uma deficiente tradução da acepção que, no Direito francês, era atribuída à noção de *société faisant appel publique a l'épargne* — por um lado, em nenhum destes diplomas as *sociedades com subscrição pública* eram apenas aquelas que tivessem recorrido à subscrição pública; por outro lado, nem mesmo todas as sociedades que tivessem recorrido à subscrição pública, quer no momento da subscrição, quer em aumento de capital, deviam merecer essa qualificação.

Por isso, e sendo certo que, ao intérprete, caberia atender primariamente ao conteúdo das normas em presença, e não às designações consagradas pelo legislador, parecia evidente que a designação escolhida por este se afigurava deficiente quando confrontada com o conteúdo normativo que era consagrado. Nesta leitura que, é importante notar, apenas é perceptível quando atendemos à evolução sofrida por este regime desde o CSC, a alteração terminológica para o *nomen juris* de *sociedade de subscrição pública* representa um passo de aplaudir.

Num primeiro momento, dir-se-ia que também a nova designação não seria particularmente feliz, já que seria mantida a ligação terminológica a um conceito jurídico com conteúdo determinado, quando a mesma não podia ser entendida em toda a sua plenitude. No entanto, não será exactamente assim. Nos termos da *alínea* a) do n° 3 do art. 116° do Cód.MVM, também alterada pelo disposto no DL n° 261/95, dispõe-se que é sempre tida como *pública* a subscrição *de acções emitidas por sociedades de subscrição pública, ainda que a subscrição seja reservada aos respectivos accionistas*[257]. Ora, cremos que é perante esta norma que deve ser compreendida a denominação encontrada pelo legislador — não se tratarão de *sociedades com subscrição pública,* porque a sua qualificação não pressupõe o recurso prévio à *subscrição pública,* mas tratar-se-ão de *sociedades de subscrição pública,* porque todas as operações subsequentes de subscrição de acções serão consideradas, nos termos da citada norma, como *públicas*.

Deste modo, o presente traço de regulamentação resultante do art. 116° do Cód.MVM — que, note-se, representa um novo elemento do estatuto jurídico destas sociedades —, permite-nos explicar a opção do legislador no que respeita ao *nomen juris* adoptado. Este não deriva da especial natureza destas sociedades, mas antes de um traço específico da regulamentação que, por força da integração prévia na qualificação, lhes é aplicável.

III. Após estas breves considerações sobre a opção terminológica do legislador, caberá agora observar as alterações introduzidas no que respeita à nova definição que é associada à *sociedade de subscrição*

---

[257] A versão original do Código referia-se apenas a acções emitidas por sociedades cotadas em bolsa de valores.

III. A Delimitação da Obrigação

pública, não deixando de ter sempre presente aquela outra noção que já constava do CSC.

Já tivémos ocasião de referir que, aparentemente, a intenção do legislador passaria pela opção de duplicar os conceitos em presença, associando-lhes estatutos jurídicos distintos — teríamos de contar, por um lado, com uma noção geral constante do CSC, à qual estaria associado um especial estatuto constante do articulado desse Código, referente a regras sobre publicidade dos actos sociais, regras especiais sobre eleição de administradores e sobre prestação de caução, mas já não sobre a *OPA obrigatória;* teríamos ainda de contar, por outro lado, com uma noção especial constante do Cód.MVM, à qual estaria associado um especial estatuto constante do articulado deste Código, a qual teria relevância, desde logo, para efeitos da delimitação da obrigatoriedade de lançamento de *OPA obrigatória*.

No entanto, em face das considerações que passamos a apresentar, cremos que essa intenção não foi concretizada perante os normativos efectivamente impostos.

IV. Admitindo que, na verdade, o sistema comportaria esses dois conceitos normativos, associando-lhe efeitos jurídicos distintos, caberia começar por questionar qual a relação existente entre os mesmos. Assumindo esta perspectiva de análise, tentaremos realizar duas aproximações — na primeira, tentaremos verificar se estamos perante uma relação de *especialidade;* na segunda, tentaremos verificar se estamos perante dois conjuntos normativos sem interferências recíprocas, que assim surgem no ordenamento como normas *paralelas*.

Caberá começar por referir que, lidando nós com duas *definições legais,* as mesmas não poderão dar-nos uma resposta imediata ao problema que temos presente, cabendo antes interrogar os conteúdos normativos que estão associados aos estatutos que temos em presença. Por isso, este problema não passa por uma questão de relação entre definições, mas antes por uma questão de relação entre estatutos normativos, ou seja, entre os conjuntos de previsões e estatuições de cada um dos conceitos que a lei utiliza como forma de associar determinados efeitos jurídicos a algumas sociedades anónimas.

Uma primeira hipótese de resposta, trazida à colação pelo facto de se afirmar, no nº 1 do art. 3º, que a definição constante do Cód.MVM se assume como produzindo efeitos apenas no âmbito desse Código, passaria pelo entendimento de estarmos perante uma relação entre um estatuto *geral ou comum,* aquele constante do CSC, e perante um estatuto *espe-*

cial, aquele constante do Cód.MVM. A ser assim, diríamos que o legislador entendeu consagrar um *ius singulare* para os efeitos deste último Código, demarcado em face das características dos casos aqui são consagrados, que seria aplicado em prejuízo das regras constantes do CSC — *lex specialis derrogat legi generali*.

No entanto, bastará uma observação superficial destes normativos para verificarmos que esta via de resposta nunca poderia ser procedente.

Na verdade, a aceitarmos a existência desta relação sempre teríamos de dizer que a demarcação efectuada para efeitos do Cód.MVM parte do *âmbito previsional* recortado pelo CSC, o que manifestamente não acontece — independentemente de uma observação mais detalhada, revela-se claro que o âmbito normativo recortado pelo Cód.MVM ou é mais lato ou é, pelo menos, idêntico ao do CSC, já que todas as *sociedades com subscrição pública,* para efeitos do CSC, serão *sociedades de subscrição pública,* para efeitos do Cód.MVM.

Teríamos ainda de verificar que as consequências de regime partem daquelas do CSC, demarcando-as, o que também não acontece.

Finalmente, teríamos que determinar as razões indissoluvelmente ligadas à excepcionalidade da estatuição do Cód.MVM que, por si mesmas, justificassem a demarcação, o que, mais uma vez, representaria uma tarefa sem resultados visíveis[258].

Deste modo, sem necessidade de proceder a desenvolvimentos suplementares, estamos em condições de afirmar que não nos encontramos perante uma relação de *especialidade* entre estes estatutos normativos.

Sendo assim propiciar-se-ia uma segunda via de resposta, entendendo então que os conteúdos normativos em presença se situariam em âmbitos distintos, não havendo, por isso, que procurar a relação existente entre ambos para além da verificação de estarmos perante uma relação paralela. No entanto, e mais uma vez, temos as maiores dúvidas que essa opção seja, por qualquer forma, justificável.

Na verdade, ambas as normas partem de uma noção central, a qual, por si mesma, seria suficiente para justificar parte relevante do estatuto que lhes está associado — a existência de dispersão; as diferenças são encontradas, ao nível da previsão normativa, na relevância do modo específico de dispersão. Vejamos, com maior detalhe, este ponto.

A nova *alínea* j) do nº 1 do art. 3º do Cód.MVM, ao definir *sociedade com subscrição pública,* começa por integrar neste conceito aquelas

---

[258] Cfr. BAPTISTA MACHADO, ob.cit., pp. 94-95.

III. A Delimitação da Obrigação 161

que *tenham parte ou a totalidade do seu capital disperso pelo público*. Daqui deriva, como é evidente, a centralidade deste traço de delimitação do conceito, a qual encontra a sua fonte imediata na delimitação operada pela versão original do Cód.MVM a propósito da consagração da noção de *sociedade equiparada*. Com esta noção, torna-se claro que apenas serão integráveis no conceito as sociedades que *tenham o seu capital disperso pelo público;* como tivemos ocasião de verificar a propósito da análise produzida sobre a noção constante do art. 284º do CSC, esta incorpora exactamente o mesmo traço de delimitação.

E é apenas em face dessa dispersão que o estatuto associado a ambas as noções começa por encontrar justificação — vejam-se, por exemplo, as consequências ao nível das publicações obrigatórias previstas no CSC e ao nível da qualificação das operações de *subscrição pública* constantes do Cód.MVM —, fazendo por isso com que os conteúdos normativos de ambos os estatutos estejam indissoluvelmente ligados. Deste modo, cremos que bastará esta constatação para verificar que não estamos perante conjuntos normativos que se interseccionem.

Esgotados estes quadros de análise, importa tentar construir hipóteses alternativas que, sob o ponto de vista metodológico, assumam um ponto de partida distinto. Assinale-se, desde já, a modesta conclusão a que chegámos, sobre a centralidade da noção de dispersão do capital social em ambos os estatutos, por forma a continuar a análise a partir desse patamar.

V. Caberá, então, questionar se os demais elementos que, perante a noção adoptada pelo CSC, delimitam o âmbito do estatuto de *sociedade com subscrição pública*, justificariam a demarcação desta outra noção de *sociedade de subscrição pública* em face dos especiais efeitos jurídicos que lhe estão associados. Caberá questionar, na contraface do mesmo problema, se algum destes efeitos jurídicos justifica a demarcação oposta.

Ora, a análise que produzimos a propósito da justificação normativa do estatuto constante do CSC, conduziu-nos à conclusão segundo a qual este derivaria, por um lado, da dispersão do capital social e da intervenção da sociedade em causa nesse processo; para além deste factor, estando a sociedade cotada, afirmámos que este estatuto jurídico seria sempre aplicável. Partiremos destas conclusões preliminares.

Cremos que não será necessário operar grandes desenvolvimentos a esta fase da análise para afirmar que nada justificaria que o estatuto constante do Cód.MVM não abrangesse todas as sociedades que, perante o CSC, mereceriam o estatuto de *sociedade com subscrição pública* —

por um lado, em relação a essas sociedades seria sempre justificada a *obrigatoriedade* da OPA; por outro lado, em relação a essas sociedades, seriam sempre justificadas as qualificações como *públicas* das subscrições a efectuar. Por isso, não deverá merecer qualquer dúvida que todas as *sociedades com subscrição pública*, para efeitos do CSC, deverão ser consideradas *sociedades de subscrição pública*, para efeitos do Cód.MVM.

Sendo assim a questão que agora se deve colocar é a contrária — verificar se os elementos que, perante o Cód.MVM, delimitam o âmbito do estatuto de *sociedade de subscrição pública*, justificariam a demarcação desta outra noção de *sociedade com subscrição pública* em face dos especiais efeitos jurídicos que lhe estão associados.

Mais uma vez, cremos que a resposta parece surgir de modo claro. Nada justificaria, em termos sistemáticos, que uma sociedade fosse objecto do regime da *OPA obrigatória* ou das regras de qualificação da *subscrição* por força da delimitação do Cód.MVM e não visse aplicados os efeitos de estatuto do CSC — não fosse sujeita ao regime mais rigoroso sobre publicações sociais, às regras especiais de eleição dos membros do órgão de administração ou às regras sobre prestação obrigatória de caução por estes. Sendo assim a resposta que agora se propicia é aquela que está na contraface da questão anterior — também todas as *sociedades de subscrição pública*, para efeitos do Cód.MVM, deverão ser consideradas *sociedades com subscrição pública*, para efeitos do CSC.

VI. Deste modo, parece estar encontrada a resposta para a relação entre estes dois núcleos normativos — não estaremos perante uma relação de especialidade ou de paralelismo, mas antes perante uma unidade normativa, pelo menos no que respeita às estatuições.

Os estatutos em presença são, afinal, um único estatuto que se confunde — denominá-lo de estatuto de *sociedade com subscrição pública* ou de *estatuto de sociedade de subscrição pública* é, sob o ponto de vista da análise dos normativos em presença, uma e a mesma coisa. Não existe, por isso, uma duplicação de regimes que esteja associada à duplicação de conceitos. A razão para essa duplicação de conceitos apenas pode encontrar justificação numa análise histórica e no facto de o CSC não ter, após a entrada em vigor do DL nº 261/95, revisto a terminologia utilizada, por forma a unificar, sob este ponto de vista, o sistema.

Admitindo que estamos perante um único estatuto, duas constatações se propiciam de forma imediata. A primeira, mais evidente, é a de afirmar que estamos perante um conjunto de efeitos jurídicos que, resultando dos dois diplomas em presença, assentam numa mesma unidade compreensiva — estas sociedades estarão sujeitas a mais rigorosas regras no que respeita à publicidade dos actos sociais, à obrigatoriedade de inclusão de regras especiais para eleição dos administradores, à indispensabilidade de prestação de caução, às regras sobre *OPA obrigatória* e ainda às regras sobre *subscrição pública*. A segunda constatação é a de que também o âmbito da previsão do que sejam as *sociedades com/ /de subscrição pública*, a partir do qual essas consequências de regime são associadas a determinadas sociedades, é unificável.

VII. Perante a segunda conclusão apresentada, o problema que então se coloca é o de verificar quais as consequências, no que respeita ao âmbito dessa previsão, que resultaram da introdução da noção do Cód.MVM. E a nossa resposta é firme — nenhuma consequência derivou desse facto. Por isso, as sociedades com/de subscrição pública serão todas aquelas que tenham o seu capital disperso, tendo a sociedade participado nesse processo de dispersão, bem como todas aquelas que tenham as acções cotadas em bolsa.

Na verdade, ao contrário do que decorria da versão original do Cód.MVM, nos termos da mesma *alínea* j) do nº 1 do art. 3º da actual versão do Cód.MVM, não serão integráveis no conceito todas as sociedades que tenham o seu capital disperso pelo público, mas apenas aquelas que o tenham *em virtude de se haverem constituído com subscrição pública, de, num aumento de capital, terem recorrido a subscrição pública, ou de as suas acções estarem ou haverem estado cotadas em bolsa, ou terem sido objecto de oferta pública de venda ou de troca, ou de venda em bolsa, nos termos do art. 366º* do Cód.MVM. É certo que sempre se poderia opor que a formulação lata desta definição, ao não distinguir a entidade que promove a oferta pública de venda ou de troca, poderia indiciar a irrelevância do requisito sobre a intervenção da sociedade emitente no processo de dispersão. No entanto, cremos que essa solução não seria correcta.

Não se poderia admitir, pelo menos de ânimo leve, que o sistema jurídico fosse tão profundamente alterado em face da mera introdução de uma nova definição. Esta, valendo apenas o que deve valer uma definição, deve ser entendida no âmbito do sistema normativo em que se insere — caso, na sequência da sua introdução, seja provocada uma alteração normativa substancial, a mesma deve ser atendida; caso, na sequência da sua introdução, o resto do sistema normativo fique inalterado, a mesma não deve ser atendida. E foi precisamente este último caso que aconteceu.

A conclusão com que avançámos assenta num argumento de ordem literal, num argumento de ordem histórica, num argumento de ordem sistemática e ainda num argumento de ordem teleológica que, naturalmente, revelam importâncias desiguais.

O argumento de ordem literal prende-se com a supressão da referência, constante da *alínea* a) do n° 1 do art. 527° da versão original do Cód.MVM, a ofertas públicas de venda ou de troca *lançadas pela própria sociedade ou pelos seus accionistas*. Por isso, revela-se claro que quando o legislador pretendeu estabelecer a indiferenciação do promotor da dispersão fê-lo; agora, ao suprimir essa referência, deixa entender a solução contrária[259].

Por outro lado, essa conclusão é também apoiada por um argumento de ordem histórica, para o conhecimento do qual importa recordar a forma como o sistema evoluiu. Com o CSC, foi atribuído um estatuto especial às sociedades que tinham o seu capital disperso, o qual dependia ainda do facto de a sociedade ter participado nessa dispersão; por outro lado, esse estatuto era ainda entendido como sendo de aplicação a quaisquer sociedades com valores cotados. Com a versão original do Cód.MVM, este estatuto foi mantido formalmente inalterado. O legislador, pretendendo alargar, por uma opção de política económica, o âmbito de obrigatoriedade de lançamento da OPA, procedeu a uma equiparação, nos termos da qual esta obrigatoriedade existiria para todos os casos em que estivéssemos perante a dispersão do capital social. Com o DL n° 261/ /95, o legislador eliminou esta equiparação, fazendo o estatuto voltar ao seu âmbito previsional original. Por isso, revela-se que quando o legislador pretendeu estabelecer a indiferenciação do modo de dispersão, recorreu a uma equiparação deixando inalterado o conceito central, o que não acontece face ao regime actual.

Por outro lado, essa conclusão ainda assenta num argumento de ordem sistemática. Recorde-se que, na versão original do Cód.MVM, eram equiparadas a *sociedades com subscrição pública* aquelas sociedades *que tivessem dispersado o capital pelo público por qualquer outra forma* não prevista no art. 284° do CSC, surgindo as referências à OPV e à OPT como meros exemplos. Ora, com a *alínea* j) do n° 1 do art. 3°

---

[259] Ainda como argumento literal, embora com menor importância, caberá referir que o preâmbulo do DL n° 261/95 se refere expressamente às sociedades de subscrição pública como aquelas *que tenham estado cotadas em bolsa ou tenham dispersado o seu capital pelo público*, deste modo colocando a dispersão como um acto que emana da própria sociedade e não de um terceiro.

do Código, este passou a especificar as formas de dispersão do capital que poderiam conduzir à qualificação. E não se entenderia qual a diferença entre o recurso a uma OPV ou a uma OPT pelos accionistas e qualquer outra forma de dispersão promovida por estes como, por exemplo, aquela que resultasse da dispersão por transacções particulares ao longo do tempo, por forma a afirmar que, no primeiro grupo de casos, a sociedade deveria ver aplicado este estatuto, e no segundo já não seria assim. Por isso, parece claro que, na actual versão do Cód.MVM, a forma como o capital é disperso não é irrelevante no que respeita à produção dos efeitos jurídicos que estão associados à qualificação; sendo assim, não podemos deixar de entender que esta diferença depende da intervenção da sociedade no processo.

Ainda num argumento de ordem sistemática, haverá que chamar a atenção para o facto de, nos termos do art. 531-A do Cód.MVM, o processo de perda da qualidade de *sociedade de subscrição pública* ser desencadeado, como regra, após uma deliberação da assembleia geral da sociedade emitente. Esta regra, aplicável ao momento em que o capital é fechado, deve encontrar uma natural transposição para aquele momento em que esse mesmo capital é aberto.

Finalmente, a conclusão apresentada ainda assenta num argumento de ordem teleológica, o qual é particularmente relevante no que respeita à *OPA obrigatória*. É que, na verdade, o especial estatuto que deriva do facto de estas regras serem aplicadas, deve sempre implicar a intervenção da sociedade, sem prejuízo, como é natural, da hipótese de estarmos perante valores cotados.

Assim acontece em todos os sistemas europeus que analisámos, onde se entende que as especiais *contrapartidas* que derivam da transacção pública de títulos devem merecer, no contraponto, a imposição de regras limitativas da *liberdade negocial.* Ora, o regime português já vai mais longe que a generalidade desses sistemas, com excepção do britânico, ao impor as regras sobre *OPA obrigatória* a outras sociedades para além daquelas que têm os seus valores cotados em bolsa de valores; entender que essas regras seriam aplicáveis, para além desses casos, nas situações em que não existe qualquer participação da sociedade, seria uma inusitada violência que, tanto quanto é do nosso conhecimento, encontrava na versão original do Cód.MVM — mas aí de forma expressa — a única consagração[260].

---

[260] É interessante verificar que, em clara correspondência com o que vimos de afirmar, a definição de *sociedade visada* que consta do *Übernahmekodex* se refere às

8.4.3 As entidades que integram o conceito de sociedade de subscrição pública

8.4.3.1 As sociedades que tenham o seu capital disperso em virtude do recurso à subscrição pública

I. O primeiro conjunto de entidades que, nos termos da legislação actualmente em vigor, se integram no conceito de *sociedades de subscrição pública,* são, nas próprias palavras da parte inicial da *alínea* j) do nº 1 do art. 3º do Cód.MVM, aquelas que *tenham parte ou a totalidade do seu capital disperso pelo público em virtude de se haverem constituído com apelo à subscrição pública* ou de, *num aumento de capital, terem recorrido à subscrição pública.*

Este é, como se retira da análise já realizada, um dos núcleos do conceito que provém da versão original da definição de *sociedade com subscrição pública* constante do art. 284º do CSC.

De todo o modo, uma advertência deverá ser, desde já, relembrada — enquanto que o art. 284º do CSC se limitava a integrar no conceito as sociedades que tivessem recorrido à subscrição pública, aparentando impor esta qualificação mesmo àquelas sociedades em que o resultado dessa subscrição pública não tivesse implicado a dispersão do capital[261], a noção derivada do art. 3º do Cód.MVM, de forma expressa, integra apenas aquelas sociedades em que essa dispersão derive da subscrição pública. Deste modo, se dúvidas existissem, perante o CSC, na não qualificação como *sociedade com subscrição pública* de sociedades que tivessem recorrido à subscrição pública, quer no momento da sua constituição quer em aumento de capital, mas que não tivessem visto o seu capital disperso em virtude desse facto, cremos que essas dúvidas cederiam imediatamente perante a letra desta recente definição do Cód.MVM.

II. A constituição de sociedades com apelo à subscrição pública, também designada de constituição *sucessiva* ou *continuada,* encontra-se regulada nos arts. 279º e seguintes do CSC. Retira-se desse regime que se trata de um processo que pode ser dividido em várias fases, iniciado com a subscrição e realização integral de acções cujos valores nominais

---

sociedades com valores cotados numa bolsa de valores Alemã e ainda àquelas cujos valores sejam negociados no mercado de balcão (*Freiverkehr*) quando a integração nesse mercado tenha ocorrido com autorização da própria sociedade emitente.

somem, pelo menos, 5.000.000$00[262], e que passa, isolando a fase que mais directamente se relaciona com a matéria que temos em análise, pela realização de uma Oferta Pública de Subscrição, regulada pelo nº 6 do art. 279º do CSC e pelos arts. 129º e ss. do Cód.MVM[263].

Como é evidente, não caberá à presente análise desenvolver esta matéria para além do núcleo em que a mesma interfere com o tema que temos em análise[264]. Neste âmbito, será importante referir que, nos termos do já referido art. 116º do Cód.MVM, a subscrição é entendida como *pública* quando seja oferecida a um número indeterminado de pessoas, a um número determinado de pessoas não previamente identificadas ou por qualquer forma de comercialização pública[265]. Deste modo, sempre que uma sociedade seja constituída com recurso à *subscrição pública,* nos termos das normas referenciadas, sendo essa subscrição pública causa da dispersão do seu capital, a mesma será considerada, de forma imediata, como uma *sociedade de subscrição pública,* nomeadamente para efeitos de aplicação da regulamentação sobre *OPA obrigatória.*

III. O segundo conjunto de casos isolados pela definição legal de *sociedade de subscrição pública* abrange aquelas situações, bem mais comuns na prática nacional, em que a sociedade é constituída por *subscrição particular* e, posteriormente, recorre à *subscrição pública* em aumento de capital.

---

[261] Relembre-se, no entanto, que a partir da análise produzida apresentámos o entendimento segundo o qual deveria ser operada um interpretação restritiva da norma, integrando no conceito apenas as sociedades que, em virtude do recurso à subscrição pública, tivessem o seu capital disperso.

[262] Cfr. arts. 279.2 e 276.3, ambos do CSC.

[263] Em relação ao Direito francês, vd. MAURICE COZIAN e ALAIN VIANDIER, *Droit des Sociétés,* ob.cit., pp. 219-225. Em relação ao Direito italiano, vd. G. FERRI, *Diritto Commerciale,* ob.cit., pp. 353-365.

[264] Para maiores desenvolvimentos, inclusivamente no que respeita ao recurso à subscrição pública em aumento de capital, vd., por todos, HELENA TAPP BARROSO, *Subscrição de Acções ...,* ob.cit., pp. 11-63.

[265] Nos termos do nº 2 do art. 116º, há comercialização pública sempre que os valores mobiliários são oferecidos à subscrição através de intermediários financeiros, para colocação junto do público, através de publicitação mediante anúncios, folhetos, prospectos, circulares, cartazes ou outros meios de circulação geral ou restrita, ainda que nominativos, mediante prospecção ou procura de subscritores junto do público, quer esta prospecção ou procura se realizem através de administradores, empregados, agentes e outras pessoas singulares ou colectivas ligadas à entidade emitente ou a quaisquer intermediários financeiros, quer através de correspondência, ou mediante negociação com o público, em escritório ou estabelecimento a que ele tenha acesso.

Sabe-se que, no âmbito do CSC, o aumento de capital pode corresponder a duas modalidades básicas — o aumento de capital por novas entradas e o aumento de capital por incorporação de reservas.

No que respeita ao aumento de capital por novas entradas realizado por intermédio de subscrição pública, seja o mesmo deliberado pela Assembleia Geral ou pelo Conselho de Administração, nos termos do disposto no art. 456° do CSC, estaremos de igual modo perante um processo complexo que se inicia com a competente deliberação de aumento e que passa, isolando de novo o âmbito que directamente nos diz respeito, pela realização de uma Oferta Pública de Subscrição, assim qualificada por aplicação do art. 116° do Cód.MVM[266] a que já nos referimos a propósito da *constituição sucessiva*. Nenhuma particularidade de realce deve aqui ser assinalada — a partir do momento em que uma determinada sociedade, constituída por *subscrição particular*, recorra à *subscrição pública* no âmbito de um aumento de capital, tendo essa operação por efeito a dispersão do capital, passará a merecer a qualificação de *sociedade de subscrição pública* para efeito da aplicação do regime da *OPA obrigatória*.

IV. Já no que respeita ao aumento de capital por incorporação de reservas o panorama com que nos defrontamos é distinto, e os problemas que nos são colocados vão mesmo para além da própria qualificação como *subscrição de acções* do acto pressuposto pelo aumento de capital.

Resultava da versão original da *alínea* a) do n° 4 do art. 116°, a que vimos de fazer referência, que seria considerada como particular a subscrição de acções *correspondentes a aumentos de capital por incorporação de reservas*. Por isso, resultava claro da versão original do Cód.MVM que o aumento de capital por incorporação de reservas não poderia implicar a qualificação da sociedade em causa como *sociedade de subscrição pública* — se o pressuposto é o recurso à subscrição pública em aumento de capital, e se o aumento de capital por incorporação de reservas era afastado dos casos em que a subscrição pressuposta era tida como pública, a resposta não poderia ir noutro sentido.

Com o DL n° 261/95, o artigo em presença foi alterado, sendo suprimida a menção ao aumento de capital por incorporação de reservas. De

---

[266] Deverá ser assinalado, de todo o modo, que nos termos da *alínea* a) do n° 4 do art. 116° do Cód.MVM, se considera como particular a subscrição de acções correspondentes a aumentos de capital por conversão de créditos ou por entradas em bens diferentes de dinheiro, desde que, neste último caso, se não configure uma oferta pública de transacção de valores mobiliários.

todo o modo, o mesmo DL veio acrescentar uma nova *alínea* ao nº 1 do art. 130º, alterando a *alínea* f) por forma a exceptuar do disposto no Capítulo II do Cód.MVM — do regime das *ofertas públicas de subscrição* — as emissões, *seja qual for a forma que revista a distribuição dos valores mobiliários que delas são objecto pelos respectivos destinatários, de acções correspondentes a aumentos de capital por incorporação de reservas.*

Da conjugação destes art. 116º e art. 130º do Cód.MVM, parece resultar que o aumento de capital por incorporação de reservas pode implicar uma operação de *subscrição pública,* mas que, independentemente desse facto, a respectiva emissão não será considerada uma oferta pública de subscrição. Caberá agora questionar, em face destes dados e direccionando a análise perante a temática que nos ocupa, da possibilidade de um aumento de capital por incorporação de reservas poder implicar a qualificação da sociedade em causa como *sociedade com subscrição pública,* âmbito em que a nossa resposta será negativa.

Na verdade, como resulta do nº 1 do art. 82º, o aumento de capital implica o aumento de participação de cada sócio (em regra, calculado proporcionalmente ao valor da respectiva participação), por imputação de um valor patrimonial que estava na sociedade a título de reservas. Deste modo, independentemente da problemática qualificação do acto inerente ao processo como *subscrição,* verifica-se facilmente que nunca poderíamos estar perante um acto que implicasse a qualificação como *sociedade de subscrição pública* — por definição, uma sociedade que passe a merecer essa qualificação não a mereceria no momento anterior pelo que, em função dos pressupostos, definidos no nº 1 do art. 116º, a emissão não seria considerada com pública[267].

8.4.3.2 As sociedades que têm ou tiveram acções cotadas

I. Outros dos factores de qualificação resultantes da actual versão do Cód.MVM que, nos seus traços essenciais, já estava integrado na versão original do CSC, é o da delimitação da qualificação como *socie-*

---

[267] Problema distinto, a que não caberá atender nesta sede, é o da qualificação como *subscrição pública* destes aumentos de capital quando a sociedade já mereça, nomeadamente por via da sua constituição por recurso à subscrição pública, a qualificação de *sociedade de subscrição pública.* No entanto, como resulta evidente, nestes casos a qualificação já derivará de um facto anterior, não dependendo por isso do aumento de capital.

dade de subscrição pública em face da cotação das acções emitidas pela sociedade em causa. No entanto, mais uma vez, a correspondência entre os termos de qualificação propiciados por ambos os Códigos não é perfeita, antes tendo sido objecto da introdução de algumas alterações, a partir do conhecimento das quais se propicia mais facilmente a análise do regime actual.

Na verdade, nos termos do disposto no n° 1 do art. 284° do CSC, eram qualificadas como *sociedades com subscrição pública* aquelas sociedades *cujas acções fossem cotadas na Bolsa;* agora, face à *alínea* j) do n° 1 do art. 3° do Cód.MVM, a qualificação como *sociedade de subscrição pública* refere-se às *sociedades que tenham parte ou a totalidade do seu capital disperso pelo público (...) em virtude de as suas acções estarem ou haverem sido cotadas em bolsa.*

A partir da contraposição de noções que vimos de realizar, duas grandes diferenças são perceptíveis — a primeira prende-se com a relação directa entre a cotação das acções e a dispersão que é ensaiada no Cód.MVM, e que não encontra correspondência no CSC; a segunda prende-se com o alargamento da delimitação da qualificação em face da introdução dos casos de sociedades que no presente não têm as suas acções cotadas, mas que, no passado, viram as suas acções objecto de cotação. Analisaremos, sucessivamente, cada um destes traços de distinção.

II. O primeiro grande traço de distinção que é imediatamente perceptível prende-se, de novo, com a ligação imediata do conceito à ideia de dispersão, o que, aparentemente, ganha uma especial importância quando relembramos que, na versão original do Código, a integração conceptual derivava do mero facto objectivo de estarmos perante uma situação de cotação em bolsa de valores. De todo o modo, para além da aparente importância deste traço de distinção, haverá que afirmar desde já que, se é certo que a ligação à ideia de dispersão representa uma clarificação importante no que respeita, por exemplo, à compreensão da referência sobre *recurso à subscrição pública,* que vimos de analisar, no âmbito em que agora nos colocamos se revela particularmente destituída de sentido.

Na verdade, nenhuma sociedade comercial vê o seu capital disperso pelo público — pelo menos em termos que permitam a sua integração nesta qualificação — *em virtude* de as suas acções serem cotadas em bolsa de valores. Pelo contrário — como resultava da legislação anterior a que já fizemos referência, e como resulta dos actuais arts. 304°.1.h), 313°.1.e), 364°.1.c), todos do Cód.MVM, do art. 2° do Regulamento

III. A Delimitação da Obrigação

nº 91/6, de 22 de Julho, art. 2.b) do Regulamento nº 91/14, de 28 de Novembro —, a admissão à cotação tem por pressuposto essa mesma dispersão. Naturalmente, o facto de a sociedade ter as suas acções cotadas poderá aumentar essa mesma dispersão; no entanto, e este é o ponto mais relevante, isso acontecerá sempre partindo de um momento em que a dispersão, por assumir uma relevante dimensão de partida, já permite a integração nos pressupostos de admissão à cotação. Tendo em atenção estas considerações, três interpretações a esta referência operada pelo legislador poderiam ser ensaiadas.

A primeira, seria interpretar a referência como se a mesma se pretendesse dirigir àqueles casos em que a admissão à cotação é efectuada sem que estejamos perante a dispersão necessária para integrar os pressupostos de admissão, ou seja, aos casos de admissão condicional[268]. Partindo desta interpretação, diríamos que o legislador se estaria a referir aos casos de sociedades que, à partida, não têm o seu capital de tal forma disperso que permita a sua qualificação como *sociedade de subscrição pública,* mas que, em virtude da sua cotação em bolsa de valores, veriam essa dispersão ser operada. Ora, parece claro que esta não é, manifestamente, uma interpretação admissível, desde logo porque este conjunto de hipóteses é objecto de inclusão específica na parte final da definição.

A segunda seria considerar que os requisitos de admissão à cotação, no que respeita à dispersão do capital, são menos exigentes do que aqueles que respeitam à qualificação como *sociedade de subscrição pública,* razão pela qual o legislador estaria a apelar a uma dispersão por virtude da cotação que estaria para além daquela exigida para a admissão a essa cotação, o que também parece manifestamente absurdo, não apenas em função de tudo quanto já tivemos ocasião de expor no que respeita à *ratio* deste estatuto, como ainda, e principalmente, em função dos resultados obtidos — a ser admitida esta interpretação, nem todas as sociedades com valores cotados seriam consideradas como *sociedades com subscrição pública.*

A terceira, tem em atenção a referência apenas no que respeita às sociedades que, já não tendo as suas acções cotadas em bolsa, o tiveram em momento anterior, aí podendo ser encontrada a razão para dispersão do seu capital. Refira-se, de todo o modo, ser claro que, ainda nesses

---

[268] Apesar de ser matéria que analisaremos adiante em maior detalhe, vd. desde já os arts. 366º e 369º.2, ambos do Cód.MVM, e art. 5º.2 do Regulamento nº 91/14.

casos, a dispersão do capital já era prévia à admissão em bolsa, encontrando causa em uma (ou em várias) operações anteriores a essa admissão. Apenas de forma simplista poderíamos afirmar que a razão da dispersão era representada por essa cotação pretérita.

Perante as considerações que vimos de apresentar, não nos deve merecer qualquer dúvida a aplicação da qualificação como *sociedade de subscrição pública* a todas as sociedades que tenham as suas acções cotadas, não sendo, por isso, de considerar a referência suplementar à dispersão do capital, neste âmbito. Já quanto às sociedades que, não tendo no momento presente as suas acções cotadas, mas que as tiveram em momento pretérito, a referência inicial à dispersão do capital apenas significará que a sua qualificação será considerada independentemente do processo que tenha estado na base dessa dispersão. O que, como é evidente, não resulta em nada de novo no que respeita à interpretação deste normativo.

III. Para além do que respeita a essa ligação expressa à ideia de dispersão do capital, o segundo grande traço de distinção entre a definição que ora temos em atenção e aquela que resultava do CSC que nos resulta imediatamente perceptível, prende-se com o facto de esta última se referir apenas às *sociedades cujas acções sejam cotadas em bolsa*, enquanto que a primeira se refere às sociedades cujas acções estejam ou tenham estado[269] cotadas em bolsa de valores.

Já antes tivemos ocasião de referir que, por natureza, o estatuto que temos presente se deve aplicar às sociedades que tenham os seus valores cotados em bolsa. A razão para essa aplicação prende-se, numa leitura imediata, com as especiais relações entre o regime específico que resulta dessa cotação, no que respeita nomeadamente às obrigações da sociedade perante os accionistas e o mercado, e o regime jurídico da *OPA obrigatória;* recuperando uma ideia com que já avançámos, diremos que tendo a sociedade gozado das vantagens derivadas da negociação pública dos valores por si emitidos, deve ver aplicadas restrições derivadas dessa negociação pública, neste âmbito assumindo as regras sobre *OPA obrigatória* uma importância primordial. Ora, parece-nos que essa mesma razão

---

[269] O Cód.MVM utiliza as expressões *estarem ou haverem estado* por referência à noção central de dispersão com que abre a definição — *as sociedades que tenham parte ou a totalidade do seu capital disperso pelo público em virtude de (...) as suas acções estarem ou haverem estado...*

será, *mutatis mutandi*, extensível aos casos em que as sociedades, tendo visto os seus valores cotados, já não os tenham cotados no momento presente.

IV. No entanto, para além desta *justificação*, o principal problema que aqui se coloca é o de determinar o alcance desta referência em função da alteração do panorama normativo subjacente aos momentos de entrada em vigor do CSC e do Cód.MVM.

Na verdade, é sabido que, antes da entrada em vigor do Cód.MVM, o DL nº 8/74 apenas consagrava o funcionamento de um único mercado secundário nas bolsas de valores de Lisboa e Porto — o mercado de cotações oficiais. No ano de 1983, por força do art. 4º do Aviso nº 4/83, de 28 de Janeiro[270], passaram a existir dois mercados distintos nas bolsas de valores de Lisboa e Porto — o mercado de cotações oficiais e o mercado de cotações não oficiais, englobando este último os valores mobiliários que, podendo ser negociados em bolsa, não reuniam as condições necessárias para serem admitidos no mercado de cotações oficiais. De todo o modo, e como resultava claro do confronto do nº 1 do art. 284º do CSC com os arts. 3º e 5º do Aviso nº 4/83, não se levantavam dúvidas que a referência a acções cotadas, feita pelo CSC, abrangia ambas as modalidades — a *oficial* e a *não oficial* — de cotação[271] previstas no âmbito da regulamentação dos mercados secundários nacionais.

Ora, com o Cód.MVM este panorama de divisão dos mercados secundários foi profundamente alterada. Como resulta do nº 1 do art. 295º do Cód.MVM, *em cada bolsa de valores existirão obrigatoriamente um mercado de cotações oficiais e um segundo mercado, e poderá ainda criar-se, observados que sejam os requisitos estabelecidos para o efeito no presente diploma e nos regulamentos da CMVM, um mercado sem cotações*[272].

---

[270] Publicado no Diário da República nº 23, III Série, de 28/1/83. Posteriormente, por intermédio da Circular nº 12/87, da Bolsa de Valores de Lisboa, de 23 de Março, foi regulamentada a matéria dos lotes mínimos para formação de *cotações não oficiais*.

[271] Este traço de regulamentação, que deixou de merecer relevância de maior com a entrada em vigor do Cód.MVM, viu essa relevância ser de novo suscitada com as alterações introduzidas nesse Código pelo DL nº 261/95, o qual, como já mencionámos, veio incluir no conceito de *sociedade de subscrição pública* as sociedade cujas acções foram objecto de cotação em bolsa de valores. Naturalmente que essa remissão implica a análise do que, mesmo antes do Cód.MVM, era entendido como cotação, por forma a integrar, de forma correcta, o conceito.

[272] A entrada em vigor do Cód.MVM implicou, naturalmente, a reestruturação dos mercados antes existentes. Assim, no que respeita aos títulos que, antes da entrada em

O tronco principal do sistema continuou a assentar, como é natural, no mercado de cotações oficiais[273]. No entanto, para além deste traço de continuidade, os demais elementos normativos foram alterados. Assim, paralelamente ao mercado de cotações oficiais era criado o denominado *segundo mercado*[274] que, como resulta do preâmbulo do DL nº 142-A/91, o diploma que aprovou o Cód.MVM, era *destinado às pequenas e médias empresas, com condições menos rigorosas e custos mais reduzidos de admissão, e obrigações menos onerosas de informação do que os estabelecidos para o mercado de cotações oficiais*. Para além do mercado de cotações oficiais e do segundo mercado, o Cód.MVM abria ainda as portas à criação de um *mercado sem cotações*[275] que, como resulta do nº 1 do art. 377º, era destinado à transacção de valores mobiliários em relação aos quais não se verifiquem as condições de que dependa a sua admissão no mercado de cotações oficiais ou no segundo mercado.

Finalmente, já não qualificado como um *mercado de bolsa*[276], mas ainda no âmbito dos mercados secundários de valores mobiliários[277], o Cód.MVM veio ainda regulamentar o chamado *mercado de balcão*. Como resulta do nº 1 do art. 499º, *integram o mercado de balcão todas as operações de compra e venda de valores mobiliários efectuadas fora de bolsa e dos mercados secundários especiais a que se refere a alínea c) do nº 1 do artigo 174º, de conta própria ou alheia, por corretores e quaisquer outros intermediários financeiros legal e estatutariamente autorizados a realizar essa espécie de transacções*.

V. Perante o panorama que, nos seus traços essenciais, vimos de descrever, caberá agora questionar qual o âmbito que, a partir do mesmo, é recortado pela *alínea* j) do nº 1 do art. 3º do Cód.MVM.

Partindo do tronco do sistema, caberá começar por afirmar que não podem ser lavantadas quaisquer dúvidas sobre a inclusão das sociedades com acções admitidas à negociação no mercado de cotações oficiais. Para essa afirmação concorre, nomeadamente, a própria *ratio* do estatuto, em

---

vigor do Cód.MVM, eram transaccionados no mercado de cotações oficiais, vd. art. 8º do DL nº 142-A/91, de 10 de Abril; no que respeita aos títulos antes transaccionados no mercado de cotações não oficiais, vd. o art. 9º do mesmo diploma.

[273] Regulado entre os arts. 303º-358º do Cód.MVM.
[274] Regulado entre os arts. 359º-376º do Cód.MVM.
[275] Regulado entre os arts. 377º-392º do Cód.MVM.
[276] Cfr. o citado nº 1 do art. 295º do Cód.MVM.
[277] Como é expressamente qualificado pelo nº 1 do art. 174º do Cód.MVM.

III. A Delimitação da Obrigação

termos que já tivemos ocasião de referir, e principalmente a natureza de *cotação* atribuída aos preços de negociação — vd., nomeadamente, os arts. 303° e 304° do Cód.MVM. Não cremos que este ponto possa levantar quaisquer dúvidas, razão pela qual não caberá desenvolvê-lo para além dos seus traços principais.

Idêntica justificação deve ser encontrada no que respeita às sociedades com acções admitidas à negociação no segundo mercado. Mais uma vez, estamos perante uma situação em que o valor dos títulos merece a qualificação de *cotação* — vd., por exemplo, os arts. 362° a 364° do Cód.MVM —, razão pela qual a integração na qualificação se parece impor. Por outro lado, também aqui a especial relação perante o mercado justifica a qualificação em presença e, consequentemente, a aplicação do regime sobre *OPA obrigatória*. Mais uma vez, cremos estar perante ponto pacífico que, por isso, não deve merecer desenvolvimentos suplementares.

Já quanto às sociedades com acções admitidas à negociação no mercado sem cotações o problema parece dever ser colocado em termos distintos. Recorde-se que, na formulação da definição em análise no que respeita ao âmbito em que nos movemos, o isolamento dos traços de integração é feito a partir da verificação do facto de estarmos perante uma sociedade cujas acções estejam *cotadas* em bolsa de valores. Ora, é na própria formulação que vimos de referir que encontramos o nosso primeiro obstáculo. Na verdade, como resulta do n° 2 do art. 377° do Cód.MVM, *os preços* praticados no mercado sem cotações *não podem considerarse cotações para qualquer efeito jurídico*. Sendo assim, atendendo a este elemento sistemático de interpretação, parece claro ser a própria lei a excluir as sociedades com acções admitidas a negociação no mercado sem cotações da qualificação de *sociedades de subscrição pública.*

Importa, no entanto, aprofundar algo mais a análise, já que, a ser correcta e definitiva a resposta com que avançámos, teríamos então que procurar isolar os traços de especificidade aqui presentes que implicassem tal particularidade de regime perante os casos de negociação no mercado de cotações oficiais e no segundo mercado. E naturalmente que, para isso, não bastaria a mera qualificação dos preços das acções como sendo (ou não sendo) *cotações.*

Cremos que a opção do legislador na exclusão, do âmbito do conceito de *sociedade de subscrição pública,* daquelas sociedades que tenham as suas acções admitidas à negociação no mercado sem cotações, se deve, antes de mais, ao facto de, em parte relevante desses casos, as sociedades com acções admitidas à negociação no mercado sem cotações já merecerem essa qualificação por outra via e, nos restantes casos, não ser justificável a imposição do estatuto de *sociedade de subscrição pública* em função dos requisitos de admissão à negociação neste mercado organizado. Vejamos, então, ambos os casos.

Será necessário relembrar, em primeiro lugar, que a qualificação que temos presente opera em torno da noção de negociação de específicos valores mobiliários — as acções. Ora, as acções apenas poderão ser negociadas no mercado sem cotações em duas hipóteses — a primeira, prevista na *alínea* b) do art. 379°, é a de se tratarem de acções excluídas ou suspensas da cotação no mercado de cotações oficiais ou no segundo mercado e que, nos termos do disposto no n° 6 do art. 352° e no n° 7 do art. 353°, devam passar a transaccionar-se no mercado sem cotações; a segunda, prevista na *alínea* c) desse mesmo art. 379°, é a de se tratarem acções admitidas condicionalmente à negociação no segundo mercado, quer durante o período de execução das operações de dispersão do capital, quer posteriormente se, caducando a admissão, a negociabilidade das acções no mercado sem cotações for admitida.

Ora, perante o quadro descrito, compreende-se que, no primeiro grupo de casos, a qualificação de *sociedade de subscrição pública* já derivasse do facto de as acções da sociedade terem estado cotadas no mercado de cotações oficiais ou no segundo mercado; e que, no segundo grupo de casos, a qualificação já derivasse do facto de as acções terem já sido admitidas à negociação, ainda que condicionalmente, no segundo mercado.

Por outro lado, como resulta da *alínea* c) do art. 379° do Cód.MVM, poderão ainda ser admitidos à negociação no mercado sem cotações quaisquer outros valores mobiliários emitidos por entidades nacionais e cuja transacção nesse mercado haja sido solicitada através do corretor ou corretores encarregados da respectiva negociação nos termos do art. 383°. E naturalmente que, ao abrigo desta *alínea* os valores mobiliários em causa podem ser acções. No entanto, essa admissão ao mercado sem cotações, muitas vezes condicionada temporalmente, representa na generalidade dos casos uma mera admissão com um escopo determinado — a realização de uma ou mais operações de compra e venda em bolsa. Daí que os requisitos de admissão sejam muito pouco exigentes, nomeadamente no que respeita à dispersão. Por isso, compreende-se que essa admissão à negociação não poderia nunca implicar, sem mais, a qualificação da sociedade em causa como *sociedade de subscrição pública*.

Deste modo, é-nos possível afirmar que apenas as sociedades com acções cotadas no mercado de cotações oficiais ou no segundo mercado

III. A Delimitação da Obrigação   177

se revelam passíveis de inclusão na qualificação de *sociedade de subscrição pública,* nos termos em que a mesma é compreendida pela actual versão do Cód.MVM.

VI. Quanto às sociedades que *tiveram* as suas acções cotadas, parte das considerações que vimos de produzir não serão imediatamente aplicáveis, devendo merecer especiais desenvolvimentos. Por isso, cremos que haverá que reconsiderar esta nova inclusão no estatuto de *sociedade de subscrição pública,* o que apenas poderá ser feito em face da análise das sociedades a que a delimitação se refere, ou seja, quais os casos anteriores e posteriores ao Cód.MVM que possam ser integrados nesta qualificação

Ora, apesar de já nos termos referido a essa matéria, caberá agora afirmar que a delimitação da norma cobre, antes da entrada em vigor do Cód.MVM, as sociedades cujas acções estiveram cotadas no mercado de cotações oficiais e no mercado de cotações não oficiais[278] e ainda, após a entrada em vigor do Cód.MVM, as sociedades cujas acções estiveram cotadas no mercado de cotações oficiais e no segundo mercado. Estas sociedades, apesar de já não verem as acções por si emitidas objecto de cotação no momento presente, serão consideradas *sociedades de subscrição pública* por, em momento pretérito, essas acções terem sido objecto de cotação em qualquer dos mercados de bolsa que referimos.

8.4.3.3 As sociedades que têm o seu capital disperso por virtude de as suas acções terem sido objecto de oferta pública de venda ou de troca

I. Já tivemos ocasião, em momento prévio, de abordar a questão da inclusão no âmbito deste conceito das sociedades que tenham o seu capital disperso em virtude de as suas acções terem sido objecto de oferta

---

[278] Refira-se que, nos termos do art. 45º do DL 8/74, seriam imediatamente excluídos do mercado de cotações oficiais os títulos que, mediante conversão, fossem substituídos por outros da mesma ou de diferente entidade; os títulos que, por qualquer motivo, devessem considerar-se extintos; os títulos de sociedades cuja falência tivesse sido declarada; os títulos sem cotação efectuada por prazo superior a seis meses; os títulos cuja cotação tivesse sido suspensa por facto que não fosse sanado no prazo estabelecido; e, finalmente, os títulos em relação aos quais se verificassem outros factos que, ouvido o Conselho Consultivo do Mercado Financeiro, o Ministro das Finanças viesse a fixar mediante Portaria.

pública de venda ou de troca, quer no que respeita à evolução histórica que esta referência mereceu desde a entrada em vigor do CSC, quer no que respeita ao alcance que deve ser atribuído a esta referência, pelo que nos dispensamos de aqui produzir desenvolvimentos suplementares quanto a estes pontos.

Refira-se apenas, por forma a melhor enquadrarmos esta temática, que não serão todos os casos de recurso a OPV ou a OPT que poderão ditar esta qualificação. Em primeiro lugar, como consta da menção legal, apenas estão em causa aquelas situações em que, por virtude do recurso à OPV ou à OPT, as acções tenham sido efectivamente objecto de dispersão. Por outro lado, e agora na sequência das considerações por nós produzidas, apenas estarão em causa aquelas situações em que a sociedade tenha participado activamente na realização dessa operação, *maxime* nos casos de oferta de transacção sobre acções próprias.

II. A OPV encontra-se regulada entre os arts. 585° e 606° do Cód.MVM, regime que, como é evidente, nos dispensamos de analisar por se encontrar totalmente fora do nosso objecto de análise. Refira-se, de todo o modo, para que melhor possa ser entendida a segunda limitação que procedemos referente à intervenção da sociedade visada, que a mesma não poderá derivar do mero cumprimento das obrigações de informação que lhe são cometidas pelo art. 591° do Cód.MVM. Nesse caso, estamos perante o mero cumprimento de obrigações impostas por lei para que possa ser assegurada a correcta informação do mercado, razão pela qual nunca poderia justificar essa qualificação no momento subsequente.

Por outro lado, a OPT encontra-se regulada nos mesmos artigos que a OPA. Como consta da *alínea* b) do art. 524° do Cód.MVM, a *oferta pública de aquisição compreende, para além da oferta pública de compra, a oferta pública de troca, que se verifica sempre que o autor da oferta se propõe entregar aos respectivos destinatários, como contrapartida da aquisição dos valores que dela são objecto, acções, obrigações ou outros valores mobiliários da própria sociedade oferente ou de sociedade que se encontre em relação de domínio ou de grupo, já emitidos ou ainda a emitir para esse fim*. Deste modo, verifica-se que a limitação por nós proposta em relação à hipótese de OPV, já não terá aplicação plena em relação à hipótese de OPT, por neste caso existir, de forma tendencial, a intervenção da sociedade emitente dos valores que sejam objecto da permuta.

8.4.3.4 As sociedades cujas acções foram objecto de venda em bolsa nos termos do art. 366º do Cód.MVM

I. Como já mencionámos, a admissão de valores mobiliários à negociação, quer no mercado de cotações oficiais[279], quer no segundo mercado[280], depende da existência prévia de uma situação de dispersão pelo público. Trata-se de um requisito que, independentemente da formulação concreta assumida, está directamente relacionado com a própria liquidez dos títulos e correcta formação de preços no mercado, elementos necessários, como facilmente se compreende, para assegurar o correcto funcionamento deste.

Ora, na generalidade dos casos, as sociedades que requerem a admissão à cotação em qualquer dos mercados referidos, já satisfazem esse requisito. Nestes casos, a existência de dispersão funciona como um verdadeiro requisito prévio à admissão à negociação; a dispersão é causa e não consequência da negociação pública dos títulos. No entanto, existem casos em que as coisas não se passam nestes termos, em relação aos quais o artigo que temos em presença se assume como a melhor representação — a admissão de acções à cotação é concedida, embora de modo condicional, antes de estar verificada a dispersão mínima dos títulos, comprometendo-se a sociedade emitente a promover essa dispersão através de vendas em bolsa, apenas produzindo a admissão todos os seus efeitos depois de a dispersão necessária se encontrar realizada.

II. Ora, nos termos da *alínea* j) do nº 1 do art. 3º do Cód.MVM, também as sociedades que foram objecto de vendas em bolsa nos termos do art. 366º devem ser consideradas como *sociedades de subscrição pública* e, por isso, verem o regime da *OPA obrigatória* aplicado em relação ao seu capital social. A questão que se coloca é, mais uma vez, a de saber se todas as sociedades que foram objecto de vendas em bolsa, nestes termos, devem ser consideradas como *sociedades de subscrição pública*.

Nenhuma dúvida deve merecer a aplicação dessa qualificação aos casos em que essas vendas em bolsa tenham atingido o objectivo pretendido, ou seja, aqueles casos que conduzam à efectiva cotação dos títulos

---

[279] No que respeita às acções, vd. *alínea* h) do nº 1 do art. 304º do Cód.MVM.
[280] Ainda no que respeita às acções, vd. *alínea* c) do nº 1 do art. 364º do Cód.MVM.

no segundo mercado. Nesses casos, a integração neste estatuto realizar-se-á, desde logo, em face da parte da previsão que temos em análise e, em qualquer caso, derivaria também da própria cotação.

O problema pode surgir, então, naqueles casos em que a dispersão não atinja o mínimo exigido e, em consequência, a admissão não produza efeitos, nos termos da *alínea* b) do n° 2 do art. 366°. Duas hipóteses básicas podem então ser colocadas — ou a dispersão não é sequer suficiente para qualificarmos a sociedade como uma *sociedade de subscrição pública*, caso em que o problema nem se coloca, ou a dispersão permite essa qualificação embora, de todo o modo, não seja suficiente para permitir a cotação no segundo mercado. A estarmos perante uma hipótese com estas características, diremos que a resposta ao problema que nos ocupa estará dependente da entidade que promoveu esse processo de dispersão. Se o mesmo tiver sido promovido pela sociedade emitente, então a situação será equiparável à de qualquer das previsões que já analisámos; se, pelo contrário, o mesmo tiver sido promovido por um accionista, nos termos do n° 2 do art. 366°, diremos que, pelas razões já exposta em relação a outros casos, temos as maiores dúvidas nessa qualificação.

8.4.3.5 A extensão da noção a casos não previstos no Código

I. Para finalizar esta passagem pelas previsões específicas constantes da noção legal, caberá ainda mencionar que, na nossa opinião, as mesmas não esgotam o universo de entidades que devem merecer esta qualificação. Na verdade, se é certo que, no que respeita às sociedade com valores cotados, nada haverá a acrescentar, já assim não se poderá dizer em relação às sociedades que não tenham valores cotados.

Tivemos ocasião de afirmar que, em relação a estas sociedades, apenas aquelas que tivessem o seu capital disperso, tendo a sociedade participado nessa dispersão, deveriam merecer a qualificação de *sociedade de subscrição pública*. Nessa perspectiva, já verificámos os casos das sociedades que recorreram à subscrição pública, aquelas que recorreram a uma OPV ou a uma OPT, por virtude da qual promoveram a dispersão do capital e, finalmente, os casos das sociedades que realizaram vendas em bolsa no âmbito de uma admissão condicional ao segundo mercado.

II. Caberá ainda referir que, segundo cremos, qualquer outro processo de dispersão promovido pela sociedade poderá conduzir a resultados idênticos. É o caso, desde logo, da distribuição de acções por traba-

III. A Delimitação da Obrigação 181

lhadores, ou ainda da alienação directa de acções próprias, sendo qualquer destas hipóteses capaz de provocar o nível de dispersão exigido para que a sociedade seja considerada uma *sociedade de subscrição pública*[281].

9. A determinação dos limites de detenção e/ou aquisição de títulos

9.1 Generalidades e indicação de sequência

I. Nos termos do disposto no nº 1 do art. 527º do Cód.MVM, a obrigação de lançamento de OPA constitui-se, em termos centrais, com a verificação da pretensão de aquisição de *valores mobiliários da natureza dos indicados no nº 1 do art. 523º, emitidos por uma sociedade de subscrição pública.*

A partir desta formulação, encontramos, a propósito de cada uma das específicas hipóteses de *OPA obrigatória* previstas nas três *alíneas* desse nº 1 do art. 527º, pressupostos específicos de delimitação da obrigação — na hipótese da *alínea* a), esses pressupostos passam pela determinação de uma posição de partida, correspondente à *detenção*[282] de valores que assegurem mais de metade, mas menos de dois terços, dos direitos de voto correspondentes ao capital da sociedade visada e, perante a verificação dessa posição, pela determinação da vontade, da entidade em causa, de *adquirir*, em cada ano civil, valores que lhe atribuam mais de 3% *desses direitos*, ou, em qualquer momento, valores que, adicionados aos que na altura devam considerar-se como pertencendo-lhe, lhe confiram dois terços ou mais de dois terços *dos mesmos direitos de voto*; na hipótese da *alínea* b), esses pressupostos passam pela determinação de os valores a

---

[281] É certo que, nestes casos, a inexistência de um processo de dispersão que relacione a sociedade emitente com o mercado nos obriga a especiais cuidados na configuração da noção de dispersão. Não será, no entanto, na sequência das considerações precedentes, esta relação com o mercado (ou inexistência de relação) que fixa a linha de distinção desta noção. Sendo certo que essa teria sido, sem qualquer dúvida, uma opção válida do legislador, estamos em crer que não foi a opção que resultou expressa nos normativos vigentes. Neste medida, pode ser afirmado que o conceito de *sociedade de subscrição pública* é, em Portugal, questão de direito societário e não, como certas passagens do regime nacional poderiam deixar entender, questão de *direito de bolsa* ou de *direito do mercado de valores mobiliários*.

[282] Nos termos do disposto no art. 530º do Cód.MVM, assim como acontece em relação às próximas referências a detenção e a aquisição.

adquirir, por si só ou somados aos já *detidos*, assegurarem à entidade em causa mais de metade dos *votos correspondentes ao capital da sociedade visada*; finalmente, na hipótese da *alínea* c), esses pressupostos passam pela determinação de, não se verificando qualquer das situações que vimos de isolar, os valores mobiliários, por si sós ou somados aos já *adquiridos*, ou que se devam considerar como pertencendo à entidade em causa, desde 1 de Janeiro do ano civil anterior, lhe atribuam mais de 20% dos *votos correspondentes ao capital da sociedade visada*.

Por outro lado, a previsão de obrigatoriedade constante do nº 2 do art. 528º, de onde consta, como já verificámos, uma previsão de *OPA obrigatória subsequente*, ao referir-se a *detenção de valores*, remete-nos de igual modo para esse mesmo nº 1 do art. 523º do Cód.MVM, impondo a partir daí a obrigação de lançamento de OPA no caso de uma qualquer entidade, após a entrada em vigor do Cód.MVM e por outra forma que não seja uma OPA geral prévia, passe a *deter* valores que, por si só ou adicionados aos que devam considerar-se como pertencendo-lhe, lhe confiram mais de metade dos *votos correspondentes ao capital da sociedade em causa*.

II. Tendo dedicado a nossa atenção à noção de *sociedade de subscrição pública*, ou seja, aos termos de delimitação da obrigação no que respeita à posição subjectiva da sociedade emitente dos títulos a que atendemos a propósito de qualquer das previsões de *OPA obrigatória*, importará agora fazer incidir a nossa atenção nos demais termos de delimitação geral que podem ser encontrados nas formulações que vimos de referir.

Ora, todas essas hipóteses atendem a dois factores — o primeiro, é representado por uma delimitação ao nível dos valores mobiliários que são atendidos na compreensão da previsão; o segundo, é representado por uma delimitação ao nível das entidades em relação às quais estabelecemos o cálculo dos limites. Por isso, podemos afirmar que estamos perante uma dupla delimitação — de carácter objectivo, no que respeita aos valores mobiliários; de carácter subjectivo, no que respeita ao âmbito de entidades a atender.

III. O nº 1 do art. 523º do Cód.MVM procede a uma delimitação objectiva do universo representado pelo conteúdo da definição de *valores mobiliários* constante da *alínea* a) do nº 1 do art. 3º do Cód.MVM, assim estabelecendo o alcance da regulamentação sobre o programa contratual da OPA que consta desse Código[283] — nos termos do nº 1 do art. 523º,

---

[283] Cfr. JOSÉ MIGUEL JÚDICE, MARIA LUÍSA ANTAS, ANTÓNIO ARTUR FERREIRA e JORGE DE BRITO PEREIRA, ob.cit., p. 10.

III. A Delimitação da Obrigação 183

ficam apenas sujeitas ao disposto no Capítulo I do Título IV do Cód.MVM *as ofertas públicas de aquisição que se realizem no mercado nacional* e tenham por objecto os valores mobiliários aí referidos.

Sendo assim, o recurso que agora fazemos a esta norma justifica-se apenas em função da remissão que para ela é operada pelo nº 1 do art. 527º — à partida, seria ponderável uma opção que passasse pela delimitação do alcance da regulamentação sobre a OPA em função de um conjunto de valores mobiliários que não representasse, ele próprio, o universo de valores mobiliários a que atendemos ao nível da delimitação das previsões de *OPA obrigatória*[284]. No entanto, não foi essa a opção do legislador nacional.

Ora, os valores mobiliários referidos no nº 1 do art. 523º do Cód.MVM são, então, os seguintes: as acções, as obrigações e outros valores mobiliários convertíveis em acções e, finalmente, as obrigações e outros valores mobiliários que confiram o direito à subscrição de acções ou à sua aquisição a qualquer título.

Coordenando a leitura deste nº 1 do art. 523º com o nº 1 do art. 527º e o nº 2 do art. 528º, todos do Cód.MVM, diremos então que a detenção e/ou vontade de aquisição dos valores mobiliários referidos, quando emitidos por uma sociedade de subscrição pública e perante a reunião dos demais pressupostos constantes do nº 1 do art. 527º e do nº 2 do art. 528º, delimitam a obrigação que temos em análise.

IV. Perante as considerações anteriores, verificamos que os pressupostos isolados, assentando numa raíz de certo modo unificável — a detenção e/ou a vontade de adquirir valores mobiliários que assegurem determinada percentagem de *direitos de voto correspondentes ao capital social* —, apresentam, entre si, diferenças no que respeita à formulação concreta.

Por isso e na sequências das orientações metodológicas oportunamente definidas, importará continuar a nossa análise pela compreensão do

---

[284] Deve ser salientado que nos estamos a referir apenas à delimitação da obrigação, o que corresponde à fase de análise em que nos encontramos, e não ao conteúdo da obrigação. Por isso, o significado deste afirmação prende-se com o facto de a delimitação da obrigação de lançamento de OPA não ter, necessariamente, de passar pela consideração de todos os valores mobiliários referidos no nº 1 do art. 523º do Cód.MVM.

Assim acontece, por exemplo, no direito britânico — nos termos da regra 9.1 (a) e (b), os únicos valores mobiliários que são atendidos para efeitos da delimitação da obrigação são as acções. Trata-se de matéria que abordaremos em maior detalhe a propósito da forma de consideração dos valores mobiliários referidos nas *alíneas* b) e c) do nº 1 do art. 523º do Cód.MVM.

traço comum entre todas as hipóteses descritas — ou seja, pela forma como são calculados essas percentagens, quer no que respeita à detenção, quer no que respeita à vontade de aquisição. A partir do momento em que tivermos presente esse traço comum de compreensão, poderemos então concluir a delimitação de cada uma das hipóteses específicas.

V. A delimitação de todas as hipóteses de *OPA obrigatória* depende de um cálculo efectuado em face dos limites constantes do disposto no nº 1 do art. 527º e do nº 2 do art. 528º do Cód.MVM, sendo esse cálculo realizado em face de dois momentos distintos — a detenção prévia à operação de aquisição ou à diferente causa do aumento dos direitos de voto e a detenção posterior à operação de aquisição ou a esse outro momento; e em face de dois factores de comparação distintos — o número de votos correspondente aos valores mobiliários detidos por essa entidade e o universo dos *votos correspondentes ao capital social*.

Compreende-se, no entanto, que esse cálculo não poderia ser realizado apenas em face da mera contagem dos votos correspondentes às acções detidas e a deter pela entidade em causa e do seu confronto com o universo dos votos correspondentes ao capital social.

E é assim porque, a partir de uma verificação de base essencialmente económica, entende o legislador que é possível obter resultados equiparáveis aos da aquisição directa de acções por recurso a mecanismos que podem, perante esse, ser considerados *laterais* — seja pela aquisição de outros valores mobiliários, para além das acções, que podem, por vontade exclusiva do seu titular, dar lugar à conversão, subscrição ou aquisição de acções; seja ainda pela detenção e/ou aquisição de valores por outras entidades que, não sendo a própria entidade em relação à qual procuramos efectuar o cálculo para determinação da obrigação de lançamento de OPA, com ela apresentam uma especial ligação.

Por isso, o legislador viu-se obrigado a estabelecer regras especiais de cálculo que, em última análise, pretendem sobrepor essa leitura económica em relação a uma leitura imediata de cariz jurídico, corrigindo-a em dois sentidos — o primeiro, que já tivémos ocasião de verificar, implica que, para efeitos da determinação da obrigatoriedade de lançamento de OPA, os valores mobiliários considerados não sejam apenas as acções, mas também outros valores que possam dar lugar à aquisição ou subscrição de acções; o segundo implica que, para os mesmos efeitos, os valores detidos por uma entidade não sejam apenas aqueles que ela, sob o ponto de vista jurídico, efectivamente detém, mas antes aqueles que a lei dispõe que devem ser contados como tal.

VI. Estes dois sentidos de correcção representam, em termos efectivos, os dois elementos marcantes de cada um dos momentos da análise que passaremos a realizar.

Assim, começaremos por delimitar a obrigação em face dos valores mobiliários que são atendidos na delimitação da obrigação, ou seja, aqueles mencionados no nº 1 do art. 523º, verificando a forma como, em relação a cada caso, esses valores devem ser atendidos. Teremos ocasião de verificar que, em relação, por um lado, às acções e, por outro lado, aos demais valores atendidos, surgirão problemas específicos que implicam a nossa análise isolada, razão pela qual se afigurará metodologicamente prudente a consideração isolada, em primeiro lugar, dos problemas relativos às *acções* e, em segundo lugar, dos problemas relativos aos valores mobiliários referidos nas *alíneas* b) e c).

Como é evidente, em relação a cada uma das fases dessa nossa análise a perspectiva adoptada será a do confronto com as regras de delimitação da obrigatoriedade de lançamento de OPA, sem qualquer intuito de proceder a uma análise estática e autónoma de cada um desses conjuntos de valores mobiliário.

Após a conclusão dessa análise, estaremos em condições de aprofundar a forma como são estabelecidas as regras de cálculo que, em sede geral e a partir desses valores, são consideradas para cada uma das hipóteses de *OPA obrigatória*. Será esse o momento em que faremos a delimitação da obrigação sob o ponto de vista do âmbito subjectivo das entidades em relação às quais o sistema, pelas razões expostas, entende contar os valores por si detidos como pertencendo ao *oferente*.

9.2 Os Valores Mobiliários

9.2.1 As acções

9.2.1.1 Introdução

I. As acções representam, como é natural, o cerne do funcionamento do sistema que temos em análise[285]. E é assim, desde logo, porque, na sequência do já exposto, o cálculo que temos em presença é exclusivamente feito a partir do recurso à ideia de *direitos de voto correspondentes*

---

[285] Não se entenda, no entanto, que as acções representam os únicos valores mobiliários a que atendemos a propósito da delimitação da obrigação de lançamento de OPA; já verificámos que não é assim.

ao capital da sociedade visada[286] e, no direito societário nacional, as acções são os únicos valores mobiliários que conferem esse direito[287].

Por isso, o cálculo para a determinação da integração nos limites de obrigatoriedade de lançamento de OPA pode ser realizado, em regra, com

---

[286] Cfr. nº 1 do art. 527º e nº 2 do art. 528º, ambos do Cód.MVM.

[287] Essa é, aliás, uma das principais razões para que a delimitação da obrigação seja feita nestes termos, o que, como teremos ocasião de verificar, não elimina um conjunto de problemas derivados da dissociação, por razões variadas, entre a percentagem de votos que podem ser exercidos e a correspondente percentagem de acções de que um determinado accionista seja titular.

No Direito francês, por exemplo, existem outros valores mobiliários que conferem direito de voto. Como resulta da Lei nº 83-1, de 3 de Janeiro, os direitos gerais inerentes às acções podem ser fraccionados pela criação de *certificados de investimento,* aos quais ficam agregados os *direitos patrimoniais,* e de *certificados de voto,* aos quais ficam agregados os demais direitos, nomeadamente o direito de voto. Ao contrário do que acontece — quer no direito francês quer no direito nacional —, embora em termos excepcionais, com as acções preferenciais sem direito de voto, os *certificados de investimento* nunca atribuem o direito de voto. Os *certificados de voto* devem ser sempre emitidos em número igual ao dos *certificados de investimento.* Os seus titulares podem exercer todos os direitos inerentes às acções, com excepção daqueles de carácter patrimonial, razão pela qual têm o direito de participar nas assembleias gerais e votar, ainda que estejam em causa matérias que não interessam directamente ao seu titular em virtude do fraccionamento operado, como seja o caso de distribuição de dividendos. Um traço particularmente interessante da regulamentação destes valores mobiliários é o da possibilidade de *reconstituição* das acções — o *certificado de voto* não pode ser cedido, excepto no caso de estar reunido a um *certificado de investimento* (note-se que o contrário não é verdadeiro, podendo mesmo os *certificados de investimento* ser cotados em bolsa de valores), situação em que a acção se *reconstitui.* A admissibilidade da existência destes *certificados de voto* é, como facilmente se compreende, uma das razões para que os limites a partir dos quais se despoleta a obrigação de lançamento de OPA sejam fixados a partir das noções de *títulos de capital* e de *direitos de voto,* não assentando apenas neste último factor, como acontece entre nós. Sobre a figura dos *certificados de voto e de investimento* vd, por todos, THIERRY BONNEAU, «La diversification des valeurs mobilières: ses implications en droit des sociétés», RDCDE, 1988, pp. 548-549; HUBERT DE VAUPLANE e JEAN-PIERRE BORNET, ob.cit., pp. 342-343; MICHEL JEANTIN, ob.cit., pp. 232-234; e BARTHÉLÉMY MERCADAL e PHILIPPE JANIN, *Sociétés Commerciales,* ob.cit., pp. 976-991. Sobre a relação entre estes valores mobiliários e as regras de obrigatoriedade de lançamento de OPA vd., por todos, ALAIN VIANDIER, *OPA, OPE, Garantie de cours, retrait, OPV,* ob.cit., pp. 217-218; e DIDIER MARTIN e JEAN-PAUL VALUET, ob.cit., p. 65. Sobre a utilização dos *certificados de investimento e de voto* como medidas de defesa *anti-OPA,* vd. RAYMONDE VATINET, *Les Défenses Anti-OPA,* cit., pp. 555-556; WILLIAM L. LEE e DOMINIQUE CARREAU, «Les moyens de défense à l'encontre des offres publiques d'achat inamicables en France», RDSSJL, 1988, pp. 19-20.

III. A Delimitação da Obrigação

a determinação do número de acções detidas e/ou a adquirir pela entidade em causa — e do consequente número de votos que essas acções lhe assegurem —, no confronto com o número de acções emitidas pela sociedade em relação à qual estabelecemos a proporção, — e do universo representado pelo número de votos correspondentes a essas acções. O primeiro valor dar-nos-á a medida do numerador e o segundo valor dar-nos-á a medida do denominador. Do confronto de ambos resultará a percentagem de *votos correspondentes ao capital social* que corresponde à participação detida e/ou a adquirir, a partir da qual será possível aferir da obrigatoriedade de lançamento de OPA.

II. No entanto, a partir da aparente simplicidade destas observações iniciais, diversas questões, de grande complexidade, se levantam, podendo ser reconduzidas a uma ideia central — hipóteses existem em que estamos perante uma dissociação entre a percentagem que corresponde ao número de acções detidas e/ou a adquirir — perante o respectivo universo — e a percentagem que corresponde ao número de votos conferidos por essas acções — também perante o respectivo universo[288]. Nesses casos, a detenção e/ou a aquisição de determinada percentagem de acções representativas do capital da sociedade não corresponderá a idêntica percentagem de votos, podendo variar, consoante os casos, para números superiores ou inferiores aos primeiros.

Como já referimos, todas as hipóteses de *OPA obrigatória* passam pela consideração de um limite determinado, em regra, pela relação entre dois factores — o número de acções detidas e/ou a adquirir e dos votos conferidos por essas acções (o numerador) e o universo das acções emitidas e dos *votos correspondentes ao capital da sociedade visada* (o denominador). Daí que seja fácil afirmar que, ainda em regra, detendo uma entidade 40% das acções — que lhe atribuem 40% dos votos numa *sociedade com subscrição pública* —, e pretendendo adquirir um conjunto de acções representativas de mais 11% do capital da sociedade — que lhe atribuam um adicional de 11% desses votos —, estará obrigado a

---

[288] Esta é uma forma de colocar o problema que abrange as várias componentes problemáticas que, como veremos, estão presentes; de todo o modo, haverá que tomar em atenção as considerações seguintes para melhor avaliar o alcance do mesmo. Note-se, por outro lado, que ainda nos estamos a referir ao confronto dos *votos actuais* atribuídos pelas acções detidas e/ou a adquirir com o universo dos *votos actuais* atribuídos pelas acções emitidas pela sociedade; nenhuma destas questões tem ainda em atenção as interferências provocadas, em qualquer destes termos de comparação, com a introdução da noção de *direitos de voto potenciais*.

lançar uma OPA nos termos do disposto na *alínea* b) do n° 1 do art. 527°
e do n° 1 do art. 528° do Cód.MVM.

E sabemos que é assim porque o cálculo se efectua de forma simples e líquida — em regra, a 11% das acções representarão 11% dos direitos de voto, razão pela qual o cálculo é realizado em face de um universo que corresponde a uma equivalência numérica entre a percentagem de capital e a percentagem de votos.

No entanto situações existem em que o cálculo não pode ser feito com essa simplicidade.

Temos em consideração, de modo especial, seis hipóteses distintas, que serão objecto da nossa análise particular — (i) a existência de *direitos de voto plural* — constituídos antes da entrada em vigor do CSC —, que fará com que a detenção e/ou aquisição de 51% das acções possa corresponder a mais ou a menos de 51% dos votos, dependendo da inclusão, nessa percentagem ou fora dela, dos *direitos de voto plural* que existam; (ii e iii) o estabelecimento, pelo contrato de sociedade e nos termos do disposto no n° 2 do art. 384° do CSC, de excepções à regra constante do n° 1 desse artigo, caso em que, em regra, a detenção e/ou a aquisição de 51% das acções corresponderá a menos de 51% dos direitos de voto; (iv) a existência de inibições, de algum ou alguns accionistas, ao exercício do direito de voto, seja, por exemplo, por força do n° 4 do art. 384° do CSC, seja por força do n° 1 do art. 531° do Cód.MVM, caso em que a detenção e/ou aquisição de 51% das acções não corresponderá a 51% dos direitos de voto, podendo corresponder, de novo, a mais ou a menos; (v) a emissão de acções preferenciais sem direito de voto pela sociedade em relação à qual se estabelece a relação, caso em que a detenção e/ou a aquisição de 51% das acções também não corresponderá a 51% dos direitos de voto; (vi) finalmente, a detenção pela *sociedade visada* de acções próprias, que fará com que 51% das acções correspondam a mais de 51% dos direitos de voto, em face da suspensão de direitos previsto no n° 1 do art. 324° do CSC e da consequente redução do universo em relação ao qual estabelecemos a proporção.

Assim, analisaremos atentamente e de forma sucessiva as hipóteses levantadas de dissociação entre a percentagem de acções detidas e a percentagem de direitos de voto conferidos, por forma a melhor compreender a forma como o sistema deve funcionar.

De todo o modo, deve ser referido que as hipóteses levantadas, obedecendo a um mesmo fundamento — que nos leva a considerar estarmos perante situações especiais —, podem ser estruturadas em função de um critério adicional. Na verdade, a percentagem a calcular toma em consideração dois termos de comparação — o primeiro é representado pelos direitos de voto correspondentes à participação detida e/ou a adquirir, ou seja, ao numerador; o segundo termo de comparação é representado pela universalidade dos direitos de voto em relação à qual o primeiro termo é confrontado, ou seja, ao denominador.

Por isso, verificamos que a generalidade das hipóteses levantadas implicam (ou podem implicar) uma especial consideração de ambos os termos em confronto, enquanto que a última — a detenção de acções próprias — se refere apenas ao segundo dos termos — ao denominador. Deste modo, começaremos por analisar aquelas que, pelo menos em tese, se podem referir a ambos os termos de comparação (**i** a **v**, que corresponderá a **9.2.1.2** a **9.2.1.5**) e terminaremos pela análise daquela hipótese que se refere apenas à consideração da universalidade dos direitos de voto (**vi**, que corresponderá a **9.2.1.6**).

9.2.1.2 Acções com *direito de voto plural*

I. É sabido que, nos termos do nº 5 do art. 384º do CSC, e ao contrário do que acontece em alguns ordenamentos estrangeiros[289], é proibido

---

[289] Como afirma PAULO OLAVO CUNHA (*Os Direitos Especiais nas Sociedades Anónimas: As Acções privilegiadas,* Almedina, Coimbra, 1993, p. 152), após a consagração generalizada deste privilégio, o mesmo tem vindo a ser *proscrito* em vários ordenamentos europeus.

No entanto, apesar disso, a existência, mesmo que limitada, deste tipo de acções, por exemplo em França, tem reflexos imediatos ao nível da regulamentação sobre a *OPA obrigatória,* razão pela qual haverá que dispensar alguma da nossa atenção a esse ordenamento. Após a extinção da possibilidade de consagração do *direito de voto múltiplo* — em relação à qual ainda se mantém, de todo o modo, algumas situações excepcionais —, o Direito francês reconhece hoje a possibilidade de atribuição de *direito de voto duplo,* quer por consagração estatutária, quer por deliberação da assembleia geral, desde que estejam reunidos dois requisitos essenciais — tratarem-se de acções nominativas integralmente liberadas e estarem inscritas em nome do mesmo titular há, pelo menos, dois anos. A partir do momento em que este direito seja estabelecido, todos os accionistas que preencham os requisitos mencionados podem dele usufruir, podendo apenas ser estabelecidas limitações por via da reserva do privilégio aos accionistas de nacionalidade francesa ou de um país membro da Comunidade Europeia. Por outro lado, o privilégio extingue-se perante a conversão em acções ao portador e, em regra, quando as acções são objecto de alienação. O reflexo desta admissibilidade ao nível da regulamentação da *OPA obrigatória* passa pela já mencionada estipulação do limite de obrigatoriedade a partir do recurso conjunto às noções de acções (em rigor, *títulos de capital*) e de direitos de voto, o estabelecimento no contrato de sociedade de *voto plural*[290]. Daí que, em regra e como consta do n° 1 desse artigo, possamos afirmar que a cada acção corresponde um voto[291][292].

---

previsto no art. 5.4.1 do Regulamento. Sobre o regime destas acções, vd., por todos, MAURICE COZIAN e ALAIN VIANDIER, *Droit des Sociétés,* ob.cit., p. 295; YVES GUYON, ob.cit., pp. 297-298; BARTHÉLÉMY MERCADAL e PHILIPPE JANIN, ob.cit, pp. 579-583; e GERMAIN BRULLIARD e DANIEL LAROCHE, ob.cit., pp. 178-179. Sobre a relação entre as acções com *voto duplo* e as regras de obrigatoriedade de lançamento de OPA vd., por todos, ALAIN VIANDIER, id.ib.; DIDIER MARTIN e JEAN-PAUL VALUET, ob.cit., pp. 64-65. Sobre a utilização das acções com *direito de voto duplo* como medida de defesa *anti-OPA*, vd. RAYMONDE VATINET, *Les défenses Anti-OPA,* cit., pp. 554-555: WILLIAM L. LEE e DOMINIQUE CARREAU, cit., pp. 17-18.

Já em Espanha o panorama se afigura de apresentação um pouco mais complexa. Na verdade, após um momento em que, por falta de proibição expressa, era *tolerado* o estabelecimento de *direito de voto plural* — o que teve vários reflexos ao nível jurisprudencial — a Lei das Sociedades Anónimas de 1951 veio proibir expressamente essa prática, ideia que se manteve, nos seus traços gerais, com a consagração, na recente reforma de 1989, do princípio da proporcionalidade entre o valor nominal da acção e o direito de voto (art. 50.2 da Lei das Sociedades Anónimas). De todo o modo, atendendo que o mesmo texto permite a possibilidade de estipulação de cláusula estatutária que limite o número máximo de votos que podem ser exercidos por cada accionista, o que é, pelo menos aparentemente, contraditório com aquele princípio, encontramos vozes na doutrina entendendo que, não obstante a proibição objectiva de estabelecimento *directo* ou *indirecto* de *voto plural,* será lícito o seu estabelecimento por via *subjectiva*, ou seja, não em função das próprias acções, mas antes em função da posição de cada accionista em face do número de acções que detém. É essa a opinião de RAMÓN HERMOSILLA MARTIN — «Estrategias anti-OPA (financieras y jurídicas). Problemas Registrales» in *La Lucha por el Control de las Grandes Sociedades,* ob.cit., pp. 327-328. De todo o modo, a generalidade da doutrina entende que a proibição abrange todas as formas de *voto plural,* quer estabelecidas por via *directa* ou *indirecta,* quer com âmbito *objectivo* ou *subjectivo.* Vd., por todos, RODRIGO URÍA, *Derecho Mercantil,* ob.cit., pp. 276-277; VICTOR MANUEL GARRIDO DE PALMA e JOSÉ CARLOS SÁNCHEZ GONZALES, «La sociedad anonima en sus principios configuradores», in *Estudios Sobre la Sociedad Anonima,* AA.VV., Civitas, Madrid, 1991, pp. 41-43; MANUEL BROSETA PONT, *Manual de Derecho Mercantil,* Tecnos, Madrid, p. 205.

Em relação ao Direito italiano vd., por todos, G.FERRI, ob.cit., pp. 347-384. Em relação ao direito belga, vd, por todos, ROBERT WTTERWULGHE, ob.cit., pp. 34-35.

[290] Vd. MIGUEL J.A. PUPO CORREIA, Direito Comercial, 3ª Edição, Universidade Lusíada, Lisboa, 1984, p. 495; e EDUARDO DE MELO LUCAS COELHO, *A Formação das Deliberações Sociais — Assembleia Geral das Sociedades Anónimas,* Coimbra Ed., 1994, Coimbra, p. 58.

[291] Apesar de se tratar de matéria que abordaremos em particular, vd. desde já o n° 2 desse mesmo artigo, que consagra outra excepção a essa regra.

[292] Sobre o entendimento deste princípio e para um enquadramento geral das suas

III. A Delimitação da Obrigação

Acontece, no entanto, que antes da entrada em vigor do CSC essa proibição não existia no nosso ordenamento, razão pela qual, com a entrada em vigor desse Código, se tornou necessário resolver as situações dos titulares de acções com *direito de voto plural* constituído legalmente antes da sua entrada em vigor.

Ora, como resulta do n° 1 do art. 531° do CSC, essa solução foi encontrada nos seguintes termos — a proibição a que aludimos teria eficácia com a entrada em vigor do CSC[293]; de todo o modo, os direitos de *voto plural* legalmente constituídos antes da entrada em vigor desse diploma, ou seja, constituídos até 31 de Outubro de 1986, *inclusive*, seriam mantidos para o futuro, sem prejuízo da possibilidade de extinção ou limitação por deliberação dos sócios sem necessidade do consentimento dos titulares dessas acções privilegiadas[294].

Sendo assim, mantém-se, no momento presente, consagrações estatutárias de *voto plural* que, naturalmente, podem estar presentes em *sociedade de subscrição pública* e que não se extinguem sequer por efeito da transmissão dessas acções privilegiadas. Por isso, surge-nos imediata-

---

excepções, vd. THOMAS RAISER, *Recht der Kapitalgesellschaften,* Verlag Vahlen, München, 1983, pp. 109-110; de modo mais geral, vd. ainda ULRICH EISENHARDT, *Gesellschaftsrecht,* C.H. Beck, München, 1992, p. 294. Vd. ainda, entre nós, JOÃO LABAREDA, *Das Acções nas Sociedades Anónimas,* AAFDL, Lisboa, 1988, pp. 162-168; e JOSÉ A. ENGRÁCIA ANTUNES, ob.cit., pp. 394-397; e NOGUEIRA SERENS, *Notas Sobre a Sociedade Anónima,* Coimbra, 1995, pp. 40-42. Como bem assinala EDUARDO DE MELO LUCAS COELHO (id.ib), esta regra não é, sob o ponto de vista substancial, posta em causa se o contrato atribuir mais do que um voto a cada acção, desde que não atribua, a uma ou a algumas acções, mais votos do que às outras.

[293] Como resulta do n° 1 do art. 2° do DL n° 262/86, de 2 de Setembro, essa data é a de 1 de Novembro de 1986.

[294] Como defende PAULO OLAVO CUNHA (ob.cit., pp. 152-153), posição com a qual não podemos deixar de concordar, a formação de maioria para essa deliberação tomará em consideração os privilégios derivados da consagração de *voto plural,* por isso não intervindo os accionistas com um número de votos correspondentes ao capital social. No entanto, e ao contrário do que, em sequência, afirma esse Autor, não cremos estar perante uma *imprevidência* do legislador português — a opção assumida é lógica e congruente com o sistema constituído, já que o mesmo implicou uma verdadeira aceitação das situações previamente constituídas, aceitação apenas moderada em face das facilidades concedidas para supressão do privilégio, a que vimos de atender. Aliás, a não ser assim, nem se compreenderia que não fosse estipulada a extinção desses privilégios no caso de transmissão das acções.

Sobre o modo como o problema se coloca face à regra paralela do § 12 Abs.1 Satz1 do *Aktiengesellschaft,* vd., por todos, HANS WÜRDINGER, *Aktienrecht ...,* ob.cit., p. 71.

mente um problema a que haverá de atender — estabelecendo o Cód.MVM todos os limites de obrigatoriedade de lançamento de OPA em torno da noção de *direitos de voto correspondentes ao capital social,* será necessário avaliar da forma de efectuar esse cálculo quando estejam em causa sociedades em relação às quais estejam constituídas situações de *voto plural.*

II. O problema que temos presente revela-nos duas faces de uma mesma questão — a primeira é a de saber se os *votos plurais,* estando no âmbito da participação detida e/ou a adquirir, são contados como tal no numerador para cálculo dessa percentagem, caso em que, sendo a resposta afirmativa, 51% das acções representarão mais de 51% dos direitos de voto; a segunda é a de saber se os *votos plurais,* estando fora da participação detida ou a adquirir, são contados como tal na definição do universo denominador para cálculo da percentagem, caso em que, sendo a resposta for afirmativa, 51% das acções poderão representar menos de 51% dos direitos de voto.

Cremos que as questões colocadas deverão ter necessariamente resposta afirmativa, sendo os *direitos de voto plural* atendidos como tal, quer estejam no âmbito da participação detida e/ou a adquirir, quer estejam fora desse âmbito. E é assim por duas razões essenciais.

Em primeiro lugar porque, apesar da excepcionalidade da existência de *acções com direito de voto plural,* o mero facto de as mesmas estarem consagradas nos estatutos de uma sociedade implica que as relações entre os accionistas, no seio da assembleia geral, sejam determinadas por esse facto. Por isso, um accionista com menos de 50% das acções pode ter mais de 50% dos direitos de voto, e um accionista com mais de 50% das acções pode ter menos de 50% dos direitos de voto.

Sendo assim, estando o esquema de obrigatoriedade de lançamento de OPA montado em torno do recurso à noção de *direitos de voto,* nenhum sentido faria desconsiderar essa referência em prejuízo da referência a *títulos de capital* ou acções, assim considerando que todas as acções são idênticas para efeitos do exercício de voto quando, na verdade, não o são — nem o são por natureza nem ainda, e este é o ponto mais relevante, para o efeito específico da previsão normativa a que atendemos[295].

---

[295] Aparentemente no mesmo sentido, vd. RAÚL VENTURA, *Estudos Vários sobre Sociedades Anónimas,* ob.cit., p. 243, embora sem justificação específica. Apesar de nos parecer que a posição deste Autor vai no mesmo sentido que foi por nós exposto, essa

Ora, como teremos ocasião de verificar em maior detalhe, o sistema refere-se, antes de mais, à noção de *votos exercíveis,* procurando realizar uma leitura tão correcta da materialidade que lhe está subjacente como seja possível, e estes votos, naturalmente, não são idênticos, no que respeita aos efeitos do seu exercício, aos demais votos. Logo, não poderão deixar de ser atendidos em função dessa especialidade.

O segundo argumento prende-se com o próprio regime transitório formulado pelo CSC para lidar com as acções em relação às quais o *voto plural* tenha sido constituído antes da sua entrada em vigor e que, na sequência das considerações já produzidas, revela um único traço de *desfavor* em relação a estas acções privilegiadas — o especial regime a que ficam sujeitas as deliberações sobre a extinção desse privilégio.

Significa isto que, para o legislador do CSC, estas acções manteriam plenamente o privilégio do *voto plural,* com todas as consequências de regime por esse facto implicadas, excepto nos casos em que esse privilégio fosse extinto pela sociedade, não se estipulando qualquer outra especialidade relativa ao tratamento conferido pelo sistema em relação a estas acções — seria o caso, por exemplo, de extinção do privilégio por força da transmissão de acções subsequente à entrada em vigor do Cód.MVM.

Por isso, ao encararmos a presença de acções com *direito de voto plural,* não deverá ser a excepcionalidade, em termos práticos, da situação, que nos deve fazer esquecer a conclusão que surge como clara — com a excepção que deriva das regras de extinção do privilégio, estas acções, quando existam, são encaradas pelo legislador da mesma forma que seriam se não existisse a proibição. Decorrentemente, a consideração feita, pelo regime de obrigatoriedade de OPA, sobre essas acções, deve

---

conclusão poderia, numa primeira aproximação, suscitar dúvidas. Afirma RAÚL VENTURA — *como, porém, os direitos de voto plural constituídos antes da entrada em vigor do CSC mantêm-se (...), pode ainda suceder que a participação accionista não coincida com o número de votos. Quando tal aconteça, para a OPA obrigatória atender-se-á aos votos de que o oferente dispõe.* Ora, com o devido respeito pela opinião exposta, parece-nos que a mesma se refere apenas a metade do problema. Atender aos *votos de que o oferente dispõe,* considerando aí os *votos plurais,* não implica que, quando os votos plurais estejam fora do âmbito *de que o oferente dispõe,* os mesmos sejam atendidos para determinação da universalidade em relação à qual a percentagem vai ser calculada. Daí a possibilidade de ser suscitada a dúvida mencionada que, cremos se dissipará, em face da afirmação posterior (p. 244) de que os *votos plurais* são contados na determinação do *outro termo da fracção.*

atender ao tratamento que em relação a elas é conferido pelo sistema jurídico que as enquadra.

III. As considerações precedentes abordam o tratamento *estático* das situações de *voto plural;* no entanto, não abordam o seu tratamento *dinâmico,* ou seja, os efeitos que a sua constituição ou a sua extinção acarretam para a problemática da *OPA obrigatória.*

A primeira hipótese isolada não deve sequer ser considerada, por corresponder a uma impossibilidade jurídica. Estando proibido, para o futuro, o estabelecimento de *voto plural,* resulta claro que não será possível que nos deparemos com situações em que, sendo um accionista detentor de determinada participação numa *sociedade de subscrição pública,* veja os direitos de voto inerentes a essas acções aumentados, em termos relativos, em face da atribuição deste privilégio de voto às suas acções subsequentemente à entrada em vigor do Cód.MVM, assim se integrando na previsão de *OPA obrigatória* constante do n° 2 do art. 528° do Cód.MVM.

No entanto, se é assim em relação à constituição do *direito de voto plural,* já não o é em relação à sua extinção nos termos do n° 2 do art. 531° do Cód.MVM, razão pela qual a segunda hipótese isolada apresenta evidente pertinência, e nos vem colocar duas importantes questões suplementares — a primeira passa por avaliar da compatibilidade das conclusões que vimos de apresentar, especialmente no que se refere à possibilidade de impor a obrigação de lançamento de OPA tomando em consideração os *direitos de voto plural,* perante a eventual extinção do privilégio; a segunda passa por avaliar os efeitos dessa extinção no que respeita à determinação da percentagem de direitos de voto dos demais accionistas, já que da extinção dos *direitos de voto plural* decorre, por natureza, uma redução do universo do total de *direitos de voto correspondente ao capital social,* com um consequente aumento relativo da participação dos accionistas em relação aos quais a extinção não se tenha verificado[296].

---

[296] Não resulta claro do art. 531° se a supressão do privilégio, a verificar-se, se deve alargar a todas as acções com *direito de voto plural,* ou se pode ser limitado a apenas algumas. Não suscita quaisquer dúvidas que a supressão do privilégio se referirá sempre às acções e nunca aos accionistas, razão pela qual a supressão, a ser deliberada, assumirá sempre uma natureza objectiva — vd. n° 4 do art. 24° do CSC. Ainda assim, nada parece obstar a que, existindo acções com atribuição de diferentes categorias de *direito de voto plural,* por exemplo por sujeição do exercício do privilégio a condições especiais, a

IV. A determinação do número de votos correspondentes a uma participação accionista faz-se por relação ao momento em que o cálculo é efectuado e atende, antes de mais, aos direitos de voto *actuais*[297], ou seja, àqueles direitos de voto que correspondem às acções emitidas pela sociedade no momento em que a integração nos pressupostos de *OPA obrigatória* é ponderada.

Por isso, compreende-se imediatamente que a possibilidade de supressão posterior do privilégio não represente um obstáculo à construção que realizámos, já que, no momento em que realiza o cálculo, esses direitos de *voto plural* são *direitos de voto actuais,* e como tal devem ser atendidos.

Mais: nesse momento, a não ser que as circunstâncias do caso concreto apontem noutro sentido, não é a eventualidade jurídica de supressão do privilégio que implica que essa supressão venha a ser efectivada, ainda para mais quando, como já tivemos ocasião de referir, a deliberação de supressão tomada nos termos do nº 2 do art. 531º do CSC permite a intervenção dos accionistas com um número de voto não proporcional às respectivas participações[298].

V. De todo o modo, a estarmos perante uma deliberação de supressão deste privilégio, nenhumas dúvidas parecem levantar-se de que a mesma implicará uma redução do universo total do número de *votos*

---

supressão possa ser limitada a apenas alguma ou algumas categorias dessas acções. A ser assim, este aumento relativo da participação a que nos referimos atingirá, não apenas os titulares de acções sem *direito de voto plural,* mas também os accionistas detentores desse privilégio que não o tenham visto suprimido pela deliberação.

[297] Embora o nº 1 do art. 527º e o nº 2 do art. 528º do Cód.MVM se refiram apenas à noção de direitos de voto correspondentes ao capital social, quer a *alínea* c) do nº 1 do art. 528º-A, quer a *alínea* e) do nº 1 do art. 529º, se referem a *direitos actuais e potenciais de voto correspondentes aos valores mobiliários emitidos pela sociedade.* Teremos ocasião de verificar com maior detalhe o alcance desta última expressão. De todo o modo, refira-se desde já que o sistema não apela apenas aos *direitos de voto actuais,* ou seja, àqueles correspondentes às acções emitidas pela sociedade, mas também aos *direitos de voto potenciais,* ou seja, aqueles que resultarão das acções a emitir pela sociedade como consequência da conversão ou subscrição de outros valores mobiliários.

[298] No limite, entendendo a CMVM que estão reunidos todos os pressupostos para tal, a operação de aquisição poderá ser objecto de uma dispensa de OPA ao abrigo da *alínea* f) do nº 1 do art. 529 do Cód.MVM. No entanto, isto apenas poderá acontecer perante um cenário de extinção deste privilégio, nomeadamente, em face do comprometimento do adquirente na promoção dessa extinção e da sujeição da dispensa à efectiva extinção.

actuais correspondentes ao capital social. Por isso, os accionistas não afectados pela deliberação verão aumentada, em termos relativos, a percentagem de votos que é correspondente à sua participação, o que, como já mencionámos, pode implicar a integração na previsão de *OPA obrigatória* constante do n° 2 do art. 528° do Cód.MVM.

Ora, mais uma vez, entendemos que essa consequência eventual não representa qualquer obstáculo à construção que realizámos e, pelo contrário, representa a única forma possível de cumprir os desígnios pretendidos pelo sistema. Na verdade, não se compreenderia que, em função da supressão do privilégio de *voto plural*, fosse sem mais facultada a um accionista a possibilidade de exercer mais de metade dos votos correspondentes ao capital social sem que esse facto implicasse o lançamento de uma *OPA subsequente*.

De todo o modo, caso essa integração venha a acontecer, poderá a CMVM, nos termos do disposto na *alínea* e) do n° 1 do art. 529° do Cód.MVM, dispensar a realização da respectiva oferta desde que, como é evidente, todos os demais pressupostos para essa dispensa estejam reunidos.

Na verdade, a mencionada *alínea* refere-se aos casos de *redução do total dos direitos actuais e potenciais de voto correspondentes aos valores mobiliários emitidos pela sociedade, com o consequente aumento relativo da participação do interessado nesse total*. As situações especificamente contempladas — aquisição de acções próprias e remissão ou amortização de acções — são meramente exemplificativas, razão pela qual nenhuma dúvida deve ser suscitada na inclusão nesta previsão dos casos de redução do número de votos em virtude de supressão do privilégio derivado da concessão de *voto plural*[299].

9.2.1.3 Limitações estatutárias ao exercício do direito de voto

I. Outras hipóteses de dissociação entre a percentagem correspondente ao número de acções detidas por cada accionista e a percentagem de votos atribuídos pelas mesmas derivam da possibilidade de o contrato

---

[299] E, nos termos do n° 6 do art. 529°, a CMVM poderá sujeitar a dispensa à condição de o accionista alienar, em prazo determinado, o remanescente de acções em relação ao limite da atribuição de mais de metade dos direitos de voto, bem como ao não exercício da totalidade dos direitos de voto correspondentes às acções detidas durante esse período.

de sociedade estabelecer, nos termos do disposto na *alínea* b) do nº 2 do art. 384º do CSC[300], *que não sejam contados os votos acima de certo número, quando emitidos por um só accionista, em nome próprio ou também como representante de outro*, e ainda da possibilidade de o contrato de sociedade estabelecer, nos termos da *alínea* a) do mesmo número, que corresponda *um só voto a um certo número de acções*[301].

Trata-se de hipóteses que, podendo ser agrupadas em conjunto por obedecerem a uma característica comum — ambas representam excepções ao princípio consagrado no nº 1 do art. 384º do CSC, e por isso apresentam relevância específica em sede da delimitação jurídica da obrigatoriedade de lançamento de OPA —, revelam conteúdos distintos. Por isso, procederemos à análise sucessiva de cada uma das hipóteses apresentadas[302].

II. A hipótese consagrada na *alínea* b) representa um mecanismo que goza de alguma popularidade entre nós e que, em termos práticos, se assume como uma eficaz medida preventiva contra o lançamento de OPAs hostis — normalmente, o estabelecimento desta limitação, seja no contrato de sociedade, seja por alteração superveniente dos estatutos[303],

---

[300] Tendo em atenção que, nos termos do nº 3 desse art. 384º do CSC, a limitação de votos pode ser estabelecida para todas as acções ou apenas para acções de uma ou mais categorias, mas não para accionistas determinados, não podendo de igual modo ser estipulada em relação aos votos que pertençam ao Estado ou a entidades a ele equiparadas por lei para este efeito.

[301] Tendo em atenção que sejam abrangidas pela limitação todas as acções emitidas pela sociedade e que fique cabendo um voto, pelo menos, a 100.000$00 de capital.

[302] Por os problemas resultantes da compatibilização da hipótese prevista na *alínea* b) com o regime da *OPA obrigatória* se apresentarem bem mais relevantes e complexos do que os resultantes da hipótese da *alínea* a), e em grande medida permitirem uma mera concretização dos princípios definidos a propósito do seu tratamento por forma a analisar essa limitação da *alínea* b), pareceu-nos metodologicamente mais adequado inverter o tratamento das situações, que assim serão tratadas na ordem apresentada neste parágrafo.

[303] O problema da introdução desta cláusula por alteração superveniente dos estatutos já foi objecto de análises diversas no âmbito do Direito alemão, mesmo ao nível jurisprudencial, especialmente em torno da questão de avaliar da necessidade de consentimento dos accionistas afectados pela alteração, sendo hoje aceite que essa alteração é possível, já que não implica um tratamento diferenciado dos accionistas que fosse, por si mesmo, contraditório com o princípio da igualdade e o disposto no § 134 do *Aktiengesellschaft*. Vd., por exemplo, HANS WÜRDINGER, *Aktienrecht*, ob.cit., p. 72. Cremos que essa resposta é transponível, sem problemas de maior, para o direito nacional, entendendo assim que esta cláusula pode constar da versão original dos estatutos ou de alteração subsequente.

torna, em termos práticos, inútil a aquisição de acções para além de um volume que atribua direitos de voto até ao limite estipulado nos estatutos, o qual é, em praticamente todos os casos, inferior à percentagem que atribui o controle da sociedade[304]. Por outro lado, para além desta componente funcional, a consagração desta limitação pode assentar ainda na mera vontade de estabelecer as relações de poder entre os accionistas baseadas num outro princípio que não o da proporcionalidade entre as acções detidas e os votos por atribuídos, nomeadamente com o escopo de manter o controle de facto no âmbito de um determinado grupo de accionistas[305].

---

[304] Vd., entre nós, AUGUSTO TEIXEIRA GARCIA, ob.cit., pp. 293-294; MENEZES CORDEIRO, «Da tomada de sociedades ...», cit., pp. 773-774, e *Da OPA Geral do Banco Comercial Português* ..., cit., pp. 32-33; e JOÃO LABAREDA, ob.cit., pp. 164-165. Como assinala esta último Autor, perante a consagração de uma cláusula deste tipo o accionista mantém o seu direito de voto, apenas não o podendo exercer com a eficácia que seria normal. Parece, aliás, ser essa a intenção do legislador, já que a *alínea* b) do n° 1 do art. 384° se refere a não serem *contados votos acima de certo número*. Em sede mais geral, vd. ainda EDUARDO DE MELO LUCAS COELHO, ob.cit., p. 59.

[305] THOMAS RAISER (*Recht der Kapitalgesellschaft*, ob.cit., pp. 110-111) aponta os seguintes conjuntos de razões que podem estar na base da consagração de uma cláusula deste tipo — a limitação dos grandes accionistas, a protecção em relação a aquisições indesejadas promovidas por entidades estrangeiras, a preservação da dispersão de capital e o reforço da independência do órgão de administração em relação à assembleia geral.

[306] Assim acontece na Alemanha, em face do § 134 do *Aktiengesellschaft,* onde muitas sociedades de grande dimensão, especialmente do sector financeiro, consagram cláusulas deste tipo, entre as quais se contam a BAYER, a MANNESMANN, o DEUTSCHE BANK, a BASF ou a VOLKSWAGEN. No entanto, ainda recentemente o Conselho de Protecção do Accionista *(Deutsche Schutzvereinigung für Wertpapierbesitz)* se pronunciou de modo crítico em relação a estas cláusulas, por entender que as mesmas produzem efeitos negativos no funcionamento do mercado de capitais e reforçam de modo desproporcionado os poderes dos órgãos de administração face à assembleia geral. Vd. THOMAS RAISER, ob.cit., p. 110; KLAUS HOPT, «La reglamentación...», cit., pp. 25-26; HANS WÜRDINGER, *Aktienrecht* ..., ob.cit., p. 72; e GÜNTER HENN, *Handbuch des Aktienrechts,* C.F. Müller, Heidelberg, 1987.

Assim acontece, também, em França, onde a adopção desta limitação se popularizou após o ano de 1989, quando foi adoptada por duas importantes sociedades comerciais — a LAFARGE COPÉE e a COMPAGNIE GÉNÉRALE D'ÉLECTRICITÉ —, levando ALAIN VIANDIER (ob.cit., p. 70) a afirmar que várias *sociedades redescobriram recentemente o artigo 177° da Lei de 24 de Julho de 1966.* De todo o modo, consagrando um princípio que resultou do Acórdão da *Cours d'Appel de Paris* de 2 de fevereiro de 1957, entende parte da doutrina — e a própria COB — que a limitação se refere apenas aos votos de cada accionista, não podendo ser alargada, em concreto, aos votos que o

III. A Delimitação da Obrigação

A regra de admissibilidade de estipulação deste tipo de cláusulas não é específica do direito nacional, encontrando consagração em diversos sistemas estrangeiros[306], e também aí implicando uma relação estreita com o regime da obrigatoriedade de lançamento de OPA[307]. No entanto, essa relação torna-se particularmente relevante e complexa em sistemas, como é o caso do nacional, em que a definição dos limites a partir dos quais se avalia a constituição da obrigação de lançamento de OPA assenta apenas em torno da noção de *direitos de voto correspondentes ao capital social.*

III. Importa começar por referir que o estabelecimento desta limitação ao direito de voto pode assentar em formulações distintas, as quais importam o conhecimento de algumas especificidades na relação mantida com a matéria que nos ocupa, e que podem ser divididas, isolando apenas

---

accionista exerça como mandatário. Apresentando diversos exemplos de adopção deste tipo de limitações no panorama francês, vd. ALAIN VIANDIER, id.ib.; vd. ainda WILLIAM L. LEE e DOMINIQUE CARREAU, cit., p. 18; MAURICE COZIAN e ALAIN VIANDIER, ob.cit., p. 293; GERMAIN BRULLIARD e DANIEL LAROCHE, ob.cit., p. 178.

Também em Espanha, onde a admissibilidade de adopção de cláusulas estatutárias deste tipo resulta do art. 105.2 da Lei sobre Sociedades Anónimas (e já resultava do art. 38º da anterior Lei), este mecanismo goza de bastante popularidade. Vd. JOSÉ ENRIQUE CACHON BLANCO, *Derecho del Mercado de Valores,* vol. II, ob.cit., pp. 360-361; RAMÓN HERMOZILLA MARTÍN, cit., p. 328.

Já em Itália este tipo de cláusulas não é hoje admitido em face do entendimento geral do princípio de que a cada acção deve caber um voto. De todo o modo, resultados de certo modo idênticos — no que se refere à defesa contra ofertas hostis — são atingidos pela possibilidade, geralmente aceite pela doutrina italiana, de estabelecimento no contrato de sociedade de uma cláusula que limita o número máximo de acções que podem ser detidas por cada sócio. A admissibilidade deste tipo de cláusulas foi recentemente posta em causa a propósito da OPA lançada pelo CREDITO ITALIANO sobre a totalidade do capital do CREDITO ROMAGNOLO, sociedade cujos estatutos consagravam esta limitação. Sobre a limitação vd., por todos, ROBERTO WEIGMAN, «Le difese contrattuali contro le OPA aggressive», in *Il Contratto — Silloge in Onore di Giorgio Oppo,* vol. II, CEDAM, 1992, p. 624. No que respeita à análise da compatibilidade entre esta limitação e o regime da OPA vd. LELIO BARBIERA, cit., pp. 589-593), que conclui pela duvidosa legalidade da limitação das participações máximas de cada accionista, pelo menos no que respeita á sua oponibilidade ao oferente em caso de OPA obrigatória.

[307] O problema encontra resposta no direito francês em face do duplo recurso às noções de *direito de voto* e de *títulos de capital,* a que já aludimos por mais de uma vez. Assim, se uma entidade adquire uma participação representativa de mais de 1/3 do capital social, mas que não confere mais de 1/3 dos direitos de voto em face do estabelecimento desta limitação, nenhuma dúvida se levanta que o limite é ultrapassado. Naturalmente que, em face das diferenças de regime, esta conclusão não pode, sem mais, ser transposta para o direito nacional. Vd. ALAIN VIANDIER, ob.cit., pp. 217-218.

dois dos critérios centrais[308], em função do universo perante o qual é calculada a limitação e em função da *simplicidade* ou *complexidade* dos próprios termos de base dessa limitação.

Assim, aplicando os critérios isolados, podemos então dizer que estas limitações podem operar em face do universo representado pelos *votos correspondentes ao capital social* ou em face do universo representado pelos *votos apurados em assembleia geral*; cruzando-se com esta distinção, podemos ainda estar perante limitações que operam a partir de uma base *simples* e *unificada* e outras que operam a partir de uma base definida em *cascata* ou por escalões[309] [310].

A formulação mais normal passa pela estipulação de um número máximo de *votos* que o accionista pode, em nome próprio ou também como representante de outro, exercer em assembleia geral. Normalmente esta estipulação passa pela definição de uma percentagem relativa aos *votos correspondentes ao capital social,* embora nada impeça que a mesma resulte da fixação, em termos absolutos, de um mero número de votos[311]. Trata-se da estipulação que o CSC tem imediatamente presente na redacção da *alínea* b) do n° 1 do art. 384°. que é geralmente tida em consideração na análise que é feita sobre a norma[312] e que tem sido adoptada entre nós em algumas situações concretas[313]. Perante a classifi-

---

[308] Outra hipótese de distinção surge desde logo no alcance que a limitação assume, que pode ser geral ou limitada a determinadas deliberações.

[309] E ainda, cruzando-se com as duas classificações apresentadas, que a limitação se refere apenas aos votos emitidos *em nome próprio* ou também como *representante de outro* — cfr. *alínea* b) do n° 2 do art. 384° do CSC.

[310] Trata-se de fórmula muito utilizada, por exemplo, na Alemanha. Vd. GÜNTER HENN, *Handbuch...,* ob.cit., p. 259.

[311] Embora essa formulação tenha o evidente inconveniente de não se adaptar, de forma automática, aos aumentos de capital posteriores, o que não acontece no caso de ser definida por intermédio do recurso a uma percentagem.

[312] Assim, entre nós, em AUGUSTO TEIXEIRA GARCIA, ob.cit., pp. 293-294.

[313] É o caso dos Estatutos do Banco Comercial Português que, aliás, vão mais longe, ao abranger pela limitação todos os casos de relação previstos no art. 366° do Cód.MVM, ou seja, os casos de *direitos de voto incluídos numa participação importante.* Nos termos do n° 10 do art. 13° destes Estatutos, *não serão contados os votos emitidos por um só accionista por si ou através de representantes (a) que excedam 10% da totalidade dos votos correspondentes ao capital social; (b) que excedam a diferença entre os votos contáveis emitidos por outros accionistas que com o accionista em causa se encontrem, e na medida em que se encontrarem, em qualquer das relações previstas no art. 346° do Código do Mercado de Valores Mobiliários, e 10% da totalidade dos votos*

cação que operámos, diremos então que esta corresponderá a uma limitação que opera de forma *simples* e por relação ao universo dos *votos correspondentes ao capital social*.

No entanto, existem outras formas de estipular esta limitação para além da apresentada. Desde logo, como muito bem salienta RAÚL VENTURA[314], a mencionada estipulação pode implicar que não sejam contados os votos acima de certo número emitidos por um accionista, já não na relação com os *votos correspondentes ao capital social,* mas antes na relação com os *votos apurados em assembleia geral*[315]. Nesse caso, apenas perante determinada assembleia será possível avaliar do funcionamento da limitação, podendo acontecer que a mesma funcione nuns casos e não noutros, dependendo das participações que, em concreto, sejam apuradas na assembleia.

Por outro lado, e agora já no âmbito do segundo critério isolado, outra hipótese pode passar pela estipulação de mais de um único termo de limitação, funcionando a limitação em função da percentagem do capital social detido por cada accionista — *scaled voting provisions*. Por exemplo, os accionistas que tenham entre 10% e 20%, apenas poderão exercer 10% dos votos, os accionistas que tenham entre 20% e 30%, apenas poderão exercer 15% dos votos, etc[316]. Perante a classificação que operámos, diremos que estamos perante uma limitação que funciona em *cascata* e perante os *votos correspondentes ao capital social*.

Naturalmente que esta formulação também poderá ser compatibilizada com a hipótese isolada por RAÚL VENTURA, não sendo os votos aferidos em relação ao universo total dos votos, mas antes em relação aos votos resultantes da participação em cada assembleia geral.

---

correspondentes ao capital social, sendo a limitação da contagem de votos de cada accionista abrangido proporcional ao número de voto que emitir.

[314] Ob. cit., pp. 243-244.

[315] A redacção da alínea b) do nº 2 do art. 384º do CSC parece não afastar esta possibilidade, já que se refere a *votos acima de certo número*. Ora, naturalmente, este número pode ser definido em termos absolutos ou em percentagem perante um universo definido à partida nos estatutos, o qual não parece ter de ser necessariamente representado pelo universo de *votos correspondentes ao capital social*.

[316] Outra fórmula pode passar pela atribuição de um direito de voto em face da detenção de determinado número de acções, um segundo voto em face da detenção de um número inferior, etc. Vd. RAMÓN HERMOSILLA MARTÍN, cit.., pp. 327-328; ALAIN VIANDIER, ob.cit., pp. 71-72.

IV. Parece-nos claro que algumas das formulações que esta limitação ao direito de voto pode revestir não colocam especiais problemas na compatibilização com o regime da *OPA obrigatória*, razão pela qual importa isolarmos o núcleo em relação ao qual deveremos focalizar a continuação da nossa análise.

Em primeiro lugar, haverá que isolar aqueles casos — certamente raros — em que a limitação é fixada numa percentagem de direitos de voto superior à dos limites de obrigatoriedade de lançamento de OPA. Nesses casos, a existirem, nenhum problema é provocado no confronto com o regime que temos em análise, já que serão contados votos que permitem a integração na previsão de obrigatoriedade.

Em segundo lugar, haverá que isolar todos aqueles casos em que a limitação é fixada em termos que não nos permitem, à partida, avaliar da sua eficácia específica, ou seja, que não nos permitem determinar exactamente qual o número de votos que pode ser exercido pelo accionista em função da participação o mesmo detém e/ou pretende adquirir.

Assim acontece, desde logo, na relação que a limitação tenha com os votos exercidos por representação, embora aqui a relação com o regime da *OPA obrigatória* seja inexistente; assim acontece, principalmente, com todos os casos em que a limitação não seja feita em face dos *direitos de voto correspondentes ao capital da sociedade,* mas antes em face dos *direitos de voto exercíveis numa assembleia geral.*

É que, nestes casos e por mais relevantes que sejam os efeitos jurídicos provocados pela limitação ao direito de voto, não nos é possível avaliar a eficácia específica que a mesma implica, já que essa eficácia apenas pode ser avaliada, em concreto, perante cada assembleia, podendo mesmo variar de caso para caso, ou até ser eficaz em alguns casos e não noutros. O problema deriva, deste modo, da impossibilidade prática de averiguação, razão pela qual nos parece que a limitação não deverá — em rigor, não poderá — ser atendida para efeitos da determinação da obrigatoriedade de lançamento da *OPA obrigatória,* que assim seguirá as regras gerais[317][318].

---

[317] Finalmente, cremos que também não colocam especiais problemas de compatibilização com o regime da *OPA obrigatória* os casos em que a limitação não seja geral, mas apenas limitada a determinadas deliberações. É que nestes casos o accionista não apenas mantém todos os votos correspondentes à participação detida, mas — e principalmente — pode exercê-los; apenas não o pode fazer em todos os casos.

[318] O problema que nestes casos se coloca será antes o de averiguar se, perante a específica consagração estatutária e as suas repercussões ao nível das regras sobre OPA,

III. A Delimitação da Obrigação

Por isso, perante o enquadramento realizado, sabemos agora que o problema que temos presente assenta apenas na relação entre as limitações ao direito de voto realizadas em face dos *votos correspondentes ao capital da sociedade visada* — sejam essas limitações estipuladas de forma *simples* ou *em cascata* — e o regime da *OPA obrigatória*. É em relação a estes casos que a análise que passamos a apresentar se destina.

V. Compreende-se com facilidade a pertinência do problema colocado, embora a resposta aparente surgir em termos imediatos — se os termos de delimitação da obrigação de lançamento de OPA são fixados apenas em torno da noção de *direitos de voto correspondentes ao capital social*, e os estatutos de uma sociedade consagram uma limitação a esse direito no que respeita à participação de cada accionista, teremos de atender à existência da mesma sempre que ela for consagrada, e apenas a partir da sua compreensão é que poderemos avaliar da eventual constituição da obrigação de lançamento de OPA.

Por isso, se um accionista adquirir uma participação correspondente a 51% do capital social de uma *sociedade de subscrição pública*, mas que, em face das específicas regras estatutárias consagradas, permita apenas o exercício de, por exemplo, 15% dos direitos de voto, parece claro que a situação não se integra nos limites definidores da obrigatoriedade de lançamento de OPA, já que os valores adquiridos não lhe asseguram, nos termos do disposto na *alínea* b) do n° 1 do art. 527 do Cód.MVM, mais de metade dos *votos correspondentes ao capital social*, mas apenas 15% desse universo.

É essa, entre nós, a opinião de RAÚL VENTURA[319], que afirma — *exceptuada a hipótese de representação, por não ser antecipadamente previsível, só se considerarão (...) os votos do oferente que, pelo contrato de sociedade, possam ser contados, desde que o critério da limitação de votos adoptado pelo contrato não torne materialmente impossível a exclusão de tais votos.*

---

tais previsões são ou não admissíveis em sociedades cotadas. Em Inglaterra, a *London Stock Exchange* tem revelado múltiplas reservas à admissibilidade de tais previsões estatutárias, mesmo quando as mesmas permitem uma contagem da percentagem de votos face ao capital social. Não temos conhecimento de uma posição equiparada da CMVM entre nós e temos mesmo as maiores dúvidas da licitude de tal interpretação face ao disposto no art. 304° do Cód.MVM.

[319] Ob.cit., pp. 243-244.

VI. No entanto, a partir da aparente evidência desta afirmação, uma questão nos surge imediatamente — se também o outro factor da comparação que temos presente não será afectado pela inclusão desta limitação estatutária, ou seja, se também o universo dos direitos de voto, em relação ao qual estabelecemos a percentagem, não deve ser entendido como diminuído em face da limitação ao direito de voto. Se for assim, e voltando ao exemplo que referimos, a aquisição dos 51% das acções que atribuem 15% dos direitos de voto perante o universo dos *votos correspondentes ao capital social,* atribuem mais de 15% dos direitos de voto perante os *votos correspondentes ao capital social que sabemos poderem ser exercidos* — desde logo, e esquecendo a forma como os restantes 49% do capital social estejam distribuídos, porque a mera participação desse accionista faz com que 32% dos votos não possam ser exercidos (51% — 19%), razão pela qual os 15% seriam colocados perante um universo menor.

A redacção das três *alíneas* do n° 1 do art. 527° e do n° 2 do art. 528°, ambos do Cód.MVM, parece indicar que a hipótese por nós colocadas deve merecer resposta negativa. Na verdade, qualquer das previsões específicas de *OPA obrigatória* se refere apenas aos *direitos de voto correspondentes ao capital da sociedade visada,* o que parece significar que o volume desses direitos — o universo em relação ao qual estabelecemos a percentagem detida e/ou a adquirir pela entidade —, não é nunca afectado em face dos efeitos da consagração desta limitação estatutária.

No entanto, a ser assim, deparamo-nos imediatamente com uma perplexidade. Um accionista que adquira uma participação representativa de 51% do capital social de uma sociedade que tenha limitado o exercício do direito de voto a 19%, estando o capital remanescente dividido com um outro accionista, titular de 30% do capital, e com os restantes 19% dispersos pelo público, sendo certo que apenas pode exercer 19% dos *votos correspondentes ao capital social,* terá uma posição relativa que lhe permite exercer 1/3 dos direitos de voto, já que apenas 57% dos votos correspondentes ao capital social podem ser exercidos (19% + 19% + 19%). Pelo contrário, se dois accionistas, cada um com 19%, e actuando em concertação, num panorama em que os restantes 62% se encontram dispersos pelo público, virem um terceiro adquirir 51% desse capital disperso, passam a poder exercer mais de metade dos votos *actuais* (19% + 19% contra 19% + 11%).

VII. A questão que se coloca é, naturalmente, a de saber se o regime de obrigatoriedade de OPA é insensível a estas dissociações entre os *votos correspondentes ao capital social* e os votos que, em concreto, podem ser exercidos.

Encontramos um afloramento de resposta a este problema na *alínea e) do nº 1 do art. 529º do Cód.MVM*, ao considerar casos de dispensa de OPA aquelas situações em que a integração nos respectivos pressupostos derive *da redução do total dos direitos actuais e potenciais de voto correspondentes aos valores mobiliários emitidos pela sociedade, com o consequente aumento da participação do interessado nesse total, em virtude, nomeadamente, da aquisição de acções próprias pela sociedade ou da remissão de determinadas acções*[320].

Ora, se é certo que o caso da remissão de acções implica a diminuição do universo de direitos de voto em medida proporcional à diminuição do capital social, o mesmo já não acontece no que respeita à aquisição de acções próprias, situação em que os direitos de voto existem, mas vêm a sua eficácia suspensa.

Cremos que a análise deste fundamento de dispensa da obrigatoriedade de OPA responde de forma directa à segunda das hipóteses isoladas. Na verdade, ao referir-se à redução do *total dos direitos actuais e potenciais de voto,* a *alínea* permite-nos considerar a inclusão dos casos em que essa redução derive da titularidade das acções, funcionando as limitações de voto em função dessa titularidade, razão pela qual não nos custa afirmar que aqueles accionistas que, actuando em concertação, passam a ter a maioria dos votos (19% + 19%) porque o universo do total de direitos de votos se reduziu, são obrigados, salvo dispensa da CMVM, a lançar uma OPA.

---

[320] Outra norma que também poderia ser recebida nesta análise é a da alínea c) do nº 1 do art. 528º-A, que considera ser causa de derrogação da obrigatoriedade de lançamento de OPA a *redução do total dos direitos actuais e potenciais de voto correspondentes aos valores emitidos pela sociedade, com o consequente aumento da participação do interessado nesse total, em virtude da extinção, pelo decurso do prazo em que deveriam ser exercidos, de direitos de conversão, ou de direitos de subscrição ou aquisição de acções, inerentes a obrigações convertíveis em acções e a obrigações ou outros valores mobiliários que dêem direito a essa subscrição ou aquisição.* Teremos ocasião de analisar com maior detalhe esta causa de derrogação. Em qualquer caso, importa reter desde já que o problema que temos presente é o de redução do universo dos *direitos actuais de voto* e, apesar do início da previsão que citámos, não entendemos como os casos de seguida especificados — extinção de direitos de conversão, subscrição ou aquisição de acções — pode implicar a redução dos direitos de *voto actuais,* já que, por nenhum destes valores mobiliários conferir direitos de voto, apenas poderem estar em causa *direitos de voto potenciais.*

No entanto, a ser assim, não se entende que a primeira das hipóteses levantadas não deva merecer solução idêntica. Na verdade, a referência do sistema a *direitos de voto correspondentes ao capital social* não pode implicar que esse universo seja considerado nos casos em que, como no presente, esses direitos de voto não possam todos ser exercidos em função da limitação estatutária ao seu exercício. Esquecer os efeitos que essa limitação implica ao nível do universo de *votos possíveis,* significaria, em termos práticos, esquecer as particularidades que as relações de força entre os accionistas assumem nestes casos.

Deste modo, em conclusão, entendemos que os efeitos da adopção de uma cláusula estatutária deste tipo se devem reflectir, não apenas em relação à avaliação dos votos correspondentes à participação do accionista, mas também em relação ao universo de direitos de voto correspondentes ao capital social que podem ser exercidos desde que, naturalmente, seja possível à CMVM avaliar, no momento em que se verifica da integração nos pressupostos de *OPA obrigatória,* a eficácia específica dessa limitação no universo dos votos em relação ao qual se determina a percentagem.

VIII. Já a hipótese consagrada na *alínea* a), e apesar do facto de se tratar de uma cláusula muita usada entre nós, assume uma menor importância prática na relação que apresenta com o regime da *OPA obrigatória.* A razão para a sua consagração prende-se, acima de tudo, com uma especial disciplina do direito de voto nos casos em que exista uma forte dispersão do capital; o seu efeito é, naturalmente, o de reduzir, nos termos limitados em que esta cláusula é aceite entre nós, a intervenção dos pequenos accionistas (em bom rigor, dos *micro-accionistas)*[321].

Não obstante as diferenças existentes entre os casos previstos nas *alíneas,* o problema que a consagração dessas regras colocam perante o regime da obrigatoriedade de lançamento de OPA surge como comum — se o contrato de sociedade estabelecer que não sejam contados votos acima de determinado número emitidos por um só accionista, ou que um voto apenas corresponderá a certo número de acções, isso significará que a dissociação entre a percentagem relativa ao número de acções detidas e a percentagem relativa ao número de votos que as mesmas atribuem pode ser significativa.

---

[321] Vd. JOÃO LABAREDA, ob.cit., pp. 163-164; e EDUARDO DE MELO LUCAS COELHO, ob.cit., pp. 58-59.

IX. Perante a análise que vimos de realizar, cremos que a verificação da compatibilização entre a hipótese de cláusula prevista nesta *alínea* a) e as regras sobre *OPA obrigatória* se facilita.

Assim, no que respeita à determinação do número de votos atribuídos ao accionista, nenhuma dúvida se levanta no que respeita ao atendimento à limitação. Na verdade, se o accionista não pode exercer um número de votos directamente correspondente às acções que detém e/ou pretende adquirir, nenhum sentido faria desconsiderar esse facto em face das regras de *OPA obrigatória*.

Já quanto ao universo perante o qual se vai determinar a percentagem para efeitos de integração nos pressupostos de *OPA obrigatória*, cremos que as razões que nos conduziram a entender que o mesmo pode ser afectado pela consagração da limitação prevista na *alínea* b) aqui podem ser reproduzidos. Na verdade, se o número de votos correspondentes ao capital social que podem ser exercidos é reduzido por existir uma dispersão de capital de tal ordem que faça com que vários accionistas não detenham acções suficientes que lhes permitam exercer todos os *votos correspondentes* a esse capital, parece-nos que os efeitos da limitação não poderão, em tese, deixar de ser atendidos[322].

De todo o modo, aqui surge uma evidente dificuldade prática na aplicação dessa regra (e por isso afirmávamos que, *em tese,* os efeitos da limitação não poderiam deixar de ser atendidos).

É que, no que respeita à hipótese anterior nos parece evidente que a redução do universo de acções votantes pode, em muitos casos, ser controlado pela CMVM; ora, já aqui nos parece que essa contabilização será extremamente difícil e, na generalidade dos casos, mesmo impossível. Por isso, a eficácia deste tipo de cláusulas assumir-se-á, em termos práticos, normalmente limitada à determinação do número de votos correspondentes à participação do accionista.

9.2.1.4 Inibições ao exercício do direito de voto

I. A existência de inibições, de algum ou alguns accionistas, ao exercício do direito de voto, seja por força do nº 4 do art. 384º do CSC, seja por força do art. 531º do Cód.MVM, seja por força de qualquer outra

---

[322] Contra a opinião exposta, cfr. RAÚL VENTURA, ob.cit., p. 243, em face da divergência já exposta no que respeita aos efeitos que a limitação provoca na contagem da universalidade em relação à qual se estabelece a percentagem.

norma[323], poderá, de igual modo, provocar específicos problemas no que respeita à contagem dos votos inerentes à participação de cada accionista.

Na verdade, qualquer das situações isoladas implica que, assumindo o ponto de vista da determinação da participação do accionista afectado pela inibição, os direitos de voto correspondentes às acções que detém sejam em número menor do que aqueles que, não fora a inibição, lhes corresponderiam, e que, assumindo o ponto de vista da determinação da universalidade dos direitos de voto correspondentes ao capital da sociedade em causa, seja produzido efeito paralelo.

De todo o modo, será necessário salientar desde já que, independentemente da existência desses traços de similitude — que permitem o seu tratamento conjunto —, os casos isolados apresentam eficácia bem distinta no que respeita ao regime a que fica sujeita essa inibição.

Na verdade, e desde logo, no caso previsto no nº 4 do art. 384º do CSC a inibição ao exercício do direito de voto poderá desaparecer automaticamente com a mera realização da entrada de capital em mora. Por isso, não é possível determinar à partida o momento em que as acções verão reestabelecido o direito de voto, embora, por outro lado, esse reestabelecimento fique apenas na dependência da vontade do accionista interessado.

Já o caso de inibição previsto no art. 531º do Cód.MVM funciona de forma distinta. Desde logo, porque a inibição impede, em regra durante um prazo pré-determinado — cinco anos contados da data em que deveria ter sido lançada a OPA —, o exercício do direito de voto correspondente às acções em causa. Por outro lado, porque, nos termos do nº 3 desse artigo, poderá abranger — no que respeita ao direito de voto — outros valores que não estivessem directamente em causa pela operação viciada.

Por isso, mais uma vez haverá que analisar os efeitos específicos destas inibições no que respeita às regras de *OPA obrigatória,* quer no que respeita à avaliação da participação do accionista, quer ainda no que respeita à avaliação do universo dos votos correspondentes ao capital da

---

[323] Por exemplo, dispõe o art. 105º do Regime Geral das Instituições de Crédito e Sociedades Financeiras (RGIC) que a constituição ou o aumento de uma participação qualificada (cfr. art. 13.7 e art. 102º do mesmo diploma), sem que o interessado tenha procedido à comunicação exigida, ou aos quais o Banco de Portugal se tenha oposto, determina a inibição do direito de voto na parte que exceda o limite mais baixo que tiver sido ultrapassado. Sobre esta temática vd., por todos, MENEZES CORDEIRO, *Manual de Direito Bancário*, Almedina, Coimbra, 1998, pp. 139-145.

III. A Delimitação da Obrigação

sociedade — já que ambos os termos de confronto poderão ser, em tese, afectados em face da existência de uma inibição deste tipo —, por forma a averiguarmos se os direitos inerentes às acções em relação às quais funcione esta inibição devem (ou não) ser considerados para efeitos de determinação dos limites de *OPA obrigatória*.

II. O problema que temos em análise foi já considerado entre nós por AUGUSTO TEIXEIRA GARCIA[324], na opinião do qual devem ser considerados todos os títulos que conferem direito de voto, independentemente de os direitos inerentes a esses títulos se encontrarem suspensos. Na opinião deste Autor, existem dois argumentos fundamentais na base da conclusão exposta.

O primeiro argumento centra a sua atenção no facto de a solução contrária *favorecer o autor duma transposição ilícita* de um dos limites a partir do qual é imposta a obrigatoriedade de lançamento de OPA, já que, não sendo contados os direitos de voto relativos às acções adquiridas, o infractor ficaria *indevidamente dispensado de lançar uma oferta obrigatória*.

O segundo argumento centra a sua atenção na iniquidade que derivaria do facto de um accionista, *cuja participação social, como consequência da suspensão de direitos aplicada às acções adquiridas contra legem*, fosse relativamente aumentada, e por isso se integrasse nos pressupostos de lançamento de *OPA obrigatória*, ser obrigado a lançar uma oferta por esse facto.

Com o devido respeito pela opinião exposta e pelos fundamentos que a sustentam, parece-nos que nenhum dos argumentos apresentados colhe e, pelo contrário, existem fortíssimos argumentos que nos conduzem a uma solução no sentido contrário. Vejamos, desde já, as razões que nos levam a discordar da opinião exposta e, de seguida, as razões que entendemos estarem na base da solução contrária, sendo certo que as mesmas, em grande medida, já derivarão dessa primeira fase da análise.

III. Estamos de acordo com a afirmação segundo a qual, a não serem contados os direitos de voto em relação aos quais esteja associada uma inibição ao exercício desse direito, a aquisição, por uma determinada

---

[324] Ob.cit., pp. 224-225. Aparentemente no mesmo sentido, mas sem apresentar justificação, vd. RAÚL VENTURA, ob.cit., p. 244, que afirma não *serem atendidas as limitações de voto que funcionem individualmente*, o que parece ser o caso da limitação em análise.

entidade, de um conjunto de acções que o levem a ultrapassar qualquer dos limites de detenção e/ou aquisição a partir dos quais se tornava obrigatório o lançamento de uma OPA, não é obrigado a lançar, subsequentemente, uma oferta[325][326]. No entanto, não nos parece que isso implique, como refere AUGUSTO TEIXEIRA GARCIA, uma *dispensa indevida,* mas antes um resultado que é pretendido pelo sistema. E é assim por três razões distintas.

A primeira razão é a de que não existem previsões de *OPA obrigatória subsequente* paralelas a todos os casos de *OPA obrigatória prévia.* Pelo contrário — quando o Autor fala de *dispensa indevida,* tem apenas em atenção a aquisição em violação do disposto na *alínea* c) do nº 1 do art. 527º, e a *dispensa indevida* será referente à hipótese do nº 2 do art. 528º do Cód.MVM. No entanto, quando a violação se refira às hipóteses das *alíneas* a) ou c) do nº 1 do art. 527º, nenhuma obrigação de lançamento da OPA, subsequente à aquisição ilícita, poderia sequer ser ponderada[327].

Este enquadramento revela-nos que o sistema encarou todas as hipóteses de violação do regime de igual modo, não pretendendo associar a obrigação de lançamento de *OPA subsequente* a umas violações e não a

---

[325] Saliente-se que, por nos estarmos a referir a *aquisições,* temos apenas em atenção as hipóteses de *OPA prévia* constantes do nº 1 do art. 527º do Cód.MVM. Naturalmente que, em relação à hipótese de *OPA sucessiva* prevista no nº 2 do art. 528º já não é assim. Como é evidente, o não lançamento de uma *OPA subsequente* nomeadamente em obediência ao disposto no nº3 desse art. 528º, para além de ficar sujeito às sanções a que qualquer outra violação fica sujeita, tem subjacente a manutenção da obrigação, como resulta da parte final do nº 6 do art. 531º.

[326] Seria convidativo afirmarmos que não é assim por a inibição ser posterior à aquisição, razão pela qual existiria um momento, imediatamente posterior ao da aquisição, em que a integração nos pressupostos do nº 2 do art. 528º do Cód.MVM seria possível, apenas no momento seguinte surgindo a inibição. No entanto, parece-nos que essa construção, apesar de convidativa, se revela artificiosa. A inibição a que se refere o art. 531º é de funcionamento automático, não necessitando, para ser eficaz, de uma declaração constitutiva. Daí que, após a reunião dos pressupostos de que inibição depende — *a falta de observância do estabelecido nos artigos 527º e 528º* — a mesma seja imediatamente eficaz. Por isso o momento é apenas um e coincidente — o da violação das regras sobre *OPA obrigatória* e o da produção de efeitos da inibição.

[327] Teremos ocasião de analisar em maior detalhe estas previsões específicas de *OPA obrigatória,* razão pela qual, para maiores desenvolvimentos, remetemos para essa sede. De todo o modo, como afirma AUGUSTO TEIXEIRA GARCIA (ob.cit., pp. 209-212) em relação à versão original do Cód.MVM, estes últimos casos representam hipóteses em que a OPA é imposta como *meio obrigatório de aquisição,* e não como *fim obrigatório.*

III. A Delimitação da Obrigação

outras, razão pela qual se pode concluir que a violação destas regras importa um conjunto de sanções previstas no art. 531º do Cód.MVM, entre as quais não se conta a obrigação de lançar uma *OPA subsequente*[328], mas de que não fará parte a obrigação de lançamento de *OPA subsequente*.

A segunda razão, agora focando a nossa atenção na hipótese de violação do disposto na *alínea* b) do nº 1 do art. 527º do Cód.MVM — o único caso em relação ao qual poderia ser ponderada a hipótese de obrigação de *OPA subsequente* —, é que o específico accionista que tenha adquirido uma participação de 51% das acções sem o lançamento prévio de OPA, na verdade, não passa a deter uma participação que lhe assegure *mais de metade dos votos correspondentes ao capital social*. Pelo contrário — admitindo que esse accionista não detinha qualquer acção antes da aquisição, a sua participação não lhe irá assegurar qualquer voto, já que as acções que adquiriu vêem o exercício dos correspondentes direitos de voto inibidos durante um período de cinco anos.

Assim, não compreendemos como se poderia falar aqui de *dispensa indevida*, quando a hipótese não parece sequer dever ser enquadrada na previsão de obrigatoriedade, ainda para mais quando serão os titulares dos restantes 49% do capital que, entre si, passam a repartir a totalidade do capital votante durante todo o período em que a inibição se mantenha.

De todo o modo, não se entenda a partir das afirmações precedentes que a aquisição realizada *contra legem* será alheia à matéria da *OPA obrigatória*. Não o é, já que apenas estaremos perante um diferimento do momento de constituição da obrigação — se, após esse período de cinco anos, o accionista mantiver a participação adquirida, nesse momento — e apenas nesse momento — é que ele passará a deter mais de metade dos votos correspondentes ao capital social. E, decorrentemente, apenas nesse momento é que ele estará obrigado a lançar uma OPA, nos termos do nº 2 do art. 528º do Cód.MVM[329].

---

[328] Recorde-se que nos estamos a referir às violações de todas as hipóteses de OPA obrigatória, com excepção da própria obrigação prevista no nº 2 do art. 528º do Cód.MVM.

[329] Esta solução, aliás, é a que melhor se relaciona com o regime da contrapartida da *oferta obrigatória* que, nos termos do nº 6 do art. 528º do Cód.MVM, deverá sempre ser em dinheiro ou acompanhada de uma alternativa em dinheiro que não pode ser fixada em quantia inferior ao mais alto dos seguintes montantes: (a) o *equivalente à contrapartida de valores mobiliários que for eventualmente proposta*; (b) *o maior preço pago pelo oferente (...) pela compra de valores mobiliários da mesma natureza e categoria, nos 12 meses imediatamente anteriores à data da publicação do anúncio preliminar da*

A terceira razão prende-se com o disposto no n° 3 do art. 531° do Cód.MVM[330], nos termos do qual a inibição abrangerá ainda — no que respeita ao exercício do direito de voto — *a quantidade adicional de valores mobiliários que for necessária para assegurar que o infractor não disponha (...) de uma percentagem do total dos direitos de voto correspondentes ao capital da sociedade em causa, com exclusão dos que forem objecto da inibição, superior à que se encontra estabelecida nos artigos 527° e 528°, consoante o que for aplicável, como limite até ao qual a aquisição efectuada não dependia legalmente de oferta pública prévia nem determinava o lançamento de oferta pública sucessiva.*

Ora, parece evidente que estaríamos perante uma inusitada violência se, juntamente com as sanções derivadas do incumprimento das regras de *OPA obrigatória,* a entidade infractora ainda que tivesse de lançar uma *OPA subsequente,* sujeitando-se a esta limitação adicional no que respeita aos valores mobiliários adquiridos na OPA; e, correlativamente, estaríamos perante uma estranha vantagem conferida aos demais accionistas que se mantivessem como tal após essa OPA. Nesse caso, a entidade infractora seria obrigada a adquirir todos os valores que lhe fossem apresentados no âmbito da oferta e, o que era mais importante, não deteria uma posição votante que lhe permitisse assegurar qualquer forma de controle durante os cinco anos de duração da inibição.

E não se entenda que as afirmações precedentes não teriam aplicação por o lançamento de uma OPA subsequentemente à aquisição ilícita sanar o facto e fazer cessar a inibição ou a sua extensão. Resulta claro, da leitura do n° 6 do art. 531°, que a cessação da inibição apenas opera decorrido o período de cinco anos ou *em virtude da alienação de uma quantidade de valores mobiliários correspondente aos direitos de voto*

---

oferta; (c) *a cotação média ponderada desses valores durante o mesmo período; (...).* Ora, parece-nos que não faria sentido assumir como elemento de quantificação da contrapartida o preço pago pelo oferente no âmbito da transacção *contra legem,* o que aconteceria inevitavelmente na solução contrária à por nós apresentada, já que isso permitiria à entidade em questão escolher o momento de realização da transacção e, desse modo, manipular directamente as regras de fixação da contrapartida. Pelo contrário — a realização de uma OPA após os cinco anos, e reunidos os pressupostos para tal, deixaria sempre um sinal de imponderabilidade que, em termos práticos, se reveste de maior severidade para a posição da entidade adquirente e melhor se adequa às regras de funcionamento do mercado de capitais.

[330] Que foi introduzido pelo recente DL n° 261/95, razão pela qual, naturalmente, não era tomado em consideração por Augusto Teixeira Garcia.

objecto da inibição, e não por virtude do lançamento de uma OPA subsequente e da consequente aquisição de mais valores mobiliários, o que apenas acontecerá no caso de estarmos, desde o primeiro momento, perante uma violação do nº 2 do art. 528º do Cód.MVM.

IV. Por outro lado, abordando agora o segundo argumento apresentado, não nos parece que a aparente iniquidade derivada do facto de um accionista ver aumentados, em termos relativos, os direitos de voto inerentes à sua participação, como consequência da suspensão de direitos aplicada às acções adquiridas *contra legem*, e por isso se ver integrado nos pressupostos de lançamento de *OPA obrigatória,* seja um argumento válido perante o enquadramento em que nos colocamos. E é assim, mais uma vez, porque essa é a consequência pretendida pelo sistema e este garante formas de corrigir os eventuais efeitos iníquos que possa resultar da sua aplicação.

Na verdade, importará de novo salientar que estamos apenas perante a hipótese de aplicação, subsequente à violação da hipótese prevista na *alínea* b) do nº 1 do art. 527º, do caso de *OPA obrigatória* previsto no nº 2 do art. 528º, já que as demais hipóteses de *OPA obrigatória* têm apenas em atenção casos de *obrigatoriedade fraca* ou *média*. Por isso, a situação que temos em atenção é a do accionista titular de, por exemplo, 45% do capital votante que, em face da existência de uma inibição deste tipo em relação à participação de outro accionista — e da consequente redução do universo dos *direitos de voto correspondentes ao capital social que podem ser exercidos —,* passa a deter a maioria dos direitos de voto *exercíveis* durante o período em que inibição se mantenha.

Ora, nem vemos como esta situação não possa dar lugar à integração nos requisitos de *OPA obrigatória subsequente,* nem vemos a iniquidade da solução perante outras hipóteses afins de integração nesta regra e do regime de correcção constante do próprio Cóa.MVM.

Independentemente da causa que conduz à situação criada, a verdade é que aquele específico accionista passa, de facto, a deter mais metade dos votos *exercíveis* em assembleia geral durante todo o período que dure a inibição. E, por isso, terá uma participação que lhe permita assumir a determinação da vontade social durante todo esse período. Se é certo que, em relação a esse accionista podemos falar de *aparente iniquidade* por a obrigação derivar de um facto ilícito cometido por terceiro, não o é menos que os demais accionistas não devem ver os seus direitos afectados em função desse facto.

Por outro lado, parece-nos certo que a situação que temos presente é equiparável a outras situações afins, em que a integração nos pressupostos de obrigatoriedade de lançamento de OPA derive da redução do universo dos *votos exercíveis correspondentes ao capital social,* como é o caso da aquisição de *acções próprias* pela sociedade em relação à qual esteja a ser efectuado o cálculo. Também neste caso o accionista se pode ver obrigado a lançar uma *OPA subsequente* sem que tenha — por vezes sequer por via indirecta — participado na decisão. E apenas assim não será se a CMVM, nos termos do disposto na *alínea* e) do n° 1 do art. 529° do Cód.MVM, entender dispensar essa entidade do cumprimento no disposto no n° 2 do art. 528° do Cód.MVM, aferindo dos critérios previstos no art. 5° desse mesmo artigo.

A situação que temos presente pode ser objecto da mesma leitura. A obrigação existirá e a CMVM, entendendo estarem reunidos os pressupostos para isso, poderá dispensar o accionista em causa da obrigação de lançar a OPA, nomeadamente sujeitando a dispensa, nos termos do n° 6 do art. 529°, a específicas condições *necessárias para assegurar a protecção dos interesses e a igualdade de tratamento dos titulares dos valores mobiliários a que a dispensa respeita.* Ora, uma condição que poderá ser imposta à dispensa é, exactamente, a de o accionista não vir a exercer, durante o período em que se mantenha a inibição, a totalidade dos direitos de voto que, perante a redução do universo votante, ele dispõe[331].

O entendimento da não obrigatoriedade, como é evidente, deixaria todos estes aspectos sem ponderação. Nesse caso, a troco de uma iniquidade — que cremos ser apenas aparente — para a posição do accionista que passou a deter mais de metade dos votos em face da redução do universo do capital votante, provocar-se-ia uma iniquidade para todos os demais accionistas sem possibilidade de correcção. E não nos parece que essa solução seja, por qualquer forma, justificável.

---

[331] AUGUSTO TEIXEIRA GARCIA (ob.cit., pp. 224-225, nota 507), afirma que, a não ser aceite o entendimento por si propugnado sempre existiria a possibilidade de dispensa de OPA ao abrigo da *alínea* h) do n° 1 do art. 529° do Cód.MVM, já que, *sem margem para dúvidas, a obrigação do lançamento da oferta constituiria uma verdadeira iniquidade.* De todo o modo, afirma mais adiante que a solução com a qual vimos de discordar se revela mais adequada, *pois evitará a necessidade desse pedido de dispensa.* Naturalmente que, em face de todas as considerações expostas, não podemos concordar com essa opinião. De qualquer modo refira-se que a dispensa, em qualquer caso, não deveria derivar da aplicação da *alínea* h), mas antes da *alínea* e) — que, na versão original, correspondia à *alínea* g), já que estaremos perante uma *redução do total dos direitos actuais (...) de voto correspondentes aos valores mobiliários emitidos pela sociedade.*

V. Assim, em conclusão, entendemos que os direitos de voto em relação aos quais esteja presente, no momento em que se afere da obrigatoriedade de lançamento de OPA, uma qualquer inibição ao exercício desse direito, não poderão ser contabilizados para efeito da integração nos limites a partir dos quais essa obrigação emerge. Esta afirmação deve ser entendida como produzindo efeitos nas duas perspectivas de aferição — esses direitos não serão contados em relação ao accionista que detenha as acções em causa e esses direitos não serão contados na definição do universo em relação ao qual se estabelece o cálculo.

Esta conclusão sustenta-se, antes de mais, na necessária referência do sistema a um princípio de cálculo a partir dos *direitos de voto exercíveis correspondente ao capital social,* que já foi objecto de apreciação a propósito do problema das limitações estatutárias ao direito de voto, razão pela qual nos dispensamos de aqui voltar a expor o nosso entendimento sobre essa questão. Para além das razões de sistema para a conclusão, parece-nos que a mesma ainda se impõe em função das consequências práticas que implica — porque é a única solução que se mostra conforme com as regras de lançamento de *OPA obrigatória* e porque é a única que permite atender, de forma plena e integrada, aos interesses da generalidade dos accionistas da sociedade.

9.2.1.5 As acções preferenciais sem direito de voto

I. Numa primeira aproximação, dir-se-ia que a emissão de acções preferenciais sem direito de voto[332] em nada afectaria as regras de cálculo

---

[332] O regime jurídico das acções preferenciais sem direito de voto apenas será abordado na exclusiva medida em que implica problemas de coordenação com o regime da *OPA obrigatória*. Para uma caracterização mais desenvolvida desse regime vd., entre nós, PAULO OLAVO CUNHA, ob.cit., pp. 157-165; e JOÃO LABAREDA, ob.cit., pp. 57-62; e ANTÓNIO PEREIRA DE ALMEIDA, *Sociedades Comerciais*, Almedina, Coimbra, 1997, pp. 224-226..

Encontramos a consagração deste tipo de acções na generalidade dos sistemas europeus, sendo abundante a literatura que lhe é dedicada. Em relação ao sistema inglês, vd., por todos, J.H. FARRAR, ob.cit., p. 180; e GEOFFREY MORSE, ob.cit., pp. 264-265; Em relação ao sistema francês vd., por todos, MICHEL JEANTIN, ob.cit., pp. 230-231; MAURICE COZIAN e ALAIN VIANDIER, ob.cit., p. 310; e BARTHÉLÉMY MERCADAL e PHILIPPE JANIN, ob.cit., pp. 833-839. Em relação ao sistema espanhol vd., por todos, JOSÉ ENRIQUE CACHON BLANCO, ob.cit., Tomo I, pp. 199-215; RODRIGO URÍA, ob.cit., pp. 282-284.

para definição dos limites a partir dos quais é obrigatório o lançamento de uma OPA. E a razão para essa afirmação seria encontrada de forma simples e directa — se o cálculo para definição destes limites é efectuado por recurso à noção de *votos correspondentes ao capital social* e se a titularidade destas acções não atribui o direito de voto ao accionista, resultaria evidente que nenhum problema específico estaria aqui presente.

No entanto, e como é natural, a questão não pode ser colocada com essa simplicidade, ou a ponderação deste problema nem teria razão de existir. E a razão para esse facto deriva em termos imediatos de, nos termos do n° 3 do art. 342° do Cód.MVM, estas acções poderem passar a conferir direito de voto, nos mesmos termos que as acções ordinárias, perante o não pagamento integral, durante dois exercícios sociais, do dividendo prioritário que lhes corresponda[333], só vindo a perder esse direito no exercício seguinte àquele em que tiverem sido pagos os dividendos prioritários em atraso[334].

Significa isto que a matéria das acções preferenciais sem voto não representa tema sem relação com o da delimitação da obrigação de lançamento de OPA, razão pela qual deve ser considerado no presente momento — porque estas acções podem, perante a ocorrência de circunstâncias determinadas, conferir esse direito, importa averiguar se as mesmas devem ser tomadas em consideração para efeitos da delimitação da obrigação de lançamento de OPA.

O problema que vimos de isolar pode ser sub-dividido em dois núcleos essenciais que, como é evidente, se encontram mutuamente relacionados.

O primeiro núcleo problemático passa por saber se, em função da eventual possibilidade de atribuição do direito de voto perante circunstâncias determinadas, as acções preferenciais sem voto devem ser tomadas

---

[333] Entende JOÃO LABAREDA (ob.cit., p. 61) que a atribuição do direito de voto só se verificará *quando os accionistas prioritários não foram embolsados por não existirem lucros sociais disponíveis e não porque os administradores culposamente deixaram de cumprir a obrigação,* caso em que restará aos accionistas *executar a sociedade e os administradores responsáveis.* Em sentido contrário, e numa interpretação que parece melhor adequar a redacção da lei, entende PAULO OLAVO CUNHA (ob.cit., p. 163) que os *accionistas privilegiados também adquirem direito de voto se, existindo lucros distribuíveis, o dividendo preferencial não for pelos administradores colocado à sua disposição.* Nessa situação, os accionistas prejudicados poderão seguir qualquer dessas duas vias.

[334] Como salienta PAULO OLAVO CUNHA (ob.cit., p. 164), o direito de voto apenas desaparecerá quando forem pagos *todos* os dividendos em atraso.

em consideração na definição da participação detida e/ou a adquirir pelo accionista e do universo em relação ao qual se estabelece a percentagem. O problema refere-se à ponderação destas acções num momento em que elas não atribuem o direito de voto; a justificação do problema refere-se à possibilidade de o virem a atribuir.

O segundo núcleo problemático passa por saber se, sendo atribuído o direito de voto a estas acções nos termos do disposto no nº 3 do art. 342º, elas devem ser tomadas em consideração em relação a qualquer dos factores da proporção. O problema refere-se agora à ponderação destas acções num momento em que elas já atribuem o direito de voto; a justificação do problema refere-se à possibilidade de o poderem vir a perder.

Naturalmente que, a ser dada resposta afirmativa à primeira das questões, a mesma será, por maioria de razão, extensível à segunda. De todo o modo, cremos que existirá conveniência neste isolamento específico das questões, já que o mesmo nos permitirá melhor demarcar os termos da nossa análise.

II. Resulta na nossa opinião evidente que, não obstante a possibilidade de atribuição do direito de voto, estas acções não devem ser tomadas em consideração — para a definição do cálculo que temos em análise — num momento em que esse direito de voto não esteja atribuído.

A razão para essa afirmação resulta, em primeiro lugar, da mera verificação do facto de estas acções não atribuírem — excepto na situação que analisaremos de seguida — *direitos de voto correspondentes ao capital social*, sendo que o sistema é construído, como já tivemos ocasião de verificar, apenas em torno dessa noção. Por isso, dir-se-ia que nenhuma dúvida poderia ser suscitada pela resposta.

Acontece, no entanto, que existem outros valores mobiliários para além das acções que são atendidos nesta delimitação da obrigação[335] e, como já verificámos, no sistema jurídico nacional as acções são o único valor mobiliário que atribui o direito de voto. Por isso, importará questionar se a situação que temos presente não mostra afinidades com a daqueles outros valores mobiliários.

De novo nos parece que a resposta deve ser negativa. Na verdade, como teremos ocasião de verificar em maior detalhe, esses valores mobi-

---

[335] Que, como já referimos, são as obrigações e outros valores mobiliários convertíveis em acções, e as obrigações e outros valores mobiliários que confiram direito à subscrição de acções ou à sua aquisição a qualquer outro título.

liários são atendidos em face do facto de poderem dar lugar à titularidade de acções — seja por conversão seja por subscrição — ficando a decisão sobre essa subscrição ou conversão na exclusiva disponibilidade do detentor desses valores mobiliários. Já o mesmo não acontece na situação que temos em presença. A eventual atribuição de direito de voto a estas acções depende de factos exógenos à vontade do seu titular e em absoluto fora do seu controle.

Por isso, seria manifestamente desprovida de sentido a contagem destas acções para efeitos de delimitação da obrigação de lançamento de OPA — quer do ponto de vista do seu titular, que poderia ser obrigado a lançar uma OPA por consideração de direitos de voto que o mesmo não tem e pode nunca vir a ter, e por isso não pode exercer e pode nunca vir a poder, quer do ponto de vista da definição do universo em relação ao qual estabelecemos a percentagem, por implicar uma deturpação da consideração do mesmo ao atender a direitos de voto inexistentes[336].

III. Mas se cremos que o primeiro núcleo problemático que isolámos se afigura de fácil resposta, já o mesmo não pode ser afirmado em relação ao segundo. É que, passando estas acções a atribuir direito de voto, tudo apontaria no sentido da sua consideração; no entanto, essa conclusão apresenta algumas dificuldades quando atendemos na possibilidade — de novo determinada por causas exógenas à vontade do accionista — de as acções virem a perder esse direito em face do pagamento dos dividendos.

A solução que parece derivar do CSC vai no sentido da consideração dessas acções. Na verdade, resulta da parte final do n° 3 do art. 342° do CSC que, enquanto as acções preferenciais gozarem do direito de voto, não se aplica o disposto no n° 4 do art. 341°, ou seja, estas acções passarão a contar para a determinação da representação do capital — exigido na lei ou no contrato de sociedade — para as deliberações dos accionistas. Ora, se é assim, pareceria claro que os direitos de voto a elas inerente seriam de igual modo considerados para efeitos da delimitação da obrigação de lançamento de OPA.

No entanto, entre nós essa solução foi já posta em causa por RAÚL VENTURA[337] em face da relação entre a transitoriedade da situação de atribuição do direito de voto e a irreversibilidade do efeito da mesma —

---

[336] No mesmo sentido vd. RAÚL VENTURA, ob.cit., pp. 242-243.
[337] Id.ib.

o lançamento de uma OPA geral, provocado por um facto que lhe é estranho e lhe foi prejudicial. De todo o modo, afirma ainda o mesmo Autor que uma solução intermédia poderá consistir no entendimento segundo o qual estas acções seriam contadas para efeitos da delimitação da obrigação, mas que poderiam conduzir a uma dispensa.

Em face da análise que já produzimos em relação às hipóteses anteriores, resulta na nossa opinião claro que estas acções, quando tenham atribuído o direito de voto, não poderão deixar de ser atendidas para efeitos da delimitação da obrigação. Esses direitos de voto são direitos *actuais, exercíveis* e *correspondentes ao capital social*.

Por isso, não se poderia entender estarmos fora do âmbito de delimitação da obrigação, ou provocaríamos uma evidente distorção no sistema — durante todo o período em que os direitos de voto fossem atribuídos, um accionista poderia exercer mais de metade dos votos correspondentes ao capital social sem que tivesse lançado uma OPA geral. E, se é certo que a atribuição de direito de voto é eventual, razão pela qual não podemos entender que as acções preferenciais sem direito de voto não devem ser contadas para efeitos da delimitação da OPA, também parece claro que a perda dos direitos o será.

Deste modo, entendemos que a única solução possível será atender a estas acções para efeitos da delimitação da obrigação[338]. Como é evidente, e como já vimos acontecer em relação a outras situações, a hipótese de concessão de uma dispensa pala CMVM surgirá como uma solução razoável na maior parte dos casos, o que permitirá ao sistema corrigir os efeitos iníquos da sua aplicação e melhor compatibilizar os interesses aqui em presença. Por outro lado, essa dispensa poderá, nos termos do nº 6 do art. 529º do Cód.MVM, ser sujeita à condição de o accionista não exercer mais de metade dos votos correspondentes ao capital social enquanto se mantiver a atribuição do direito de voto.

9.2.1.6 Acções próprias

I. A detenção de acções próprias pela sociedade em relação à qual esteja a ser considerada a obrigatoriedade de lançamento de OPA, embora de forma distinta, também provoca uma dissociação entre a percentagem correspondente ao número de acções detidas por cada accionista e a percentagem correspondente ao número de votos que essas acções conferem.

---

[338] No mesmo sentido, perante o direito francês, vd. ALAIN VIANDIER, ob.cit., p. 217.

Na verdade, e como resulta da *alínea* a) do n° 1 do art. 324° do CSC, enquanto as acções pertencerem à sociedade considerar-se-ão suspensos todos os direitos a ela inerentes[339], aí se englobando, como parece não dever merecer dúvidas, o direito de voto. Sendo assim, o número de votos que, em cada momento, pode ser exercido é, durante o período de detenção das acções próprias, inferior ao número acções existentes, razão pela qual um accionista que detenha 49,9% do capital passará a poder exercer mais de 49,9% dos direitos de voto no seio de uma assembleia geral.

Perante este enquadramento, mais uma vez se coloca a questão de saber se os votos inerentes às acções próprias, apesar de suspensos, são ou não contados para efeitos de determinação dos limites de obrigatoriedade de lançamento de uma OPA. Naturalmente que, ao contrário do que acontecia em relação à contagem das acções próprias, este problema se refere apenas à componente de determinação do universo a partir do qual são calculadas as percentagens de direito de voto correspondentes a cada accionista.

II. Analisando o problema em face da forma como o mesmo é tratado pelo Direito francês, ALAIN VIANDIER[340] entende que os votos correspondentes às acções próprias não devem ser subtraídos do total de direitos de voto em relação ao qual estabelecemos a percentagem, apresentando para isso uma dupla ordem de argumentos — em primeiro lugar, porque a privação de direito de voto é meramente temporária, e apenas nos casos em que assim não seja é que deverá ser efectuada essa subtracção; e em segundo lugar, porque a privação deriva apenas da qualidade do titular das acções e não da natureza objectiva dos títulos.

Cremos que a validade que estes argumentos revelam em face do direito francês muito dificilmente encontrariam paralelo em face do direito nacional. De facto, a conclusão apresentada resulta, antes de mais, da interpretação dada pelo distinto Autor ao art. 5.4.2 do Regulamento Geral, o qual dispõe — *a determinação do limite de um terço dos títulos de capital, prevista nos artigos que compõem o presente capítulo, é entendida por referência aos títulos de capital conferindo o direito de voto se o capital da sociedade em causa é constituído em parte por títulos sem direito de voto.*

---

[339] Com excepção do direito de receber novas acções no caso de aumento de capital por incorporação de reservas.

[340] Ob.cit., p. 217.

III. A Delimitação da Obrigação 221

Ora, como facilmente se compreende, é apenas em face da interpretação desta norma que a argumentação apresentada se mostra congruente e, nos termos expostos, permite afirmar que a lei apenas pretendeu colocar fora do âmbito de consideração aqueles *títulos de capital* que não conferem o direito de voto de forma definitiva — e não apenas de forma meramente temporária —, e em função da própria natureza dos títulos — e não da especial posição subjectiva do titular das acções. Por isso, os argumentos isolados e a conclusão que sustentam não são imediatamente transponíveis para o direito nacional[341].

III. Perante o direito nacional, cremos que a resposta à questão que nos ocupa não poderá ser outra senão a da subtracção dos votos correspondentes às acções próprias detidas e, consequentemente, o aumento relativo da percentagem de direitos de voto correspondentes às acções detidas. E é assim pelas razões que passamos a elencar.

Em primeiro lugar porque, na sequência do que já afirmámos, o sistema nacional é construído em redor da noção de *direitos de voto*. Por isso, as questões que se colocam, perante o Direito francês, de harmonização entre dois limites distintos — o de percentagem de direitos de voto e o de percentagem de participação no capital — estão, à partida, resolvidas pelo Cód.MVM em virtude da consideração de um único termo de análise.

Em segundo lugar porque estas acções vêem suspenso o direito de voto a partir do momento em que passam a ser consideradas *acções próprias* e, enquanto se mantiverem na titularidade da sociedades, verão essa suspensão ser mantida. Deste modo, verificamos que existe uma dissociação entre os direitos de voto *reais* e os direitos de voto *potenciais*. Ora, parece claro que a lei, pelo menos nesta sede, apela à noção de

---

[341] No mesmo sentido de ALAIN VIANDIER, agora perante o Direito italiano, também PAOLO MONTALENTI («La legge italiana sulle offerte publique...», cit., pp. 852-853) sustenta a contagem das *acções próprias,* embora com argumentos diferentes — porque, quando a lei se refere a *acções com direito de voto,* pretende apenas excluir aqueles casos em que, *institucionalmente,* esse direito não exista, e não também aqueles casos em que o dircito esteja temporariamente suspenso; e ainda porque o não atendimento destas acções faria com que a aquisição de acções próprias, por reduzir o universo das acções em relação às quais se estabelece a determinação da obrigação de lançamento de OPA e das obrigações de informação dos accionistas, provocaria uma situação *juridicamente problemática.* Teremos ocasião de verificar de seguida que, perante o direito nacional, a situação se coloca em termos absolutamente distintos.

direitos de voto *reais,* já que são os mesmos permitirão estabelecer as relações entre os accionistas no seio da assembleia geral.

Finalmente, em terceiro lugar porque, nos termos da *alínea* e) do n° 1 do art. 529° do Cód.MVM, o sistema prevê uma hipótese de dispensa do cumprimento da obrigação de lançamento de OPA para os casos em que a integração nos respectivos limites resulte da *redução do total dos direitos actuais e potenciais de voto correspondentes aos valores mobiliários emitidos pela sociedade, com o consequente aumento relativo da participação do interessado nesse total, em virtude, nomeadamente, da aquisição de acções próprias pela sociedade (...).* Assim esta *alínea* confirma, *a contrario,* a posição que sustentámos, ao mesmo tempo que responde à consequência *juridicamente problemática* que, perante o direito italiano, referia PAOLO MONTALENTI[342].

9.2.2 As obrigações e outros valores mobiliários convertíveis em acções, com direito de subscrição de acções ou que confiram direito à sua aquisição a qualquer outro título

I. Para além das acções, o legislador entendeu tomar em consideração na delimitação do vínculo que temos em análise outros valores mobiliários, como é o caso daqueles previstos nas *alíneas* b) e c) do n° 1 do art. 523° do Cód.MVM — as obrigações convertíveis em acções e quaisquer outros valores mobiliários convertíveis em acções; as obrigações com direito de subscrição de acções e quaisquer outros valores mobiliários que confiram o direito à subscrição de acções ou à sua aquisição a qualquer outro título.

Deste modo, e perante esta previsão, caber-nos-à começar por explicitar o âmbito dos valores mobiliários que aqui estão em causa para, de seguida, analisarmos de forma cuidada o modo como a detenção e/ou aquisição destes valores pode implicar a constituição da obrigação de lançamento de OPA.

II. A possibilidade de emitir obrigações convertíveis em acções consta da *alínea* c) do art. 360° do CSC, e é regulada pelos arts. 365° a 372° do mesmo Código[343]. Já no que respeita às obrigações com direito

---

[342] Vd. nota anterior.

[343] Inúmeras normas do Cód.MVM, para além daquelas que, a propósito da problemática da *OPA obrigatória,* teremos em análise, se referem ao tratamento de aspectos vários do regime das obrigações. Assim, e em geral, vd arts. 3.1.a) (definições), 47.1

de subscrição de acções, essa possibilidade consta da *alínea* d) desse mesmo art. 360°, e o respectivo regime consta dos arts. 372-A e 372-B do CSC.

Por apenas ser permitida, nos termos dos arts. 365° e 372-A, a emissão de obrigações convertíveis ou com direito de subscrição de acções às sociedades com acções cotadas em bolsa de valores, resulta claro que o atendimento que, nesta sede, fazemos a estes valores mobiliários, apenas poderá acontecer no que respeita às *sociedades de subscrição pública* que tenham as suas acções cotadas[344].

III. Os valores mobiliários isolados nestas *alíneas* b) e c) do n° 1 do art. 523° do Cód.MVM apresentam dois elementos em comum que, simultaneamente, são a causa e o problema de base da ponderação que, em torno da sua compreensão, passaremos a realizar — por um lado, estes valores mobiliários permitem a *aquisição* de acções em face de uma mera manifestação de vontade do seu titular, ou seja, ao contrário do que acontecia em relação às acções preferenciais sem direito de voto, a possibilidade de estes valores mobiliários serem convertidos ou facultarem a subscrição ou a aquisição a qualquer outro título de valores que conferem direito de voto[345], não depende de factores exógenos à vontade do seu

---

(formas de representação dos valores mobiliários), 48.3.c) (conversão de obrigações em valores mobiliários escriturais), 53.2 (categorias de valores mobiliários), 81° (fungibilidade dos títulos amortizáveis por sorteio), 147° (dispensa de prospecto), 292.1.b) (valores que podem ser admitidos à negociação em bolsa), 294.1 (admissão à negociação de valores emitidos por entidades internacionais), 305° (admissão de obrigações à cotação no mercado de cotações oficiais), 322.b) (admissão sem prospecto), 344.2 (informações gerais), 352.4 (exclusão da cotação), 361.a) (valores negociáveis no segundo mercado), 365° (admissão de obrigações à cotação no segundo mercado) e 447.1 (interrupção técnica da negociação).

Particularmente, respeitando às obrigações convertíveis em acções, vd. arts. 116.4.b) (subscrição pública), 149.2 (informações adicionais ao conteúdo normal do prospecto), 305.4 (admissão à cotação), 325.1.b) (dispensa total ou parcial de prospecto), 327.a) (conteúdo do prospecto em casos especiais), 344.2.d) (outras informações gerais), 349. 1 (informações aos titulares de valores admitidos à cotação), 365.c) (admissão à cotação no segundo mercado) e 374.3 (transferência de mercado). Para além do Cód.MVM ainda encontramos outras normas relacionadas com estes regimes em alguns Regulamentos editados pela CMVM.

[344] E não àquelas que sejam *sociedades de subscrição pública* **por** terem as suas acções cotadas em bolsa de valores, já que a razão pela qual a sociedade merece essa qualificação é, nesta sede, despicienda.

[345] Sendo certo que, como é evidente, a atribuição de direito de voto às acções preferenciais sem direito de voto não implica qualquer conversão.

titular; no entanto, se é certo que, em virtude da aquisição de acções realizada a partir da sua detenção, os titulares destes valores mobiliários passarão a gozar do direito de voto, a verdade é que não o poderão gozar antes desse momento.

Do exposto na segunda parte do parágrafo anterior resulta que, ao contrário do que acontecia em relação às hipóteses que analisámos em 9.1, aqui não estamos perante direitos de voto *actuais,* mas apenas perante direitos de voto *potenciais,* ou seja, direitos de voto que ainda não existem por não estarem emitidas as acções que os conferem, mas que, de todo o modo, são atendidos pelo ordenamento para efeitos da delimitação da obrigação de lançamento de OPA.

No entanto, se é certo que o objecto da nossa reflexão apresenta uma configuração distinta, já o mesmo não se pode afirmar no que respeita ao âmbito a que essa reflexão se dirige — aqui, como em relação aos casos especiais referentes às acções que tivémos ocasião de analisar, o problema passa pela determinação da forma de contabilização destes *direitos de voto potenciais* no que respeita à determinação da participação de cada entidade detentora dos valores mobiliários e no que se refere ao universo de direitos de voto em relação ao qual a percentagem é determinada, ou seja, quer no que respeita ao numerador, quer no que respeita ao denominador.

IV. Cremos que, quer no que respeita à determinação da participação do accionista, quer no que respeita à determinação do universo em relação ao qual se estabelece a percentagem dos seus direitos de voto, estes valores mobiliários, e os *votos potenciais* que os mesmos asseguram, não poderão deixar de ser atendidos.

Desde logo, porque o n° 1 do art. 527° do Cód.MVM se refere à pretensão de aquisição de *valores mobiliários da natureza dos indicados no n° 1 do artigo 523°.* Depois porque o n° 3 do art. 530°, a propósito dos *valores contados como do oferente,* dispõe expressamente que se contam como pertencendo ao oferente os *votos correspondentes às acções em que se converterão, ou a cuja subscrição ou aquisição dão direito, as obrigações e outros valores mobiliários mencionados nas alíneas b) e c) do art. 523°. Finalmente,* porque a *alínea* c) do n° 1 do art. 528°-A dispõe que a obrigatoriedade da oferta não se aplica quando a mesma derive *da redução do total dos direitos actuais e potenciais de voto correspondentes aos valores emitidos pela sociedade, com o consequente aumento relativo da participação do interessado nesse total, em virtude da extinção, pelo decurso do prazo em que deviam ser exercidos, de direitos de conversão,*

III. A Delimitação da Obrigação

ou de direitos de subscrição de acções ou aquisição de acções, inerentes a obrigações convertíveis em acções e a obrigações ou outros valores mobiliários que dêem direito a essa subscrição ou aquisição.

Por isso, o primeiro passo a dar neste momento da análise parece assentar numa conclusão evidente — na determinação da obrigação de lançamento de OPA, o sistema atende, não apenas aos *direitos de voto actuais correspondentes ao capital social de uma sociedade de subscrição pública*, mas também aos *direitos de voto potenciais* — aqueles correspondentes às acções em que se converterão, ou a cuja subscrição ou aquisição dão direito os valores mobiliários que temos em ponderação nesta sede.

Perante essa conclusão, tem sido entendido entre nós — avançando agora para o *como* atender a esses valores — que a determinação da obrigação de lançamento de OPA resultará do confronto de dois termos — o primeiro, o numerador, resultante do número de votos correspondentes às acções detidas pela entidade em causa e do número de votos *potenciais* que lhe atribuem os demais valores mobiliários de sua titularidade e/ou a adquirir; o segundo, o denominador, resultante do universo do número de votos *actuais* e *potenciais* correspondentes aos valores mobiliários emitidos — no âmbito daqueles referidos no n° 1 o art. 523° — por uma *sociedade subscrição pública*[346].

V. No entanto, a colocação da resposta ao problema nestes termos cria-nos uma evidente dificuldade de entendimento do regime. Não parece suscitar qualquer dúvida que os direitos de voto *potenciais* são conta-

---

[346] As formulações deste entendimento não variam muito de caso para caso. Afirma RAÚL VENTURA (ob.cit., p. 238): *para o cálculo da metade dos votos correspondentes ao capital social, tomar-se-á o capital existente antes ou o capital existente depois da conversão das obrigações em acções? Não teria um mínimo de razoabilidade tomar como existente e pertença do oferente acções que ainda não existem, mas tomá-las como inexistentes quando se estabelece uma percentagem de acções do oferente em relação ao capital social. Parece que as mesmas acções — já ou ainda não existentes — devem ser tomadas em consideração para os dois termos da proporção.* Afirma AUGUSTO TEIXEIRA GARCIA (ob.cit., pp. 223-224): *a contagem dos direitos de voto pertencentes ao oferente abrangerá tanto os votos inerentes às acções já emitidas pela sociedade visada, como os correspondentes às acções em que se converterão, ou a cuja subscrição ou aquisição dão direito as obrigações e outros valores mobiliários mencionados nas alíneas b) e c) do n° 1 do art. 523°. Entra-se, pois, em linha de conta não só com os direitos de voto actuais, mas também com os direitos de voto potenciais. Sendo que, nesta última hipótese, o capital a ter em conta para efeitos de se saber se o oferente tem ou pretende adquirir mais de metade dos votos, é, não o capital actual, mas, sim, o capital potencial.*

dos na determinação da participação detida e/ou a adquirir pela entidade em causa, razão pela qual, como bem afirma RAÚL VENTURA, não teria qualquer sentido considerar esses direitos de voto *potenciais* como inexistentes na determinação do denominador; no entanto, se esse universo for definido a partir da determinação dos direitos de voto *actuais* e *potenciais*, não se entende qual a resposta a dar às hipóteses em que a passagem dos limites de obrigatoriedade de lançamento de OPA se verifique apenas perante o universo dos direitos de voto *actuais*, mas não perante o universo dos direitos de voto *actuais* somados aos direitos de voto *potenciais*.

Exemplificando — se um accionista, detentor de 40% das acções representativas do capital social de uma *sociedade de subscrição pública* e de 40% dos *direitos de voto actuais*, pretender adquirir um conjunto de acções representativas de mais 11% desse capital, assim ficando detentor de 51% dos *direitos de voto actuais,* e se essa sociedade tiver emitido obrigações convertíveis e/ou com direito de subscrição de acções que, *potencialmente,* representem mais 10% dos votos, estará ele obrigado ao lançamento de uma OPA geral para aquisição dessa participação?

No que respeita à relação com o universo dos direitos de voto *actuais* a resposta será indubitavelmente afirmativa — estará ultrapassado o limite previsto na *alínea* b) do n° 1 do art. 527° do Cód.MVM; no entanto, nos que respeita à relação com o universo dos direitos de voto *actuais* e *potenciais* já a resposta será negativa — este accionista não passará a ser detentor de mais de metade dos votos *actuais* e *potenciais,* razão pela qual, a atendermos a este universo, não estarão reunidos os pressupostos de que depende a obrigação.

VI. O problema que temos presente não é exclusivo no direito nacional, embora aqui assuma especiais contornos em face da forma como a regulamentação opera. De todo o modo, para melhor compreendermos o quadro compreensivo perante o qual nos devemos colocar, será conveniente analisarmos previamente a forma como este problema se coloca em alguns sistemas estrangeiros — mais uma vez, recorreremos aos sistemas que maiores afinidades apresentam com o nacional, ou seja, aos sistemas inglês, francês e espanhol.

Como já referimos a propósito do enquadramento normativo de direito comparado, a regra 9.1(a) do *City Code* impõe o lançamento de uma oferta perante a aquisição, seja por virtude de um conjunto de transacções ou de apenas uma, de *acções* que representem 30% ou mais do *capital votante* da sociedade. Perante esta previsão, é geralmente entendido que

III. A Delimitação da Obrigação

a aquisição de valores mobiliários que dêem lugar à conversão, subscrição ou aquisição de acções — independentemente do volume da mesma — não pode importar, por si só, a obrigação de lançamento da oferta; isto sem prejuízo, naturalmente, de o exercício da conversão, subscrição ou aquisição de acções poder implicar uma aquisição de acções para efeitos da constituição da obrigação[347].

Deste modo, o sistema britânico recorre apenas aos *direitos de voto actuais* para traçar os termos de delimitação da obrigação; aqueles que, para o direito nacional, sejam considerados *direitos de votos potenciais* apenas assumirão nesse sistema relevância a partir do momento em que existam como *direitos de voto actuais*.

Assim como acontece em Inglaterra, também em França se entende que a aquisição deste tipo de valores mobiliários não implica, por si mesmo, a obrigação de lançamento de OPA. Estando o sistema centrado por relação às noções de *direitos de voto* e de *títulos de capital,* entende-se geralmente que a aquisição de valores mobiliários como os referidos nas *alíneas* b) e c) do n° 1 do art. 523° do Cód.MVM, não se integra em nenhum dos elementos — por definição não se integra em termos *actuais;* nem se integra em termos *potenciais*[348].

Por isso, de forma paralela ao que resulta do *City Code,* a obrigação de lançamento de OPA apenas emergirá com a aquisição das acções resultantes da conversão, subscrição ou aquisição por via desses valores mobiliários e, consequentemente, com a existência dos direitos de voto.

Ao contrário do que acontece nos sistemas francês e inglês, em Espanha os valores mobiliários referidos nas *alíneas* b) e c) do n° 1 do art. 523° do Cód.MVM são atendidos para efeito da delimitação da obrigação de lançamento de OPA.

Na verdade, no n° 4 do art. 2° do Real Decreto, a propósito das regras de cálculo da *participação significativa,* o legislador espanhol

---

[347] A referência é, deste modo, realizada perante os *voting rights*. Nos comentários editados pelo próprio *Panel* ao *City Code on Takeovers and Mergers and The Rules Governing Substancial Acquisition of Shares* (4ª ed., 8.7.93, F6 e F7), é afirmado — *Em geral, a aquisição de valores mobiliários convertíveis, obrigações ou opções não dá lugar a uma obrigação nos termos desta Regra para lançar uma oferta geral, mas o exercício de uma conversão, direito de subscrição ou opção será considerada como uma aquisição de acções para os seus efeitos.* Vd. ainda STEDMAN, ob.cit., p. 194; e J.H. FARRAR, ob.cit., p. 521.

[348] Vd. A.COURET, D.MARTIN e L. FAUGÉROLAS (ob.cit., pp. 30-31).

estabelece que, em caso de detenção ou aquisição de valores mobiliários que dêem o direito à subscrição ou à aquisição de acções, e sem prejuízo da aplicação das regras gerais no que respeita à relação entre as acções e o capital social existente[349], devemos recorrer às regras seguintes: (i) no momento da aquisição que possa dar lugar à obrigação de lançamento da oferta pública, somar-se-á ao capital teórico a que dêem potencial direito os valores mobiliários detidos ou adquiridos pelo eventual obrigado ao lançamento da oferta, o capital que este já detenha na sociedade a qualquer título jurídico; (ii) por outro lado, somar-se-á ao capital teórico máximo correspondente ao conjunto de valores em circulação dessa natureza, o valor estatutário de capital da sociedade, não se incluindo nessa adição aqueles valores que dêem lugar à aquisição ou subscrição de acções já existentes.

Por outro lado, perante cada momento de conversão destes valores mobiliários, deverá ser de novo realizado o cálculo que referimos. Se, como consequência da não conversão de toda a emissão de valores, for superada qualquer percentagem de *participação significativa,* a entidade que se encontre nessa posição, por ter exercidos os direitos de conversão ou aquisição de acções que lhe cabiam, deverá proceder, no prazo máximo de seis meses, à venda do excesso da participação em relação à percentagem da *participação significativa,* ou ao lançamento de uma OPA obrigatória[350].

Deste modo, resulta claro que, face ao direito espanhol, os *direitos de voto potenciais* são atendidos como tal para efeitos da delimitação da obrigação de lançamento de OPA, quer no que respeita à determinação do numerador, quer no que respeita à determinação do denominador.

VII. Perante o confronto destes três sistemas jurídicos, surge de imediato uma interrogação acerca da razão que leva o legislador, em sistemas jurídicos como o inglês e o francês, a não atender a estes valo-

---

[349] Como assinala JAIME ZURITA SÁENZ DE NAVARRETE (*Régimen Jurídico de las Ofertas Públicas de Adquisición ...,* ob.cit., pp. 72-73), o facto de o legislador espanhol estabelecer que este cálculo é efectuado *sem prejuízo das aplicação das regras gerais no que respeita às relação entre as acções e o capital social existente,* assume uma importância muito grande, pois de outra forma bastaria a detenção ou aquisição de um direito de subscrição ou instrumento similar para que a base de cálculo se ampliasse. Teremos ocasião de voltar a este problema, agora face ao direito nacional.

[350] Para uma análise mais detalhada deste regime, vd. JAIME ZURITA SÁENZ DE NAVARRETE, *Régimen Jurídico de las Ofertas Públicas de Adquisición ...,* ob.cit., pp. 72--74; e CARLOS DE CARDENAS SMITH, ob.cit., pp. 47-48.

III. A Delimitação da Obrigação

res mobiliários a propósito da delimitação da obrigação de lançamento da oferta, e em sistemas jurídicos como o espanhol e o português, a atender a esses valores mobiliários; por diferentes palavras, qual a razão para que os sistemas inglês e francês recorram apenas à noção de direitos de voto (em no caso francês, de títulos de capital) *actuais,* enquanto que os sistemas português e francês sentem a necessidade de recorrer também à noção de direitos de voto *potenciais.*

A resposta a essa questão não nos surge da análise deste problema específico, mas antes da análise de um elemento de compreensão mais geral — os sistemas francês e inglês entendem a *OPA obrigatória* como um vínculo que se constitui subsequentemente à aquisição dos valores mobiliários relevantes, ou seja, estruturam esse vínculo como dando lugar àquilo que definimos como *obrigatoriedade forte;* os sistemas português e espanhol, pelo contrário, encaram a *OPA obrigatória,* desde logo, como um mecanismo através do qual deve ser realizada a própria aquisição dos valores mobiliários relevantes, ou seja, estruturam esse vínculo como dando lugar a casos de *obrigatoriedade fraca* ou *média*[351].

Não fora desse modo, e o legislador nacional poderia atender apenas aos *direitos de voto actuais,* não considerando os direitos de voto *potenciais* — se a obrigação de lançamento da OPA apenas se construísse, como regra, posteriormente à aquisição dos valores mobiliários e da consequente passagem de qualquer dos limites definidos, não teria sentido considerar os valores mobiliários previstos nas *alíneas* b) e c) do nº 1 do art. 523º do Cód.MVM enquanto tal — eles seriam considerados apenas de modo indirecto, já que em causa estaria a detenção de acções a que a conversão, subscrição ou aquisição tivesse dado lugar, e apenas nessa medida[352].

No entanto, este esquema inverte-se quando estamos perante um regime em que a regra é determinada pelo *princípio da OPA prévia —* nestes casos, se não fossem considerados estes valores mobiliários no momento da constituição da obrigação, o adquirente apenas teria de

---

[351] Sem prejuízo, naturalmente, da previsão subsidiária de hipóteses de *obrigatoriedade forte*; no entanto, esses casos surgem como correcção do sistema para aqueles em que as hipóteses de estipulação da OPA como *instrumento obrigatório de aquisição* não pode — por qualquer razão — funcionar.

[352] Cfr. GREGORIO ARRANZ PUMAR, «El proyecto de Directiva sobre ofertas publicas de adquisición y la normativa española. Un enfoque comparado», in *La Lucha por el Control de las Grandes Sociedades,* ob.cit., pp. 71-72.

lançar a OPA subsequentemente, ou seja, nos termos do n° 2 do art. 528° do Cód.MVM. Ora, apesar de, em face dessa previsão, o regime dar resposta à situação que se constituiria, entende o legislador que essa solução deve ser preterida por intermédio de uma correcção realizada no momento inicial, por forma a fazer com que a obrigação de lançamento de OPA já exista no momento em que esses valores vão ser adquiridos.

Sendo assim, conclui-se que a razão que fundamenta a opção de contagem destes valores mobiliários para a determinação dos limites da OPA se prende com a vontade do legislador de resolver por intermédio da *OPA prévia* todos os casos que seja possível aí integrar, ainda que isso implique contar direitos de voto que, no momento da determinação dos limites, ainda não existem, mas que existirão se, e na medida em que, o seu titular pretenda — os *direitos de voto potenciais*.

VII. É em face desta conclusão que deveremos compreender a forma de funcionamento do sistema no que respeita à contagem destes valores mobiliários, dela retirando as devidas consequências ao nível de compreensão do regime.

A primeira consequência que deriva dessa conclusão é a seguinte — não se poderia admitir que esta correcção implicasse uma desvalorização dos *direitos de voto actuais* em face dos *direitos de voto potenciais*. Por isso, quando exista uma integração nos limites de obrigatoriedade de OPA derivada da detenção e/ou aquisição a partir da relação entre *votos actuais,* essa integração não deve ceder perante aquela que derive da relação entre *votos actuais e potenciais*.

A segunda consequência é que, apesar disso, não poderemos deixar de atender à correcção, pois de outra forma não seria cumprido um desígnio do sistema — resolver por intermédio da *OPA prévia* os casos em que a integração nos limites seja feita apenas em face da relação entre *votos actuais e potenciais*.

VII. Sendo assim, cremos que a única hipótese de resposta que se harmoniza com os princípios do sistema é a seguinte — como regra, a determinação dos limites será feita pela relação entre os *votos actuais* que resultam das acções detidas e/ou a adquirir pela entidade em causa com o universo dos *votos correspondentes ao capital social;* quando a sociedade em relação à qual ponderamos a hipótese de *OPA obrigatória* tenha emitido valores mobiliários da natureza daqueles referidos nas *alíneas* a) e b) do n° 1 do art. 523°, teremos de fazer um segundo cálculo, no qual a determinação dos limites será feita pela relação entre os *votos actuais e potenciais* que resultam dos valores mobiliários da natureza dos referidos no n° 1 do art. 523° detidos e/ou a adquirir pela entidade em causa com o universo dos *votos actuais e potenciais* correspondentes aos valores emitidos pela sociedade — nestes casos, a obrigação de lançamento de OPA emergirá se for ultrapassado qualquer dos limites definidos em qualquer das relações estabelecidas.

Apenas adoptando esta dupla delimitação será possível atender a todos os valores presentes no sistema — a primazia da *OPA prévia* sobre a *OPA subsequente* que resulta da necessidade do atendimento destes outros valores mobiliários; e a primazia dos *direitos de voto actuais* sobre os *direitos de voto potenciais,* a que já fizemos referência em momento oportuno.

9.3 Os valores mobiliários contados como pertencendo ao oferente

9.3.1 Introdução

I. A análise que vimos de realizar respeitou apenas a uma das componentes da delimitação da obrigação de lançamento de OPA no que respeita ao cálculo da participação detida e/ou a adquirir — a dos valores mobiliários que são atendidos nesse cálculo e dos termos em que os mesmos são atendidos. No entanto, tivemos ocasião de referir ainda em sede geral, o sistema imposto pelo Cód.MVM recorre a dois elementos principais para corrigir o princípio segundo o qual estarão em causa, nessa delimitação, os direitos de voto inerentes às acções detidas e/ou a adquirir pela entidade em relação à qual avaliamos da obrigatoriedade de lançamento de OPA.

O primeiro elemento de correcção, que vimos de analisar[353], prende-se com a atribuição de relevância a outros valores mobiliários para além das acções e, consequentemente, com o atendimento a um conjunto de direitos de voto que está para além daquele correspondente aos *direitos de voto actuais* relativos às acções emitidas — referimo-nos, como é claro, aos *direitos de voto potenciais* a que esses valores mobiliários darão lugar.

O segundo elemento de correcção, que será agora objecto da nossa análise específica, prende-se com a determinação de um conjunto de

---

[353] Cfr., *infra*, 9.2.2

entidades em relação às quais a lei dispõe que os valores mobiliários por si detidos devem ser contados, para efeito da determinação da eventual obrigação de lançamento de OPA, como pertencendo ao *oferente*[354]. É então neste enquadramento que nos surge a noção de *valores contados como pertencendo ao oferente,* cujo conteúdo resulta do disposto no art. 530° do Cód.MVM, que representa um conjunto de normativos derrogatórios do direito comum, estabelecendo uma especial ligação entre entidades que, de outra forma, seriam tratadas de modo absolutamente isolado[355].

Em face da existência de uma especial ligação entre um conjunto de entidades constantes do elenco desse artigo e o *oferente* — relação essa que permite ao legislador entender que esta última entidade poderá, directa ou indirectamente, influenciar o sentido dos direitos de voto correspondentes às acções detidas por esses terceiros[356] — dispõe o n° 1 desse artigo 530° que são *contados como pertencentes ao oferente, para cálculo dos limites definidos no n° 1 do artigo 527° e no n° 2 do art. 528°, não apenas os direitos de voto que derivem dos valores referidos no n° 3 do presente artigo*[357] *e de que ele seja titular, mas ainda os que resultem de valores mobiliários da mesma natureza detidos por um conjunto de entidades mencionadas num elenco constante das várias alíneas desse número.*

Dedicaremos a nossa atenção, nesta fase do nosso trabalho, à análise dessas previsões. De todo o modo, e porque se levantam um conjunto de questões, prévias e de alcance geral, relativas à compreensão

---

[354] Estes dois elementos cruzam-se. Na verdade, nos termos do n° 3 do art. 530°, *para a contagem dos votos pertencentes ao oferente nos termos do n° 1,* ou seja, nos termos do conjunto de previsões que passaremos a analisar, *considerar-se-ão tanto os votos inerentes às acções já emitidas pela sociedade visada como os correspondentes às acções em que se converterão, ou a cuja subscrição ou aquisição dão direito, as obrigações e outros valores mobiliários mencionados nas alíneas b) e c) do n° 1 do artigo 523°.* Deste modo, a forma de atendimento a esses valores mobiliários que foi objecto de análise em 9.2 terá aqui plena aplicação.

[355] A expressão utilizada é, nos seus aspectos principais, de PAUL LE CANNU («L'Action de Concert», RevSoc., 1991, p. 678) e, apesar de se referir à noção de *actuação em concertação com o oferente,* pode também ser utilizada perante o mecanismo em presença.

[356] Vd. JOSÉ NUNES PEREIRA, cit., p. 95. De todo o modo, voltaremos adiante à questão da justificação deste alargamento de âmbito, razão pela qual para aí remetemos os devidos desenvolvimentos.

[357] Que já sabemos serem aqueles referidos no n° 1 do art. 523° do Cód.MVM.

desta figura, que naturalmente devem ser atendidas antes de abordarmos o alcance específico de cada uma dessas *alíneas* — referimo-nos, de modo especial, a problemas relativos à natureza destas previsões e ao modo como as mesmas devem ser coordenadas com as regras gerais sobre o mecanismo da *OPA obrigatória* —, iniciaremos a nossa análise, nessa perspectiva mais genérica, pelo estudo desses núcleos problemáticos, após o que teremos ocasião de observar cada uma das previsões em particular.

II. As diversas previsões constantes das *alíneas* a) a d) do nº 1 do art. 530º *equiparam*, de forma aparentemente irreversível[358], os valores mobiliários *relevantes* detidos por terceiros aos valores mobiliários da mesma natureza detidos pela entidade em relação à qual ponderamos a obrigatoriedade de OPA — é o que parece resultar da análise das *alíneas* a), b) e c) do nº 1 do art. 527º e do nº 2 do art. 528º (*já detenha nos termos do art. 530º; valores que devam considerar-se como pertencendo-lhe nos termos do art. 530º*), e ainda do nº 1 do art. 530º (*serão contados como pertencendo ao oferente*).

Nessa medida, tem sido entre nós entendido que estamos perante o recurso a um conjunto de ficções legais[359] que, naturalmente, seriam

---

[358] O tratamento deste problema é praticamente esquecido na doutrina nacional. Excepção a esse esquecimento é representado pelas relevantes considerações tecidas acerca deste problema por CARLOS OSÓRIO DE CASTRO (ob.cit., pp. 54-66), que não tem dúvidas em considerar estas previsões como *ficções legais*. Por seu turno, RAÚL VENTURA (ob.cit., pp. 238-239) limita-se a enumerar as *alíneas,* tecendo alguns comentários pontuais sobre as mesmas; de todo o modo, aparentemente concorda com a inilidibilidade das previsões. O mesmo acontece com AUGUSTO TEIXEIRA GARCIA (ob.cit., pp. 225-226). Por isso, é-nos possível dizer que a qualificação destas previsões como presunções inilidíveis assenta, de certo modo, numa unanimidade quase acrítica.

[359] Cfr. nota anterior. Cremos que, em tese, a qualificação correcta será, de facto, a de *ficção legal* e não a de *presunção juris et de juris,* já que estamos perante a atribuição, a um facto, de efeitos jurídicos que correspondem a outro facto, e não apenas perante uma suposição irrefutável que o facto presumido acompanha sempre o facto que serve de base à presunção. De todo o modo, como teremos ocasião de verificar adiante, apesar da contraposição conceptual que vimos de realizar o problema não se afigura tão líquido. E é assim porque, na realidade, também está uma presunção *justificadora* na base da equiparação. Deste modo, cremos que a qualificação desta previsão como uma presunção *juris et de juris,* apesar de menos correcta sob o ponto de vista teórico, nos permite mais facilmente estabelecer a exposição acerca dos problemas relativos à sua natureza jurídica. Por isso, e sem prejuízo do conteúdo destas observações iniciais, utilizaremos os dois conceitos — *ficção legal* e *presunção juris et de juris* — como equiparáveis. Sobre

em absoluto incompatíveis com a apresentação de qualquer meio de prova em sentido contrário ao da disposição equiparativa. Na verdade, parece resultar da lei que de nada serviria ao *oferente* demonstrar, por exemplo, que nenhuma influência, actual ou potencial, pode exercer em relação aos valores mobiliários detidos pelos membros dos seus órgãos de fiscalização ou administração[360], já que esses valores seriam sempre contados como pertencendo-lhe para efeitos da delimitação da obrigação de lançamento de OPA[361].

---

estas figuras vd., entre nós, OLIVEIRA ASCENSÃO, *O Direito — Introdução e Teoria Geral*, 7ª ed., Almedina, Coimbra, pp. 539-540; J. BAPTISTA MACHADO, *Introdução ao Direito e ao Discurso Legitimador*, Almedina. Coimbra, 1983, pp. 111-113; e ANTUNES VARELA, *Manual de Processo Civil*, 2ª ed., Coimbra Editora, Coimbra, 1985, pp. 500-504.

[360] Vd. *alínea* b) do nº 1 do art. 530º e *alínea* f) do nº 2 do art. 525º.

[361] A solução a este propósito consagrada no Direito espanhol revale-se extremamente interessante. Nos termos do nº 1 do art. 2º do Rea¹-Decreto, a propósito das regras de determinação da *participação significativa,* dispõe-se que *se consideram detidas ou adquiridas por uma mesma pessoa física ou jurídica as acções ou outros valores detidos ou adquiridos pelas entidades pertencentes ao mesmo grupo (...) e pelas demais pessoas que actuem em nome próprio, mas por conta ou de forma concertada com aquela.* Adiante dispõe ainda que *se presumirão que actuam por conta ou de forma concertada com a mesma os membros do seu órgão de administração.* Deste modo, o sistema espanhol cumula dois sistemas distintos — por um lado, estabelece uma equiparação inilidível que se refere às acções detidas ou adquiridas por entidades que pertençam ao mesmo grupo e às entidades que actuam por conta ou de forma concertada com o oferente. No entanto, em face da indeterminação deste último conceito, estabelece uma presunção *iuris tantum* que opera em relação aos membros do Conselho de Administração. Deste modo, cumula os dois sistemas. Deve ser referido que, em face da indeterminação e do alcance de alguns dos conceitos utilizados pelo legislador nacional, nos iremos deparar com situações que, em termos práticos, não se afastarão sensivelmente desta solução espanhola; trata-se de ponto que veremos já de seguida a propósito da natureza jurídica destas previsões. Sobre a forma como o problema se coloca no direito espanhol, vd. JAIME ZURITA SÁENZ DE NAVARRETE, ob.cit., pp. 65-71; CARLOS CARDENAS SMITH, ob.cit., pp. 46-47.

Já em Inglaterra o sistema funciona na base do estabelecimento de uma presunção *juris tantum* de *entidades actuando em concertação com o oferente,* paralela à constante do nº 2 do art. 525º do Cód.MVM, o que, mais uma vez, se relaciona com a centralização do sistema a partir de uma regra de *obrigatoriedade forte.* Nos termos da Regra 9 estipula-se que a obrigação de lançamento de OPA é despoletada pela detenção ou aquisição do oferente *juntamente com as acções detidas ou adquiridas pelas entidades que actuam em concertação consigo,* o que nos remete para a *presunção* constante da parte das Definições. Sobre esta definição, vd., por todos, STEDMAN, ob.cit., pp. 16-19.

Também em França o problema é resolvido por intermédio da noção de *actuação em concertação* e do estabelecimento de presunções ilidíveis, o que, mais uma vez,

III. A Delimitação da Obrigação

No limite, e quando isso se justificasse, a obrigação de lançamento de OPA que resultasse do atendimento destes valores mobiliários poderia ser objecto de dispensa pela CMVM, nos termos do disposto da *alínea* f) do n° 1 do art. 529°; no entanto, essa solução, a justificar-se perante situações concretas, em nada afastaria o princípio que referimos ao nível da delimitação da obrigação.

Deve ser ainda referido que seria assim mesmo que estivessem em causa as previsões das *alíneas* c) a g) do n° 2 do art. 525°, aplicadas por remissão da *alínea* b) do n° 1 do art. 530°, e que, no que respeita à delimitação específica do âmbito *das pessoas actuando em concertação com o oferente*, representam, sem qualquer dúvida, presunção ilídiveis[362] — essas situações representariam presunções ilidíveis para efeitos da delimitação do âmbito das *pessoas actuando em concertação com oferente*, mas já representariam ficções legais, quando aplicadas por remissão da *alínea* b) do n° 1 do art. 530°, para efeitos da delimitação do âmbito dos *valores contados como do oferente*.

Estamos em crer, no entanto, que essa solução, apesar de aparentemente pacífica[363], se revela inaceitável em função de um conjunto de

---

encontra a sua explicação no facto de o sistema se basear numa estrutura de *obrigatoriedade forte*. A bibliografia sobre a noção e efeitos da *actuação em concertação* é inúmera. Sem quaisquer preocupações de exaustão, e começando por destacar alguns trabalhos recentes sobre o tema, vd. DOMINIQUE SCHMIDT e CLAUDE BAJ, «Récentes Évolutions de l'Action de Concert», RDBB, 1992, pp. 184-192; PAUL LE CANNU, ob.cit., pp. 675-706; DOMINIQUE SCHMIDT e CLAUDE BAJ, «Réflexions sur les Effets de l'Action de Concert», RDBB, 1991, pp. 182-191; DOMINIQUE SCHMIDT e CLAUDE BAJ, «Réflexions sur la Notion d'Action de Concert», RDBB, 1991, pp. 86-94; ALAIN VIANDIER, ob.cit., pp. 191-212; JEAN FRANÇOIS BIARD e JEAN-PIERRE MATTOUT, cit., pp. 4-5.

Finalmente, caberá agora fazer uma referência ao sistema constante da proposta de Directiva que é, sem qualquer dúvida, aquele que mais se aproxima do regime nacional. Na verdade, consta do n° 2 do art. 4° que, para cálculo do limite a partir do qual se torna obrigatório o lançamento de uma OPA, devem ser adicionados aos direitos de voto detidos pelo adquirente aqueles detidos por um conjunto de entidades identificadas nas quatro *alíneas* desse n° 2; assim como acontece em relação ao regime nacional, aparentemente a proposta de Directiva consagra um conjunto de ficções legais; por isso, os comentários que teceremos a propósito do regime português serão imediatamente transponíveis para esta proposta de Directiva.

[362] Como resulta claro do texto do n° 2 do art. 525° relacionado com a *alínea* b) do n° 1 do mesmo artigo.

[363] O que, como é evidente, também se relaciona com o esquecimento a que este problema tem sido votado no panorama nacional.

argumentos que derivam de dois distintos factores — da *ratio* pela qual o legislador estabelece estas *equiparações,* a qual delimita negativamente, como não poderia deixar de acontecer, o seu *conteúdo interpretável*, e do modo de funcionamento do sistema, que nos demonstra ser a natureza de *ficções legais* incompatível com o modo como estas presunções são encaradas. Pelo contrário, teremos ocasião de verificar estarmos perante *presunções juris tantum*, sem prejuízo, como é evidente, de a sua *ilidibilidade potencial* variar de caso para caso.

Veremos, de forma cuidada, cada uma das linhas de análise isoladas.

III. A equiparação operada por este artigo depende, como não poderia deixar de ser, de uma *ratio* que justifica o elenco de *valores contados como do oferente* e, simultaneamente, que justifica a não inclusão no seu conteúdo de outras situações afins.

Perante as considerações produzidas a propósito da delimitação da obrigação no que respeita aos valores mobiliários que, nesse âmbito, são atendidos, parece claro que a mesma não poderá deixar de assentar, numa primeira linha, na *especial influência,* diríamos mesmo *disposição*[364], em relação aos direitos de voto correspondentes a esses valores mobiliários que pode ser exercida pelo *oferente* — a lei entende, deste modo, que os votos inerentes aos valores mobiliários detidos por esse elenco de entidades terceiras podem ser de tal modo influenciados pelo *oferente* que, para efeitos do cálculo referente à sua eventual obrigação de lançamento de OPA, esses valores devem ser considerados como se fossem por si detidos.

É essa a justificação que está presente em praticamente todos os casos das *alíneas* do nº 1 do art. 530º — assim acontece com todos os casos previstos nesse número, com excepção daquele constante da parte final da *alínea* d). Aqui, mais que uma preocupação referente ao exercício de direitos de voto, está presente uma preocupação paralela àquela que justifica o atendimento aos *direitos de voto potenciais*. Representa, de igual modo, uma relação com o exercício do direito de voto, mas agora meramente indirecta, e já não com os votos que correspondem aos valores mobiliários detidos pelo *oferente,* mas com aqueles que correspondem aos valores mobiliários que este pode adquirir *de sua exclusiva iniciativa* — por isso, apesar de representarem votos *actuais,* por

---

[364] Não entendida em termos jurídicos, como é evidente.

respeitarem a acções emitidas pela sociedade, assumem a característica de votos *potenciais* na relação com a posição subjectiva do oferente[365].

Em face destas duas razões, que naturalmente estão interligadas, a lei estabelece que os votos correspondentes a esses valores mobiliários — que não pertencem ao oferente — são contados como se lhe pertencessem para efeitos da delimitação da obrigação de lançamento de OPA.

Sendo assim, a questão que se coloca é, num plano geral, a de saber se teria sentido considerar *irreversível* e *inilidivelmente* como pertencendo ao *oferente* valores mobiliários em relação aos quais este — sem prejuízo da integração formal em qualquer das *alíneas* do nº 1 do art. 530º — pode demonstrar que não exerce — ou sequer pode exercer — essa influência, e a CMVM tem conhecimento desse facto no momento da verificação da eventual obrigação de lançamento de OPA.

Vejamos um exemplo evidente do problema que temos em presença — nos termos da *alínea* b) do nº 1 do art. 530º e da *alínea* f) do nº 2 do art. 525º, consideram-se como pertencendo ao oferente os valores detidos pelos membros dos órgãos de administração e de fiscalização do *oferente*, sendo este, como é evidente, uma sociedade comercial; imagine-se então que nos estamos a referir a um administrador eleito ao abrigo das regras especiais de eleição previstas no art. 392º do CSC, em relação ao qual o *oferente,* não apenas não pode exercer qualquer influência no que respeita ao exercício dos direitos de voto correspondentes às acções por este detidas, como ainda sabe, por isso já ter sido manifestado em momento anterior, tratar-se de alguém que tem, por uma qualquer razão, interesses contraditórios com os da sua própria administração no que respeita a essa *sociedade visada*[366] [367]. Pergunta-

---

[365] O que, como teremos ocasião de verificar, implica problemas específicos em relação ao modo como os mesmos devem ser atendidos.

[366] E não se venha afirmar que o administrador tem, como parte dos seus deveres fiduciários, a obrigação de agir não violando o interesse social, razão pela qual, por essa via, o sistema corrigiria o problema. Não é assim. Em primeiro lugar, porque esse interesse não será comprometido na maior parte dos casos em que o administrador dirija os direitos de voto correspondentes aos valores por si detidos em sentido distinto dos da própria sociedade; pelo contrário, serão interesses paralelos. Em segundo lugar, porque a necessidade de obedecer a esse interesse da sociedade não implica que este, no que respeita à gestão do seu próprio património de valores mobiliários, deva actuar numa atitude de dependência a instruções da sociedade.

[367] Em face da possibilidade de ocorrências como a descrita, o regime francês, mais particularmente o art. 356.1.3 da Lei de 2 de Agosto de 1989, a propósito das presunções

-se: que sentido teria considerar esses valores mobiliários como pertencendo-lhe para efeitos da determinação da sua obrigação de lançamento de OPA?

É assim que nos é possível afirmar que estas presunções devem poder ser ilididas, mediante a demonstração que o fundamento que, em termos gerais, está na base do seu estabelecimento no elenco do art. 530º do Cód.MVM, não se verifica na situação concreta que esteja em análise.

É certo que se poderia afirmar que a solução que defendemos poderia ser posta em causa em face do atendimento a um imperativo de segurança jurídica pretendido pelo sistema, presente no caso de estarmos perante ficções legais e mitigado no caso de estarmos perante *presunções ilidíveis*[368]; no entanto, cremos que, por um lado, esse imperativo de segurança jurídica deve ceder perante um argumento que se baseia na própria lógica de estipulação da equiparação e, principalmente, por a conclusão exposta ser a única que se revela compatível com a relevância do funcionamento destas presunções no que respeita à delimitação da obrigação de lançamento de OPA[369]. Vejamos, então, a segunda linha de argumentos que isolámos.

IV. A questão central que temos agora em causa prende-se com a questão de saber como deve operar o sistema quando uma dessas entidades terceiras previstas no elenco do nº 1 do art. 530º, sem qualquer intervenção do oferente, pretenda adquirir — ou efectivamente

---

de entidades actuando em concertação com o oferente, limita o elenco ao presidente do conselho de administração, directores gerais, membros da direcção e gerentes, não englobando os demais membros da administração e os membros do conselho fiscal. Como acentua PAUL LE CANNU (ob.cit., pp. 684-685), *a solução é pragmática, já que, já que os membros destes conselhos são muitas vezes os representantes de sociedades independentes ou concorrentes da sociedade dirigida;* sobre esta norma, vd. ainda ALAIN VIANDIER, ob.cit., p. 211; A.COURET, D.MARTIN e L.FAUGÉROLAS, ob.cit., p. 77; e DIDIER MARTIN e JEAN-PAUL VALUET, ob.cit., p 17. Deve ser afirmado que, independentemente do conjunto de razões que teremos ocasião de apresentar, far-nos-ia, pelo menos, pensar duas vezes, a aceitação acrítica de uma solução que implicasse ter o regime nacional estabelecido uma ficção legal onde o legislador francês entende não haver lugar, sequer, para o estabelecimento de uma presunção ilidível.

[368] Cfr. CARLOS OSÓRIO DE CASTRO, cit., p. 58.
[369] Para além, naturalmente, de o atendimento absoluto a esse imperativo de segurança jurídica se mostrar de certo modo deslocado em termos sistemáticos, já que não encontraria paralelo em outros pontos similares do Código.

III. A Delimitação da Obrigação

adquira — um conjunto de valores mobiliários que implique a integração do *oferente*, por esses valores *serem contados como pertencendo-lhe*, em alguma das previsões de *OPA obrigatória* constantes do Cód.MVM. Duas hipóteses de resposta a este problema podem ser ponderadas.

A primeira é a de afirmar que, nesse caso, apenas poderíamos estar perante uma obrigação de lançamento de OPA resultante da aplicação do nº 2 do art. 528º do Cód.MVM, já que a integração em qualquer das previsões de *OPA prévia* constantes do nº 1 do art. 527º dependerá da pretensão de aquisição pelo próprio *oferente*. Por isso, uma aquisição realizada por um terceiro constante do elenco do nº 1 do art. 530º não poderia, em caso algum, implicar a violação de qualquer dessas hipóteses de *OPA obrigatória*[370].

A segunda, defendida entre nós por CARLOS OSÓRIO DE CASTRO[371], é a de afirmar que a situação se deve resolver operando uma equiparação plena entre essas terceiras entidades e o *oferente — no sentido de que a aquisição por pessoas "próximas" devem ser encaradas como se o próprio "oferente" as tivesse efectuado —,* o que implica a conclusão segundo a qual essas aquisições deveriam ter sido realizadas por intermédio de *OPA prévia,* já que se integrariam nos pressupostos de uma das hipóteses de *OPA obrigatória* previstas no nº 1 do art. 527º do Cód.MVM.

Cremos que apenas esta segunda linha de resposta nos conduzirá a um resultado admissível face ao ordenamento nacional. E é assim em face de dois argumentos fundamentais.

Em primeiro lugar, porque essa resposta é a única que permite cumprir um imperativo legal, a que já fizemos referência, que passa pelo entendimento da *OPA prévia* como a regra, apenas recorrendo à hipótese de *OPA subsequente* como correcção do sistema. Em segundo lugar, e este é, na nossa opinião, o mais importante dos argumentos em presença, porque a solução contrária deixaria por tratar os casos em que estivéssemos perante violações do disposto nas *alíneas* a) e c) do nº 1 do

---

[370] CARLOS OSÓRIO DE CASTRO (ob.cit., p. 59) dá-nos conta de ser essa a posição defendida entre nós por Franciso Cortez, em trabalho inédito a que, infelizmente, não conseguimos ter acesso.
[371] Cit., pp. 59-61.

art. 527°, porque em relação a estes, como já referimos, não existe uma previsão paralela de *OPA subsequente*[372][373].

V. Mas se é assim — e não nos parece que possam ser suscitadas dúvidas de que assim não seja —, compreende-se agora melhor a relevância do problema que temos em análise e a extensão que a lei atribui às *equiparações* constantes do n° 1 do art. 530° do Cód.MVM.

Na verdade, o entendimento geral que o sistema tem sobre a influência actual ou potencial relativa ao exercício do direito de voto conferidos pelos valores mobiliários detidos por essas *entidades equiparadas* é de tal ordem que, no limite, implica serem as aquisições efectuadas por qualquer das entidades referidas nesse n° 1 do art. 530° também elas *equiparadas* às aquisições efectuadas pelo próprio *oferente*. Por isso,

---

[372] Através da apresentação de um exemplo torna-se fácil demonstrar o alcance de uma e outra solução. Imagine-se que a sociedade A é detentora de 19% das acções correspondentes ao capital da sociedade B (sociedade de subscrição pública) e pretende adquirir a C mais 19% das acções, assim passando a deter uma participação que lhe assegura 38% dos *votos correspondentes ao capital social* da sociedade B. Sabe-se que, nos termos da *alínea* c) do n° 1 do art. 527°, apenas poderia realizar essa aquisição por intermédio de OPA. Imagine-se agora, entrando no problema em análise, que a sociedade A pretende realizar a compra por intermédio da sociedade B1, uma subsidiária por si dominada. Nos termos do disposto na *alínea* b) do n° 1 do art. 530° e na *alínea* d) do n° 2 do art. 525°, é certo que os valores detidos por essa subsidiária se contariam como pertencendo à sociedade B. No entanto, a ser aceite a primeira resposta que isolámos, diríamos que a obrigação de OPA prevista na *alínea* c) do n° 1 do art. 527° apenas poderia recair sobre a sociedade B, razão pela qual não seria obrigatória a OPA. Acontece, no entanto, que o sistema também não prevê qualquer hipótese de oferta subsequente que cubra a situação, já que aquela prevista no n° 2 do art. 528° apenas se refere ao caso em que se passe a deter valores mobiliários que assegurem mais de metade dos votos correspondentes ao capital social, o que não é o caso. Por isso, não seria obrigatória a OPA, nem em momento prévio, nem em momento subsequente, o que seria, evidentemente, uma deturpação do sistema. Já se aceitarmos a segunda hipótese de resposta a solução é distinta — a aquisição pela sociedade B1 é totalmente equiparável a uma aquisição pela sociedade B, razão pela qual, sendo a mesma efectivada, estaríamos perante uma violação às regras sobre *OPA obrigatória*, dando desde logo lugar às sanções previstas no art. 531° do Cód.MVM.

[373] CARLOS OSÓRIO DE CASTRO afirma que a solução contrária implicaria que, caso alguma entidade pretendesse ultrapassar o limite de 50% dos direitos de voto, mais não teria a fazer que realizar a aquisição por intermédio de uma sociedade dependente, e posteriormente incumprir a obrigação de lançamento de OPA subsequente, aceitando sujeitar-se às sanções civis e contra-ordenacionais que daí resultassem. Esse argumento seria válido perante a versão original do Cód.MVM mas já não o é perante a versão actual do art. 531° deste Código.

III. A Delimitação da Obrigação

a lei presume que, em todos os casos constantes do elenco legal, o *oferente* pode, não apenas influenciar o exercício do direito de voto no que respeita às acções da *sociedade visada* detidas por essas entidades, como ainda influenciar as aquisições desses valores que sejam por elas realizadas, por forma a estipular que essas aquisições devem ser tratadas como se tivessem sido realizadas pelo próprio *oferente*.

Compreende-se agora melhor o absurdo jurídico que derivaria da não delimitação concreta, de forma negativa, dessas previsões, considerando que todas elas, independentemente do circunstancialismo fáctico concreto que esteja na sua base, implicariam inilidivelmente a contagem dos votos como se estivessem em causa valores pertencentes ao próprio oferente.

Voltemos ao exemplo da contagem dos votos inerentes aos valores mobiliários detidos por um membro do Conselho de Administração do *oferente* — todas as aquisições efectuadas por este seriam equiparadas a aquisições efectuadas pelo próprio *oferente*, ainda que fossem realizadas contra a sua vontade, e seria assim com as evidentes consequências, que já referimos, ao nível da possibilidade de integração — não apenas do adquirente, mas também, e principalmente, do *oferente* — nas previsões de *OPA obrigatória*.

Em face dos argumentos apresentados, parece-nos claro que estas previsões não poderão ser entendidas como *ficções legais*, devendo antes ser entendidas como *presunções ilidíveis* pelo *oferente*, através da demonstração concreta da sua não influência — real ou potencial — no exercício do direito de voto referente aos valores detidos por qualquer dessas entidades[374]. Apenas deste modo será possível cumprir, de forma adequada, os imperativos legais, estabelecendo, simultaneamente, um

---

[374] Voltaremos a abordar este problema, de modo mais específico, perante cada uma das *alíneas* do nº 1 do art. 530. De todo o modo, refira-se desde já que esta possibilidade de ilidir a presunção varia substancialmente de caso para caso, havendo situações em que, em termos práticos, essa ilisão se afigura de fácil demonstração, e outros em que a mesma será virtualmente impossível. No entanto, essa variação em nada afecta, segundo cremos, o princípio geral exposto, dependendo antes da ligação, imediata ou meramente mediata, entre a vontade e os interesses do *oferente* e de cada uma das entidades previstas na lei.

Em relação ao direito francês, e à inilidibilidade de todas as previsões de actuação *em concertação com oferente*, mesmo aquelas de mais complexa apreciação, como é o caso da referentes às sociedades dominadas, vd. DIDIER MARTIN e JEAN-PAUL VALUET, ob.cit., p. 18.

correcto equilíbrio de interesses no que respeita a todas as partes envolvidas[375][376].

9.3.2 Os valores detidos por terceiros de conta do oferente

I. O primeiro conjunto de valores contados *como pertencendo ao oferente* é representado, como resulta da *alínea* a) do nº 1 do art. 530º, pelos valores mobiliários *detidos por quaisquer pessoas singulares ou colectivas de conta do oferente*.

Estamos perante uma norma que, apesar de se manter intacta desde a entrada em vigor do Cód.MVM[377], não se afigura de fácil e líquida interpretação, já que não é possível aferir, em termos imediatos, o âmbito de que esta previsão pretende estar dotada ao utilizar a expressão *deter valores mobiliários de conta do oferente*[378].

---

[375] Restará voltar a um ponto da nossa exposição de colocação do problema, verificando se a hipótese de dispensa de lançamento de *OPA obrigatória* não permite, por si mesma, corrigir os efeitos perversos que derivariam da qualificação destas presunções como ficções legais. Cremos que os resultados a atingir por cada uma das hipóteses de resposta não são idênticos. Na verdade, a hipótese de concessão de dispensa pela CMVM ao abrigo da *alínea* f) do nº 1 do art. 529º depende da ponderação de um conjunto de factores, entre os quais caberá destacar a *desnecessidade* da oferta *para a adequada protecção dos interesses dos titulares de valores mobiliários que dela seriam objecto*. Ora, sendo assim, poderemos estar perante situações em que a obrigação de lançamento da oferta seja iníqua para o *oferente,* por derivar da ponderação de valores pertencentes a entidades em relação às quais este não tem influência no que respeita ao exercício do voto, mas que, ao mesmo tempo, não seja desnecessária para a protecção desses outros interesses. Por isso, a ponderação que aqui se coloca poderá não permitir a correcção de todos os efeitos perversos do sistema, o que apenas se conseguirá, à partida, pela delimitação específica da obrigação nos termos que defendemos.

[376] Contra, cfr. Carlos Osórios de Castro, cit., p. 61; no entanto, noutra perspectiva, afirma ainda (pp. 65-66) — *as dificuldades resultantes do sistema legal se esbateriam (se é que não desapareceriam mesmo de todo) se o legislador tivesse optado, também nesta sede dos "valores contados como do oferente", por um conceito material de "pessoas actuando em concertação", fazendo depender a imputação da existência de uma efectiva cooperação entre as entidades ... (criando depois as presunções — ilidíveis — que tivesse por convenientes).*

[377] Porventura a expressão correcta não será *apesar de se manter intacto,* mas antes *por se manter intacto,* já que estamos em crer que as dificuldades de interpretação derivadas da compreensão desta previsão poderiam ser facilmente evitadas com um melhor esclarecimento sobre o seu conteúdo.

[378] Em Espanha, e como já referimos, o nº 1 do art. 2º do Real-Decreto dispõe que se consideram detidas ou adquiridas por uma mesma pessoa física ou jurídica as acções

III. A Delimitação da Obrigação

Dois problemas imediatos são colocados — o primeiro será o de determinar o que significa a expressão *de conta do oferente;* o segundo será o de determinar qual o alcance que deve ser atribuído à expressão *deter,* ainda para mais quando estabelecemos o confronto com a previsão da *alínea* b) desse mesmo nº 1, na qual a relação é estabelecida no que respeita a valores de que sejam *titulares* as entidade aí nomeadas.

II. No que respeita ao primeiro dos problemas isolados, somos reconduzidos, a partir de uma aproximação inicial, a entender que a expressão utilizada nos remete para o âmbito do conceito de *actuação por conta de outrem*[379], o qual é utilizado a propósito do contrato de mandato — vd. art. 1157º[380] e nº 2 do art. 1178º[381], ambos do Código Civil —, e da gestão de negócios — vd. art. 464º do Código Civil[382]. Na verdade, não apenas a similitude das expressões é evidente, como ainda, e este é sem dúvida o ponto mais importante, existem importantes referenciais normativos no sistema no que respeita a esta última expressão e, tanto quanto sabemos, não é assim no que respeita à expressão usada no Cód.MVM.

De todo o modo, a não coincidência terminológica — para além, naturalmente, da eventual não coincidência de conteúdos, ponto que teria sempre de ser objecto da nossa atenção —, implica que tentemos aprofundar algo mais o significado da expressão em presença, tarefa que será por nós realizada em dois momentos distintos: no primeiro, tentaremos aferir o significado da expressão *deter de conta do oferente* em confronto com a expressão *deter por conta do oferente,* para o que recolheremos as

---

e outros valores detidos ou adquiridos (...) pelas demais pessoas que actuem em nome próprio ou de forma concertada com aquele.

[379] Sobre o significado desta expressão no âmbito do contrato de mandato e da gestão de negócios, ponto a que voltaremos adiante, vd. MANUEL JANUÁRIO DA COSTA GOMES, «Contrato de Mandato», in Direito das Obrigações, III. vol., sob a coordenação de António Menezes Cordeiro, 2ª ed., AAFDL, 1991, pp. 277-282; LUÍS MENEZES LEITÃO, *A Responsabilidade do Gestor Perante o Dono do Negócio no Direito Civil Português,* CCTF (116), CEF, Lisboa, 1991, pp. 199-201.

[380] *Mandato é o contrato pelo qual uma das partes se obriga a praticar um ou mais actos jurídicos por conta da outra.*

[381] *O mandatário a quem hajam sido atribuídos poderes de representação tem o dever de agir não só por conta, mas em nome do mandante, a não ser que outra coisa tenha sido estipulada.*

[382] *Dá-se a gestão de negócios, quando uma pessoas assume a direcção de negócio alheio no interesse e por conta do respectivo dono, sem para tal estar autorizada.*

principais passagens em que o Cód.MVM utiliza qualquer das expressões; já na posse desses dados de informação, de cariz eminentemente sistemático, passaremos para um segundo momento, o qual será dedicado ao conhecimento das componentes interpretativas da expressão em análise.

III. Como teremos ocasião de verificar, em termos que cremos serem bastante conclusivos, a partir de um conjunto de passagens que citaremos, o Cód.MVM utiliza as expressões *de conta de outrem* e *por conta de outrem* de forma absolutamente indiferenciada e destituída de qualquer coerência sistemática. Por isso, parece-nos claro que as duas expressões devem ser entendidas, para efeitos da análise ora em curso, como sinónimas, resultando a utilização destes dois conceitos de uma mera falta de cuidado do legislador nacional na redacção do Código.

Vejamos dois exemplos significativos desta indeterminação terminológica[383].

---

[383] Os exemplos poderiam ser substancialmente alargados, o que, no entanto, já não implicaria qualquer acrescento à ideia que pretendemos assumir. De todo o modo, e para melhor compreender o alcance da imprecisão terminológica, atente-se no elenco que passamos a apresentar. O Cód.MVM utiliza as expressões *de conta de outrém* e *por conta de outrém*, ou expressões afins, em vários momentos do seu articulado que, em termos meramente tendenciais, podem ser divididos em três grandes grupos: o primeiro limita-se a contrapor a detenção ou actuação *de/por conta de outrém* à actuação ou detenção *de/por conta própria;* o segundo grupo engloba um conjunto de situações que nos permite qualificar a actuação *de/por conta de outrém* como o resultado de um contrato de mandato; o terceiro engloba um conjunto de situações que, numa primeira aproximação, estão dotadas de um âmbito que não coincide exactamente com o do contrato de mandato; teremos, na verdade, ocasião de verificar que o conceito, apesar de estar indirectamente ligado ao conteúdo deste contrato, tem um conteúdo mais lato.

Limitando-se a contrapor a *detenção* ou *actuação de conta de outrém* à *actuação* ou *detenção de conta própria*, e assim não nos fornecendo um contributo directo para esta análise para além do que resulta da própria contraposição, encontramos as seguintes passagens: art. 181.1.b) e c) — consideram-se realizadas num mercado secundário as transacções de valores mobiliários entre (...) *intermediários, negociando de conta própria (...) e entre pessoas ou entidades que não sejam intermediários autorizados, desde que as operações se realizem através de um ou mais desses intermediários, actuando de conta alheia (...);* art. 182.1 — *os intermediários autorizados a operar num mercado secundário não poderão negociar de conta própria directamente com pessoas ou entidades que não tenham essa qualidade;* art. 185.a) — *é proibido aos intermediários financeiros realizar de conta própria, directamente ou por interposta pessoa, operações de bolsa (...);* art. 346.1.a) — *consideram-se como integrando uma participação importante, além dos inerentes às acções de que o interessado tenha a propriedade ou usufruto, os direitos de voto detidos por terceiros em seu próprio nome, mas de conta do interessado;*

III. A Delimitação da Obrigação 245

art. 378.2 — *as normas gerais previstas na alínea a) do número anterior podem sujeitar a quaisquer limitações ou condicionamentos a realização por sociedades financeiras de corretagem de operações de conta própria no mercado sem cotações;* art. 476.a) — realização de operações correntes de contrapartida *por sociedades financeiras de corretagem, de conta própria ou de conta de sociedades de contrapartida de que sejam associadas;* art. 499.1 — *integram o mercado de balcão todas as operações de compra e venda de valores mobiliários efectuadas fora de bolsa e dos mercados secundários especiais a que se refere a alínea c) do nº 1 do artigo 174º, de conta própria ou de conta alheia, por corretores e quaisquer outros intermediários financeiros legal e estatutariamente autorizados a realizar essa espécie de transacções;* finalmente, art. 506.3 — *quando a transacção se efectue entre dois intermediários financeiros, agindo, ambos ou qualquer deles, de conta própria ou de conta alheia, a comunicação (...).* Paralelamente, agora, no que se refere à actuação *por conta de outrém:* art. 3.4 — *as actividades profissionais abrangidas pela definição constante da alínea e) do nº 1 compreendem não apenas as operações que os intermediários financeiros realizem por conta ou em nome de terceiros mas também as que se encontrem legal e estatutariamente autorizadas ou obrigadas a efectuar por conta própria, no âmbito das funções que desempenhem no mercado de valores mobiliários;* art. 182.2.a) — *exceptuam-se do disposto no número anterior as transacções realizadas pelos intermediários financeiros no normal exercício da actividade de negociação de valores mobiliários por conta própria para que se encontrem autorizados nos termos da alínea b) do artigo 608º e do artigo 609º;* art. 346.1.d) — *consideram-se como integrando uma participação importante (...) os direitos de voto (...) de pessoas que actuem em seu próprio nome, mas por conta do interessado ou dessas sociedades; (...);* art. 421.4 — *as funções de compensação só podem ser desempenhadas pelos membros do mercado legalmente habilitados a efectuar por conta própria as operações que nele se realizam (...);* art. 531.4.b) — *a inibição dos direitos de voto incidirá (...) sobre os (...) valores mobiliários detidos por quaisquer pessoas singulares ou colectivas por conta do oferente;* art. 546.2 — *o anúncio deve ainda identificar, quando for caso disso, as pessoas e entidades por conta das quais o oferente actue (...);* art. 553.2.e) — *(...) o relatório deve (...) conter as quantidades de valores mobiliários que, à data do relatório, pertençam à sociedade visada, às sociedades que com estas se encontrem em relação de domínio ou de grupo, aos membros dos seus órgãos de administração, ou a outras pessoas ou entidades que os detenham por conta das antes mencionadas (...);*

Englobando um conjunto de situações que nos permite qualificar a *actuação de conta de outrém* como o resultado de um contrato de mandato, encontramos as seguintes passagens: art. 183.1 — *nas transacções de conta alheia, os intermediários financeiros responderão perante os seus comitentes pela entrega dos valores mobiliários adquiridos e pelo pagamento dos valores alienados;* art. 186.3 — *todos os impostos e taxas incidentes sobre operações realizadas de conta alheia pelos intermediários financeiros serão suportados pelos respectivos comitentes;* art. 269.1 — *a CMVM poderá autorizar, sob proposta da associação de bolsa, que se excluam da cobertura subjectiva do fundo de garantia, de modo geral ou em condições que no regulamento do fundo se estabeleçam, todas ou algumas das seguintes entidades, quando sejam ordenadoras de operações de bolsa, quer de conta própria quer, nos casos das alíneas a) e b), de conta dos seus clientes;* art. 465.d) — *os corretores não poderão emprestar valores mobiliários ou conceder financiamentos para a realização de operações em conta margem a pessoas que intervenham na operação de conta ou no interesse de qualquer das referidas nas alínea anteriores;* art. 645.a) e d) — *os intermediários financeiros não poderão, sem conhecimento prévio e autorização escrita dos seus clientes, actuar como contraparte nas operações que se realizem de conta deles (...) ou realizar, de conta dos seus clientes, quaisquer operações de natureza semelhante, geradoras de um conflito de interesses com aquelas;* art. 663.1.d) — (...) *os intermediários financeiros devem informar prontamente os clientes, (...) da execução e resultado das operações que efectuem de conta deles (...).* Paralelamente, agora no que respeita à actuação *por conta de outrém:* Art. 411.2 — (...) *a entidade gestora do mercado onde se realizem operações a prazo poderá fixar, mediante regulamento, limites às responsabilidades que os respectivos membros podem assumir, por conta própria ou de terceiros, nas operações realizadas nesses mercados;* art. 446.4 — *sendo o custo do desdobramento suportado pelo requerente, o intermediário financeiro que o tiver solicitado em seu nome mas por conta dos popriétários dos títulos a desdobrar (...) pode(m) repercutir nos interessados o custo respectivo;* art. 608.b) — *consideram-se actividades de intermediação em valores mobiliários (...): negociação de valores mobiliários por conta própria, através da compra e venda desses valores por conta e risco do próprio intermediários (...);* art. 638.1 — *os intermediários financeiros devem contabilizar em separado dos seus próprios os valores mobiliários pertencentes aos clientes ou que detenham por conta destes (...).*

Finalmente, englobando um conjunto de situações de actuação *de conta de outrém* que, numa primeira aproximação, estão dotadas de um âmbito que não coincide com o do contrato de mandato: art. 22.2.b) — é vedado aos membros do Conselho Directivo da CMVM *realizar, de conta própria ou no interesse de terceiros, directamente ou por interposta pessoa, quaisquer operações sobre valores mobiliários enquanto desempenharem os seus cargos;* art. 226.1.b) — *o administrador-delegado* (de uma associação de bolsa) *não poderá realizar, de conta própria ou no interesse de terceiros, directamente ou por interposta pessoa, quaisquer transacções de valores mobiliários;* art. 581.1 — *nos 12 meses subsequentes à publicação do resultado da oferta, e quer este seja positivo quer negativo, o oferente, a pessoa ou pessoas de conta dos quais tenha eventualmente agido (...) não poderão lançar, por si próprios nem através ou de conta de terceiros, qualquer outra oferta pública de aquisição sobre valores mobiliários emitidos pela sociedade visada (...);* art. 667.1 — *as sociedades, as demais pessoas colectivas e as associações sem personalidade jurídica são responsáveis pelas contra-ordenações previstas no presente diploma quando os factos tiverem sido praticados pelos membros dos seus órgãos sociais, pelos seus trabalhadores ou por quaisquer mandatários ou representantes agindo em nome ou conta delas e no exercício das respectivas funções.* Paralelamente, no que respeita à actuação *por conta de outrém:* art. 223.3 — *o administrador não pode votar em assuntos em que esteja interessado, por conta própria ou de terceiros;* art. 475.1 — *as operações de contrapartida a que se refere a alínea a) do artigo precedente poderão ser efectuadas pelas sociedades financeiras de corretagem por conta própria ou por conta de sociedades de contrapartida cuja criação (...) venha a ser autorizada;* art. 491.1.b) — *os membros do conselho de administração* (das associações prestadoras de serviços especializados) *não poderão intervir, por conta própria ou no interesse de terceiros, directamente ou por interposta pessoa, em quaisquer transacções sobre valores*

III. A Delimitação da Obrigação 247

Nos termos do disposto no n° 2 do art. 22°, é proibido aos membros do Conselho Directivo da CMVM *realizar, de conta própria ou no interesse de terceiros, directamente ou por interposta pessoa, quaisquer operações sobre valores mobiliários enquanto desempenharem os seus cargos*. De igual modo acontece, agora nos termos da *alínea* b) do n° 1 do art. 226°, em relação ao administrador-delegado de uma Associação de Bolsa de Valores, o qual também *não poderá realizar, de conta própria ou no interesse de terceiros, directamente ou por interposta pessoa, quaisquer transacções de valores mobiliários*. Já nos termos da *alínea* b) do n° 1 do art. 491°, e numa norma que revela um conteúdo totalmente idêntico àquelas que se referem aos membros do Conselho Directivo da CMVM e ao administrador-delegado, é estipulado que *os membros do conselho de administração (das associações prestadoras de serviços especializados) não poderão intervir, por conta própria ou no interesse de terceiros, directamente ou por interposta pessoa, em quaisquer transacções sobre valores mobiliários*

Os significados da expressões *de/por* conta própria são, nas passagens citadas, absolutamente idênticos, já que o conteúdo das normas é, em tudo, paralelo; a utilização de expressões distintas não tem, por isso, qualquer conteúdo normativo a que nós devamos atender.

Outro exemplo, porventura — se isso é possível — ainda mais expressivo, resulta do n° 3 do art. 666°. Nos termos deste número, *qualquer pessoa não abrangida pelo corpo do n° 1 deste artigo, que tome conhecimento de uma informação privilegiada cuja fonte directa ou indirecta só possa ser uma das pessoas aí referidas, e, não ignorando que a informação reveste essa natureza, procure tirar proveito dela, adquirindo ou alienando, de conta própria ou por conta de outrem, directamente ou através de terceiros, os valores na alínea a) do mesmo número, será punido com prisão até 18 meses e multa até 150 dias.*

A indiferenciação terminológica, neste caso, atinge o limite do absurdo, contrapondo a actuação *de conta própria* à actuação *por conta de outrem*. Cremos que serão dispensáveis comentários suplementares para sustentar

---

mobiliários; art. 501.2 — *(...) a CMVM pode, mediante regulamento, sujeitar a quaisquer limitações ou condicionamentos a realização por sociedades financeiras de corretagem de operações de compra e venda de valores mobiliários por conta própria no mercado de balcão;* art. 525.2.a) — *presume-se que actuam em concertação com o oferente as pessoas singulares ou colectivas que sejam titulares, por conta dele, de valores mobiliários objecto da oferta.*

a conclusão que tivemos ocasião de expor inicialmente — quando a lei se refere a *valores mobiliários detidos de conta do oferente*, estará antes a referir-se a *valores mobiliários detidos por conta do oferente*. Não apenas esta última expressão é, sob o ponto de vista gramatical, aquela que se mostra mais correcta, como ainda é aquela que é dotada de um conteúdo específico no ordenamento jurídico em que o Código se integra.

IV. Perante o enquadramento propiciado pelo agrupamento do extenso conjunto de situações em que o Cód.MVM utiliza as expressões *de/por conta de outrem*, e ultrapassado que está o problema terminológico, cremos que será possível avançar — agora já dotados de importantes elementos de informação de base sistemática — na nossa análise interpretativa.

Começando por um aspecto que, perante a generalidade das passagens que tivemos ocasião de citar, nos parece mais pacífico, diremos que esta *alínea* a) do n° 1 do art. 530° do Cód.MVM cobre todos aqueles casos em que um terceiro *detenha* valores mobiliários da natureza dos mencionados no n° 1 do art. 530° do Cód.MVM no âmbito de um mandato. O problema que se coloca é, no entanto, se a lei não pretenderá ir para além destes casos, não ancorando os efeitos da previsão a uma relação contratual especificamente configurada, mas antes a um determinado núcleo valorativo.

Encontramos um conjunto de situações em que, no próprio Cód.MVM, a lei atribui um sentido à expressão *actuar por conta de outrem* que está para além daquele que deriva de uma relação de mandato. Será o caso, utilizando três exemplos que já avançámos, das situações referentes ao n° 2 do art. 22°, à *alínea* b) do n° 1 do art. 226° e à *alínea* b) do n° 1 do art. 491°, todos do Cód.MVM. Nestes casos, a contraposição que faz o Cód.MVM não opera entre actuação de *conta própria* e *de conta alheia*, mas, facultando-nos um elemento suplementar à nossa análise, essa contraposição opera entre actuação *por conta própria* e actuação *no interesse de terceiros*.

Em face desta panorama, cremos que, em termos finais, a expressão utilizada pelo Cód.MVM pode ser reconduzida ao entendimento que, em relação a essa mesma expressão, é mantido no âmbito do Direito Civil nacional. Actuar por conta de outrem significa actuar com a intenção de destinar para essa entidade os efeitos jurídicos da actuação[384]. Neste sen-

---

[384] O problema da determinação da expressão, no âmbito do direito obrigacional e, sobretudo, no que respeita à figura da gestão de negócios, assume um alcance que está,

III. A Delimitação da Obrigação

tido, e recolhendo agora os contributos sistemáticos da análise realizada, diríamos que detenção de valores mobiliários *de conta do oferente* será toda aquela que, na sua base, não tem um interesse do *detentor*, mas antes um interesse do *oferente*. É evidente que, muitas vezes, colocar-se-ão importantes problemas de prova no que respeita à integração da previsão; de todo o modo, diremos que a mesma funciona em função desse núcleo valorativo.

Assim, esta previsão abrangerá todos aqueles casos em que a realidade económica não tenha uma leitura jurídica que consigo seja concordante, ou seja, aqueles casos em que os valores são *detidos,* em nome próprio, por uma entidade que, no entanto, o faz no *interesse do oferente*[385]. E é por essa razão que estes valores são contados como pertencendo ao oferente — porque a lei entende que, por existir essa dissociação entre a leitura jurídica e a leitura económica, esta última deve prevalecer.

V. Delimitada a noção no que respeita a este primeiro problema, restará agora isolar os casos que a lei pretendeu cobrir com a utilização da expressão *detenção*. Como referimos, a *alínea* b) do nº 1 do art. 530º, referindo-se a outras entidades cujos valores são *contados como pertencendo ao oferente,* demarca essas previsões utilizando a noção de *titularidade* e não de *detenção*. Por outro lado, a *alínea* a) do nº 2 do art. 525º, no que respeita à delimitação das presunções de actuação *em concertação com o oferente,* refere-se às *pessoas singulares ou colectivas que sejam titulares, por conta dele, de valores mobiliários objecto da oferta*. A questão que se coloca é, mais uma vez, de avaliar se a diferente terminologia utilizada significa uma diferença de conteúdos ou se, mais uma vez, resultará de uma deficiente atenção do legislador.

Num primeiro momento, a nossa resposta iria manifestamente no primeiro sentido. Na verdade, a noção de *detenção* resulta do Código Civil, mais exactamente do seu art. 1253º, e não se confunde com a noção de *titularidade*. Ora, este deve ser o nosso ponto de partida, presumindo que o legislador soube exprimir o seu pensamento em termos adequados;

---

como evidente, para além daquele que resulta da nossa especificidade temática. De todo o modo, para um panorama geral desta construção, vd., por todos, Luís Manuel Teles de Menezes Leitão, ob.cit., pp. 196-201.

[385] Neste sentido, é bem mais clara a expressão utilizada pela alínea a) do nº 2 do art. 4º da Proposta de Directiva — *devem ser adicionados aos direitos de voto detidos pelo adquirente os direitos de voto detidos por outras pessoas singulares ou colectivas em seu próprio nome mas por conta do oferente.*

por isso, quando utilizou a expressão *detenção,* deveremos presumir que se pretendeu referir aos termos em relação aos quais essa expressão é consagrada, nos termos gerais, no ordenamento.

No entanto, e como é evidente, apenas será assim se, no âmbito do corpo sistemático em que nos encontramos, não encontrarmos sinais de que o sentido atribuído à expressão é distinto. E isso é, mais uma vez, o que acontece no caso em presença.

Na verdade, o Cód.MVM recorre inúmeras vezes à noção de *detenção;* e fá-lo pretendendo referir-se a titularidade. Não caberá, no presente momento, apresentar todas as passagens em que esse é o sentido atribuído à expressão, mas apenas a atentar em alguns exemplos. É esse, desde logo, o sentido atribuído à expressão na *alínea* i) do n° 1 do art. 3°, em que são definidos os *investidores* como as pessoas que aplicam *em valores mobiliários as poupanças ou outros meios financeiros de que são detentoras.* De igual modo acontece com o n° 4 do art. 48°, que fixa o *quorum* para a assembleia que delibere sobre a conversão de valores mobiliários titulados em escriturais em face da presença ou representação de interessados que *detenham um terço, pelo menos, dos valores mobiliários a converter.* O mesmo acontece ainda nos arts. 71.1.c), 72.5, 94.2.b), 222.2.b), 312.2.a), 345.1.a) e 347°. Aliás, estes últimos dois exemplos são os mais significativos, ao referirem-se às *informações a prestar pelo detentor, adquirente ou alienante de participações importantes* — a detenção é entendida como titularidade, a par da aquisição e da alienação. Já no âmbito do regime da *OPA obrigatória,* encontramos ainda sentidos idênticos em face do art. 525.2.e), 527°, 528° e 531-A.1.c)[386].

9.3.3 Os valores de que sejam titulares as pessoas mencionadas nas alíneas c), d), e), f) e g) do n° 1 do art. 525°

I. A *alínea* b) do n° 1 do art. 530° do Cód.MVM considera ainda que serão *contados como pertencendo ao oferente* os valores de que sejam titulares *as pessoas mencionadas nas alíneas c), d), e), f) e g) do n° 2 do art. 525°,* ou seja, (c) *se o oferente for uma pessoa singular ou uma pessoa colectiva que não seja uma sociedade, as sociedades que dele dependam, as sociedades que com estas se encontrem, directa ou indirec-*

---

[386] Teremos ocasião de voltar a abordar este problema a propósito das previsões específicas de *OPA obrigatória,* pelo que para aí remetemos para todos os desenvolvimentos suplementares.

tamente, em relação de domínio, e, bem assim, as sociedades que se encontrem, directa ou indirectamente, em relação de grupo com qualquer das antes referidas; (d) *se o oferente for uma sociedade, as sociedades que com ela se encontrem, directa ou indirectamente, em relação de domínio ou de grupo, quaisquer outras sociedades que se encontrem, directa ou indirectamente, em relação de domínio ou de grupo com estas últimas, e ainda, se for o caso, a pessoa singular ou a pessoa colectiva de que a sociedade oferente dependa, directa ou indirectamente, nos termos das alíneas b) ou d) do nº 1 do art. 346º;* (e) *as sociedades em que o oferente detenha, directa ou indirectamente, o controle exclusivo da maioria dos direitos de voto nos termos da alínea d) do nº 1 do art. 346;* (f) *os membros dos órgãos de administração e de fiscalização do oferente, se este for uma sociedade;* (g) *e as pessoas singulares ou colectivas que tenham com o oferente um contrato de sindicato de voto relativo à sociedade visada.*

II. Importa começar por referir que a remissão que temos presente produz efeitos apenas em relação ao conteúdo específico de cada uma das *alíneas* que citámos, não abrangendo, por isso, o conceito indeterminado de *pessoas actuando em concertação com o oferente*[387], em relação ao qual, nos termos do nº 2 do art. 525º, essas *alíneas* funcionam como presunções *juris tantum*.

Essa solução resulta clara da letra da *alínea* b) do nº 1 do art. 530º e, em termos finais, é a única que se mostra conforme com o escopo destes normativos, já que parece claro que os mesmos estão dotados de alcances distintos. A noção de *valores contados como pertencendo ao oferente* funciona como um instrumento de definição dos valores mobiliários que são atendidos para efeito da delimitação da obrigação de lançamento de OPA; a noção de *pessoas actuando em concertação com o oferente* tem subjacente, desde logo, o lançamento de uma oferta, e refere-se a determinados termos de cooperação por forma a assegurar o sucesso dessa oferta. Por isso, apesar de estarmos perante normativos que se relacionam internamente, parece claro que os mesmos se distinguem em face dos respectivos escopos.

Apesar disso, e na sequência do que tivemos ocasião de verificar em sede mais geral, entendemos que as previsões para que somos remetidos continuarão, a funcionar como presunções; no entanto, já não como pre-

---

[387] Vd. alínea d) do nº 1 do art. 525º do Cód.MVM.

sunções de *actuação em concertação com o oferente,* mas antes como presunções que têm subjacente uma colocação de estarmos perante valores mobiliários em relação aos quais o *oferente* pode exercer uma forte influência sobre o exercício dos direitos de voto. Deste modo, o quadro compreensivo a partir do qual estas normas devem ser entendidas é alterado; no limite, seria mesmo ponderável considerarmos que, perante uma concreta situação de facto, uma destas *alíneas* poderia ser integrada para efeitos de aplicação do art. 525°, mas já não para efeitos do art. 530°, ou *vice versa.*

III. O primeiro conjunto de casos consta da *alínea* c) do n° 2 do art. 525°, englobando apenas as hipóteses em que a entidade em relação à qual estamos a ponderar a obrigatoriedade de lançamento de OPA seja *uma pessoa singular ou uma pessoa colectiva que não seja uma sociedade.* Caso essa entidade seja uma sociedade comercial, a previsão da *alínea* c) não será aplicada, havendo então recurso à previsão paralela da *alínea* d) do n° 2 do art. 525° do Cód.MVM.

Deste modo, sendo o *oferente* uma pessoa singular ou uma pessoa colectiva que não seja uma sociedade, impõe o Cód.MVM que sejam contados *como pertencendo-lhe* os valores mobiliários detidos pelas *sociedades que dele dependam.* Mais uma vez estamos perante um conceito que não se afiguraria de fácil interpretação, não fora o próprio Código, agora na *alínea* a) do n° 2 do art. 346°, dispor o que se deve entender por *sociedade dependente de uma pessoa singular ou de uma pessoa colectiva que não seja uma sociedade* — *a sociedade sobre a qual o interessado pode exercer, directamente ou através de outras sociedades ou pessoas que preencham os requisitos indicados no n° 2 do art. 483° do Código das Sociedades Comerciais, uma influência dominante, nos termos dos n°s 1 e 2 do art. 486° do mesmo Código*[388].

Ora, é sabido que o conceito de *influência dominante,* como resulta do n° 1 do art. 486° do CSC, é apenas de aplicação às relações entre sociedades[389]; no entanto, o seu conteúdo valorativo é tomado em consideração para estes casos por efeito da expressa remissão operada pela

---

[388] Remetemos para a análise da alínea d) uma melhor explicação sobre a relação entre esta *influência dominante* e o exercício do direito de voto relativo às acções detidas por estas sociedades.

[389] Esta conclusão resulta clara da própria letra desse número — *considera-se que duas sociedades estão em relação de domínio quando uma delas (...) pode exercer (...) uma influência dominante.* Aliás, não pode deixar de se considerar esse âmbito como normal quando atentamos na inserção sistemática dessa norma.

norma em análise. Sendo assim, a questão que se poderá colocar é a de saber qual é o alcance da remissão no que respeita à natureza das normas que importa para efeitos da delimitação da obrigação de lançamento de OPA. O nº 2 deste art. 486º, que também é objecto da remissão, incorpora um conjunto de presunções *iuris tantum*[390] de influência dominante — a detenção de uma participação maioritária no capital; a disposição de mais de metade dos votos; e a possibilidade de designar mais de metade dos membros do órgão de administração ou do órgão de fiscalização. Concretizando o problema colocado, caberá averiguar se a aplicação das presunções constantes deste nº 2 do art. 486º, quando aplicadas para efeitos da delimitação da obrigação de lançamento de OPA, ainda mantêm a natureza de *presunções juris tantum,* ou se estaremos perante o recurso a ficções legais.

Cremos que esta remissão deverá ser entendida em toda a sua extensão, sendo por isso mantido todo o *conteúdo valorativo* da norma para que somos remetidos. Apenas não seria assim se, no âmbito mais específico em que nos encontramos, existissem fortes razões noutro sentido; e essas não nos parece que existam. Por isso, nenhum sentido teria qualificar como *dependente* uma sociedade por integração numa das *alíneas,* para efeito de aplicação desta previsão, quando a *influência dominante* não se verifica; nesse caso, também a *ratio* de aplicação desta presunção, para efeitos da delimitação da *OPA obrigatória,* não estará presente.

Para além dos valores detidos por estas entidades, ainda serão contados como pertencendo ao oferente os valores mobiliários de que sejam titulares *as sociedades que com estas se encontrem, directa ou indirectamente, em relação de domínio, e, bem assim, as sociedades que se encontrem, directa ou indirectamente, em relação de grupo com qualquer das antes referidas.* Trata-se de um âmbito que teremos ocasião de analisar em maior detalhe a propósito da próxima previsão, pelo que para aí remetemos os nossos comentários.

IV. Se a entidade em relação à qual ponderamos a obrigação de lançamento de OPA for uma sociedade, consideram-se como pertencendo-lhe os valores de que são titulares *as sociedades que com ela se encontrem, directa ou indirectamente, em relação de domínio ou de grupo, quaisquer outras sociedades que se encontrem, directa ou indirec-*

---

[390] No mesmo sentido vd., por todos, JOSÉ A. ENGRÁCIA ANTUNES, ob.cit., pp. 450-
-452.

tamente, em relação de domínio ou de grupo com estas últimas, e ainda, se for o caso, a pessoa singular ou a pessoa colectiva de que a sociedade oferente dependa, directa ou indirectamente, nos termos das alíneas b) ou d) do nº 1 do art. 346º.

A *ratio* que está na base desta previsão é em tudo idêntica à da hipótese anterior. A diferença de terminologia deve-se, naturalmente, ao elemento que está na base da aplicação da previsão — no caso anterior, a norma pretendia aplicar-se apenas aos casos em que o *oferente* fosse uma pessoa singular ou uma pessoa colectiva que não fosse uma sociedade; neste caso, a norma pretende aplicar-se aos casos em que o *oferente* seja uma sociedade.

O âmbito de aplicação da previsão não nos suscita, neste caso, grandes dúvidas. A remissão para os conceitos de *domínio* e *grupo* remete-nos para o CSC, mais exactamente para os artigos 486º e 488º a 508º. Os problemas que possam surgir em relação à interpretação desta previsão derivarão apenas de problemas de interpretação referentes aos normativos desse Código, não nos parecendo que esse ponto deva merecer grandes desenvolvimentos da nossa parte.

Quanto ao recurso à noção de *grupo*, cremos que não será difícil explicar a sua integração nesta sede — nos casos de grupos societários constituídos por domínio total (inicial ou superveniente), de estabelecimento de um contrato de grupo paritário ou ainda de contrato de subordinação, deparamo-nos com uma possibilidade actual de exercício de uma *influência dominante* e, a partir desse exercício, com verdadeiras situações de subordinação de interesses, em face das quais a contagem dos votos da sociedade *influenciada* como pertencendo à sociedade *influente* mais não representa que uma consequência lógica do sistema.

Como, a este propósito, afirma ENGRÁCIA ANTUNES[391], a disciplina das sociedades em grupo consiste na *legitimação do exercício de um poder de direcção da sociedade líder do grupo sobre as sociedades que o compõem (...) e na legitimação da primazia do interesse do grupo, enquanto unidade económica, sobre os interesses individuais de cada uma das sociedades componentes*[392]. Por isso, em relação a estes casos,

---

[391] Ob.cit., pp. 482-483.

[392] A legitimidade do exercício do poder de direcção e da primazia dos interesses do grupo deriva, desde logo, do nº 1 do art. 493º, do art. 503º e do nº 3 do art. 504º; no contraponto, em relação aos deveres e responsabilidades, dos membros do órgão de administração da sociedade directora, cfr. ainda nºs 1 e 2 do art. 504º, todos do CSC.

é-nos possível compreender a equiparação operada pelo Cód.MVM em toda a sua extensão — equiparação no que respeita aos valores mobiliários detidos e no que respeita à aquisição de outros valores mobiliários —, com as inerentes consequências jurídicas; por outro lado, compreende-se também a virtual inilidibilidade da presunção em presença.

No entanto, se é assim no que respeita às sociedades que se encontrem em relação de grupo com o oferente, cremos que os casos em que estejamos apenas perante uma situação de domínio revelam traços distintos. Na verdade, como correctamente conclui OSÓRIO DE CASTRO[393], *na relação de domínio simples*[394] a lei não reconhece a possibilidade de exercício de uma influência dominante — simplesmente conhece dela ou tem-na em conta, como dado de facto fulcral na composição justa dos interesses em jogo, em vários contextos[395]. Trata-se de conclusão que resulta, na nossa opinião, clara, quanto atentamos no reduzido conjunto de consequências jurídicas — que em nenhum caso integram uma componente valorativa idêntica àquela que isolámos a propósito da *relação de grupo* — que a lei associou ao *domínio simples* — especial regime de legitimidade da prestação de garantias reais[396]; dever de declaração da relação de *domínio simples*[397]; e proibição de aquisição de participações das sociedades dominantes[398] [399].

Por isso, não nos custará afirmar que, no que respeita à delimitação do âmbito de interesses da sociedade dominada perante os da sociedade dominante, estaremos — ao contrário do que acontecia nas relações de

---

[393] Ob.cit., p. 62.

[394] O confronto é realizado em face das hipóteses de domínio total, quer inicial, quer superveniente — vd. arts. 488º a 491º do CSC —, em relação às quais se aplicam as considerações que tecemos sobre a *relação de grupo*.

[395] É pacífico, perante o direito alemão, que, apesar da existência do poder de condução efectiva das actividades sociais (*Tatsächliche Leitungsmacht*) pelo accionista dominante, esse poder não pode, por qualquer forma, ser confundido com qualquer direito de dar instruções (*Weisungsrecht*) relativas à condução dos negócios, direito esse que não existe. Vd., por todos, BRUNO KROPFF, in *Aktiengesetz Kommentar*, de ERNST GESSLER, WOLFGANG HEFERMEHL, ULRICH ECKARDT e BRUNO KROPFF, vol. III, Verlag Franz Vahlen, München, 1973, anotações 29 a 31 ao § 311; e HANS WÜRDINGER, *Aktienrecht..,* ob.cit., p. 340.

[396] Vd. nº 3 do art. 6º do CSC.

[397] Vd. nº 3 do art. 486º do CSC.

[398] Vd. art. 487º do CSC.

[399] Para outros traços específicos, vd. ainda o nº 2 do art. 28º e o nº 2 do art. 102º, ambos do CSC.

grupo — perante a aplicação do regime resultante do enquadramento geral, razão pela qual os membros do órgão de administração da sociedade dominada estarão expostos à emergência de situações de responsabilidade civil por violação dos seus deveres funcionais se, perante uma situação concreta, atenderem aos interesses da sociedade dominante em prejuízo dos interesses específicos da sociedade dominada, tendo em conta aqueles correspondentes aos seus sócios e trabalhadores[400][401].

Colocado o problema geral nestes termos, entendem-se facilmente as repercussões que o mesmo acarreta para efeitos da análise que temos em curso. Já verificámos que a contagem destes valores *como pertencentes ao oferente* depende de uma razão initimamente ligada à influência, sobre os direitos de voto correspondentes a estes valores mobiliários, que pode ser exercida pelo *oferente*; já verificámos que essa influência, seja actual ou meramente potencial, resultará de uma estrita relação entre as entidades em causa que, no limite, implicará que as aquisições feitas por estas terceiras entidades sejam consideradas como se de aquisições realizadas pelo *oferente* se tratassem. Por isso, as repercussões que referimos passam pela questão de aferir da compatibilização deste mecanismo com um esquema de relações inter-societárias em que não é reconhecido poder de direcção à sociedade dominante.

O problema é complexo, e deve merecer a nossa atenta reflexão.

Uma primeira conclusão que, na nossa opinião, se impõe, passa pela verificação de uma incompatibilidade de princípio entre os dois sistemas em face da inexistência de poder de direcção. Por diferentes palavras: cremos que não será possível considerar, sem mais, que os valores detidos pela sociedade dominada — e sobretudo as aquisições realizadas pela sociedade dominada sem intervenção da sociedade dominante —, devem merecer uma equiparação irreversível para efeitos da aplicação do regime da *OPA obrigatória*. Não é possível, de modo coerente, defender, para efeitos de aplicação do regime de *OPA obrigatória,* que a sociedade dominante tem o direito de instruir a sociedade dominada no que respeita à aquisição de determinados valores mobiliários e, simultaneamente, de-

---

[400] Vd. art. 64º do CSC. No que respeita à responsabilidade a que fizemos referência, vd. art. 72º, no que respeita à responsabilidade perante a sociedade, art. 77º, no que respeita à responsabilidade perante os sócios, e o art. 78º, no que respeita à responsabilidade perante os credores sociais.

[401] Cfr. GÜNTER HENN, *Handbuch ...*, cit., p. 91; e HANS WÜRDINGER, *Aktienrecht..,* ob.cit., pp. 340-341.

III. A Delimitação da Obrigação

fender que os administradores que realizem — ou deixem de realizar — essa aquisição, podem ser responsabilizados por não atenderem aos deveres funcionais que o CSC lhes impõe[402].

Sendo assim, cremos que estaremos em condições para passar a uma segunda conclusão — se a influência, actual ou potencial, no que respeita aos direitos de voto inerentes aos valores mobiliários detidos pela sociedade dominada e, principalmente, no que respeita à aquisição desses valores mobiliários, não deriva de um poder conferido pelo sistema, hipótese em que poderíamos afirmar que a presunção seria aplicada, de forma virtualmente inilidível, perante a mera potencialidade de produção de efeitos jurídicos, essa presunção só se deverá aplicar quando, e na medida em que, a CMVM entenda estarem reunidas as condições para tal perante a prova em contrário do interessado. E isso acontecerá quando for possível entender que, em termos fácticos, essa influência não está presente.

Temos presente a dificuldade de aferição desta prova. No entanto, cremos que é exactamente em função dessa dificuldade que é estabelecida uma presunção; em regra, a CMVM pode entender que os valores mobiliários detidos por uma sociedade dominada estão sujeitos a uma influência — não em termos jurídicos, mas em termos fácticos — em função dos interesses da sociedade dominante. No entanto, pode acontecer o contrário, desde logo nos casos em que os interesses das sociedades, no que respeita à detenção e/ou aquisição desses valores mobiliários, possam ser dissociados. Por isso, estes valores serão contados como pertencendo ao oferente, o que apenas não acontecerá perante essa prova de sentido contrário[403].

---

[402] E não cremos, em face do enquadramento jurídico que já realizámos, que seja possível afirmar, como o faz CARLOS OSÓRIO DE CASTRO (ob.cit., p. 63) que, em face do regime estipulado a propósito da *OPA obrigatória,* seja forçoso considerar *que uma sociedade dominante tem o poder de interditar a uma sociedade dependente a aquisição de acções de sociedades com subscrição pública (ou equiparadas),* porque *tudo será incompreensível no caso contrário.* Naturalmente que, a ser atribuído esse poder, o sistema encontraria uma resposta a esta incompatibilidade. No entanto, não vemos como esse poder pode resultar de uma norma relativa à obrigatoriedade de *OPA,* em contradição com todo o regime geral de direito das sociedades; não vemos também a razão da limitação desse poder em face dos valores mobiliários que poderiam ser contados *como pertencendo ao oferente.*

[403] Cremos ainda que esta solução se integra numa linha que está presente em outras hipóteses, em que atendemos a uma influência fáctica, não nos sendo permitido

V. Contam-se ainda como pertencendo ao oferente os valores propriedade das *sociedades em que o oferente detenha, directa ou indirectamente, o controle exclusivo da maioria dos direitos de voto nos termos da alínea d) do n° 1 do art. 346°*, ou seja, detidos por uma sociedade em que o oferente seja sócio e na qual, *por virtude de um acordo celebrado com outros sócios, tenha o domínio exclusivo da maioria dos direitos de voto, quer por si mesmo, quer através de sociedades que se encontrem relativamente a ele em qualquer das situações a que se referem as alíneas b) e c) ou de pessoas que actuem em seu próprio nome, mas por conta do interessado ou dessas sociedades.*

Assim como acontece em relação a todas as hipóteses anteriores de *valores contados como pertencentes ao oferente*, temos aqui presente outra previsão que tem na base a especial influência que o *oferente* pode exercer em relação aos direitos de voto; no entanto, e aqui de modo diferente, esta previsão tem subjacente uma específica configuração — a existência de um acordo de voto que faculte ao *oferente* o *domínio exclusivo da maioria dos direitos de voto*.

As considerações tecidas em relação à hipótese anterior são aqui plenamente aplicáveis. A existência de um acordo de voto com esta configuração permite-nos entender que, em princípio, o *oferente* poderá influenciar de modo determinante o exercício do direito de voto no que respeita aos valores mobiliários detidos por estas sociedades, e as aquisições desses valores. No entanto, assim como acontecia em relação à análise da situação de domínio, o acordo não implica que o accionista tenha o poder de dar instruções à sociedade, razão pela qual cremos que, também aqui, a presunção poderá ser ilidida.

VI. Contam-se ainda como pertencendo-lhe os valores propriedade dos *membros dos órgãos de administração e de fiscalização do oferente, se este for uma sociedade.*

Trata-se de uma previsão comum na maior parte dos ordenamentos jurídicos estrangeiros. No entanto, assim como acontece em relação a

---

verificar a existência dessa influência em termos jurídicos. É o caso, desde logo, da hipótese prevista na *alínea* a) do n° 1 do art. 530° — a lei sabe que é o detentor dos títulos que tem o poder jurídico de determinar o sentido dos direitos de voto que lhes correspondem; no entanto, dispõe que esses valores são contados coo pertencendo ao oferente porque são detidos no seu interesse e, por isso, pode presumir que existirá uma influência fáctica sobre o exercício do direito de voto, apesar da possível inexistência de um direito a fazê-lo.

esses ordenamentos, cremos que também aqui estamos perante uma presunção *juris tantum,* que pode ser ilidida mediante a demonstração, pelo *oferente,* de que não pode exercer qualquer influência, nos termos em que esta expressão é entendida, sobre o direito de voto correspondente aos valores mobiliários detidos por estas pessoas. Por se tratar de ponto que já tivemos ocasião de analisar em sede geral, para aí remetemos.

VII. Finalmente, contam-se ainda como pertencendo ao oferente os valores detidos pelas *pessoas singulares ou colectivas que tenham com o oferente um contrato de sindicato de voto relativo à sociedade visada.*

O primeiro problema que nos é suscitado por esta cláusula prende-se, mais uma vez, com a própria delimitação do conteúdo da previsão legal. Já vimos que, no âmbito da *alínea* d) do n° 1 do art. 346°[404], o legislador recorre à noção de *acordo celebrado com outros sócios* por virtude do qual *o oferente tenha o domínio exclusivo dos direitos de voto,* por forma a isolar um conjunto de entidades que, assim como acontece neste caso, detêm valores *contados como do oferente;* no entanto, não apenas a noção utilizada é distinta — num caso refere-se apenas *acordo* e no outro refere-se *sindicato de voto* —, como ainda o alcance da previsão é absolutamente distinto — num caso refere-se à entidade no âmbito da qual o *oferente* pode exercer a maioria dos votos por virtude do *acordo de voto,* contando os votos correspondentes às acções por ela detidas como pertencendo-lhe; e neste refere-se às próprias entidades com as quais o *oferente* tenha um sindicato de voto relativo à *sociedade visada.*

O Cód.MVM recorre à utilização da expressão *sindicato* como expressão de uma específica relação contratual, no seu art. 126°, a propósito do *sindicato de colocação* de uma emissão de valores mobiliários. Apesar de alguns traços essenciais derivados da estrutura da relação contratual estarem presentes em ambos os casos, o alcance das expressões revela-se claramente diferente. Não estando, por isso, dotados de elementos sistemáticos que nos permitam determinar qual a concreta configuração contratual que o Código pretende alcançar, deveremos realizar essa construção a partir da forma como este conceito é geralmente entendido, não deixando de ter presente os núcleos valorativos da área específica com que trabalhamos.

---

[404] Aplicada por remissão da *alínea* e) do n° 2 do art. 525°, que por sua vez é aplicada por remissão da *alínea* b) do n° 1 do art. 530° do Cód.MVM.

A existência de um sindicato de voto tem subjacente, por definição, um acordo jurídico[405] — e não um mero paralelismo de comportamentos[406] — entre vários accionistas no âmbito do qual estes se obrigam a exercer o direito de voto de modo concertado[407], representando a mais

---

[405] Por isso, não estaremos perante um acordo deste tipo quando o pacto celebrado esteja desprovido de força obrigatória — é o exemplo paradigmático do *acordo de cavalheiros*. No mesmo sentido, vd., entre muitos, DOMINIQUE SCHMIDT e CLAUDE BAJ, «Réflexions sur la Notion d'Action de Concert", cit., p. 88; e JOSÉ CARLOS SÁNCHEZ GONZALEZ, «Los convenios y sindicatos de voto. Su instrumentalización juridica em la sociedad anonima», in *Estudios Sobre la Sociedad Anonima*, ob.cit., pp. 76-77.

O problema assumiria importância extrema entre nós não fora a sua consagração no CSC, em termos que não deixam dúvidas sobre a sua licitude, já que, antes da entrada em vigor desse Código, a tese da nulidade dos sindicatos de voto encontrava muitos adeptos na doutrina nacional, sendo mesmo posição relativamente constante na nossa jurisprudência.

Problema complexo, ainda no mesmo âmbito, que se coloca perante o direito francês, é o de saber se a noção de *groupes d'accionaires stables* — utilizado a propósito de vários processos de privatizações —, implica uma concertação ao nível dos direitos de voto que permita qualificar a figura como *actuação em concertação*. Vd., sobre este ponto, CLAUDE BAJ, «Privatisations: les groupes d'accionaires stables», RDBB, 1994, pp. 8-11.

[406] É evidente que, muitas vezes, será difícil determinar a existência desse acordo, sendo apenas patente o mero paralelismo de comportamentos que poderá, ou não, encobrir um acordo. Trata-se de problema que, em França, já foi objecto de alguma prática, embora ao nível mais geral da *action de concert;* cremos, no entanto, que os dados essenciais do problema serão idênticos. Em 1977, no âmbito da oferta lançada pela sociedade DELMAS VIELJEUX sobre a CNM, gerou-se a questão de determinar se um conjunto de operadores do mercado estavam a agir em concertação com a administração da CNM, com o objectivo de fazer a oferta fracassar. Após ter determinado que essas entidades tinham agido de modo isolado, no seu interesse próprio e sem que tivessem celebrado qualquer acordo, entendeu a COB estar perante um mero paralelismo de comportamentos. Já no ano de 1980, no âmbito da oferta lançada pela ALLOBROGE sobre a GBL, perante a verificação de um conjunto de ordens de compra emanadas de diversas entidades, que tinham mantido contactos com a administração da sociedade visada, e que eram todas inferiores a 0,5% do capital, por forma a não implicarem a obrigação de informação respectiva, entendeu a COB estar perante uma *acção orquestrada de defesa* que, por isso, já estava para além do mero paralelismo de comportamentos. Trata-se, como resulta evidente dos dois exemplos apresentados, de um problema que assenta numa grande dificuldade de prova. Vd., sobre estes processos, DIDIER MARTIN e JEAN-PAUL VALUET, *Les Offres ...*, ob.cit., p. 13.

[407] O que nos permite, desde logo, distinguir esta figura dos acordos por virtude dos quais os sócios se obrigam apenas a discutir entre si algumas matérias, previamente à realização da respectiva assembleia geral, sem qualquer compromisso em relação ao exercício do direito de voto. Como afirma NATALINO IRTI («I patti di consultazione», in

III. A Delimitação da Obrigação

importante modalidade que podem assumir as *convenções de voto*[408][409]. Nestes casos, cada um dos contraentes obriga-se, perante todos os outros, a exercer o direito de voto num sentido uniforme, cuja forma de determinação pode variar de caso para caso[410]. Por isso, esses direitos de voto são, em termos práticos, mas já não em termos jurídicos estritos, exercidos em função de uma vontade conjunta determinada no âmbito do *sindicato*.

Deste modo, não deverá ser entendido que deva ser integrada na previsão toda e qualquer forma de concertação de accionistas no que respeita ao exercício do direito de voto. A concertação ocasional de direitos de voto, ainda que objecto de acordo prévio e, por isso, não resultante de um paralelismo ocasional de interesses, não implica a existência de um sindicato de voto. Este, por definição, terá de assumir um alcance que está para além da pontualidade, reflectindo-se, desse modo, no equilíbrio de poderes entre os accionistas[411][412]. Por outro lado, o *sindicato*

Sindicati di Voto e Sindicati di Blocco, ob.cit., p. 78), *um acordo de voto pressupõe sempre um acordo de consulta;* no entanto, o inverso já não será correcto.

[408] Cfr. nº 2 do art. 17º do CSC. Para uma análise dos normativos do *Aktiengesellschaft*, aos quais este art. 17º vai recolher parte relevante da sua inspiração, vd., por todos, HANS WÜRDINGER, *Aktienrecht..*, ob.cit., pp. 74-75.

[409] Sobre esta figura vd., entre nós, VASCO DA GAMA LOBO XAVIER, «A validade dos sindicatos de voto no direito português constituído e constituendo», ROA, 1985, pp. 640-642. Perante o direito belga, vd. ROBERT WTTERWULGUE, ob.cit., pp. 32-33.

[410] VASCO DA GAMA LOBO XAVIER (id., p. 641), destaca as seguintes formas de determinação desse sentido do direito de voto — fixação por unanimidade dos membros do sindicato, fixação por maioria, fixação em face da vontade de um ou mais dos agrupados. PIERO BERNARDINI («Clausole sulla organizzazione dei sindicati di voto», in *Sindicati di Voto ...*, ob.cit., pp. 90-97), numa análise mais aprofundada realizada perante diversos exemplos utilizados na prática italiana, destaca as seguintes cláusulas de determinação do sentido do direito de voto — fixação por unanimidade, fixação por maioria, fixação no sentido das indicações da *direcção* do sindicato, fixação por terceiro, fixação no sentido das indicações do Conselho de Administração da sociedade, etc. Convirá notar que algumas destas soluções não seriam admissíveis face ao direito português — é desde logo o caso da fixação da vontade do sindicato em face das indicações do Conselho de Administração da sociedade. Ainda com grandes desenvolvimentos sobre esta matéria, vd. JOSÉ CARLOS SÁNCHEZ GONZALES, cit., pp. 94-113.

[411] Vd. DOMINIQUE SCHMIDT e CLAUDE BAJ, «Récentes evolutions de l'Action de Concert», cit., pp. 185-186; JOSÉ CARLOS SÁNCHEZ GONZALES, cit., p. 77; ULRICH EISENHARDT, *Gesellschatsrecht*, ob.cit., p. 296.

[412] No entanto, apesar disso, cremos não ter sentido útil, perante o direito nacional, o estabelecimento de diferentes qualificações destes acordos em face dos objectivos a que

de voto a que a lei faz apelo deverá valer para a generalidade das deliberações sociais, não sendo limitado a uma ou a apenas algumas deliberações[413].

A forma de determinação da vontade do sindicato representa o problema com que nos teremos de confrontar; simultaneamente, a resposta a esse problema dar-nos-à a resposta ao problema de sabermos se estamos perante uma previsão unívoca ou bi-unívoca. A questão é a de aferir se os valores mobiliários *contados como pertencendo ao oferente* serão, por definição, todos aqueles detidos pelos membros do *sindicato de voto,* ou se o serão apenas na medida em que o *oferente* possa *dominar* esse exercício. Por exemplo: se o *oferente* for parte de um sindicato de voto no âmbito do qual não tem qualquer *direcção,* sendo constantemente derrotado no processo de formação decisório do sindicato, haverá que averiguar se, ainda assim, os votos correspondentes aos valores mobiliários detidos pelos outros membros do sindicato se devem contar como pertencendo-lhe.

A resposta deverá ser, na nossa opinião, afirmativa. Ainda nesse caso, o *oferente* coloca os seus direitos de voto na disposição do sindicato que, por isso, surge como um bloco no que respeita ao exercício do direito de voto no seio da sociedade visada. É em face da existência desse bloco que a lei entende dever comunicar os valores mobiliários detidos por cada um como pertencendo a qualquer dos outros[414]. Por isso, e como afirma CARLOS OSÓRIO DE CASTRO[415], estaremos perante uma previsão com características bi-unívocas.

---

os mesmos se dirigem, já que, dessa distinção, não resulta qualquer efeito normativo. Por exemplo, FÁBIO KONDER KOMPARATO *(Novos Ensaios e Pareceres de Direito Empresarial,* Forense, Rio de Janeiro, 1982, pp. 44-45) distingue os acordos entre controladores para organização do controle, os acordos entre minoritários, para defesa da sua posição minoritária, e os acordos entre controladores e minoritários, para entendimento recíproco, prevenção de litígios futuros ou sanação de litígios já iniciados. A distinção, como é evidente, teria entre nós intenções meramente descritivas.

[413] No mesmo sentido, perante o Direito italiano, vd. RENZO COSTI, «I sindicati di blocco e di voto nella legge sull'OPA», cit., p. 475.

[414] Contra, perante o direito alemão, vd. ERNST GESSLER, *Aktiengesetz Kommentar,* ob.cit., comentário n° 46 ao § 17, que entende esta avaliação dever ficar dependente da estrutura do sindicato de voto. No mesmo sentido da opinião por nós exposta, agora perante o Direito italiano, vd. PAOLO MONTALENTI, cit., p. 857-858.

[415] Ob.cit., p. 55.

9.3.4 **Os valores em usufruto ou detidos em penhor, caução ou depósito ou que possam ser adquiridos de sua exclusiva iniciativa**

I. Finalmente, esta última previsão manda atender a um conjunto de valores mobiliários, já não em função da influência relativa aos direitos de voto, mas antes por razões afins àquelas que já tivemos ocasião de verificar a propósito do atendimento dos *direitos de voto potenciais*.

II. O primeiro conjunto de valores mobiliários referidos — aqueles de que o *oferente* ou as pessoas mencionadas nas *alíneas* b) e c) do nº 1 do art. 530º sejam usufrutuários ou detenham em penhor, caução ou depósito — apenas serão atendidos na medida em que, nos termos da *alínea* g) do nº 1 do art. 346º, o *oferente* possa exercer os direitos de voto, por estes terem sido transferidos para si, ou por lhe terem sido conferidos poderes para os exercer como entender, na ausência de instruções específicas dos seus titulares.

Por isso, estaremos neste caso perante *direitos de voto actuais* que podem ser exercidos pelo próprio oferente, razão pela qual os mesmos devem ser contados como pertencendo-lhe para efeitos da delimitação da obrigação.

III. Finalmente, os valores referidos na parte final dessa previsão — aqueles que o oferente pode adquirir, de sua exclusiva iniciativa, em virtude de acordo escrito celebrado com os titulares — são atendidos na medida em que, apesar de não representarem *direitos de voto actuais* para o *oferente,* representam direitos de voto que este poderá vir a exercer, de sua exclusiva iniciativa, em termos absolutamente paralelos àqueles que derivam dos valores mobiliários referidos nas *alíneas* b) e c) do nº 1 do art. 530º do Cód.MVM.

10. As delimitações específicas

10.1 Generalidades

I. Estamos, no presente momento da análise, prestes a terminar a matéria da delimitação positiva da obrigação de lançamento de OPA. Na verdade, já tivemos ocasião de analisar os traços de delimitação positiva que, em sede geral, estão presentes em todas as hipóteses de *OPA obrigatória* — a natureza da sociedade emitente dos valores mobiliários, a natureza dos valores mobiliários que são atendidos para efeitos da delimitação da obrigação e, finalmente, o conjunto de entidades que, nos termos da lei, são detentoras de títulos considerados *como pertencendo ao oferente* para efeitos dessa delimitação. Deste modo, e pela sequência indicada, já foram objecto da nossa reflexão todos os elementos de delimitação da obrigatoriedade de lançamento de OPA que, no sistema jurídico nacional, apresentam carácter geral.

Seguindo a sequência que foi por nós proposta na introdução do presente trabalho, restará agora, ainda em sede de delimitação positiva da obrigação, abordar os aspectos específicos de delimitação que são convocados a propósito de cada uma das hipótese de *OPA obrigatória* fixadas na lei, mais exactamente nas três *alíneas* do n° 1 do art. 527° e no n° 2 do art. 528°, ambos do CSC.

II. Já tivemos ocasião de apresentar, nos seus traços fundamentais, as cinco hipóteses de *OPA obrigatória* previstas no sistema nacional. Caberá agora, para melhor enquadrar a análise que passaremos a realizar neste número, relembrar esses traços de enquadramento.

A primeira hipótese prevista no sistema — que designámos por *OPA para consolidação do controle* — resulta da alínea a) do n° 1 do art. 527° do Cód.MVM, e é desencadeada quando uma entidade pretenda adquirir valores mobiliários da natureza dos indicados no n° 1 do art. 523°, emitidos por uma *sociedade de subscrição pública,* já detendo, nos termos do art. 530°, valores que lhe assegurem mais de metade, mas menos, de dois terços, dos direitos de voto correspondentes ao capital da sociedade visada e pretenda adquirir, em cada ano civil, valores que lhe atribuam mais de 3% desses direitos.

A segunda hipótese — que designámos por *OPA prévia para aquisição de maioria qualificada —,* resulta da *alínea* a) do n° 1 do art. 527° do Cód.MVM), e é desencadeada quando uma entidade pretenda adquirir valores mobiliários da natureza dos indicados no n° 1 do art. 523°, emitidos por uma *sociedade de subscrição pública,* já detendo, nos termos do art. 530°, valores que lhe assegurem mais de metade, mas menos, de dois terços, dos direitos de voto correspondentes ao capital da sociedade visada e pretenda adquirir valores que, adicionados aos que na altura devam considerar-se como pertencendo-lhe por força do mesmo artigo, lhe confiram dois terços ou mais de dois terços dos mesmos direitos.

A terceira hipótese — que designámos por *OPA para aumento rápido de posição accionista,* — resulta da alínea c) do n° 1 do art. 527° do Cód.MVM e é desencadeada quando, não se tratando de nenhum dos casos anteriores ou de um caso de OPA geral obrigatória, uma entidade pretenda adquirir valores mobiliários da natureza dos indicados no n° 1 do art. 523°, emitidos por uma *sociedade com subscrição pública* que, por si só ou somados aos adquiridos por ela própria, bem como, se for o caso, aos adquiridos por terceiros e que devam considerar-se como pertencendo-lhe por força do disposto no art. 530°, lhe atribuam mais de 20% dos votos correspondentes ao capital da sociedade visada.

A quarta hipótese — que designámos por *OPA prévia para aquisição do controle* —, resulta do n° 1 do art. 528° e da *alínea* b) do n° 1 do art. 527° do Cód.MVM, e é desencadeada quando uma entidade pretenda adquirir valores mobiliários da natureza dos indicados no n° 1 do art. 523°, emitidos por uma *sociedade com subscrição pública* que, por si ou somados aos que já detenha nos termos do art. 530°, lhe assegurem mais de metade dos votos correspondentes ao capital da sociedade visada.

Finalmente, a quinta hipótese — que designámos por *OPA subsequente à aquisição do controle,* — resulta do n° 2 do art. 528° do Cód.MVM e é desencadeada quando alguma entidade, após a entrada em vigor do Cód.MVM, venha deter, por qualquer forma que não seja uma OPA obrigatória lançada nos termos do n° 1 do mesmo artigo, valores mobiliários da natureza dos indicados no n° 1 do art. 523°, emitidos por uma *sociedade com subscrição pública*, que, por si só ou adicionados, se for o caso, aos que devam considerar-se como pertencendo-lhe nos termos do art. 530°, lhe confiram mais de metade dos votos correspondentes ao capital da sociedade em causa.

III. Apesar da aparente especificidade de cada uma das previsões que, nos seus traços estruturantes, vimos de apresentar, teremos ocasião de verificar que as mesmas incorporam, entre si, traços de aproximação muito relevantes. Por isso, torna-se importante que a sequência da análise que passamos a realizar, abordando todo e cada um dos elementos específicos de delimitação da obrigação presentes em cada previsão, não implique uma repetição, em cada passo, de comentários e observações já produzidos em relação a hipóteses anteriores.

Uma primeira solução de ordenação passaria pelo isolamento desses traços de semelhança, seguido de uma análise que, de forma vertical, fosse aplicável a alguma ou algumas das hipóteses. Cremos, no entanto, que essa ordenação criaria problemas de compreensão na exposição, não resultando da mesma virtualidades metodológicas de destaque. Por isso, optámos por manter tendencialmente isoladas as diversas hipóteses, procedendo à sua ordenação em face de um critério que atenda expressamente a essa dificuldade expositiva.

Deste modo, começaremos a nossa análise específica dedicando toda a atenção à denominada *OPA prévia para aquisição do controle,* sem dúvida aquela que, em termos teóricos e práticos, mais relevância apresenta e que, por isso, deve ser objecto de um tratamento especial, passando de seguida para a previsão paralela de *OPA subsequente à aquisição do controle,* a qual, apesar da evidente distinção estrutural com a anterior, representa, numa perspectiva funcional, uma previsão dirigida a fins idênticos. Nesse momento da análise, parte relevante dos problemas de interpretação do sistema já estarão abordados, sendo mais fácil a aproximação às outras previsões. De seguida, analisaremos, de forma conjunta, as duas hipóteses previstas na *alínea* a) do n° 1 do art. 527°, ou seja, a *OPA para consolidação do controle* e a *OPA para aquisição de maioria qualificada.* Terminaremos pela análise da previsão de *OPA para aumento rápido de posição accionista,* prevista na *alínea* c) do n° 1 do art. 527°.

10.2 A OPA prévia para aquisição do controle

I. A *OPA prévia para aquisição do controle,* prevista na *alínea* b) do n° 1 do art. 527° do Cód.MVM, representa a *pedra-de-toque* deste sistema. E é assim porque cumpre a função básica que, nos sistemas jurídicos que incorporam previsões de *OPA obrigatória,* está na base desta figura — assegurar o lançamento de uma oferta dirigida à aquisição de todos os valores mobiliários da natureza dos previstos no n° 1 do art. 523°, em caso de mudança do controle da sociedade, o que é entendido como acontecendo, no sistema jurídico nacional e, mais particularmente, no que respeita à OPA, no caso de uma entidade passar a deter mais de metade dos votos correspondentes ao capital da *sociedade visada.*

A definição desse limite a partir do qual se entende que a *OPA obrigatória* deve ser lançada representa uma solução ditada principalmente por razões de política legislativa. Na verdade, encontramos em sistemas estrangeiros formulações distintas para a mesma preocupação funcional que está presente na previsão do Cód.MVM — por exemplo, em Inglaterra é hoje entendido, após uma evolução constante, que a oferta deve ser lançada perante a aquisição de acções que atribuam, pelo menos, 30% dos votos correspondentes ao capital social[416]; em França, é entendido que a

---

[416] Vd. Regra 9.1(a) do *City Code.*

oferta deve ser lançada perante a aquisição de mais de 1/3 das acções ou dos direitos de voto[417]; em Espanha, entende-se que a oferta deve ser lançada perante a vontade de aquisição de uma participação que assegure, pelo menos, 50% do capital da sociedade[418]; em Itália, entende-se que a oferta deve ser lançada perante a vontade de aquisição de uma participação que assegure, directa ou indirectamente, a maioria dos direitos de voto[419].

Aliás, é o próprio preâmbulo do DL nº 261/95 que reconhece esse condicionamento político, ao afirmar que *não se tendo ainda formado o consenso dos Estados membros da União Europeia necessário para a aprovação da proposta de directiva apresentada sobre esta matéria pela Comissão e tendo em conta as condições actuais do tecido empresarial português, não se justifica a alteração da definição genérica do condicionalismo legal determinante da obrigatoriedade do lançamento de ofertas públicas de aquisição, que se manteve basicamente alterado*. Deste modo, retira-se que uma mera alteração das *condições actuais do tecido empresarial português* poderá implicar uma alteração dessa *definição genérica,* não sendo a mesma, em grande medida, determinada por razões de ordem jurídica.

II. No entanto, se a delimitação do limite a partir do qual se torna obrigatório o lançamento de uma OPA representa um mero instrumento de política legislativa, já o mesmo não se pode dizer quanto à estruturação do sistema em face do entendimento da OPA como *meio obrigatório de aquisição,* ou seja, dotado de uma *obrigatoriedade fraca* ou *média,* ou antes como uma obrigação subsequente à aquisição, ou seja, dotada de uma *obrigatoriedade forte*. Neste âmbito, a opção de estruturação implica relevantes consequências jurídicas, algumas das quais já foram abordadas no decorrer deste trabalho, e a que teremos ocasião de voltar, com maior detalhe, *infra.*

Essa opção permite-nos isolar os sistemas jurídicos estrangeiros objecto do enquadramento normativo realizado no II Capítulo em dois grandes grupos. O primeiro inclui os regimes inglês e francês — nestes, a obrigação de lançamento de OPA deriva de uma aquisição, ou de um conjunto de aquisições, que façam uma entidade deter valores mobiliários

---

[417] Vd. Art. 5.4.1 do Regulamento Geral do *Conseil Général des Bourses de Valeurs.*
[418] Vd. nº 5 do art. 1º do *Real Decreto* 1.197/1991.
[419] Vd. nº 1 do art. 10º da Lei de 18.2.1992.

em número superior àquele fixado no limite ao qual subjaz um entendimento de alteração do controle; perante essa situação, o regime impõe o lançamento de uma *OPA subsequente*. No entanto, a aquisição que implica a passagem desse limite não está, ela própria, sujeita à obrigação de ser realizada por intermédio de OPA. O segundo grupo inclui os sistemas espanhol, italiano e português — nestes casos, a OPA é entendida, antes de mais, como um instrumento obrigatório de realização de aquisições que impliquem a passagem dos limites fixados que, mais uma vez, têm presente um entendimento sobre a alteração do controle. Por isso, a obrigação emerge, já não da aquisição, mas antes da *vontade de adquirir*, em termos que serão objecto de análise nesta fase do nosso trabalho.

Estando subjacente ao presente trabalho uma perspectiva eminentemente jurídica, não caberá avaliar das vantagens e desvantagens de cada uma das opções. Dir-se-à, no entanto, que a opção assumida pelo legislador nacional implica um conjunto de consequências de índole normativa que não podem ser esquecidas.

É que, como facilmente se compreende, a opção pelo sistema de *OPA prévia* nunca poderia deixar de implicar a existência concomitante e paralela de um sistema de *OPA sucessiva*. E é assim porque, desde logo, apenas é possível impor a OPA como instrumento obrigatório de aquisição perante operações que, sob o ponto de vista estrutural, estejam dotadas de uma fisionomia compatível, ou seja, em substituição de operações que se assumam como o resultado de contratos de compra e venda ou de permuta.

Se o entendimento subjacente à previsão genérica da *OPA prévia* implicasse que esta fosse considerada a única forma de passar a deter acções em número superior àquele que é entendido como atribuindo o controle, isso acarretaria uma de duas consequências perversas — ou se estaria a limitar drasticamente a autonomia privada, para além de todo o limite razoável, vedando a possibilidade de passar a deter valores mobiliários que assegurassem o controle por outro programa contratual que não o da compra e venda ou permuta; ou deixar-se-ia na sombra e sem explicação situações em que esse controle é assegurado por qualquer forma que não as descritas, como é o exemplo evidente da *aquisição indirecta* — aquisição de acções que assegurem a maioria dos direitos de voto numa sociedade que já de si detém a maioria dos direitos de voto em outra sociedade em relação à qual seria obrigatória a aquisição por intermédio de OPA. Parece-nos evidente que nenhuma dessas soluções seria razoável.

No entanto, se entendemos resultar claro que os sistemas de *OPA prévia* devem ser necessariamente complementados com previsões de *OPA sucessiva,* pelo menos na medida em que o entendimento funcional subjacente à previsão específica de *OPA prévia* deva ter paralelo numa outra previsão de *OPA sucessiva*[420], também nos parece que essa estruturação de base implica o entendimento da *OPA prévia* como regra e da *OPA sucessiva* como um instrumento de correcção do sistema. E daqui emergem, como não poderia deixar de acontecer, consequências normativas relevantes. O exemplo português é, segundo cremos, paradigmático na forma como recebe essa leitura.

Essa leitura está subjacente, desde logo, à existência de um conjunto de previsões de *OPA prévia* que não têm uma leitura paralela de *OPA sucessiva.* Nesses casos, o problema coloca-se nos termos seguintes — ou se pretende efectuar uma compra e venda ou troca dos *valores relevantes,* caso em que a OPA é imposta como *instrumento obrigatório de aquisição;* ou está em causa uma outra formulação jurídica para a operação e a OPA não é, prévia ou sucessivamente, imposta. Por isso, e agora ao nível das consequências, se possa verificar a nossa afirmação segundo a qual o sistema pretende resolver, pela *OPA prévia,* todos os casos em que esse recurso seja possível. Vejamos dois exemplos que já foram objecto da nossa análise — o atendimento aos *direitos de voto potenciais* e o recurso a um conjunto de previsões de *valores que devem ser contados como pertencentes ao oferente.*

A única razão que, segundo cremos, leva o legislador nacional a atender a outros direitos de voto para além dos *actuais,* prende-se com este elemento genérico de compreensão do sistema. Na verdade, se assim não fizesse, deixaria de impor a OPA a um conjunto de situações em que não estivesse em causa uma aquisição por compra e venda ou troca — por exemplo, aquela derivada da conversão de obrigações em acções — e, o que é mais importante em relação ao traço genérico de compreensão desta regulamentação, passaria a impor a *OPA subsequente* a um conjunto de situações que, perante o atendimento a esses outros direitos de voto,

---

[420] O legislador pode entender que nem todas as previsões de OPA prévia devem ter uma paralela previsão de *OPA sucessiva,* como acontece, por exemplo, no direito nacional. A previsão de *OPA sucessiva* do nº 2 do art. 528º é paralela da previsão de *OPA prévia* da *alínea* b) do nº 1 do art. 527º; no entanto, já não encontramos previsões paralelas para as hipóteses de *OPA prévia* previstas nas *alíneas* a) e c) do nº 1 desse artigo 527º.

seriam resolvidas por *OPA prévia*. Daqui resulta, com toda a clareza, que a *OPA prévia* é a regra do sistema.

Outro exemplo, deriva das presunções de *valores contados como pertencendo ao oferente*, na base das quais está, de novo, a vontade de potenciar o alcance das hipóteses de *OPA prévia*. Como tivemos ocasião de oportunamente justificar, a equiparação prevista no art. 530º refere-se não apenas ao momento da detenção, mas também ao da aquisição. Por isso, as aquisições promovidas por estas terceiras entidades, são presumidas como sendo realizadas pelo próprio *oferente*. Se não fosse assim, o legislador deixaria de impor a OPA a um conjunto de situações em que os valores mobiliários fossem adquiridos por esses terceiros e, de novo o que é mais importante em relação a este traço genérico de compreensão do regime nacional, passaria a impor a *OPA subsequente* a um conjunto de situações que, perante a equiparação, seriam resolvidas por *OPA prévia*.

Para além destas duas decorrências normativas da opção pelo sistema de *OPA prévia*, haverá ainda que acrescentar, embora de modo sucinto, outros factores de confronto entre os regimes de *OPA obrigatória prévia* e de *OPA obrigatória sucessiva*, por forma a melhor integrar o conhecimento desta matéria.

Em primeiro lugar, a intervenção do Conselho de Administração no processo da OPA é totalmente distinto, reflectindo-se essa distinção na configuração concreta da respectiva regulamentação, no caso de estarmos perante um sistema de *OPA prévia* ou um sistema de *OPA subsequente*. E compreende-se facilmente que assim seja já que, tratando-se de uma OPA hostil, estamos perante a diferença que vai da relação da administração com o accionista já controlador, à relação da administração com a entidade que quer passar a ser controladora. Em segundo lugar, as regras sobre fixação da contrapartida assumem uma relevância muito especial no caso de estarmos perante um sistema de *OPA sucessiva*, já que, nestes casos, o accionista já detém a participação que pretende, não tendo qualquer interesse em adquirir mais valores mobiliários, o que o tentará a propor a contrapartida mais reduzida possível. Em terceiro lugar, agora já não tanto ao nível das consequências normativas da opção, haverá que referir que o sistema de *OPA prévia* permite, nos casos em que estivermos perante uma aquisição hostil, a possibilidade de lançamento de *OPAs concorrentes*, fazendo com que, em termos reais, o controle societário esteja a ser jogado no mercado, o que não acontece, naturalmente, no caso da *OPA sucessiva*. Finalmente, em último lugar, caberá ainda referir que,

III. A Delimitação da Obrigação

nos casos de *OPA obrigatória sucessiva* a preocupação com o secretismo da primeira fase do processo é muito reduzido, já que, como se compreende, a generalidade do mercado já tem conhecimento prévio do lançamento da oferta, o que não acontece nos casos de *OPA prévia*[421].

Do exposto, deriva com clareza a centralidade problemática da específica previsão de OPA obrigatória que temos em observação — estamos no núcleo explicativo da imposição da obrigatoriedade da oferta, ou seja, no âmbito da relação que implica uma mudança de controle no seio de uma *sociedade de subscrição pública,* e estamos naquele que, face ao direito nacional, é o regime regra para enfrentar essas situações, ou seja, na hipótese de estruturação da operação como *OPA obrigatória prévia*.

III. Entrando então, agora de modo mais específico, na análise da previsão constante da *alínea* b) do nº 1 do art. 527º do Cód.MVM, haverá que afirmar que as considerações precedentes nos permitem, por si mesmas, isolar o alcance do elemento central dessa previsão, ou seja, o facto de estarmos perante uma situação em que *qualquer pessoa singular ou colectiva pretenda adquirir valores mobiliários da natureza dos indicados no nº 1 do art. 523º.* Ao contrário do que a letra da lei poderia fazer entender, não estamos aqui perante a aplicação de um critério subjectivo que encontre na vontade do *oferente* o seu elemento central de aplicação, em termos segundo os quais a existência dessa *pretensão,* se não concretizada de forma imediata por recurso a uma OPA, implicaria uma violação do regime legal. Essa violação apenas surgirá, como não poderia deixar de ser, se uma entidade, *pretendendo* adquirir esses valores mobiliários, e efectivando essa *pretensão* por intermédio de uma aquisição, o fizer sem recurso a uma OPA[422].

---

[421] Cfr. GREGORIO ARRANZ PUMAR, «El proyecto ...», cit., pp. 70-72.

[422] ANÌBAL SANCHÉZ ANDRÉS («Teleologia ..., cit., p. 12) refere que o maior problema que é provocado pelo sistema de *OPA prévia* é, precisamente, o de lidar com os *pecados de pensamento*. Perante a forma como colocámos o problema, dir-se-ia que se trata de problema ultrapassado. No entanto, não é assim. O problema não está, naturalmente, em determinar a obrigatoriedade de lançamento de OPA por uma entidade que tenha *pensado* em adquirir uma participação que confira, por exemplo, 30% dos votos, não tendo concretizado esse *pensamento*. O problema surge, para além desses casos, quando uma entidade, por ter *pensado* em adquirir essa participação, tenha efectuado aquisições até ao limite dos 19,9%, lançando posteriormente a OPA (ainda *prévia*) para 10,01% das acções. Cremos, no entanto, que, ainda nesses casos, o *delito de pensamento* deve ser irrelevante, já que a objectivação que o critério legal impõe não se compadece com a atribuição de relevância a situações dessa natureza.

Deste modo, resulta claro que a utilização da expressão *pretender adquirir*, na parte que se refere a esse aparente elemento volitivo, não tem outro significado, em termos imediatos, senão o de nos colocar perante uma hipótese de OPA que sabemos não estar dotada de *obrigatoriedade forte*. Se esse fosse o caso, a lei utilizaria a expressão *detenção* como elemento central da previsão, assim dispondo que a OPA resultaria como uma obrigação subsequente a essa aquisição; pelo contrário, a expressão utilizada no n° 1 do art. 527° não tem outro significado senão o de dispor que a OPA é imposta, desde logo, como *instrumento obrigatório* para realizar a operação de aquisição *pretendida*.

IV. Se não nos parece que este primeiro elemento da previsão suscite grandes dúvidas, desde logo na medida em que resulta de uma mera concretização de uma leitura que tivémos ocasião de realizar em termos mais gerais, já o mesmo não pode ser dito em relação à utilização da expressão *aquisição*. E é assim em face da evidente importância deste traço de delimitação da obrigação, que é o elemento fundamental que nos permite distinguir a hipótese de *OPA prévia* prevista na *alínea* b) do n° 1 do art. 527° da hipótese de *OPA subsequente* prevista no n° 2 do art. 528°.

Como tivemos ocasião de referir, a imposição da *OPA prévia* apenas fará sentido até àquele ponto em que a fisionomia do negócio em substituição do qual a OPA é imposta como *instrumento obrigatório de aquisição* se revele compatível. A partir desta conclusão, compreende-se, ainda que introdutoriamente, o traço de distinção entre estas duas previsões — a da *alínea* b) do n° 1 do art. 527° que tem em atenção a *aquisição* por contrato fisionomicamente compatível com a OPA, nomeadamente por compra e venda ou permuta; e a do n° 2 do art. 528° que tem em atenção as hipóteses em que qualquer entidade, por qualquer forma que não seja uma *OPA prévia* lançada a partir da previsão da *alínea* b) do n° 1 do art. 527°, venha a deter valores mobiliários *relevantes* em número superior ao do limite legal.

Ora, como teremos ocasião de verificar mais atentamente a propósito da análise da previsão do n° 2 do art. 528°, a utilização da expressão *por qualquer forma que não seja uma oferta pública lançada em cumprimento do número anterior* não implica que estejamos perante uma duplicação de previsões — se a situação concreta se integrasse na *alínea* b) do n° 1 do art. 527°, a aquisição deveria ser realizada por intermédio de *OPA prévia;* no entanto, se a aquisição se tivesse realizado sem recurso a essa OPA prévia, e por isso o adquirente fosse agora detentor de valores mobiliários que lhe conferissem mais de metade dos direitos de voto, sem que para isso tivesse recorrido à *OPA prévia,* seria agora obrigado a lançar uma OPA nos termos do nº 2 do art. 528º. Não é, na verdade, assim. A referência a não estarmos perante uma detenção que seja derivada de uma *OPA prévia,* pretende significar não estarmos perante uma situação que fosse integrável nos pressupostos de *OPA prévia,* ou seja, uma situação em que não esteja em causa uma *pretensão de aquisição.* Por isso, o traço de distinção entre as previsões a que fizemos referência ganha uma importância ainda maior.

Como é geralmente reconhecido, o termo *aquisição* revela uma latitude muito ampla no direito nacional, incorporado no seu seio situações em que estejam em causa estruturas jurídicas de ordem muito diversa — compra e venda, permuta, doação, sucessão, subscrição, conversão, fusão, etc[423]. Sendo assim, o problema que temos em presença passa pela determinação do alcance da expressão *pretensão de aquisição* enquanto elemento delimitador desta previsão de *OPA obrigatória,* especialmente quando confrontada com a hipóteses paralela do nº 2 do art. 528º do Cód.MVM.

Como é pacificamente aceite[424], essa expressão exclui do seu seio todas as hipóteses em que a *detenção de mais de metade dos votos* dependa de uma situação passiva em relação ao *oferente.* Na verdade, nenhuma dúvida se levanta que não estaremos na sequência de uma hipótese em que uma entidade *pretenda adquirir* valores mobiliários se, por exemplo, a integração na previsão de *OPA obrigatória* se ficar a dever a uma diminuição do universo em relação ao qual se estabelece a percentagem dos votos correspondentes às acções detidas pelo *oferente.*

No entanto, se é certo que nenhuma dúvida nos levanta esse entendimento de partida, parece-nos de igual modo evidente que o mesmo não nos resolve integralmente o problema que temos em análise. Na verdade, o âmbito lato da expressão aquisição permite aí integrar um conjunto de situação *activas* que estão para além da compra e venda ou troca — veja--se, do conjunto de exemplos que avançámos, a hipótese da doação. A

---

[423] Em sede geral, vd., por todos, MANUEL DE ANDRADE, *Teoria Geral da Relação Jurídica,* vol. II, 6ª Reimpressão, Coimbra, 1983. Em relação a este problema específico, vd. AUGUSTO TEIXEIRA GARCIA, ob.cit., p. 220.
[424] Vd. RAÚL VENTURA, ob.cit., p. 245; AUGUSTO TEIXEIRA GARCIA; ob.cit., pp. 219-220.

questão que se coloca é, naturalmente, a de determinar se essa hipótese deve ser abrangida pelo alcance da expressão.

Cremos que a resposta a essa questão deve ser negativa. Se é certo que a expressão utilizada pelo legislador assume uma latitude muito grande, permitindo aí integrar um conjunto de operações cuja estrutura está muito para além da compra e venda ou da permuta, cremos, na sequência do que já tivemos ocasião de afirmar, que a OPA apenas poderá ser imposta como *instrumento obrigatório de aquisição* em substituição de operações que sejam compatíveis com a sua estrutura. E isso apenas acontece com a compra e venda e a permuta. Integrar no seu alcance operações como a doação, teria por consequência limitar drasticamente a autonomia privada, para além dos limites de qualquer razoabilidade — a doação apenas poderia ser feita por OPA mas, como a estrutura da OPA não é compatível com a doação, isso significaria que a doação, em certas circunstâncias, não poderia de todo ser realizada —, o que cremos estar para além do alcance pretendido pelo legislador, já que a OPA pretende disciplinar a aquisição e não vedar essa mesma aquisição.

Sendo assim, o significado da expressão *pretenda adquirir* será, em face das considerações precedentes, *pretenda adquirir por contrato de compra e venda ou permuta*. Todas as demais hipóteses de *aquisição,* por não estarem cobertas pelo alcance desta previsão normativa, serão objecto da previsão paralela do n° 2 do art. 528° do Cód.MVM.

No entanto, haverá que ir mais longe, já que, mesmo neste âmbito da compra e venda e da permuta, não cremos estar perante uma aplicação geral. Quando referimos a compra e venda, estamos a pensar na realização de um contrato, integrável nos termos gerais de direito das obrigações, em que uma das partes transfere para a outra a titularidade dos títulos contra o pagamento de um preço. No entanto, nem todos os contratos de compra e venda assumem essas características, já que, em alguns casos, encontramos específicos processos, já não de aquisição, como acontece no âmbito da OPA, mas antes de alienação — é o caso da OPV.

Ora, revela-se evidente que a aquisição no âmbito da OPV, apesar de representar, estruturalmente, uma compra e venda, não se revela uma operação fisionomicamente compatível com a OPA, nos termos da qual possa ser substituída por aquela. Por isso, a entendermos que a OPA seria imposta, nesses casos, como *meio obrigatório de aquisição,* estaríamos a afirmar, mais uma vez, que a aquisição não poderia ser realizada, o que nos parece estar para além de todos os limites de razoabilidade no que se refere à compreensão da limitação da autonomia privada pressuposta pela

OPA. Por isso, cremos que também estes casos estarão fora da expressão *aquisição*, como utilizada neste âmbito[425].

10.3 A OPA subsequente à aquisição do controle

I. Paralelamente à hipótese de *OPA prévia para aquisição do controle*, prevista na *alínea* a) do nº 1 do art. 527º, surge-nos então esta hipótese de *OPA subsequente à aquisição do controle*, prevista no nº 2 do art. 528º do Cód.MVM. As razões para a necessidade de estipulação desta previsão paralela já foram descritas — um sistema baseado numa estrutura de *obrigatoriedade fraca* e/ou *média*, como é o caso do nacional, não consegue cumprir de forma integral todas as suas funções por virtude da mera estipulação de previsões de OPA como *instrumento obrigatório de aquisição;* nesse sentido, a previsão que temos ora presente surge-nos como um elemento de correcção do sistema e não, como acontece, por exemplo, em França ou Inglaterra, como uma regra estruturante do mesmo.

Dispõe então o nº 2 do art. 528º que será obrigatório o lançamento de uma OPA quando uma entidade, após a entrada em vigor do Cód.MVM, venha a deter, por qualquer forma que não seja uma *OPA obrigatória prévia* nos termos que vimos de analisar, valores que, por si só ou adicionados aos que devam ser considerados como pertencendo-lhe nos termos do art. 530º, lhe *confiram mais de metade dos votos correspondentes ao capital da sociedade em causa*.

II. O primeiro elemento específico desta previsão é de natureza negativa — apenas se refere às hipóteses em que essa detenção ocorra após a entrada em vigor do Cód.MVM[426]. Assim, retira-se de imediato que o alcance imediato desta parte da norma é dispor que as entidades que, antes dessa data, já detivessem valores mobiliários que lhes as-

---

[425] Voltaremos a este problema a propósito da relação entre a *OPA obrigatória* e o regime das privatizações. Refira-se desde já que, como então teremos ocasião de desenvolver, a posição aqui assumida é contrária à opinião que a CMVM, a propósito dessas operações de privatização, já sustentou em muitos casos.

[426] Vd. nº 5 do art. 2º do DL nº 142-A/91, de 10 de Abril, que aprovou o Cód.MVM. Apesar de, nos termos do nº 1 desse artigo, a generalidade das disposições do Código apenas terem entrado em vigor 90 dias após a publicação desse DL, os Títulos II e IV, ou seja, relativos ao *mercado primário* e às *ofertas públicas de transacção*, entraram em vigor 30 dias após essa data. Em qualquer caso, vd. nota nº 78.

segurassem mais de metade dos direitos de voto correspondentes ao capital de uma *sociedade de subscrição pública,* não seriam obrigadas a lançar uma OPA geral com a entrada em vigor deste diploma.

No entanto, a partir desta afirmação de base, levantam-se duas questões que deverão merecer o nosso conhecimento. A primeira, mais simples, é a de saber se as entidades que já detivessem valores mobiliários que conferissem mais de metade dos votos, e que pretendessem adquirir mais valores mobiliários dessa sociedade, estariam obrigadas ao lançamento de uma oferta. A segunda, mais complexa, é a de saber se as entidades que já detivessem valores mobiliários que conferissem mais de metade dos votos perante o universo dos votos *actuais* e *potenciais,* e pretendessem adquirir mais valores mobiliários por forma a ultrapassar este limite, mas agora apenas perante o universo dos *votos actuais,* estariam obrigadas a lançar uma oferta.

A primeira questão deve merecer, sem qualquer dúvida, resposta negativa. Na verdade, se no momento da entrada em vigor do Código uma entidade já detivesse valores mobiliários que conferissem mais de metade dos votos correspondentes ao capital social, não seria nunca a aquisição de mais valores que faria ultrapassar este limite, ou aquele previsto na *alínea* b) do n° 1 do art. 527°[427]. No limite, essa entidade poderia ser obrigada a lançar uma oferta nos termos de outra previsão legal; no entanto, esta, ou a da *alínea* b) do n° 1 do art. 527° do Cód.MVM, não estariam em causa.

A segunda questão afigura-se de conhecimento mais complexo. Admitamos que uma entidade detém 45% das acções, correspondendo-lhes 45% dos direitos de voto actuais, e mais um conjunto de valores mobiliários da natureza dos indicados nas *alíneas* b) e c) do n° 1 do art. 523°, permitindo constatar que detém mais de metade dos direitos de voto perante o universo dos *direitos de voto actuais e potenciais.* Admitamos agora que, perante essa situação de partida, a referida entidade pretende, ou adquirir mais 6% das acções, ou converter ou exercer os

---

[427] Vd. AUGUSTO TEIXEIRA GARCIA, ob.cit., p. 226. Naturalmente que o mesmo já não acontecerá se essa entidade tivesse a maioria dos direitos de voto e, ainda antes da entrada em vigor do Cód.MVM, tivesse alienado valores por forma a perder essa posição, pretendendo, após a entrada em vigor do Cód.MVM recuperar a posição maioritária anterior; de igual modo acontecerá se, ulteriormente à entrada em vigor do Cód.MVM, uma entidade perder essa posição maioritária, pretendendo recuperá-la.

direitos de subscrição correspondentes a esses valores, passando a deter mais de metade dos votos *actuais*. A questão que se coloca é, naturalmente, a de saber se alguma dessas situações levaria a que fosse obrigada ao lançamento de uma OPA nos termos desta previsão ou daquela da *alínea* b) do nº 1 do art. 527º do Cód.MVM.

Perante a letra do nº 2 do art. 528º a resposta a essa hipótese parece dever ser negativa. Na verdade, essa norma parece referir-se apenas às situações em que a detenção de valores que confiram mais de metade dos votos ocorra após a entrada em vigor do Cód.MVM; ora, sendo certo que os valores que conferem *votos potenciais* são, como já tivemos ocasião de verificar, atendidos para a determinação desses limites, concluir-se-ia que a aquisição de mais valores mobiliários nos colocaria na mesma situação que vimos de analisar — a ser obrigatória uma OPA, nunca seria por via do nº 2 do art. 528º ou da *alínea* b) do nº 1 do art. 527º. Cremos, no entanto, que essa resposta não seria correcta.

Já verificámos que a principal razão que está na base do atendimento dos direitos de voto *potenciais* resulta da estruturação do ordenamento em face da regra da *OPA prévia* — se estes valores mobiliários não fossem atendidos, o sistema deixaria de impor a OPA a um conjunto de situações em que não estivesse em causa uma aquisição por compra e venda ou troca — por exemplo, aquela derivada da conversão de obrigações em acções — e, mais importante, passaria a impor a *OPA subsequente* a um conjunto de situações que, perante o atendimento a esses outros direito de voto, seriam resolvidas por *OPA prévia*.

No entanto, este atendimento aos *direitos de voto potenciais* apenas faz sentido para aqueles casos em que a sua aquisição possa dar lugar, reunidos que estejam os pressupostos, a uma *OPA prévia*. Dir-se-á então que, não fora o Cód.MVM não estar ainda em vigor, e essa entidade que já detém mais de metade dos direitos de voto na relação com o universo dos direitos de voto *actuais* e *potenciais,* teria sido obrigada a lançar uma *OPA prévia* nos termos da *alínea* a) do nº 1 do art. 527º para realizar essa aquisição. Não tendo sido assim, parece-nos claro que a relevância atribuída a esses *direitos de voto potenciais* não pode implicar, por si mesma, uma subversão do sistema, atribuindo tanta importância aos *direitos de voto potenciais* como aos *actuais*.

Por outro lado, e como tivemos ocasião de referir oportunamente, o atendimento aos *votos potenciais* implica que passemos a considerar estes limites em face de uma dupla perspectiva — a primeira, estabelecendo o cálculo perante o universo dos *votos actuais;* a segunda, estabelecendo o cálculo perante o universo dos *votos actuais* e *potenciais*. Para efeito de integração nos pressupostos da obrigatoriedade de lançamento de OPA, qualquer dessas perspectivas estará em causa. Sendo assim, compreende--se que a entidade que já detivesse mais de metade dos direitos de voto em relação ao universo dos votos actuais e potenciais, antes da entrada em vigor do Cód.MVM, poderá ser obrigada a lançar uma OPA se, após essa entrada em vigor, ultrapassar este limite da obrigatoriedade em relação ao universo dos *votos actuais*.

III. Por outro lado, a previsão que temos em análise só terá aplicação se a *detenção* de valores mobiliários aí referida derivar de *qualquer forma que não seja uma oferta pública de aquisição lançada nos termos do número anterior,* ou seja, de uma oferta resultante da integração na previsão da *alínea* a) do n° 1 do art. 527° do Cód.MVM.

Já por duas vezes, no decorrer deste trabalho, aflorámos o problema da interpretação desta expressão — a primeira, a propósito da irrelevân-cia das acções em relação às quais esteja inibido o exercício do direito de voto, no que respeita ao cálculo destes limites; a segunda, a propósito da delimitação da previsão da *alínea* a) do n° 1 do art. 527° perante este n° 2 do art. 528° do Cód.MVM. Apesar de, especialmente no que respeita ao primeiro dos momentos referidos, já termos exposto a nossa opinião sobre este problema, será esta a sede mais adequada para isolarmos de forma mais precisa e integrada o significado desta passagem da previsão.

Ao contrário do que a letra da lei parece sugerir, esta *OPA obrigatória subsequente* não terá lugar em todos os casos em que, reunidos que estejam os demais pressupostos da previsão, a detenção de valores mobiliários que assegurem mais de metade dos direitos de voto derive de qualquer forma que não seja uma *OPA obrigatória prévia*. Cremos, na verdade, que o alcance da lei deve ser limitado apenas no que se refere à demarcação das respectivas previsões normativas — por isso, em regra esta hipótese de OPA obrigatória apenas terá lugar nos casos em que a causa dessa detenção não tenha na sua base a integração na previsão da hipótese de *OPA obrigatória prévia*. Daí, por exemplo, que a aquisição, por compra e venda, de uma participação que assegure mais de metade dos votos correspondentes ao capital social, não tendo sido realizada por recurso a uma *OPA obrigatória prévia,* como deveria ter acontecido nos termos da *alínea* b) do n° 1 do art. 527°, não esteja sujeita, de seguida, a uma *OPA obrigatória subsequente* nos termos da previsão que temos em análise.

III. A Delimitação da Obrigação

Nesse sentido, as previsões não são cumulativas mas meramente subsidiárias — ou a hipótese se integra na previsão da *alínea* b) do nº 1 do art. 527º, e deve ser realizada uma *OPA prévia;* ou a previsão não se integra nessa *alínea,* e obedece aos demais pressupostos do nº 2 do art. 528º, devendo ser realizada uma *OPA obrigatória subsequente*[428]. Deste modo, um dos elementos desta previsão é, exactamente, o de a hipótese em análise não ser qualificável como uma violação da regra de *OPA prévia,* e não, como parece resultar da lei, o de a hipótese ser qualificável como uma violação dessa regra.

A principal razão para essa conclusão deriva do facto de, a estarmos perante uma violação dessa regra, a situação de facto não poder ser integrada de imediato na previsão do nº 2 do art. 528º. E é assim, porque a entidade que tenha adquirido uma participação que lhe passe a assegurar 51% dos direitos de voto, sem ter recorrido ao lançamento prévio de OPA, não passar a deter uma participação que lhe assegure *mais de metade dos votos correspondentes ao capital social* em virtude da inibição do exercício do direito de voto por um período de cinco anos.

Deste modo, o sistema difere a eventual obrigatoriedade de lançamento da oferta — se, após esse período de cinco anos, o accionista mantiver a participação adquirida, nesse momento é que ele passará a deter mais de metade dos votos correspondentes ao capital social e estará obrigado a lançar uma OPA, nos termos do nº 2 do art. 528º do Cód.MVM. No entanto, como resulta claro, a razão para a integração não será a violação da regra da *alínea* b) do nº 1 do art. 527º, mas antes o facto de o mesmo passar a deter a maioria dos direitos de voto em face da cessação da inibição.

Aliás, nem se compreenderia que fosse de outra forma em face do disposto no nº 3 do art. 531º do Cód.MVM, nos termos do qual a referida inibição abrangerá ainda — no que respeita ao exercício do direito de voto — *a quantidade adicional de valores mobiliários que for necessária para assegurar que o infractor não disponha (...) de uma percentagem do total dos direitos de voto correspondentes ao capital da sociedade em causa, com exclusão dos que forem objecto da inibição, superior à que se encontra estabelecida nos artigos 527º e 528º, consoante o que for aplicável, como limite até ao qual a aquisição efectuada não dependia legalmente de oferta pública prévia nem determinava o lançamento de*

---

[428] Contra, cfr. AUGUSTO TEIXEIRA GARCIA, ob.cit., p. 224.

oferta pública sucessiva. Parece claro que não seria razoável entender que, juntamente com as sanções derivadas do incumprimento das regras de *OPA obrigatória*, a entidade infractora ainda que tivesse de lançar uma *OPA subsequente* nos termos deste n° 2 do art. 528°, sujeitando-se a esta limitação adicional no que respeita aos valores mobiliários adquiridos na OPA.

IV. Assim, compreende-se agora o significado da previsão normativa. Ela refere-se aos casos em que estejamos perante uma detenção de valores mobiliários que assegurem mais de metade dos votos correspondentes ao capital social e que não derive de uma aquisição por compra e venda ou permuta — os casos mais claros de integração serão, por um lado, todos aqueles que importem uma relação directa mas não se configurem como uma das hipóteses que referimos, ou seja, subscrição, conversão, doação, etc; e ainda aqueles que configurem uma relação indirecta com esses valores, ou seja, os de aquisição do controle de uma sociedade que tenha essa maioria.

Nos demais casos, a regra a atender será a da *alínea* b) do n° 1 do art. 527°, não servindo a previsão em análise como uma norma de recurso cumulativo.

10.4 A OPA consolidativa do controle e a OPA para aquisição de maioria qualificada

I. Se é certo que, como afirmámos, as previsões de *OPA obrigatória* em que esteja presente uma transferência do controle da *sociedade de subscrição pública* representam o cerne explicativo da consagração da figura, não o é menos que a consagração de hipóteses em que estejam presentes outros valores não se assumem como instrumentos de menor relevância prática.

Em relação a estas hipóteses, caberá começar por analisar aquelas constantes da alínea a) do n° 1 do art. 527° do Cód.MVM, as quais são desencadeadas perante uma situação de partida em que uma entidade pretenda adquirir valores mobiliários da natureza dos indicados no n° 1 do art. 523°, emitidos por uma *sociedade de subscrição pública,* já detendo, nos termos do art. 530°, valores que lhe assegurem mais de metade, mas menos, de dois terços, dos direitos de voto correspondentes ao capital da sociedade visada. Ao contrário do que acontecia em relação a qualquer das hipóteses anteriores, neste caso o ponto de partida é, justamente, o de uma entidade deter valores mobiliários que lhe assegurem o controle, nos termos em que este é entendido para efeitos do regime da *OPA obrigatória*, ou seja, deter valores que lhe assegurem mais de metade dos votos correspondentes ao capital social.

II. A primeira previsão dessa *alínea* a) refere-se aos casos em que, perante essa posição de partida, uma entidade pretenda adquirir, em cada ano civil, valores mobiliários que lhe atribuam mais de 3% desses direitos de voto. Deste modo, é possível a uma entidade que já detenha a maioria dos direitos de voto, adquirir valores até ao limite de 2/3 dos direitos de voto sem lançar qualquer oferta obrigatória. Bastará, para isso, que se limite a adquirir, em cada ano civil, valores que lhe atribuam apenas mais 3% desses direitos.

III. A segunda previsão dessa *alínea* a) refere-se aos casos em que, perante essa situação de partida, uma entidade pretende adquirir valores que lhe atribuam dois terços ou mais de dois terços dos direitos de voto. Nesses casos, impõe-se a obrigatoriedade de OPA para a passagem desse limite.

Não pode deixar de se estranhar esta previsão e o alcance de que a mesma pretende estar dotada. Na verdade, e como teremos ocasião de analisar com mais desenvolvimento a propósito do conteúdo da obrigatoriedade, a lei impõe apenas o lançamento de uma OPA parcial para esse caso. Por isso, bastará a essa entidade lançar uma OPA sobre 5% dos valores emitidos pela sociedade, o mínimo legalmente exigido, para que ultrapasse esse limite dos 2/3 dos direitos de voto, assim cumprindo o desígnio legal. Estranha solução, ainda para mais quando verificamos que, a partir dessa situação, apenas terá sentido a aplicação da OPA obrigatória prevista na *alínea* c) do nº 1 do art. 527º, o que deixa uma grande margem de latitude a essa entidade para gerir as suas aquisições ulteriores.

10.5 A OPA para aumento rápido de posição accionista

I. Finalmente, caberá fazer referência à hipótese de *OPA obrigatória* prevista na *alínea* c) do nº 1 do art. 527º, ou seja, a hipótese que denominámos de *OPA para aumento rápido de posição accionista*, a qual se verificará quando, não estando integrados os pressupostos de qualquer das hipóteses de *OPA obrigatória prévia* anteriores, os valores que determinada entidade pretenda adquirir, por si sós ou somados aos adquiridos por ela própria ou por terceiro e que devam considerar-se como pertencendo-lhe por força do art. 530º, desde 1 de Janeiro do ano civil anterior, lhe atribuam mais de 20% dos votos correspondentes ao capital da sociedade visada.

II. O primeiro elemento específico da previsão corresponde a uma delimitação negativa, ou seja, corresponde ao facto de não estarmos perante qualquer das hipóteses de *OPA obrigatória prévia* anteriores, já que, não fora este traço de previsão e deparar-nos-íamos com cumulação de previsões, por exemplo, perante aquela constante da *alínea* b) do n° 1 do mesmo artigo. No entanto, é importante salientar que esta delimitação não opera também perante a hipótese de *OPA obrigatória subsequente,* já que, em relação a esse caso, nunca seria possível a cumulação de previsões.

Para além deste elemento de delimitação negativa, o acento tónico da previsão é colocado na rapidez de aquisição dos valores mobiliários. Na verdade, resulta claro que, perante esta previsão, se torna possível a uma entidade passar de uma posição em que não detenha quaisquer valores mobiliários da *sociedade visada* para uma outra em que detenha valores que lhe assegurem 49,9% dos votos correspondentes ao capital social, sem ser obrigado a recorrer, em nenhum momento, à OPA. Bastará, para que isso aconteça, que não ultrapasse, ou não ultrapasse qualquer das entidades mencionadas no art. 530°, a barreira dos valores que atribuam 19,9% dos votos, num período contado desde o dia 1 de Janeiro do ano civil anterior

III. É interessante verificar que, no CSC, esta previsão excluia expressamente o caso de a aquisição resultar de aumento de capital, passagem que não foi mantida com as alterações introduzidas pelo DL n° 261/95.

Por um conjunto de razões a que já fizemos referência, cremos resultar evidente que essa supressão não poderia significar que, com o DL n° 261/95, o legislador pretenderia incluir os casos de aquisição por aumento de capital, já que, em termos práticos, essa opção significaria, em muitos casos, impedir a subscrição. Por isso, apenas se poderá concluir que a supressão da passagem se deveu ao entendimento de estarmos perante uma mera repetição, destituída de sentido útil. Por outro lado, o facto de, no CSC, se excluir expressamente a aquisição por aumento de capital, criava a ideia que, com essa excepção, todas as demais formas de aquisição seriam relevantes para efeitos da delimitação desta específica hipóteses de *OPA obrigatória,* o que resultaria, naturalmente, numa interpretação errada.

IV.
A DELIMITAÇÃO DA OBRIGAÇÃO
(CONTINUAÇÃO)

11. Generalidades

I. A matéria que foi objecto da nossa análise no Capítulo anterior não deve ser considerada como abordando toda a temática da delimitação da obrigatoriedade de lançamento de OPA, já que se limitou a encarar uma das perspectivas a partir das quais o nosso sistema procede a essa delimitação — aquela a que nos referimos, na introdução do presente trabalho, como *delimitação positiva*.

Por isso, não seria correcto entender que uma situação fáctica que se integre nos quadros de delimitação abordados dê lugar, sem mais, à obrigação de lançamento de uma oferta; apenas será assim se não estivermos perante uma hipótese que seja excepcionada desse âmbito de obrigatoriedade, já que, a par dos termos de delimitação positiva que abordámos no Capítulo precedente, quer eles sejam dotados de incidência geral, quer sejam dotados de incidência meramente específica, o nosso sistema consagra ainda normas que procedem à delimitação negativa da obrigatoriedade. Por diferentes palavras — situações existem que, integrando-se nos termos pressupostos por essa delimitação positiva, não darão lugar ao lançamento da oferta porque são excepcionadas pelo próprio sistema jurídico.

II. Assim como acontece em Portugal, qualquer dos demais sistemas jurídicos que foram objecto da nossa análise no decorrer do presente trabalho consagra excepções aos efeitos da delimitação positiva da obrigação de lançamento de OPA. Nesse sentido, podemos afirmar que a temática que teremos presente responde a uma necessidade comum de todos estes regimes jurídicos — a necessidade de flexibilizar os efeitos de aplicação das previsões de obrigatoriedade, não ignorando a existência de situações em que, não obstante a integração fáctica nos pressupostos positivos de delimitação da obrigatoriedade, estão presentes razões concretas que não são congruentes com os efeitos da respectiva estatuição da obrigação.

No entanto, se é certo que encontramos unanimidade, entre a generalidade dos regimes jurídicos referenciados, no que respeita ao atendimento a essa preocupação central, já a mesma unanimidade não pode ser alargada às soluções normativas encontradas para lhe fazer face. Na verdade, uma observação panorâmica desses regimes, revela-nos que são consagradas três técnicas normativas principais para atender a esses objectivos, assim nos permitindo proceder ao agrupamento dessas soluções em três grupos distintos.

O primeiro grupo de regimes, regula as excepções à obrigatoriedade de lançamento de OPA por intermédio da consagração de *dispensas,* cuja verificação é sempre objecto de análise prévia da autoridade de mercado, com maior ou menor discricionariedade, em face da ponderação de um conjunto de interesses, e que tem competência para *declarar* a existência da *dispensa.* Era este o regime consagrado na versão original do Cód.MVM[429], e é o que ainda hoje vigora em França[430] e em Inglaterra[431].

---

[429] Sem prejuízo da excepção a que fizemos referência.

[430] Nos termos do art. 5.4.6 do *Réglement Général du Conseil des Bourses de Valeurs, o Conselho pode derrogar a obrigação de lançamento de uma oferta pública, se as entidades visadas pelos artigos 5.4.1 e 5.4.4 demonstrarem perante si a ocorrência de uma das condições* aí referidas. A utilização da expressão *derrogação,* que optámos por traduzir literalmente, não tem o significado consagrado no direito nacional, pelo que, face ao nosso direito, melhor será falar em *dispensa.* Problema complexo que se levanta face ao direito francês, e que teremos ocasião de abordar adiante face ao nosso direito, é o de avaliar a latitude da discricionariedade da autoridade de mercado na *declaração da dispensa.* De todo o modo, ainda que se entenda que, perante algum ou alguns casos, essa autoridade não pode recusar a *dispensa,* resulta claro que, ainda assim, ela terá de a *declarar,* razão pela qual a excepção não funciona, em caso nenhum, de forma automática. Daí a sua integração neste primeiro grupo. Em geral vd., desde já, ALAIN VIANDIER, ob.cit., pp. 237-238; MICHEL JEANTIN, ob.cit., pp. 415-416.

[431] As excepções às regras sobre *OPA obrigatória* não constam do texto do *City Code,* mas apenas dos comentários ao mesmo editados pelo *Panel.* São estabelecidos, em primeiro lugar, um conjunto de excepções sujeitas a avaliação concreta do *Panel;* a única que, pela sua redacção, é dotada de uma margem de discricionariedade menor é a da integração no limite de *OPA obrigatória* derivar da atribuição de direitos de voto a acções preferenciais sem esse direito, hipótese em que a dispensa será sempre concedida, com excepção do caso em que a aquisição dessas acções já tivesse em vista a atribuição do direito de voto. A par destas hipóteses de *dispensa,* o regime inglês consagra ainda outra via para excepcionar o regime da *OPA obrigatória,* a qual também está sujeita à avaliação

IV. A Delimitação da Obrigação (Continuação) 285

O segundo grupo de sistemas, regula as excepções a essa obrigatoriedade por intermédio da consagração de *derrogações,* as quais, funcionando de modo automático e sem dependência de qualquer declaração, não deixam nenhuma margem de discricionariedade à autoridade do mercado na ponderação dos interesses postos em causa pela situação concreta; o problema será, quanto muito, o de determinar se a situação fáctica em presença se integra, ou não, na previsão normativa, quando esta recorra a um *conceito indeterminado.* É este o regime que, apesar de dotado de algumas excepções não descaracterizadoras, é consagrado em Espanha[432].

Finalmente, o terceiro grupo de sistemas regula estas excepções por uma técnica mista. Por um lado, integra *dispensas,* cuja verificação é sempre objecto de análise prévia da autoridade de mercado; por outro lado, integra *derrogações,* as quais funcionam de modo automático e sem

---

do *Panel,* e que é geralmente denominada de *Whitewash Procedure.* A compreensão deste procedimento revela-se muito interessante. Em primeiro lugar, caberá referir que o mesmo se destina apenas aos casos em que esteja em causa um aumento de capital de dimensão suficiente para, potencialmente, provocar a integração de algum accionista nas regras de *OPA obrigatória.* Nesses casos, o *Panel* poderá dispensar à partida a obrigação de lançamento de OPA se forem reunidos um conjunto de pressupostos, dos quais haverá que destacar dois: o aumento de capital deve ser aprovado pela assembleia geral em específicas condições que garantam a independência da deliberação; e os accionistas devem ser informados do alcance da deliberação em condições pré-definidas. Esta específica excepção ao regime da *OPA obrigatória* tem duas ideias na base da sua consagração — por um lado, permite aos accionistas vetarem a mudança de controle antes de a mesma ter lugar; por outro lado, o *prémio de controle* não é destinado a um único accionista, mas antes à própria sociedade por via do pagamento das entradas para o capital, razão pela qual se justifica a excepção. Vd. GRAHAM STEDMAN, ob.cit., pp. 198-202; e CHRISTOPHER PEARSON, «Mandatory and voluntary offer and their terms», in *A Practitioner's Guide to the City Code on Takeovers and Mergers,* City & Finantial Publishing, Londres, 1995, pp. 81-85.

[432] O regime espanhol começa por consagrar, no art. 4º do Real Decreto, um conjunto de excepções gerais à aplicação do regime de *OPA obrigatória.* A par destas, encontramos ainda a previsão de algumas excepções directamente relacionadas com hipóteses particulares de *OPA obrigatória* — é o caso do nº 2 do art. 2º, do nº 2 do art. 3º e do art. 6º. De todas estas hipóteses, apenas uma — a constante da *alínea* b) do art. 6º — atribui competência à *Comissión Nacional del Mercado de Valores* para avaliar da necessidade ou não do lançamento da oferta perante a situação concreta — no caso, perante a relevância de alterações estatutárias introduzidas. Em todos os outros casos, as excepções funcionam de modo automático. Sobre este regime vd., com pertinentes críticas à sua estruturação, CARLOS DE CARDENAS SMITH, *Régimen Jurídico ...,* ob.cit., pp. 77-79.

dependência de qualquer declaração, não deixando na sua apreciação nenhuma margem de discricionariedade. É este o regime que, após a entrada em vigor do DL n° 261/95, rege actualmente entre nós, e que será objecto da nossa análise no presente Capítulo[433].

III. Perante o enquadramento que vimos de realizar, caberá começar por assinalar, no que respeita à delimitação negativa da obrigação, as denominadas *derrogações*, previstas e reguladas no recentemente introduzido art. 528-A do Cód.MVM, já que é apenas em relação a estas que nos deparamos com uma técnica de delimitação negativa *própria*, que opera de forma automática e mediante a mera verificação do facto que está na base da sua previsão.

Resulta desse artigo que o disposto nos arts. 527° e 528° não terá aplicação quando a obrigatoriedade de lançamento da oferta resulte de um conjunto de situações aí referidas. Deste modo, e como referimos, o regime consagrado é de *delimitação negativa própria* — estamos perante *cortes* nos termos positivos de delimitação que vimos de analisar, em face da previsão de um conjunto de situações objectivas que, não fora a existência desta regra, estariam cobertas pelo âmbito da obrigatoriedade. Assim, o resultado a que chegamos por aplicação da *derrogação* assenta na criação de uma zona de *não obrigação*.

Nestes casos, a CMVM não é sequer ouvida previamente por forma a avaliar da existência da *derrogação*. Como teremos ocasião de verificar a propósito da análise deste artigo, é apenas imposto ao *beneficiário da derrogação* o dever de comunicar a ocorrência dos factos determinantes da *derrogação* por forma a facilitar a fiscalização superveniente. Por isso, resulta claro que, ao contrário do que acontece em relação às *dispensas*, a CMVM não terá competência para negar a ocorrência da derrogação se o facto objectivo que estiver na sua base se tiver efectivamente verificado — como se afirma no preâmbulo do DL n° 261/95, nos casos de derrogação *o afastamento da obrigação de lançamento da OPA decorre da mera verificação do facto previsto na norma*.

IV. Em segundo lugar, e ainda na sequência do enquadramento geral que realizámos, caberá abordar a matéria das *dispensas* do cumprimento

---

[433] Refira-se, por forma a melhor enquadrar esta matéria, que a Proposta Alterada de 13ª Directiva elenca, no n° 2 *quater* do art. 4°, um conjunto de hipóteses em que os Estado poderão prever *derrogações* à obrigação de lançamento de OPA, estabelecendo ainda, no n° 3 desse artigo, que *autoridade fiscalizadora pode, para além dos casos enunciados no número anterior, dispensar* o cumprimento dessa obrigação.

do estipulado nos arts. 527º e 528º do Cód.MVM. Ao contrário do que acontece em relação às hipóteses anteriores, aqui não estamos perante previsões de delimitação negativa *própria*, já que, nos casos integráveis na previsão de *dispensa,* a obrigação de lançamento de OPA existe formalmente perante o sistema; mas, de todo o modo, pode ser dispensado o seu cumprimento pela CMVM. Deste modo, e contrapondo ao que referimos a propósito da *derrogação,* trata-se de uma zona de *obrigação,* mas em relação à qual a *realização da prestação devida* pode ser dispensada.

Apesar disso, cremos que a sede mais adequada à sua análise é, sem qualquer dúvida, a presente. E é assim porque as hipóteses de dispensa representam, em muitos casos, previsões paralelas àquelas de *derrogação*, integrando-se num mesmo conjunto valorativo, ou seja, num âmbito de correcção dos efeitos da aplicação dos elementos de delimitação positiva. Aliás, teremos mesmo ocasião de analisar problemas que se relacionam com esses traços de contacto, procurando determinar a margem de discricionariedade que, no que respeita às *dispensas,* é conferida à CMVM na sua concessão, traço que, por si mesmo, seria suficiente para justificar a análise paralela e integrada destas duas temáticas.

V. No entanto e apesar de, no nosso entender, se justificar esse tratamento conjunto das figuras, haverá que realçar, desde já, que os traços de distinção entre a *derrogação* e a *dispensa* se revelam marcantes. Teremos, como é evidente, ocasião de verificar este ponto com maior detalhe; no entanto, assinale-se que o traço de distinção que, numa primeira leitura, se demonstra mais impressivo, assenta no facto de as dispensas se assumirem como *derrogações casuísticas,* ou seja, excepções concretas às regras de obrigatoriedade, que não operam ao nível da incidência da obrigação mas antes do seu cumprimento, e que devem ser objecto de uma análise da CMVM ao abrigo dos poderes que lhe são conferidos no art. 529º do Cód.MVM; ao contrário do que acontece com as *derrogações,* que operam de forma automática mediante a mera verificação dos factos constantes da previsão.

Deste modo, o presente Capítulo será dividido em duas partes principais — a primeira, abordará o regime jurídico das *derrogações*; e a segunda, abordará o regime jurídico das *dispensas.*

Quer num caso, quer no outro, iniciaremos a nossa exposição numa perspectiva geral, procedendo à análise daqueles elementos comuns e estruturantes que estão presentes na caracterização das figuras e no seu regime jurídico. De seguida, procederemos a uma análise sumária das previsões específicas de *derrogação* e de *dispensa.*

No que respeita às *derrogações,* esquematizaremos a exposição em face do âmbito de delimitação negativa de cada uma das previsões, começando por analisar aquelas previsões que delimitam negativamente todas as hipóteses de *OPA obrigatória* e que, por isso, se assumem como *normas de delimitação negativa com alcance geral,* analisando de seguida aquelas previsões que se limitam a delimitar negativamente as hipóteses de *OPA obrigatória* constantes do n° 1 do art. 527°, ou seja, as hipóteses de *OPA prévia,* e terminando pela análise daquelas previsões que se limitam a delimitar negativamente o alcance da previsão do n° 2 do art. 528°, ou seja, a hipótese de *OPA subsequente à aquisição do controle.*

Já no que respeita às *dispensas* seguiremos um percurso distinto, o que nos é metodologicamente imposto por a mais importantes das previsões com carácter geral, aquela prevista na *alínea* f) do n° 1 do art. 529°, depender, em termos lógicos, do conhecimento das previsões anteriores[434], e ainda por não existir qualquer previsão que se refira, de modo exclusivo, às hipóteses de *OPA prévia.* Deste modo, no que respeita a estes casos, começaremos pela análise das *dispensas* à obrigação de lançamento de *OPA subsequente,* após o que analisaremos as previsões de *dispensa* que se referem, em termos gerais, a todas as hipóteses de *OPA obrigatória.*

12. As derrogações

12.1 O enquadramento jurídico

I. O regime das *derrogações* que teremos presente, apenas foi introduzido no sistema jurídico nacional com o recente DL n° 261/95, diploma que, nos termos do seu art. 2°, aditou ao Cód.MVM o novo art. 528°-A (com a epígrafe, precisamente, de *derrogações).*

Até então, as únicas previsões que, nos termos descritos, excepcionavam de forma integrada e regulamentada determinadas situações de facto aos resultados de aplicação do regime de delimitação positiva da obrigatoriedade, constavam do regime de *dispensas* previsto no art. 529°; por isso, é apenas com as alterações introduzidas ao Cód.MVM que o

---

[434] Essa previsão começa nos seguintes termos — *de outros factos de natureza semelhante que tornem a obrigatoriedade* ..

sistema português passou a assumir uma configuração *mista,* conjugando um quadro de *dispensas* com um quadro paralelo de *derrogações,* já que antes mais se aproximava dos regimes inglês e francês.

Cremos no entanto que, apesar da não consagração *expressa e integrada* da figura da *derrogação,* o conceito que subjaz à mesma já estava presente no nosso ordenamento desde o primeiro momento da regulamentação sobre a OPA, ou seja, desde a entrada em vigor do CSC. Na verdade, previa-se nesse Código, mais exactamente na *alínea* b) do nº 1 do art. 313º, que a OPA apenas era imposta como meio obrigatório de aquisição quando, verificados que estivessem os demais pressupostos, *o contrato de sociedade não estipulasse direito de preferência na compra ou troca de acções.* Ora, como tivemos ocasião de concluir na sede própria, esta norma obedecia à mesma técnica jurídica e cumpria o mesmo escopo da figura que temos ora em presença, delimitando, negativa e automaticamente, os quadros de obrigatoriedade de lançamento de OPA; apenas não era expressamente apelidada pela lei de *derrogação,* nem lhe era conferido um regime jurídico especial. Mesmo posteriormente, já com a alteração introduzida pela *alínea* b) do nº 2 do art. 527º da versão original do Cód.MVM, os traços essenciais dessa natureza jurídica foram mantidos[435][436].

II. A consagração de *derrogações* à obrigatoriedade de lançamento de OPA, por contraposição a um sistema que se limite ao mero estabelecimento de *dispensas,* revela a intenção do legislador nacional não tratar uniformemente todas as previsões de situações que devem ser (e/ou podem ser) excepcionadas aos resultados da delimitação positiva, antes lhes fazendo aplicar um regime jurídico que dependa da suas características específicas.

A incongruência dessa uniformização de regimes já tinha, aliás, sido colocada em destaque entre nós[437], por algumas dessas previsões de *dispensa* se mostrarem pouco adequadas perante o regime de ponderação

---

[435] Não se tratando, como a letra da lei a apelidava, de uma *dispensa,* já que o regime previsto no art. 529º não teria aqui aplicação. Nesses casos, a obrigatoriedade não existia por demarcação negativa, e não porque a CMVM, ao abrigo dos poderes que lhe eram concedidos, *dispensava* o seu cumprimento.

[436] Sendo assim, não é totalmente correcta a afirmação constante do preâmbulo do DL nº 261/95, segundo a qual *passam a figurar na lei, a par das hipóteses de dispensa já actualmente previstas, casos de derrogação (...).*

[437] Perante a versão inicial do Cód.MVM, vd. JOSÉ MIGUEL JÚDICE, MARIA LUÍSA ANTAS, ANTÓNIO ARTUR FERREIRA e JORGE DE BRITO PEREIRA, ob.cit., pp. 44-45.

prévia e de declaração constitutiva pela CMVM que lhes era associada. E era assim, em face de dois factores que, concordantemente, são aqueles que estão agora na base do estabelecimento das *derrogações* previstas no n° 1 do art. 528°-A — em primeiro lugar, porque a situação fáctica abordada em algumas previsões assumia uma natureza puramente objectiva, não sendo assim suscitada a necessidade de intervenção *preventiva* da CMVM em face do surgimento de eventuais dúvidas de interpretação jurídica sobre os termos em que estaríamos perante a sua efectiva verificação; e em segundo lugar, porque algumas dessas situações fácticas deviam merecer, em todos os casos e de forma incondicional, a delimitação negativa perante o regime de previsões de *OPA obrigatória,* não sendo por isso suscitada a intervenção da CMVM por forma a avaliar da específica extensão que deveria ser concedida à excepção[438] ou do seu eventual condicionamento perante a ponderação de um conjunto de interesses[439].

III. Deste modo, o primeiro elemento a reter é o de que as *derrogações,* ao contrário do que acontece em relação às *dispensas,* não dependem de qualquer avaliação ou ponderação prévia da CMVM para produzirem toda a sua eficácia delimitadora da obrigação, já que a mesma opera em face da mera verificação objectiva do facto previsto na lei[440].

Deste modo, não nos custará afirmar que, em princípio, a actuação deliberada, por uma ou mais entidades actuando em concertação, no sentido de constituir os pressupostos de uma das previsões de *derrogação* previstas no n° 1 do art. 528°-A, não deve implicar, ao contrário do que

---

[438] Recorde-se que a versão original do n° 1 do art. 529° do Cód.MVM dispunha que poderia *ser dispensado, no todo ou em parte, o cumprimento do disposto nos artigos 527° e 528°.* Essa referência a dispensa *total* ou *parcial* foi eliminada com a redacção dada a esse artigo pelo DL n° 261/95.

[439] Nos termos do n° 5 do art. 529° do Cód.MVM, é estipulado que a CMVM pode sujeitar a dispensa *a quaisquer condições que considere necessárias para assegurar a protecção dos interesses e a igualdade de tratamento dos titulares dos valores mobiliários a que a dispensa respeita.*

[440] Já não é assim em relação às *dispensas.* Na verdade, como se retira do n° 5 do art. 529°, a CMVM deverá recusar a *dispensa* se o facto que lhe serve de fundamento tiver sido *artificialmente criado com o intuito de evitar a obrigatoriedade da oferta pública de aquisição,* ou ainda se ocorrerem, *no caso concreto, circunstâncias especiais que tornem indispensável o lançamento da oferta para defesa dos legítimos interesses e garantia da igualdade de tratamento dos titulares dos valores mobiliários em questão.* Deste modo, a afirmação produzida — que a *derrogação* opera em face da mera verificação objectiva do facto previsto na lei —, deve ser entendida em contraposição com este regime.

IV. A Delimitação da Obrigação (Continuação)

aconteceria se estivéssemos perante uma previsão de *dispensa,* uma posição de desfavor do sistema. A função técnica destas previsões de *derrogação* é, no que respeita a este tópico, absolutamente equiparável aos termos de delimitação positiva que vimos de analisar no Capítulo anterior — representam regras com as quais os agentes do mercado devem contar na formação da sua vontade de detenção ou aquisição de valores mobiliários, desse modo condicionando, em face de critérios de ordem eminentemente objectiva, o seu comportamento[441].

Por outro lado, também não nos custará afirmar que, integrada que esteja qualquer das previsões de derrogação, não será obrigatório o lançamento da correspondente OPA, ainda que fosse possível entender *de jure constituendo* que as circunstâncias específicas da situação tornariam indispensável — ou mesmo aconselhável — o lançamento dessa oferta, por forma a promover a *defesa dos legítimos interesses e garantia da igualdade de tratamento dos titulares dos valores mobiliários em questão*[442]. E, mais uma vez, a resposta é essa porque estamos fora dos termos em que o sistema limita a autonomia privada dos agentes do mercado, assim como acontece se uma situação que não esteja coberta pelos termos de delimitação positiva convocar esses mesmos interesses[443].

IV. No entanto, a inexistência dessa avaliação prévia determinada por factores que estão para além da mera verificação objectiva do facto

---

[441] Estabeleçamos um paralelo com esses termos de *delimitação positiva*, por forma a melhor evidenciar a ideia que pretendemos transmitir. Resulta da *alínea* c) do nº 1 do art. 527º do Cód.MVM que será obrigatório o recurso a OPA quando, reunidos que estejam os demais pressupostos, uma entidade pretenda adquirir valores que, por si só ou somados aos adquiridos por ela própria ou por terceiros, e que devam considerar-se como pertencendo-lhe, desde 1 de Janeiro do ano civil anterior, lhe atribuam mais de 20% dos direitos de voto correspondentes ao capital da sociedade visada. Como verificámos, a delimitação positiva desta norma permite a uma entidade, partindo de uma posição em que não detenha nenhuma valor mobiliários dessa sociedade, passar a deter valores que lhe atribuam 49,9% dos direitos de voto sem ter recorrido, em qualquer momento, a uma *OPA obrigatória*. Bastará para isso que, cumprindo os períodos temporais estipulados, não adquira valores que lhe atribuam mais de 20% desses direitos de voto em nenhum desses períodos. Assim, os termos em que é formulada esta previsão, permite a uma agente do mercado actuar deliberadamente por forma a não criar uma situação fáctica que se integre nos seus termos, desse modo condicionando o seu comportamento. A situação aqui presente é idêntica.

[442] Cfr. alínea b) do nº 5 do art. 529º do Cód.MVM.

[443] O exemplo dado a propósito da *alínea* c) do nº 1 do art. 527º do Cód.MVM poderá servir, também aqui, para ilustração dessa hipótese.

que subjaz à previsão, não significará, como é evidente, que a análise da efectiva integração do facto na previsão da *derrogação* esteja subtraída à competência da CMVM. O que acontece é que os poderes nesses casos atribuídos à Comissão se prendem, apenas, com uma função de fiscalização superveniente sobre a efectiva integração dos factos na previsão legal, para o exercício dos quais o sistema impõe especiais obrigações de informação a cargo do *beneficiário da derrogação*.

Nos termos do nº 3 do art. 528-A do Cód.MVM, foi conferida competência à CMVM para estabelecer, mediante Regulamento, que as entidades que beneficiem da derrogação *lhe comuniquem, no prazo que também fixará, a ocorrência dos factos determinantes dessas derrogações e a percentagem de direitos de voto de que, em consequência, passem a dispor na sociedade em causa, bem como que lhe forneçam quaisquer outras informações e a documentação necessárias para a verificação e apreciação dos factos referidos e suas circunstâncias.*

Ora, nos termos do Regulamento nº 95/8, de 23 de Setembro, já foi estabelecida toda essa matéria dos deveres de comunicação emergentes da derrogação de obrigatoriedade de lançamento de OPA, tendo sido fixado, como regra, um prazo de sete dias úteis para efectuar essa comunicação.

12.2 As previsões de derrogação

12.2.1 As derrogações gerais

12.2.1.1 Aquisição de acções em processo de privatização

I. A primeira hipótese de derrogação que, perante a classificação que operámos, deve ser entendida como assumindo carácter geral, consta da *alínea* d) do nº 1 do art. 528º-A, e tem em atenção aqueles casos em que os arts. 527º e 528º imponham a obrigação de lançamento de OPA em face da *aquisição de acções, directa ou indirectamente, em processo de privatização*.

Estamos perante uma das mais importantes inovações trazidas ao sistema pelo DL nº 261/95. Face à versão original do Cód.MVM, o problema da compatibilização entre o regime jurídico das privatizações e o regime de *OPA obrigatória* causou sempre as maiores dúvidas, sendo um dos principais factores de incerteza jurídica associados à ainda curta vi-

IV. A Delimitação da Obrigação (Continuação)

vência deste Código[444]. Em bom rigor, haverá mesmo que afirmar tratar-se, não apenas de um problema que estivesse isolado, mas de um verdadeiro núcleo problemático com dimensões variadas, em torno dos quais se causaram as maiores tensões e dúvidas.

Esse núcleo problemático assumia uma tripla dimensão, cada uma dotada de específicos contornos e incertezas: a primeira dimensão, passava pela determinação da forma de compatibilizar estas previsões de *OPA obrigatória* com a aquisição de acções no momento da privatização, no caso de esta ser realizada por recurso a oferta pública de venda; a segunda dimensão, passava pela determinação da incidência dessas regras em relação a transacções subsequentes dos valores mobiliários adquiridos — transacções realizadas entre duas fases de um processo de privatização — no caso, como é natural, de esse processo ainda não estar concluído na data de realização da transacção; a terceira e última dimensão, passava pela determinação da licitude de utilização do específico programa contratual da OPA para, no seu âmbito, ser alienada a participação accionista a privatizar.

A exposição em curso terá ocasião de abordar, de forma necessariamente sucinta, as duas primeiras dimensões do problema; a terceira não será tratada no presente trabalho, já que, por um lado, convoca um problema com uma raíz que assenta, em termos centrais, no âmbito do direito administrativo e, por outro, vem colocar em causa uma temática que não é objecto directo da nossa exposição. O objectivo da exposição que, sobre este complexo problema, passamos a apresentar, não se esgota em si mesma — será em termos finais o de avaliar da manutenção ou resolução destes focos problemáticos em face da introdução no sistema, pelo DL nº 261/95, desta específica *derrogação* à obrigatoriedade de lançamento de OPA.

II. A coordenação entre os objectivos que estão subjacentes às regras sobre *OPA obrigatória* e aqueles pretendidos por um processo de reprivatização podem, em muitos casos, não ser coincidentes, e isto porque os núcleos valorativos que estão na base de cada um desses sistemas são, por definição, distintos. Por essa razão, não é anormal que, perante

---

[444] O preâmbulo do DL nº 261/95 refere-se a esta alteração nos seguintes termos: *dissipam-se dúvidas surgidas em algumas interpretações da legislação vigente, reafirmando-se o princípio da prevalência do direito especial das privatizações face ao regime geral do Código, já subjacente no Decreto-Lei nº 73/95, de 15 de Abril, relativamente às situações abrangidas pelo artigo 4º do Decreto-Lei nº 380/93, de 15 de Novembro.*

um panorama de reestruturação empresarial acelerado por esses processos de reprivatizações, o legislador entenda intervir, excepcionando, em nome dos interesses macro-económicos do país, essas particulares situações, do âmbito de incidência geral das regras sobre *OPA obrigatória*[445].

Não foi isso, no entanto, o que fez o legislador nacional, até à recente alteração introduzida no ano de 1995, razão pela qual esse problema de compatibilização entre sistemas foi questão latente desde a entrada em vigor do Cód.MVM, tendo a sua primeira concretização resultado do confronto entre a realização de uma reprivatização por recurso a OPV e o alcance das regras sobre *OPA obrigatória*,

Como se compreende perante a exposição realizada no Capítulo anterior, o problema da relação entre a alienação por OPV e a eventual obrigação de lançamento de OPA não se colocava perante todas as hipóteses em relação às quais o sistema recebe esta figura[446] — a forma segundo a qual esse problema era geralmente analisado, passava pelo entendimento segundo o qual a pretensão de aquisição de acções em reprivatização por intermédio de OPV, que se integrasse em qualquer das *alíneas* do actual nº 1 do art. 527º[447], estaria sujeita à obrigação de lançamento de *OPA prévia*.

Nesta perspectiva, nem se colocaria, em termos imediatos, o problema de integração na previsão de *OPA subsequente* constante do nº 2 do art. 528º[448] — porque estaria em causa uma aquisição por compra e venda, o problema seria de obrigatoriedade de utilização da estrutura da OPA, nos termos previstos no sistema, para realizar a própria aquisição preten-

---

[445] Em Espanha, em termos similares aos expostos, dispõe a alínea d) do art. 4º do Real-Decreto que as regras sobre *OPA obrigatória* não serão aplicáveis se as aquisições se produzirem *como consequência da reorganização ou reestruturação de sectores económicos quando assim o entenda, para estes efeitos, a Comissão Delegada do Governo para Assuntos Económicos.*

[446] O que, aliás, nunca poderia acontecer, já que, como tivemos ocasião de referir, a previsão constante do nº 2 do art. 528º não se sobrepõe cumulativamente àquela constante da *alínea* b) do nº 1 do art. 527º; ora, sendo estas as duas únicas previsões *paralelas*, retira-se que este problema apenas se poderia colocar, ou perante as regras sobre *OPA obrigatória prévia*, ou perante as regras sobre *OPA obrigatória subsequente*, mas nunca perante ambas as estruturas.

[447] Em relação à versão original do Cód.MVM, estaríamos a falar do art. 313º do CSC e do nº 1 do art. 528º do Cód.MVM. Por forma a facilitar a leitura do texto, na sua continuação referir-nos-emos apenas à actual redacção do Cód.MVM.

[448] Dizemos em termos imediatos porque, em termos finais, era essa a previsão utilizada para corrigir a forma como o problema era abordado. Cfr. nota seguinte.

IV. A Delimitação da Obrigação (Continuação)

dida; a dispensa do cumprimento do disposto na regra de previsão da obrigatoriedade seria, deste modo, a única forma de evitar os resultados práticos dessa incidência. Segundo as informações que temos disponíveis, foi este, até à entrada em vigor do DL nº 261/95, o entendimento acolhido de forma constante pela CMVM nos vários casos que perante si foram colocados[449].

Entendemos, no entanto, que a questão não poderia ser colocada nesses termos. Como já tivémos ocasião de verificar no decorrer do presente trabalho, a OPA apenas pode ser imposta como *instrumento obrigatório de aquisição,* ou seja, como obrigação de cumprimento prévio à aquisição pretendida, naqueles casos em que a estrutura contratual que, perante essa imposição, é substituída, seja com ela fisionomicamente compatível; por essa razão, a ligação com as estruturas negociais da compra e venda e da permuta são imediatamente convocadas, já que, nesses casos, a estrutura negocial de base é idêntica, apenas sendo distinto o *processo negocial* utilizado na implementação do mesmo.

Haverá, no entanto, que levar mais longe os resultados da nossa análise, já que, como oportunamente verificámos, nem todas as estruturas negociais que tenham subjacente uma compra e venda ou uma permuta são compatíveis com a OPA. O exemplo mais impressivo dessa situação é representado pela própria OPV — não é possível a uma entidade adquirir, por intermédio de uma OPA, valores que lhe sejam oferecidos no âmbito de uma OPV, já que a isso se opõem os *programas contratuais* pressupostos por qualquer dessas estruturas. Sendo assim, não compreendemos como poderia estar em causa a aplicação de alguma das hipóteses de *OPA obrigatória prévia* à aquisição de acções reprivatizadas por recurso a OPV[450].

---

[449] Seria possível (embora não provável) que os contributos derivados do problema que analisaremos em III pudessem ter vindo a alterar esta posição. Tanto quanto sabemos, assim não aconteceu, já que as alterações introduzidas pelo DL nº 261/95 vieram resolver o problema antes mesmo de ser colocada outra situação deste tipo à avaliação da Comissão.

[450] Nos termos expostos, a actuação da CMVM sempre foi contrária a esta ideia, sujeitando todos os eventuais adquirentes de uma participação que se pudesse vir a integrar em qualquer das hipóteses de *OPA prévia* à obtenção de uma dispensa que, tanto quanto sabemos, foi conferida em todos os casos. Deste modo, a CMVM cumpria o escopo que, de seguida, teremos ocasião de isolar, não criando uma incongruência do sistema. Por outro lado, a possibilidade de sujeitar a dispensa a especiais condições, permitia à Comissão dispor que, caso a entidade requerente adquirisse valores que lhe

Não podemos deixar de compreender a razão que, em termos substanciais, poderia justificar a posição assumida pela CMVM — se a posição que defendemos fosse adoptada, isso significaria que apenas o limiar da detenção de valores que atribuíssem mais de metade dos direito de votos seria relevante, já que, como tivemos ocasião de verificar, não existem formulações paralelas de *OPA subsequente* para as previsões das *alíneas* a) e c) do n° 1 do art. 527°, razão pela qual todas essas hipóteses seriam deixadas fora de qualquer controle pela Comissão. Por outro lado, a interpretação adoptada pela Comissão era baseada num argumento que, sob o ponto de vista formal, não era descabido — na verdade, estaríamos nestes casos perante aquisições por compra e venda, o que pareceria ser suficiente para integrar o pressuposto elementar comum dessas hipóteses de *OPA prévia*. No entanto, ainda em face desse argumento funcional, e tendo presente que, por virtude da utilização do mecanismo das *dispensas*, não eram provocadas incongruência práticas, cremos que não poderá deixar de se concluir pela incompatibilidade dessas regras de *OPA prévia* perante o programa contratual tido em atenção pela OPV.

Deste modo, é nossa opinião que, nesses casos, apenas a aplicação da previsão constante do n° 2 do art. 528° do Cód.MVM poderia ser ponderada. Se uma entidade, nos demais termos previstos nesse número, passasse a deter, na sequência dos resultados da OPV, acções que lhe conferissem mais de metade dos direitos de voto correspondentes ao capital da sociedade reprivatizada (ou em reprivatização), seria obrigada a lançar uma *OPA subsequente;* e mais uma vez seria assim, salvo perante a hipótese de concessão de uma *dispensa* pela CMVM. Por isso, apenas neste âmbito é que poderia ser colocado o problema da compatibilidade entre as regras sobre *OPA obrigatória* e as regras sobre privatizações.

Ora, cremos que nenhuma dúvida deve ser levantada, face à actual redacção do Cód.MVM, sobre a solução que deve hoje ser atribuída a esse problema — estaremos perante uma *derrogação*. Agora, quer no que

---

atribuíssem mais de metade dos direito de voto, seria obrigada a lançar uma *OPA subsequente à aquisição do controle,* nos termos do n° 2 do art. 528° do Cód.MVM. O problema que se coloca é, no entanto, o de saber o que poderia essa entidade fazer caso a dispensa não fosse conferida, hipótese que, pelo menos em termos teóricos, poderia ser colocada. Nesse caso, como apenas poderia adquirir a participação por intermédio de OPA, e como não poderia adquirir por OPA uma participação alienada no âmbito de uma OPV, a conclusão — que cremos ser absurda — seria a de que lhe estaria vedada a aquisição.

respeita às previsões de *OPA prévia,* segundo o entendimento da CMVM, quer no que respeita à previsão de *OPA subsequente,* segundo a opinião que apresentámos, o regime excepciona aqueles casos em que estejam presentes acções de sociedades em processo de privatização. Por isso, e independentemente das opiniões que, *de jure constituendo,* podem ser formuladas acerca do sentido da opção do legislador nacional, importa assinalar que foi eliminado este traço de insegurança jurídica presente no sistema.

III. Já o segundo problema isolado se revela de apreciação mais complexa, tendo vindo enriquecer este debate mediante a introdução de novas linhas de argumentação da maior importância. O problema que se colocava era, em termos sintéticos, o de saber se as regras sobre *OPA obrigatória* teriam ou não aplicação se estivessem em causa transacções subsequentes à aquisição no momento da privatização — transacções realizadas entre duas fases desse processo — no caso, como é evidente, de esse processo ainda não estar concluído.

Ao contrário do que aconteceu em relação ao problema anterior, que foi colocado perante a CMVM por diversas vezes desde a entrada em vigor do Cód.MVM, esta específica dimensão do problema esteve em causa, tanto quanto sabemos, uma única vez. No entanto, a importância dessa específica situação — quer pelo destaque das entidades envolvidas e montantes em causa, quer pelo seus efeitos, directos e indirectos, em relação à situação do mercado de valores mobiliários nacional, quer ainda pela complexidade do problema jurídico em presença e pela riqueza dos argumentos apresentados —, fizeram dela um marco da maior relevância no conhecimento da ainda curta vivência do Cód.MVM.

Os termos básicos dos factos que estiveram na base dessa situação são geralmente conhecidos e não haverá aqui que os desenvolver para além dos seus traços principais — no princípio de 1995, após a ocorrência de um conjunto variado de vicissitudes, uma entidade pretendeu adquirir, a um grupo de outras entidades privadas, uma participação que lhe conferia cerca de 50% dos votos de um Banco que se encontrava em processo de reprivatização — o Banco Totta & Açores. Não estando ainda terminado esse processo, e sendo esta, por isso mesmo, uma *transacção intercalar,* a questão que se colocava era a de saber se seria obrigatório o recurso à OPA como forma de completar a transacção pretendida[451].

---

[451] Não dispomos de um conjunto importante de informações sobre esta operação, desde logo no que respeita à dimensão dessa participação e aos votos atribuídos pela

Duas posições básicas estavam em causa[452] — a primeira, baseada em vários pareceres entretanto apresentados, defendia a não aplicabilidade das regras sobre *OPA obrigatória* a essas *transacções intercalares*, sustentando essa posição, em termos centrais, no alcance do regime específico das reprivatizações; a segunda, defendida pela CMVM, recusava esses argumentos, entendendo estarmos perante uma aquisição que não devia merecer qualquer especialidade por parte do aplicador do Direito, sustentando, em termos finais, a aplicabilidade genérica das regras sobre *OPA obrigatória*.

Se é certo que, na conclusão do processo, a operação foi realizada sem recurso a OPA, por isso em sentido contrário à posição defendida pela CMVM[453], cremos que esse será o ponto menos relevante da exposição; o relevo deve ser concedido, isso sim, aos principais argumentos que eram contrapostos, já que apenas a partir do seu conhecimento poderemos avaliar dos efeitos provocados por esta alteração no regime.

O ponto central de debate, pelo menos no que respeita aos elementos que podem ser acolhidos no presente momento da nossa análise, assentava no próprio modo de entender a relação entre o regime jurídico do Cód.MVM, especialmente no que se refere à matéria da *OPA obrigatória*,

---

mesma. Como é evidente, dessa avaliação derivaria a integração em alguma das previsões específicas de *OPA obrigatória*. Apesar disso, o problema tem relevância para além dessa análise específica, já que, independentemente desse facto, coloca em causa, em termos gerais, a compatibilidade entre estes dois regimes.

[452] Existem vários pareceres sobre este problema, à generalidade dos quais, infelizmente, não tivemos acesso. Apesar disso, o facto de termos trabalhado, juntamente com os Drs. José Miguel Alarcão Júdice, Teresa de Melo Ribeiro e Pedro Gustavo Teixeira, em um desse pareceres, permite-nos conhecer os termos essenciais a partir dos quais a questão se coloca; caber-nos-à, a par desta ressalva, pedir desculpa por qualquer lapso que ocorra na interpretação desses argumentos derivado do facto de não termos tido contacto directo com os textos em que os mesmos foram apresentados. A importância da problemática é, segundo cremos, justificação suficiente para que, ainda assim, procedamos à sua análise nesta sede, apesar de a mesma pretender recolher apenas os elementos principais do problema.

[453] A situação foi desbloqueada por intermédio da entrada em vigor do DL n° 73//95, de 19 de Abril, que, nas suas próprias palavras, procedeu a uma *interpretação autêntica do Decreto-Lei n° 380/93, de 15 de Novembro*, por forma a resolver equívocos *sobre aspectos fundamentais do seu regime*. Este DL tem um artigo único com o seguinte texto — *Da autorização referida no artigo 4° do Decreto-Lei n° 380/93, de 15 de Novembro, resulta, como efeito necessário, sempre que a operação objecto daquela não seja uma oferta pública de aquisição, a não aplicação do disposto nos artigos 527° e 528° do Código do Mercado de Valores Mobiliários e artigo 313° do Código das Sociedades Comerciais.*

e o regime jurídico das reprivatizações, em particular no que se refere à Lei nº 11/90, de 5 de Abril. Trata-se de uma argumentação que, nos seus termos essenciais, incide sobre toda a temática da compatibilidade entre estes corpos jurídicos, também apresentando, por isso, relevância em relação ao problema anterior. Entendiam aqueles que defendiam a não aplicabilidade do regime da *OPA obrigatória* que os mencionados corpos jurídicos seriam à partida incompatíveis, o que estaria na base de um conflito de normas entre os mesmos que, em termos finais, deveria ser resolvido em prejuízo das regras sobre *OPA obrigatória* constantes do Cód.MVM. Para essa conclusão concorreriam dois argumentos fundamentais — o primeiro ancorado no facto de o direito das privatizações ser *direito reforçado,* estando assim dotado de uma posição hierárquica superior ao Cód.MVM; o segundo derivado do facto de o direito das privatizações ser *direito especial* em relação às regras sobre *OPA obrigatória* constantes do Cód.MVM.

Quanto ao facto de o direito das privatizações, pelo menos no que directamente se relaciona com a Lei nº 11/90, ser considerado como *direito reforçado,* cremos que nenhuma dúvida pode ser levantada; entendemos, apesar disso, que esse facto não permite, por si mesmo, sustentar a conclusão avançada. E é assim porque a relevância desse argumento depende da ponderação de estarmos, ou não, perante um conflito de normas, e temos as maiores dúvidas em relação ao entendimento de estarmos perante um conflito desse tipo, já que o âmbito de aplicação das previsões normativas desses dois corpos normativos é absolutamente distinto. Como então afirmou a CMVM, em posição que subscrevemos por inteiro, a Lei 11/90 desatende por completo das repercussões que a venda da participação reprivatizada venha a ter na posição do adquirente, limitando a sua preocupação reguladora à própria reprivatização, sem curar de avaliar dos efeitos da mesma no caso de ser processada por recurso a OPV; já o Cód.MVM, no que respeita às regras em causa, limita a sua preocupação reguladora precisamente a esse âmbito. Sendo assim, custar--nos-ia entender estarmos perante uma relação de incompatibilidade entre normativos que, por atenderem a diferentes aspectos de uma operação, não se colocam num nível coincidente.

E se é certo que essa relação de incompatibilidade não existe ao nível normativo, por estarmos perante diferentes níveis de regulação, também nos parece muito duvidoso que a mesma possa surgir por via da incompatibilidade de princípios orientadores de cada um dos *sistemas*. É evidente que, como já referimos no início desta análise, podem surgir discordâncias entre as regras sobre OPA e os próprios objectivos concretos da privatização, como aconteceu no caso em análise; no entanto, esse facto não tem directas incidências normativas a atender, já que o recurso à OPV implica a escolha de uma forma de realização da reprivatização que passa pela aceitação das regras do mercado na aquisição da participação, razão pela qual, mais uma vez, se demonstra estarmos a tratar de níveis distintos de compreensão.

Deste modo, temos as maiores dúvidas que existisse, de facto, uma relação de conflito entre estes dois corpos normativos, que devesse ser resolvida por recurso ao critério da superioridade ou ao critério da especialidade. No entanto, e ainda que assim não se entendesse, colocar-se-ia sempre um problema suplementar — saber se uma aquisição *intercalar* estaria ao abrigo do *direito das privatizações*. No caso concreto em presença, por se tratar de uma instituição financeira, é certo que existia a necessidade de obtenção de uma autorização do Ministro das Finanças para concretizar a alienação[454]; no entanto, também não suscita qualquer dúvida que estamos já fora do alcance da Lei nº 11/90.

Daí que, tal como defendeu a CMVM, em posição que mais uma vez subscrevemos, essas aquisições realizadas entre fases de um processo de privatização não estejam sequer no âmbito do *direito das privatizações*.

IV. Importa então, perante estas considerações dirigidas principalmente ao quadro normativo subjacente à versão original do Cód.MVM, avaliar qual o alcance da alteração introduzida neste pelo DL nº 261/95, ao vir considerar como *derrogação* os casos em que a operação analisada corresponda à *aquisição de acções, directa ou indirectamente, em processo de privatização*.

No que respeita à primeira dimensão problemática abordada, não temos dúvidas em afirmar que a mesma está integralmente superada pela alteração do sistema normativo introduzida pelo DL nº 261/95.

A partir da entrada em vigor da *alínea* d) do nº 1 do art. 528º-A, o recurso à OPV como forma de realizar uma privatização não obrigará o adquirente de acções no âmbito dessa oferta, em caso algum, a lançar uma

---

[454] Dispõe o art. 4º do DL nº 380/93, de 15 de Novembro, que *nas sociedades cuja reprivatização ainda não se encontre totalmente concluída e que sejam instituições financeiras, os actos de aquisição de participações qualificadas, nos termos do previsto nos artigos 102º e 103º do Regime Geral das Instituições de Crédito e Sociedade Financeiras, aprovado pelo Decreto-Lei nº 298/92, de 31 de Dezembro, ficam igualmente dependentes de autorização expressa do Ministro das Finanças, aplicando-se-lhes o disposto no artigo anterior* (que se refere às obrigações de informação).

OPA. E a conclusão será essa quer se entenda, como era a opinião da CMVM, que em causa estavam as previsões de *OPA prévia,* quer ainda se entenda, como é a nossa opinião, que em causa estava apenas a previsão de *OPA subsequente* constante do n° 2 do art. 528° do Cód.MVM, por a mesma passar a ser objecto expresso da previsão normativa desta específica *derrogação.*

Já no que respeita à segunda dimensão problemática assinalada, a nossa resposta não se pode colocar em termos tão evidentes. Na verdade, tivemos ocasião de concluir que as *aquisições intercalares* de acções em processo de privatização, ou seja, aquelas realizadas entre duas fases desse processo, não estão sujeitas à disciplina da Lei n° 11/90. E é assim porque se tratam de valores já privatizados, não estando por isso as regras dessa lei-quadro dotadas de eficácia para, em relação a elas, produzir quaisquer efeitos. Desse modo, seria perfeitamente ponderável que apenas em relação àquele primeiro caso fosse estipulada a *derrogação* — nesse caso, a aquisição de acções no âmbito da privatização não estaria sujeita às regras sobre *OPA obrigatória,* mas as transacções subsequentes dessas acções já estariam cobertas pela eficácia dessas normas. Parece-nos, no entanto, que não foi essa a intenção do legislador nacional ao introduzir a alteração.

A primeira razão que nos leva a esse entendimento baseia-se na própria letra da lei — esta refere-se a *aquisição de acções em processo de privatização,* não distinguindo qualquer momento desse processo em relação ao qual deva ser isolada a delimitação negativa operada pela *derrogação.* Neste sentido, tanto é uma *aquisição de acções em processo de privatização* aquela que é realizada no primeiro momento da privatização, como aquela que, subsequentemente, é contratada entre esse adquirente originário e um adquirente superveniente, desde que, como é claro, o respectivo processo ainda não haja chegado ao seu termo.

A segunda razão que concorre no mesmo sentido deriva da eficácia interpretativa do preâmbulo do DL n° 261/95 que, apesar de não dever ser extremada, também não deve ser desconsiderada. Afirma-se, nesse preâmbulo, que a introdução desta derrogação pretende dissipar *dúvidas surgidas em algumas interpretações da legislação vigente, reafirmando- -se o princípio da prevalência do direito geral das privatizações face ao regime especial do Código, já subjacente no Decreto-Lei n° 73/95, de 15 de Abril, relativamente às situações abrangidas pelo artigo 4° do Decreto-Lei n° 380/93, de 15 de Novembro.* Ora, as dúvidas a que o preâmbulo se refere prendem-se, precisamente, com este problema das *transacções intercalares,* já que o DL n° 380/93 não se refere, em nenhuma passagem do seu texto, ao próprio momento da privatização. Por essa razão, e apesar de termos as maiores dúvidas que já fosse essa a solução a que chegaríamos pela *interpretação do direito vigente* e que os diplomas referidos no preâmbulo façam parte do *direito geral das privatizações,* parece-nos claro que a intenção do legislador foi a de abranger estas situações no âmbito do normativo introduzido.

Finalmente, uma terceira e última razão que concorre nesse sentido resulta do facto de esta *derrogação* poder ser justificada em face da vontade de não provocar constrangimentos suplementares aos processos de reestruturação empresarial que estão subjacentes às privatizações. Trata-se de alcance que, como verificámos, não é inédito do direito nacional e que, em termos finais, é imposto por razões que se prendem com uma filosofia que não resulta do Cód.MVM, mas antes de opções de política económica.

Deste modo, conclui-se que esta *derrogação* terá eficácia em relação a qualquer aquisição de acções de sociedade em processo de privatização, independentemente do momento em que este processo se encontra, até, naturalmente, ao seu termo. O seu alcance é, deste modo, geral, delimitando negativamente todas as hipóteses de *OPA obrigatória* previstas no sistema jurídico nacional, quer tenham o alcance da *OPA prévia,* quer tenham o alcance da *OPA subsequente.*

12.2.1.2 Aquisições intra-grupos

I. A quinta hipótese de derrogação do elenco legal, e segunda com alcance geral, consta da *alínea* e) do n° 1 do art. 528°-A, e deriva do facto de a integração nos pressupostos de obrigatoriedade de lançamento de OPA resultar da *aquisição por uma sociedade de valores detidos por outra sociedade que com ela se encontre em relação de domínio ou de grupo ou que seja dominada por uma terceira sociedade que domine igualmente a sociedade adquirente.* Estamos em face de uma importante alteração introduzida pelo DL n° 261/95, a qual vem responder, por um lado, às várias dúvidas colocadas sobre o problema no âmbito da versão original do Cód.MVM e, por outro lado, a relevantes necessidades sentidas ao nível da reestruturação empresarial de grupos económicos nacionais[455].

---

[455] Em Itália, o art. 10.12 da Lei de 18 de Fevereiro de 1992, exclui do âmbito de aplicação das regras sobre *OPA obrigatória* os casos em que esteja em causa a aquisição

II. Importa começar por referir que, ao contrário do que se poderia entender numa primeira análise, estamos aqui perante uma hipótese de *derrogação* que delimita negativamente todas as hipóteses de OPA *obrigatória* previstas no sistema nacional, quer de natureza *prévia,* quer *subsequente.*

O âmbito fundamental a que se dirige a previsão é, naturalmente, o da *OPA prévia.* Em circunstâncias normais, serão situações de compra e venda ou permuta de valores mobiliário que estarão em causa nas relações intra-grupos. Por isso, o alcance da norma começa por ser o de excepcionar a aplicação das hipóteses de *OPA prévia* previstas no n° 1 do art. 527° do Cód.MVM, desde que, como resulta da letra desta *alínea,* a transferência dos valores se opere entre um adquirente e um alienante que com ele se encontre em relação de domínio ou de grupo, ou que seja dominado por uma terceira sociedade que domine igualmente a sociedade adquirente. Nestes casos, pode o legislador entender que existe apenas uma *reorganização* do sistema de detenção de participações, sem alterações significativas dos centros de decisão, razão pela qual não se justificaria a imposição da *OPA obrigatória prévia.*

No entanto, o alcance da norma vai para além deste âmbito, abrangendo de igual modo as situações que possam ser integradas no n° 2 do art. 528° do Cód.MVM. É desde logo o caso de estarmos perante entradas em espécie para o capital da outra sociedade do grupo, passando esta a deter, no momento seguinte, valores que lhe atribuam mais de metade dos votos correspondentes ao capital social.

---

do controle de uma sociedade cotada efectuada a uma sociedade controlada pela adquirente ou directamente controlada por uma mesma sociedade que controle o adquirente. Apesar de a norma se referir expressamente, na sua parte inicial, a *aquisição do controle,* o seu texto inclui ainda os demais casos de *OPA obrigatória* previstos no regime, razão pela qual a sua extensão é geral, assim como acontece no regime nacional. Para uma análise desta excepção, vd., entre os diversos textos que se ocuparam da mesma, PAOLO MONTALENTI, cit., pp. 867-870; PIRGAETANO MARCHETTI, «Opa obbligatoria e circulazione del controle all'interno del gruppo», RivSoc., 1991, pp. 1258-1268; AGOSTINO GAMBINO, «L'opa e la circulazione endogruppo delle participazione di controllo», RivSoc., 1992, pp. 1249-1257; RENZO COSTI, «Operazzioni intragruppo e OPA obbligatoria», GC, 1993, pp. 65-69; e NICCOLÒ ABRIANI, «Opa incrementale, opa successiva ed esenzione delle operazioni infragruppo», GC, 1994, pp. 107-115.

12.2.1.3 Aquisição por intermediário financeiro em caso de tomada firme ou de garantia de colocação

I. A sétima hipótese de derrogação prevista no elenco legal consta da *alínea* g) do n° 1 do art. 528°-A e abrange os casos em que a integração nos pressupostos de *OPA obrigatória* derive *da subscrição ou compra, por intermediário financeiro, de quaisquer valores mobiliários, em consequência da falta da sua subscrição ou compra pelos destinatários de oferta pública de subscrição ou de oferta pública de venda sobre eles lançadas, quando o intermediário tenha, no primeiro caso, tomado firme esses valores para subscrição indirecta ou, em qualquer dos casos, haja garantido a sua colocação.*

Trata-se de previsão que já constava da versão original da *alínea* b) do n° 1 do art. 529° do Cód.MVM, embora aí, como em outros casos paralelos, com o estatuto de *dispensa*. Três alterações a esse texto original foram, no entanto, introduzidas — a primeira respeita à qualificação como *derrogação* e já não como *dispensa;* a segunda respeita à referência de abertura a *subscrição ou compra*, quando antes se mencionava apenas *subscrição;* a terceira, que é, na nossa opinião, absolutamente imperceptível, respeita ao alcance da derrogação — onde antes se referia *quaisquer valores mobiliários da natureza dos referidos no n° 1 do art. 523°*, passou agora a referir-se apenas *valores mobiliários*. No entanto, como apenas os valores mobiliários da natureza dos referidos no n° 1 do art. 523° podem conduzir à obrigação de lançamento de OPA, como já tivemos ocasião de verificar, parece que a lei pretende delimitar negativamente um âmbito que não resulta da delimitação positiva, o que é manifestamente absurdo e desprovido de qualquer sentido.

II. O legislador destaca aqui duas hipóteses distintas de compromisso prévio dos intermediários financeiro — a primeira é a *tomada firme* de valores para subscrição indirecta e a segunda é a *garantia de colocação*. É em face do alcance de cada um destes compromissos que poderemos avaliar o âmbito de delimitação negativa desta *derrogação*.

É sabido que no caso de *tomada firme*, apenas a hipótese de *subscrição indirecta* poderá estar em causa, já que no caso de *subscrição directa* a oferta da emissão é realizada pela própria entidade emitente; pelo contrário, no caso de essa subscrição ser indirecta, o intermediário financeiro subscreve, à partida, os valores objecto da emissão, oferecendo-os subsequentemente aos investidores[456][457]. Deste modo, a *derrogação* que se refere à *tomada firme* por intermediário financeiro autorizado delimita negativamente apenas a hipótese de *OPA obrigatória* constante do nº 2 do art. 528º do Cód.MVM, visto que, nos termos oportunamente analisados, nunca o sistema imporia uma *OPA prévia* para realizar tal aquisição. Contrariamente, no caso de *garantia de colocação* por intermediário financeiro, o panorama se apresenta de modo diverso. Na verdade, a *garantia de colocação* pode estar associada a uma hipótese de *subscrição directa*, ou ainda a uma hipótese de OPV. Por isso, em causa poderá estar qualquer das hipóteses de *OPA obrigatória* prevista no nosso sistema, razão pela qual esta *derrogação* assume um alcance delimitador geral[458].

III. Caberá ainda assinalar que, ao contrário do que acontece em relação a todas as demais hipóteses de *derrogação*, a específica previsão em análise tem associado um condicionamento imediato aos eventos mencionados no nº 2 do art. 528º-A. Por isso, o intermediário financeiro que, nos termos expostos, beneficie desta *derrogação* será obrigado, num período que, como regra, é fixado em um ano, a reduzir a sua detenção para um valor inferior àquele fixado na regra que impôs a OPA; por outro lado, durante esse período não poderá exercer os direitos de voto correspondentes aos valores *em excesso*, nem facultar o seu exercício a terceiros.

12.2.2 As derrogações à obrigatoriedade de lançamento de *OPA prévia*

12.2.2.1 Exercício de direitos de preferência na transmissão de acções

I. A segunda hipótese de *derrogação* do elenco legal, constante da *alínea* b) do nº 1 do art. 528º-A, integra aqueles casos em que a obri-

---

[456] Nos termos do nº 1 do art. 118º do Cód.MVM, *a subscrição diz-se directa quando a oferta da emissão aos investidores a que se destina é feita directamente pela própria entidade emitente, com ou sem o apoio, ou a garantia total ou parcial de colocação, de intermediários autorizados; diz-se indirecta, quando a emissão é subscrita por um ou mais intermediários financeiros, com a obrigação de a oferecerem aos investidores a que se destina, nos termos e condições estabelecidos em contrato para o efeito celebrado com a entidade emitente.*

[457] Cfr. HELENA TAPP BARROSO, *Subscrição Indirecta ...*, ob.cit., pp. 208-214; FÁTIMA GOMES, «Subscrição indirecta e tomada firme», DJ, 1994, pp. 239-246.

[458] Cfr. FÁTIMA GOMES, cit., pp. 220-246.

gatoriedade de lançamento da oferta resulte *da aquisição de valores mobiliários no exercício de direitos de preferência estipulados para a respectiva transmissão no contrato de sociedade a favor de todos os accionistas.*

Trata-se de uma previsão que, nos seus traços gerais, já constava do regime original constante do CSC, e que já foi por mais de uma vez abordada ao longo do presente trabalho[459]. Nos termos da *alínea* b) do n° 1 do (entretanto revogado) art. 313° do CSC, o facto de o contrato de sociedade estipular direito de preferência dos accionistas nas compras ou trocas de acções implicava que o regime de obrigatoriedade de lançamento de OPA previsto nesse Código não tivesse aplicação. Com a entrada em vigor do Cód.MVM, a *alínea* b) do n° 1 do art. 527° veio dispor que *o facto de o contrato de sociedade atribuir aos accionistas direito de preferência na compra ou troca das respectivas acções só dispensará a obrigatoriedade de lançamento da oferta pública de aquisição (...) quando as acções forem efectivamente adquiridas por accionistas no exercício do direito de preferência.* Finalmente, culminando este percurso, veio o art. 528°-A considerar causa de *derrogação* a aquisição pelo accionista no exercício do direito de preferência, salvaguardando apenas que se trate de um direito estabelecido *no contrato de sociedade a favor de todos os accionistas.*

II. Já tivemos ocasião de referir os múltiplos problemas de interpretação provocados pela redacção da *alínea* b) do n° 2 do art. 527°[460]; caberá ao presente momento da exposição averiguar se esses problemas devem ser considerados como esclarecidos face à redacção da *alínea* em análise, ou se, pelo contrário, se mantêm intactos.

Começaremos por um primeiro problema que, tanto quanto nos parece, se afigura de fácil análise. Como assinalámos, a *alínea* b) do n° 1 do art. 313° do CSC considerava a não estipulação de direito de preferência como um verdadeiro requisito negativo da obrigação de lançamento da OPA, razão pela qual já tivemos ocasião de qualificar essa previsão como uma verdadeira *derrogação "avant la lettre".* Ora, nos termos da *alínea* b) do n° 1 do art. 527° da versão original do Cód.MVM, veio-se dispor que a mencionada estipulação só *dispensaria* a obrigatoriedade de lançamento quando as acções fossem efectivamente adqui-

---

[459] Vd., *supra,* III Capítulo.
[460] Ou *perplexidades,* como então lhes chamámos.

ridas no exercício dessa preferência, o que levantava a dúvida de saber se manteríamos o entendimento segundo o qual estaríamos perante um elemento de delimitação negativa de obrigatoriedade, sujeito por isso a uma avaliação meramente objectiva, ou antes perante uma previsão de dispensa paralela àqueles constantes do nº 1 do art. 529º, sujeito por isso à avaliação da CMVM.

Trata-se de dúvida que nos parece dever ser considerada como inteiramente esclarecida. Na verdade, o DL nº 261/95 veio confirmar a opinião que, perante a deficiente versão original do Cód.MVM, já era a nossa — esta situação, e ao contrário do que a letra da lei daria a entender, não representaria uma previsão de *dispensa,* mas antes uma previsão de *derrogação,* assim delimitando negativamente as previsões gerais de obrigatoriedade.

Outro problema, este de avaliação mais complexa, que surgia face à redacção original do Cód.MVM, derivava do facto de a entidade obrigada ao lançamento da OPA não poder saber, de antemão, se os accionistas iriam ou não exercer o seu direito de preferência antes daquele momento em que fosse manifestada a vontade de alienação, razão pela qual não se compreendia como poderia, em algum caso, o mesmo ser *dispensado* — ou existir *derrogação* — da obrigação de lançamento da OPA quando as acções fossem adquiridas no exercício desse direito[461], se o direito apenas poderia ser exercido perante a própria OPA[462].

Trata-se de um problema que assume um alcance geral — não parece possível compatibilizar o exercício do direito de preferência com as regras de *OPA obrigatória,* já que é apenas em face da oferta, e nunca antes do lançamento desta, que se torna possível avaliar do eventual exercício do direito de preferência. E por isso, parece-nos que a manuten-

---

[461] Note-se que, pelo menos no que respeita ao modo como a mesma era geralmente entendida, a previsão era dotada de um duplo sentido. Por um lado, referia-se à não obrigatoriedade de lançamento de OPA pelo accionista que adquiria no exercício do seu direito de preferência; mas, por outro lado, referia-se ainda à não obrigatoriedade de lançamento de OPA por outra entidade se os demais accionistas pudessem, em relação, a si, exercer o seu direito de preferência — o que, aliás, se afigura, em tese, perfeitamente natural.

[462] Relembre-se que, por esta razão, afirmava RAÚL VENTURA (ob.cit., pp. 230--231): *o (...) preceito terá de ficar letra morta, quanto à possível isenção de OPA, a qual será obrigatória mesmo que o direito de preferência esteja estipulado no contrato; mas a OPA fracassará se os outros accionistas exercerem c direito de preferência quanto às acções daqueles que aceitarem a OPA.*

ção da mesma ideia de base nos normativos em presença implicou a não resolução do problema. Ainda agora não se compreende como pode existir derrogação de lançamento de OPA perante o exercício do direito de preferência, se o mesmo apenas puder ser exercido em OPA; ainda agora, de igual modo, custa entender que uma entidade possa ser obrigada a lançar uma OPA para, no âmbito desta, ver os accionistas a exercer o seu direito de preferência frustrando a oferta.

Finalmente, um último problema partia do facto de o exercício do direito de preferência não operar apenas em relação à participação proporcional, já que o accionista que adquire a totalidade da participação que outro accionista se propõe vender — por os demais accionistas se terem desinteressado do exercício da preferência — também o faz no exercício do mesmo direito. Por isso, colocava-se a questão da não compreensão da coordenação valorativa pretendida pelo legislador ao estipular esta regra para o exercício do direito de preferência na compra ou troca de acções, sendo certo que, nos termos da *alínea* a) do n° 1 do art. 529°, a subscrição dos valores mobiliários aí mencionados *no exercício de direitos de preferência inerentes a valores mobiliários de que seja titular* não só é apenas causa de dispensa de OPA, como ainda só o será *desde que o interessado e as pessoas referidas no artigo 530° se tenham limitado a subscrever a parte que lhes competia na emissão, proporcionalmente aos valores que detinham.*

Ora, cremos que este problema foi parcialmente atendido. Na verdade, essa previsão de *dispensa* foi agora integrada na *alínea* f) do n° 1 do art. 528°-A, passando a ser tratada como *derrogação*. Apesar disso, foi mantida a diferença de regimes — a *derrogação* que temos presente abrange toda a aquisição efectuada no exercício do direito de preferência, enquanto que a prevista na *alínea* f) abrange apenas a aquisição proporcional. No entanto, e apesar disso, cremos que diferença de regimes pode ser justificada em face de a preferência aqui em causa não ser compatível, como veremos de seguida, com a cotação, razão pela qual para essas outras sociedades justificar-se-á um regime mais severo[463].

III. Para além destes problemas, importa começar por referir que, neste caso e ao contrário do que acontecia em relação à hipótese anterior, estará em causa uma delimitação negativa que opera apenas em relação às previsões de *OPA obrigatória* constantes do n° 1 do art. 527° do

---

[463] É a opinião de CARLOS OSÓRIO DE CASTRO, cit., p. 25.

Cód.MVM — apenas a estes casos é inerente uma aquisição por compra e venda ou permuta de valores mobiliários, negócios em relação pode ser estabelecido o direito de preferência na transmissão.

No entanto, haverá que proceder ainda a uma delimitação suplementar, já que esta delimitação negativa não se aplicará a todos os casos previstos no nº 1 do art. 527º do Cód.MVM, mas apenas àqueles em que a *sociedade visada*, sendo, como é natural, uma *sociedade de subscrição pública*, não seja uma sociedade com valores admitidos à cotação em bolsa. Na verdade, como resulta do nº 2 do art. 291º do Cód.MVM, apenas podem ser transaccionados em bolsa *os valores mobiliários integralmente realizados e que se encontrem livres de ónus ou encargos, bem como de quaisquer limitações ou vinculações quanto aos direitos patrimoniais e sociais que os integrem ou à sua transmissão*. Deste modo, apenas nos estamos a referir às sociedades que, não tendo os seus valores admitidos à cotação, mereçam a qualificação de *sociedade de subscrição pública* por outra razão.

12.2.3 As derrogações à obrigatoriedade de lançamento de OPA subsequente

12.2.3.1 Aquisição por herança ou legado

I. A primeira hipótese de derrogação, constante da *alínea* a) do nº 1 do art. 528-A, corresponde àquelas situações em que esteja em causa uma aquisição de valores mobiliários *por herança ou legado*[464]. Trata-se de uma previsão que, na versão original do Cód.MVM, correspondia à hipótese de *dispensa* prevista na primeira parte da *alínea* e) do nº 1 do art. 529º[465]. Assim como acontece em relação às hipóteses anteriores, em

---

[464] Trata-se de hipótese que não tem correspondência directa no direito francês, sendo o seu conteúdo englobado na cláusula geral do art. 5.4.6 do Regulamento que, na sua parte inicial, se refere aos casos em que *a aquisição resulte (...) de uma transmissão a título gratuito*. Vd. ALAIN VIANDIER, ob.cit., p. 224. Já em Espanha, assim como acontece em relação à hipótese de doação, a aquisição a título sucessório não é objecto de qualquer referência explícita. Apesar disso, considera-se que a excepção, em termos práticos, existe, por não estar coberta pelo âmbito de delimitação positiva do nº 1 do art. 1º, que começa por — *toda a pessoa física ou jurídica (...) que pretenda adquirir a título oneroso* ... Vd., por todos, CARLOS DE CARDENAS SMITH, ob.cit., p. 77.

[465] A *alínea* e) do nº 1 do art. 529º da versão original do Cód.MVM referia-se à *aquisição de valores mobiliários por herança ou legado, ou através de doação sem*

face da obediência ao duplo requisito que mencionámos — tratar-se de facto de verificação objectiva e não estar dependente de uma avaliação sobre o alcance da excepção ou do seu eventual condicionamento —, entendeu o legislador passar a atender a esta situação como uma *derrogação automática*.

II. Esta hipótese de *derrogação* não delimita negativamente todas as hipóteses de *OPA obrigatória*. Como tivemos ocasião de verificar, as previsões específicas de *OPA obrigatória* constante do nº 1 do art. 527º dependem da vontade de aquisição de valores mobiliários por compra e venda ou troca, já que apenas em relação a estes casos é que, atendendo à compatibilidade de fisionomia dos negócios, a OPA pode ser imposta em virtude de uma *obrigatoriedade fraca* ou *média*. Ora, como é evidente, nunca poderia uma aquisição por herança ou legado ser integrada nesses pressuposto central; por isso, e decorrentemente, uma aquisição por herança ou legado apenas poderia implicar o lançamento de uma *OPA obrigatória* se a situação fosse integrável na previsão do nº 2 do art. 528º, ou seja, se estiver em causa a aquisição de valores que atribuam mais de metade dos direitos de voto.

12.2.3.2 Redução do total dos direitos actuais e potenciais de voto

I. A segunda hipótese de *derrogação* que delimita negativamente apenas a previsão do nº 2 do art. 528º, consta da *alínea* c) do nº 1 do art. 528º-A, e é prevista para o caso em que a integração nos pressupostos de obrigatoriedade derive da *redução do total dos direitos actuais e po-*

---

encargos e devidamente comprovada, que se funde em razões estranhas à sociedade emitente desses valores e ao seu domínio. A deficiente redacção dessa *alínea* não deixava claro se a referência às *razões estanhas à sociedade* seria aplicável apenas à hipótese de aquisição por doação, ou se, pelo contrário, seria também aplicável à hipótese de aquisição por herança ou legado. Uma interpretação literal da norma dir-nos-ia estarem em causa todas essas forma de aquisição. No entanto, essa conclusão implicava um resultado manifestamente absurdo, fazendo com que a CMVM devesse verificar se a aquisição por herança ou legado se fundava, ou não, *em razões estranhas à sociedade emitente desses valores e ao seu domínio*. Por isso, RAÚL VENTURA (ob.cit., p. 253), em posição com a qual concordamos inteiramente, apresentava diversas críticas à solução, convidando-nos a operar uma interpretação restritiva da norma. Com as alterações introduzidas pelo DL nº 261/95 o problema ficou esclarecido — a aquisição por herança ou legado foi considerada causa de *derrogação*, não sendo feitas quaisquer delimitações adicionais à norma; por outro lado, a aquisição por doação continuou a figurar do elenco de previsões de *dispensa*, sendo aí mantida a referência adicional.

tenciais de voto correspondentes aos valores emitidos pela sociedade, com o consequente aumento relativo da participação do interessado nesse total, em virtude da extinção, pelo decurso do prazo em que devia ser exercido, de direitos de conversão, ou de direitos de subscrição ou aquisição de acções, inerentes a obrigações convertíveis em acções e a obrigações ou outros valores mobiliários que dêem direito a essa subscrição ou aquisição. Por não pressupor qualquer aquisição de valores mobiliários, mas antes uma redução do universo em relação ao qual estabelecemos a percentagem dos votos correspondentes à participação de cada accionista, esta delimitação não opera em relação a qualquer das hipóteses de *OPA obrigatória prévia*, razão pela qual será atendida nesta sede.

II. No decorrer do presente trabalho já tivemos ocasião de abordar o alcance desta previsão. Por forma a melhor integrar o conhecimento deste elenco de *derrogações* constantes do Cód.MVM, voltaremos agora a essa temática.

Importa começar por destacar que, ao contrário do que início da previsão parece sugerir, nenhuma das hipóteses aí previstas pode diminuir o total dos *direitos de voto actuais*. E é assim porque os casos de extinção de direitos aí mencionados se referem apenas a valores mobiliários que não atribuem direitos de voto, ou seja, aos valores mencionados nas *alíneas* b) e c) do nº 1 do art. 523º. Ora, se é certo que os *votos potenciais* conferidos por estes valores devem ser atendidos para efeito da delimitação positiva da obrigatoriedade de lançamento de OPA, isso acontece apenas em face da *potencialidade* referida, não sendo esses direitos atendidos enquanto *votos actuais*.

Deste modo, quando a previsão se refere à *redução do total dos direitos de voto actuais e potenciais,* não podemos deixar de entender a referência como dirigida à redução desse universo global por efeito da específica redução do sub-universo do número de *votos potenciais*.

III. Por razões que se relacionam intimamente com o sistema de *OPA prévia* previsto no Cód.MVM, o legislador nacional atende, na determinação dos limiares a partir dos quais é obrigatório o lançamento de uma oferta, não apenas aos *votos actuais,* ou seja, aqueles que correspondem às acções emitidas pela sociedade, mas também aos *votos potenciais,* ou seja, aqueles que correspondem aos valores mobiliários mencionados nas *alíneas* b) e c) do nº 1 do art. 523º. Por essa razão, o referido cálculo é efectuado por recurso a um duplo critério: no primeiro, verificamos os votos que correspondem às acções detidas e/ou a adquirir pela entidade, estabelecendo a sua percentagem em relação ao universo dos direitos de voto atribuídos pelas acções que a sociedade emitiu; no segundo, verificamos os *votos actuais e potenciais* que correspondem à participação detida e/ou a adquirir pelo accionista, estabelecendo a sua percentagem em relação ao universo dos *votos actuais e potenciais* atribuídos pelos valores mobiliários, da natureza dos previstos no nº 1 do art. 523º, emitidos pela sociedade.

A determinação da obrigatoriedade de lançamento de OPA será realizada em face dos resultados a que cheguemos a partir de qualquer desses cálculos. Ora, como oportunamente concluímos, a principal razão que está na base dessa bipartição assenta na necessidade de, pelo facto de atendermos aos *votos potenciais,* não ser facultada a uma entidade a possibilidade de ultrapassar qualquer dos limiares fixados na lei por relação aos *votos actuais,* ficando abaixo desses limiares por relação aos *votos actuais e potenciais.* Nesse caso, não estaria em causa a obrigação de lançamento de OPA perante um dos universos, mas estaria perante o outro.

No entanto, esse atendimento aos *votos potenciais* não pode deixar na sombra o facto de os mesmos poderem nunca vir a existir. Bastará, para que isso aconteça, que os direitos de conversão, de subscrição ou de aquisição de acções que são atribuídos aos valores mobiliários previstos nas *alíneas* b) e c) do nº 1 do art. 523º, não sejam exercidos no decurso do respectivo prazo, e que, por essa razão, esses direitos se extingam.

Ora, perante essa extinção, o universo dos *direitos de voto actuais e potenciais* será reduzido (por redução do sub-universo dos *votos potenciais*), razão pela qual poderá acontecer que um accionista venha a ultrapassar o limite do nº 2 do art. 528º do Cód.MVM — bastará, para que isso aconteça, que detenha valores mobiliários da natureza dos referidos no nº 1 do art. 523º, os quais correspondam a mais de metade dos *direitos de voto actuais e potenciais* correspondentes ao capital da sociedade em causa[466]. Ora, é precisamente em relação a essa possibilidade que esta *derrogação* vai operar.

---

[466] O que não estará no âmbito desta derrogação será o facto de o mesmo passar a deter mais de metade dos votos *actuais* por qualquer das hipóteses aqui referidas. E é assim porque a extinção dos direitos de conversão, subscrição ou aquisição não poderá fazer com o accionista passe a deter mais de metade dos votos *actuais,* por o cálculo destes, para efeitos da determinação de lançamento de *OPA,* ser realizado apenas perante o universo dos *votos actuais.* Logo, esta derrogação não incide — o que aliás é absolutamente justificado — na específica situação ora apresentada.

12.2.3.3 Aquisição de valores mobiliários no exercício de direito de preferência

I. A sexta hipótese de derrogação do elenco legal, e a terceira que se refere especificamente à obrigatoriedade de lançamento de OPA *subsequente*, consta da *alínea* f) do nº 1 do art. 528º-A, e deriva do facto de estarmos perante a *aquisição de acções, de obrigações convertíveis em acções ou outros valores mobiliários que dêem direito à subscrição de acções ou à sua aquisição a qualquer outro título, no exercício de direitos de preferência inerentes a valores mobiliários de que o interessado e as demais pessoas referidas no art. 530º sejam titulares, ou que aos mesmos valores hajam sido atribuídos por legislação especial, desde que a subscrição ou aquisição se limite à parte que proporcionalmente competir aos valores detidos.*

Constava da versão original do Cód.MVM, mais particularmente da *alínea* a) do nº 1 do art. 529º, uma previsão de dispensa de OPA que cobria parte da matéria que agora é tratada como *derrogação* — a subscrição de valores mobiliários da natureza dos previstos no nº 1 do art. 523º, *no exercício de direitos de preferência inerentes a valores mobiliários de que seja titular, desde que o interessado e as pessoas referidas no art. 530º se tenham limitado a subscrever a parte que lhes competia na emissão, proporcionalmente aos valores que detinham.* Ora, o DL nº 261/ /95 veio alterar esta formulação para os termos expostos na abertura.

II. Importa começar por referir que a previsão desta *derrogação* não deve ser confundida com a previsão da *derrogação* prevista na *alínea* b) do nº 1 do mesmo artigo, ponto que assume particular relevância quando verificamos que as respectivas estatuições são distintas. Neste último caso, estará em causa a aquisição no exercício de direitos de preferência estipulados no contrato de sociedade para a *transmissão* desses valores mobiliários, ou seja, estaremos perante uma estipulação contratual de preferência estabelecida nos termos do disposto na *alínea* b) do nº 2 do art. 328º do CSC; no caso em análise, estará antes em causa a aquisição, no exercício de direitos de preferência, no âmbito de uma subscrição de valores mobiliários, sendo esse direito conferido ao detentor desses valores por lei, em particular nos termos do nº 1 do art. 458º, nº 1 do art. 367º e nº 5 do art. 372º-B, todos do CSC.

Sendo assim, a questão que se deve colocar de imediato é a de avaliar a alteração de redacção introduzida pelo DL nº 261/95. Na verdade, relembre-se que a paralela previsão de *dispensa* que constava da versão original do Cód.MVM, se referia sempre a *subscrição de acções;*

agora, passou a referir-se, na parte inicial da norma, *aquisição* de valores mobiliários, embora na sua parte final se disponha que a *derrogação* apenas acontecerá *desde que a subscrição ou aquisição se limite à parte que proporcionalmente competir aos valores detidos.* Cremos, no entanto, que a alteração apenas se deve a uma deficiente uniformização da terminologia.

III. Haverá que salientar que, como referido, esta *derrogação* apenas abrangerá aqueles casos em que a aquisição/subscrição se limite à parte que proporcionalmente compita aos valores mobiliários detidos. Em relação a outros valores mobiliários que, embora adquiridos no âmbito do direito de preferência, estejam para além dessa proporção, a previsão aplicável será apenas a da *alínea* a) do n° 1 do art. 529°, ou seja, nessa situação já não estaremos perante uma *derrogação,* mas antes perante uma *dispensa.*

12.2.3.4 Operações de fusão ou cisão

I. A oitava e última hipótese de derrogação do elenco legal consta da *alínea* h) do n° 1 do art. 528°-A, e deriva do facto de a integração nos limiares a partir dos quais é obrigatório o lançamento de OPA resultar de *operações de fusão ou cisão de sociedades como consequência necessária dos termos em que as mesmas foram aprovadas pelos accionistas, desde que no projecto de fusão ou cisão submetidos às assembleias gerais das sociedades em causa tenha sido devidamente explicitado que da operação resultará ou poderá resultar, para um ou mais accionistas devidamente identificados, percentagem de votos igual ou superior aos limiares que, nos termos dos artigos 527° e 528°, determinam a obrigatoriedade de lançamento de oferta pública de aquisição, geral ou parcial.* Trata-se de hipótese correspondente àquela que, nos termos da *alínea* c) do n° 1 do art. 529° da versão original do Cód.MVM, era abordada como previsão de *dispensa,* sendo as alterações introduzidas limitadas às novas correspondências dos artigos relevantes.

II. O problema central que é causado pela interpretação desta norma de previsão confunde-se com a questão de avaliar do alcance da *derrogação* nela contida.

Resulta do texto da previsão que a mesma abrange aqueles casos em que a aquisição relevante resulte de *operações de fusão ou cisão de sociedades, como consequência necessária dos termos em que as mesmas foram aprovadas pelos accionistas.* Ora, se é certo que a concretização destas operações, quer no que respeita à fusão[467], quer no que respeita à cisão[468], pode implicar, de facto, a atribuição de acções aos accionistas que, perante o quadro de delimitação positiva que trabalhámos, é virtualmente capaz de implicar a obrigação de lançamento de uma OPA, não vemos como qualquer dessas operações poderia conduzir à obrigação de lançamento de uma *OPA prévia*. E é assim, relembrando algumas das conclusões a que chegámos em momento anterior, porque essa *aquisição* não é, por qualquer forma, compatível com a fisionomia da aquisição por intermédio de OPA, razão pela qual esta, a ser imposta, apenas o poderia ser enquanto obrigação subsequente, ou seja, nos termos do nº 2 do art. 528º do Cód.MVM.

No entanto, a previsão inclui no seu texto a seguinte expressão — *desde que no projecto de fusão ou cisão submetidos às assembleias gerais das sociedades em causa tenha sido devidamente explicitado que da operação resultará ou poderá resultar, para um ou mais accionistas devidamente identificados, percentagem de votos igual ou superior aos limiares que, nos termos dos artigos 527º e 528º, determinam a obrigatoriedade de lançamento de oferta pública de aquisição, geral ou parcial*. Por isso, parece pressupor a lei que, de facto, a integração nos pressupostos do art. 527º é tecnicamente possível, razão pela qual a *derrogação* se iria aplicar também sobre esses casos.

Cremos, no entanto, que essa conclusão se afiguraria errada. Na verdade, não tem qualquer sentido entender uma norma de delimitação negativa da obrigatoriedade como estando dotada de um âmbito que está para além do alcance das normas de delimitação positiva — não tem sentido criar um espaço de *não obrigação* sobre um espaço fora do âmbito da obrigação. Por essa razão, cremos que o alcance da norma não poderá ser esse.

Uma alternativa de interpretação, passaria pelo entendimento que a referência se prenderia apenas com o âmbito de informação dos accionistas. Diríamos então que o projecto de fusão ou cisão deveria explicitar a virtual integração em qualquer das hipóteses de *OPA obrigatória* previstas no sistema, não porque todas elas fossem aplicáveis, mas antes porque os accionistas deveriam ser informados que a operação projectada implicaria, virtualmente, a passagem de algum desses limites. No entanto, também esta interpretação se mostra pouco razoável. E é assim porque, a não

---

[467] Vd. *alíneas* a) e b) do nº 4 do art. 97º do CSC.
[468] Vd. *alínea* f) do art. 119º do CSC.

ser explicitada essa informação no projecto de fusão ou cisão, ainda assim, não estaríamos perante a obrigação de lançamento de uma *OPA prévia* em caso algum. Por isso, a referência seria, não um requisito de *derrogação*, mas antes um *conselho*, o que não pode resultar numa solução razoável.

Deste modo, não se compreende o alcance dessa referência ao art. 527° do Cód.MVM, razão pela qual, salvo melhor opinião, a mesma não deverá ser atendida na leitura da norma de *derrogação*.

13. As dispensas

13.1 O enquadramento jurídico

I. Contrariamente ao que acontece em relação às *derrogações*, a constatação de estarmos perante uma *dispensa* não depende da mera verificação objectiva do facto que subjaz à sua previsão, antes dependendo, acrescidamente, de uma ponderação prévia, por parte da CMVM, em face de um conjunto valorativo pressuposto pelo Código e que teremos ocasião de abordar nesta sede.

Estamos, por isso, em face de uma técnica distinta daquela que vimos de analisar a propósito das *derrogações* — nesses casos, o próprio sistema delimita negativamente a obrigação, partindo do âmbito que resultou da prévia delimitação positiva, razão pela qual as hipóteses aí previstas são, em termos finais, hipóteses que, apesar de cobertas pelas regras de previsão positiva, estão num âmbito de *não obrigação;* já no que respeita às *dispensas,* a obrigação existirá em face da cobertura dos termos de delimitação positiva e da não incidência da delimitação negativa *própria*, embora a CMVM possa, por um acto administrativo específico, dispensar o seu cumprimento. Daí que, como referimos previamente, as *dispensas* não correspondam a verdadeiros termos de delimitação negativa da obrigação, na acepção que conferimos a este conceito de trabalho.

II. No regime jurídico francês suscita-se, a este propósito, um complexo problema que deverá ser agora abordado. Resulta do art. 5.4.6 do Regulamento que *o Conselho pode conferir uma dispensa*[469] à obrigação

---

[469] Relembre-se que a expressão utilizada no original é *dérogation*. No entanto, para evitar a confusão com o conteúdo do termo português *derrogação,* utilizámos no texto a expressão *dispensa.*

de lançamento de uma oferta pública se os interessados demonstrarem estar integrados em algumas das *alíneas* aí previstas. O problema que, a partir desta formulação se coloca, é o de saber qual a margem de discricionariedade que é concedida à CBV na avaliação a partir da qual poderá conceder essa *dispensa,* especialmente no que respeita àqueles factos de verificação meramente objectiva, como, por exemplo, os casos em que esteja em presença uma transmissão de valores mobiliários a título gratuito.

O problema encontra, no panorama da doutrina francesa, duas respostas distintas. Por um lado, alguns autores, entre os quais caberá destacar JEAN-FRANÇOIS BIARD e JEAN-PIERRE MATTOUT[470], entendem que o facto de a lei utilizar a expressão *pode conferir* significa que a avaliação que sobre essas previsões é realizada deve assentar na ponderação dos interesses em presença, em particular no que respeita às concretizações do princípio da igualdade. Por isso, a *dispensa* não terá nunca carácter automático, podendo mesmo acontecer que, perante a verificação de um mesmo facto que seja integrado em alguma das previsões, se entenda que existem fundamentos para, num caso, conceder a *dispensa* e, em outro, actuar de modo contrário. Em sentido diferente, ALAIN VIANDIER[471] entende que apenas existirá alguma margem de discricionariedade na avaliação realizada pela CBV no que respeita àquelas previsões que não tenham carácter objectivo, e ainda assim limitada à determinação da verificação da situação de facto que lhe subjaz. Nos outros casos, a concessão de *dispensa* resultará — ou deverá resultar — numa mera *declaração* da verificação do facto.

Ora, bastará uma mera observação panorâmica das previsões de dispensa constantes das seis *alíneas* do nº 1 do art. 529º do Cód.MVM para verificarmos que os traços principais do problema podem ser transpostos para o direito nacional.

Veja-se, por exemplo a hipótese da *alínea* b) — tratar-se de *aquisição pelo interessado, judicial ou extrajudicialmente, de valores mobiliários que lhe tenham sido dados em garantia de um crédito.* Neste caso, transpondo a forma como, perante o direito francês, ALAIN VIANDIER coloca o problema, apenas podemos estar perante duas hipóteses — ou

---

[470] Cit., pp. 10-13. Aparentemente no mesmo sentido da posição indicada, embora sem justificação, cfr. ainda A.COURET, D.MARTIN e L.FAUGÉROLAS, ob.cit., pp. 31-32; e DOMINIQUE CARREAU e JEAN-YVES MARTIN, cit., pp. 456-457.

[471] Ob.cit., pp. 237-238.

não se trata da aquisição de valores mobiliários dados em garantia de um crédito, ou se trata de uma aquisição com essas características. A questão que se deve colocar é, evidentemente, a de saber se pode ser acolhida entre nós a posição desse Autor, consequentemente entendendo que algumas das hipóteses de *dispensa* previstas nesse artigo seriam, afinal, verdadeiras *derrogações* indevidamente qualificadas, em relação às quais apenas o processo de produção dos efeitos de delimitação da obrigação seriam diferentes.

Cremos, no entanto, que a forma como o regime português se coloca perante este problema não deixa qualquer margem que permita a aceitação dessa ideia, sendo claramente estabelecida a fronteira entre aquilo que deva merecer a qualificação de *derrogação,* e que corresponde à utilização de uma técnica jurídica específica, e aquilo que deva merecer a qualificação de dispensa, que corresponde à utilização de outra técnica jurídica.

Haverá então a distinguir dois momentos distintos na apreciação de um requerimento de *dispensa.*

O primeiro momento, refere-se à interpretação das normas constantes das várias *alíneas* do nº 1 do art. 529º, em relação à qual não estamos perante a existência de qualquer margem de discricionariedade administrativa[472]. Por isso, a utilização, no nº 1 do art. 529º, da expressão *pode conceder,* não significa — não poderia nunca significar — que a CMVM tenha alguma margem de discricionariedade administrativa no que respeita à interpretação dos normativos das *alíneas* aí previstas; nesses casos, e independentemente dos específicos termos utilizados pela formulação que estejam em causa, o problema será sempre de interpretação jurídica, com uma decisão *extraída da lei*[473], assumindo, como é natural, particular relevância quanto estejam em causa conceitos indeterminados. Por outro lado, e na contraface desse mesmo problema, a utilização da pode con-

---

[472] Como afirma MARIA TERESA DE MELO RIBEIRO (*O Princípio da Imparcialidade da Administração Pública,* Almedina, Coimbra, 1996, p. 243), *como regra, a interpretação dos conceitos jurídicos indeterminados não pode ser considerada como actividade discricionária, na medida em que não comporta a eleição de uma solução entre várias soluções juridicamente possíveis. A discricionariedade pressupõe a pluralidade de soluções igualmente justas, enquanto que o preenchimento dos conceitos jurídicos indeterminados só comporta uma solução justa. Como conceito dogmaticamente unívoco, o conceito indeterminado só admite uma solução correcta.*

[473] Cfr. BAPTISTA MACHADO, ob.cit., p. 115.

ceder, significará ainda que apenas nesses casos aí previstos, e não em quaisquer outros, poderá ser concedida a *dispensa*[474].

Determinado que esteja o conteúdo da norma de previsão, abrir-se--á então caminho para o segundo momento desse processo, no qual essa margem de discricionariedade administrativa já estará presente. Perante a verificação de um facto que se integre em qualquer das *alíneas* de previsão — mas apenas nesse casos —, a CMVM poderá, ou não conceder, a dispensa, ficando dependente essa sua actuação da ponderação de um conjunto de valores do sistema — retenhamos, por ora, o conteúdo do nº 5 do art. 529º, como determinação elementar desses limites[475].

Deste modo, compreende-se que nunca a posição de ALAIN VIANDIER poderia colher face ao direito nacional. Ainda que uma situação de facto se integre, de forma inelutável e definitiva, em alguma das *alíneas* do nº 1 do art. 529º, sempre estará concedida à CMVM uma margem de apreciação para entender no sentido da concessão, ou não, da *dispensa* requerida. De igual modo, e seguindo o entendimento que, face ao direito francês, é acolhido por destacar JEAN-FRANÇOIS BIARD e JEAN-PIERRE MATTOUT, poderá ainda acontecer que, perante a verificação de facto idêntico que seja integrado em alguma das previsões, a CMVM possa entender que existem fundamentos para, num caso, conceder a *dispensa* e, em outro, actuar de modo contrário. Bastará, para que isso aconteça,

---

[474] No mesmo sentido, vd. RAÚL VENTURA, ob.cit., p. 250.
[475] Como afirma KARL ENGISH (*Introdução ao Pensamento Jurídico*, 6ª ed., Gulbenkian, Lisboa, 1988, p. 224), *tem de decidir-se caso a caso a caso que intenção inspira aqueles conceitos que se suspeita serem conceitos discricionários, se eles consideram possível e de preceito a descoberta de uma decisão como a única justa (correcta) segundo critérios firmes, ou se são antes de entender no sentido de que pode e deve relevar a concepção pessoal — na verdade conforme ao dever do cargo e vinculada por critérios de pertinência, mas não obstante isso autónoma — daquilo que é em concreto «correcto», «apropriado», «justo».* Ainda no mesmo âmbito, afirma BAPTISTA MACHADO (ob.cit., pp. 115-116) — *(noutros casos, porém,) vigora o princípio da oportunidade, exercendo o órgão um verdadeiro "poder discricionário" (...) A lei estabelece uma hipótese com os seus pressupostos, mas, verificados estes, deixa a fixação da consequência jurídica ao órgão a que confere o poder discricionário. Este órgão, conforme o seu juízo de oportunidade ou conveniência, mas sem "desvio de poder", decidirá deferir ou não um requerimento, conceder ou não um subsídio, etc. Nestes termos, e porque obedece a um princípio estruturalmente diferente, a decisão tomada no exercício de um poder discricionário não pode confundir-se com a decisão tomada em aplicação de uma norma que exige preenchimento valorativo por utilizar conceitos indeterminados ou por estar elaborada na forma de uma cláusula geral.*

que a ponderação realizada ao abrigo da margem de discricionariedade administrativa encaminhe a resposta em sentido diferente.

III. Problema relacionado com o anterior, embora com contornos específicos, é o de saber se, por um lado, a CMVM poderá conceder a *dispensa* perante a verificação do facto principal que subjaz à mesma, mas sem que todos os elementos constantes da norma de previsão estejam satisfeitos; por outro lado, admitindo que a resposta à questão anterior é negativa, saber se a CMVM pode conceder, nesse mesmo caso, uma *dispensa* ao abrigo da *alínea* h). O problema surge quando atentamos nas diferenças de técnica jurídica presentes no corpo de previsões das várias *alíneas* do n° 1 do art. 529°.

Na generalidade das hipóteses, essas previsões têm apenas um núcleo central, que se pode afigurar mais indeterminado ou menos indeterminado, mas que, em qualquer dos casos, pode ser integrado a partir da verificação de uma *evento simples*. É o caso das *alíneas* a), b) e e), perante as quais apenas uma de três situações básicas poderá acontecer — ou a CMVM entende que o facto previsto se verifica, caso em que pode, ainda assim, conceder ou não a *dispensa*; ou entende que o facto não se verifica, não concedendo a *dispensa*; ou entende que a situação pode ser integrada na previsão da *alínea* h) podendo, de igual modo, conceder ou não a *dispensa*.

No entanto, a par destas, deparamos com outras hipóteses em que a sua integração deriva da verificação de uma evento que, por contraposição aos casos anteriores, poderemos chamar de *evento complexo* — na previsão da *alínea* c), não basta que estejamos perante uma aquisição do doação, sendo cumulativamente exigido que se trate de uma doação sem encargos e ainda que *se funde em razões estranhas à sociedade emitente desses valores e ao seu domínio;* na previsão da *alínea* d), não basta que estejamos perante uma subscrição ou aquisição de valores mobiliários no âmbito de uma operação destinada a prevenir a falência da sociedade e a promover a sua recuperação económica e financeira, sendo cumulativamente exigido que *razoavelmente se demonstre que a operação projectada é adequada aos fins a que se destina* e ainda *que foi, como tal, aprovada pelos accionistas.*

O primeiro problema que se coloca é, perante estas hipóteses, o de avaliar se CMVM pode, por exemplo, conceder uma *dispensa* ao abrigo da *alínea* c) no caso de, estando em causa uma aquisição por doação, a mesma não seja fundada em razões estranhas à sociedade emitente desses valores; ou se pode conceder uma dispensa ao abrigo da *alínea* d) no caso de, estando em causa uma operação de aquisição destinada a prevenir a falência da sociedade, não ter ocorrido a prevista e regulada aprovação pelos accionistas. Como é natural, o problema só terá sentido nos casos em que, apesar de não estarem reunidos todos os pressupostos da previsão, existam razões concretas que levem a CMVM a entender que a *dispensa,* ainda assim, se justifica.

A resposta ao problema não se apresenta de modo evidente. Em princípio, o facto de o legislador estabelecer a previsão, nesses casos, recorrendo a um *evento complexo,* significará que pretendeu limitar a possibilidade de a CMVM conceder a dispensa fora desses quadros mais limitados. Ora, se referimos que, na interpretação desses normativos, estamos perante uma actuação sem margem de discricionariedade, a consequência desta linha de entendimento encaminhar-nos-ia para uma resposta de conteúdo negativo. Cremos, no entanto, que não será necessariamente assim já que, mesmo nestes casos de *eventos complexos,* haverá que distinguir duas situações distintas que, por isso, devem merecer, da nossa parte, respostas distintas.

O caso da *alínea* c) apenas merece a nossa qualificação de *evento complexo* porque, no seu núcleo, o legislador cumula mais do que um elemento essencial — não basta que seja uma doação, importa ainda que seja uma doação sem encargos e que se *funde em razões estranhas à sociedade emitente desses valores e ao seu domínio —,* apesar de, e este é o ponto a salientar, os ligar numa mesma unidade compreensiva. Neste sentido, não custará afirmar que esta hipótese é equivalente à de outras *alíneas* que classificámos como comportando *eventos simples,* sendo distinta apenas a forma como o legislador se é obrigado a expressar em face da situação que visa atender.

No entanto, já o caso da *alínea* d) deverá merecer, na nossa opinião, uma outra apreciação, porque, no seu texto, o legislador cumula elementos essenciais da previsão com elementos meramente laterais que, em boa verdade, funcionam como verdadeiras *condições.* Revela-nos a interpretação dessa *alínea* que em causa estará, na determinação desse núcleo essencial, que a referida subscrição ou aquisição seja, de facto, realizada no âmbito de uma operação destinada a prevenir a falência da sociedade e a promover a sua recuperação económica e financeira, e que isso seja razoavelmente demonstrado à Comissão por forma a avaliar a integração fáctica no pressuposto de *dispensa.* A referência à aprovação dos accionistas já se integra, segundo cremos, fora do mencionado núcleo que justifica a consagração da previsão, coadjuvando-o em face de um outro interesse, este ligado com a vontade dos accionistas. Por isso, apenas esta previsão integra, em termos próprios e correctos, um *evento complexo*, porque recolhe no seio elementos de valor compreensivo desigual.

Ora, não vemos razão para que, nesta última hipótese, a CMVM não possa *dispensar* a obrigatoriedade de lançamento de OPA ainda que essa condição se não tenha verificado. E isso pode acontecer perante uma de duas formulações distintas: ou por entender que essa condição é, face às circunstâncias concretas do caso, dispensável; ou por entender que essa condição pode ser postergada para um segundo momento, assim concedendo a dispensa, nos termos do n° 6 do art. 529°, sujeitando-a à condição de, posteriormente, ser efectuada essa deliberação. No entanto, já o mesmo não acontece em relação à hipótese da *alínea* c) — neste caso, os elementos fixados na lei estão unidos numa mesma unidade compreensiva, razão pela qual a CMVM não poderá, por estar vinculada ao texto legal, afastar esses requisitos.

As considerações anteriores conduzem-nos ao segundo problema que isolámos — o de avaliar se a CMVM poderá, partindo dessa hipótese da *alínea* c), dispensar a obrigatoriedade de OPA se, estando reunidos algum ou alguns dos elementos essenciais do núcleo da previsão, mas não todos, a situação se integrar na previsão mais genérica da *alínea* f) do n° 1 do art. 529° do Cód.MVM.

Mais uma vez, e pelas mesmas razões, se poderia começar por afirmar que a resposta devia ser negativa já que, se o legislador entendeu estabelecer a previsão específica de forma limitada, isso significaria que não a pretende ver preenchida por outra forma. No entanto, parece-nos, de novo, que a resposta não deve ser essa.

A *alínea* f) do n° 1 do art. 529° do Cód.MVM incorpora uma previsão que, fosse essa a opção do legislador, poderia dispensar as previsões específicas das *alíneas* anteriores[476]. Nesse sentido, poderíamos mesmo afirmar que o seu conteúdo valorativo corta verticalmente essas hipóteses, estando presente, de forma mais ou menos evidente, em todas elas.

Duas consequências emergem dessa conclusão — a primeira, é a de que essa *alínea* geral representa um fundamental elemento de interpreta-

---

[476] Era o que acontecia face ao regime da OPA que constava do CSC. Nos termos do n° 4 do art. 313°, dispunha-se que *a comissão directiva da Bolsa pode dispensar a oferta pública quando verifique que a compra ou troca não tem intuitos especulativos e o número de acções a adquirir, em si mesmo, não justifica a oferta ou quando não seja relevante o aumento da influência do accionista na sociedade.*

ção para, perante uma situação concreta, poderemos averiguar se as previsões das *alíneas* anteriores se devem considerar como integradas; a segunda, é a de que essa *alínea* geral *vive* para além das mesmas. Deste modo, o facto de o legislador fixar hipóteses específicas de *dispensas* não significa que, apenas nesses casos, pretenda que as mesmas operem, mas apenas que esse casos são, de forma mais evidente, previsões de *dispensa*.

Apesar disso, e como não poderia deixar de ser, cremos que o facto de um evento não se integrar em alguma das previsões específicas por lhe faltar um qualquer elemento que por ela seja requerido, representará, também ele, um elemento de interpretação relevante na ponderação a realizar pela CMVM — o legislador poderia ter dispensado esse elemento na leitura que fez, em sede geral e abstracta, dessa situação, e não o fez, tendo por isso pressuposto que, em princípio, a concretização dos elementos da *alínea* f), nesse caso, deveriam ser lidos desse modo. No entanto, e apesar disso, cremos que esse facto não vedará à CMVM a possibilidade de apreciar o problema perante o panorama de direito positivo que, perante si, se coloca, entendendo, se for esse o caso, que a situação merece ser *dispensada* ao abrigo da *alínea* f).

IV. O sistema pressuposto pelo Cód.MVM vai, no entanto, para além da mera hipótese de, perante a verificação dos factos que estão subjacentes a cada *alínea,* facultar à Comissão a possibilidade de *dispensar* ou não *dispensar* o lançamento de uma *OPA obrigatória*, quadro em que, até ao momento, temos mantido a apreciação do problema, apenas com o objectivo de facilitar a nossa exposição.

Na verdade, nos termos do nº 6 do art. 529º, a CMVM poderá ainda, nos casos em que entenda que isso se justifique, *sujeitar a dispensa a quaisquer condições que considere necessárias para assegurar a protecção dos interesses e a igualdade de tratamento dos titulares dos valores mobiliários a que a dispensa respeita.* Trata-se de uma faculdade que está compreendida no âmbito do segundo momento de avaliação que isolámos, ou seja, que se integra nos poderes discricionários da Comissão, por forma a facultar-lhe a flexibilidade de manobra que, em concreto, a situação pode exigir e que, tanto quanto sabemos, é abundantemente utilizada pela Comissão como forma de adequar a *dispensa* aos interesses específicos que estejam em presença. Nesses casos, a *dispensa* é concedida, mas apenas perante a estipulação de condições específicas que, de caso para caso, podem assumir uma multiplicidade extraordinária de compleições.

Ora, perante a faculdade atribuída pelo nº 6 do art. 529º, suscitam--se dois traços de análise que passamos a apresentar — o primeiro, será o de aferir qual a latitude de actuação que é conferida à Comissão no que respeita ao estabelecimento destas condições; o segundo, será o de aferir qual a reacção do ordenamento no caso de, sendo concedida uma *dispensa condicionada,* o evento pressuposto pela condição não se vir a verificar. Como se compreende, os dois problemas relacionam-se intimamente, já que a reacção à não verificação da condição depende dos termos concretos em que a mesma tiver sido estabelecida.

A primeira questão afigura-se de resposta fácil. Não são estipulados específicos limites à actuação da Comissão no que respeita à fixação de condições a uma *dispensa,* para além da sua relação com a necessidade de assegurar a protecção dos interesses e a igualdade de tratamento dos titulares de valores mobiliários a que a dispensa respeita. Por isso, deveremos entender que a mesma está dotada de margem de manobra suficiente para, nos termos e limites da lei, fixar as condições que entenda adequadas à correcta e completa satisfação dos interesses em ponderação.

Essa questão, no entanto, liga-se intimamente com o problema da avaliação das reacções do ordenamento à não verificação subsequente da(s) condição(ões) estipulada(s) pela Comissão. Numa primeira aproximação, dir-se-ia que também este problema se afiguraria de resposta líquida — se a *dispensa* é sujeita a específicas condições, e as mesmas não se verificam, a obrigação de lançamento de OPA em relação à qual a *dispensa* incidiu voltaria a produzir os seus efeitos, do mesmo modo que teria acontecido no caso de *dispensa* não ter sido concedida *ab initio.* No entanto, não é exactamente assim.

Como tivemos ocasião de verificar a propósito da delimitação positiva da obrigação de lançamento de OPA, é nosso firme entendimento que o não lançamento, nos termos previstos da lei, de uma oferta, para efectuar uma aquisição que se integre nos pressupostos de alguma das *alíneas* do nº 1 do art. 527º, não implica, no momento seguinte, a obrigação de lançamento de uma oferta nos termos do nº 2 do art. 528º. E é assim porque o sistema comporta uma específica reacção a esse acto ilícito que não se compatibiliza com a obrigação de lançamento dessa oferta subsequente que, aliás, nos casos das *alíneas* a) e c) do nº 1 do art. 527º, nem poderia estar em causa.

Por isso, a questão em presença deve merecer uma colocação mais precisa, que atenda à específica configuração da hipótese de *OPA obrigatória* a que a *dispensa* se refere.

Começando pela hipótese do nº 2 do art. 528º do Cód.MVM, diremos que a não verificação da condição a que a *dispensa* foi sujeita im-

IV. A Delimitação da Obrigação (Continuação)

plica, no momento seguinte, a obrigação de lançamento de OPA, em termos equivalentes àqueles que teriam sido verificados no caso de a *dispensa* não ter sido concedida. Esta resposta atende, de modo principal, à específica previsão dessa obrigação — a detenção de valores que assegure mais de metade dos direitos de voto, reunidos que estejam os demais pressupostos dessa previsão, implica a obrigação de lançamento de uma *OPA subsequente;* se o lançamento de essa obrigação for *dispensado* pela CMVM, sendo associada a essa dispensa uma determinada condição, a *dispensa* apenas vale nesses termos; se o funcionamento dessa condição implicar a não produção de efeitos da *dispensa* tudo deverá ser tratado como se essa entidade não tivesse sido dispensada, razão pela qual emergirá a obrigação de lançamento da OPA.

No entanto, já resposta distinta será convocada a propósito de qualquer das hipóteses de *OPA prévia* constantes do nº 1 do art. 527º do Cód.MVM. Nesses casos, a *dispensa* referir-se-á à obrigação de lançamento de OPA para aquisição de uma participação; por isso, a aquisição que foi efectuada ao abrigo dessa *dispensa* passou a ser considerada lícita, perante o ordenamento, na exclusiva medida em que o cumprimento da obrigação foi *dispensado;* se os efeitos da *dispensa* deixarem de se produzir, como acontece na hipótese anterior, deveremos atentar nessa aquisição nos precisos termos que faríamos se a *dispensa* não tivesse sido concedida; por isso, a resposta do ordenamento não será a de obrigar ao lançamento de uma *OPA subsequente,* o que, como referimos, em alguns casos nem seria ponderável, mas antes a de associar ao comportamento o regime sancionatório constante do art. 531º do Cód.MVM.

No entanto, cremos que será possível associar os dois problemas a este propósito colocados. Na verdade, a *dispensa* poderá ser associada à condição de obrigação de lançamento de oferta subsequente no caso de outras condições previstas não se verificarem. Nesse caso, já a resposta que exprimimos não terá validade, resultando a obrigação de lançamento de oferta subsequente, não da lei, mas de um acto administrativo praticado pela CMVM.

13.2 As previsões de dispensa

13.2.1 As dispensas à obrigação de lançamento de OPA subsequente

13.2.1.1 A aquisição em rateio

I. Nos termos da *alínea* a) do n° 1 do art. 529°, pode ser *dispensada* a obrigação de lançamento de OPA quando essa obrigatoriedade resulte *da aquisição em rateio ou rateios efectuados nos termos da alínea b) do n° 2 do art. 458° do Código das Sociedades Comerciais de acções, de obrigações convertíveis em acções ou de obrigações ou outros valores mobiliários que dêem direito à subscrição de acções ou à sua aquisição a qualquer outro título, no exercício de direitos de preferência inerentes a valores mobiliários de que o interessado ou as demais pessoas referidas no art. 530° sejam titulares, ou que aos mesmos hajam sido atribuídos por legislação especial.*

Esta previsão corresponde a uma inovação do DL n° 261/95, já que, na *alínea* a) do n° 1 do art. 529° da versão original do Cód.MVM, apenas se atendia à subscrição de valores mobiliários da natureza dos referidos no n° 1 do art. 523°, no exercício do direito de preferência, desde que esse exercício se tivesse limitado à subscrição da parte que lhe competia na proporção dos valores detidos.

Ora, após a entrada em vigor do DL n° 261/95 essa hipótese passou a ser entendida como dando lugar à *derrogação* constante da *alínea* f) do n° 1 do art. 528°-A, passando a figurar como hipótese de dispensa a subscrição de valores em rateio efectuado nos termos da *alínea* b) do n° 2 do art. 458° do CSC.

II. Trata-se de previsão que, por atender a uma hipótese de aquisição por via da subscrição de valores mobiliários, apenas cobrirá aqueles casos em que, por virtude dos resultados do rateio, o accionista passe a deter valores que lhe atribuam mais de metade dos votos correspondentes ao capital social. Desse modo, apenas é dotada de eficácia no que respeita à hipótese de *OPA obrigatória* prevista no n° 2 do art. 528° do Cód.MVM.

13.2.1.2 A aquisição por doação

I. Outra previsão de *dispensa*, esta constante da *alínea* c) do n° 1 do art. 529°, é referente àquelas situações em que esteja em causa a *aquisição de valores mobiliários através de doação sem encargos que se funde em* *razões estranhas à sociedade emitente desses valores e ao seu domínio*. Trata-se de hipótese de dispensa que, com uma pequena alteração, já constava da segunda parte da *alínea* e) do nº 1 da versão original do Cód.MVM. A alteração passou apenas pela supressão da referência à necessidade de a doação com encargos ser *devidamente comprovada*, o que, como é evidente, não implicou qualquer alteração ao panorama normativo.

II. Como tivemos ocasião de referir a propósito da matéria da delimitação positiva da obrigatoriedade de lançamento de OPA, a estrutura jurídica da doação não é compatível com aquela da OPA, razão pela qual uma aquisição por doação nunca poderia dar lugar à obrigação de lançamento de uma *OPA prévia*, mas apenas, admitindo que, por virtude dessa aquisição, o accionista passa a deter valores que lhe assegurem mais de metade dos votos correspondentes ao capital social, bem como que os demais pressupostos estão reunidos, à obrigação de lançamento de uma *OPA subsequente*, nos termos do nº 2 do art. 528º. Deste modo, a presente previsão de *dispensa* apenas se refere a estas hipóteses.

III. Para que o evento constante da *previsão* se verifique, não basta que a aquisição seja derivada de uma doação, sendo ainda necessário que se trate de *doação sem encargos* e que *se funde em razões estranhas à sociedade emitente desses valores e ao seu domínio*.

A primeira exigência suplementar visa evitar as situações de fraude à lei, impondo a necessidade de a doação por via da qual se processa a aquisição não ser onerada com quaisquer encargos[477]. A questão que coloca, então, é a de saber qual a reacção do sistema perante uma doação com encargos que implique a integração em alguma das previsões de *OPA obrigatória*.

Já aflorámos esta matéria em momento anterior, cabendo agora apenas a esquematização das conclusões a que chegámos. Desse modo, haverá a distinguir duas hipóteses. Se estivermos perante a hipótese de *OPA obrigatória* prevista no nº 2 do art. 528º, aquela a que a previsão directamente se refere, resulta claro que não poderá ser concedida a *dispensa* ao abrigo desta *alínea*. Por isso, a existir *dispensa*, a mesma apenas poderá derivar da previsão da *alínea* f) do nº 1 do art. 529º. Por outro lado, se estivermos perante uma aquisição por doação com encargos que implique a integração em alguma das hipóteses de *OPA obrigatória* previstas no nº 1 do art. 527º, a resposta será, mais uma vez, a de não poder

---

[477] Vd. arts. 963º a 967º do Código Civil.

estar em causa uma *dispensa,* por a situação não ser abrangida pela delimitação positiva da obrigatoriedade de OPA. Isto, naturalmente, no caso de a doação não representar a mera simulação de um contrato de compra e venda ou troca, já que então, como resulta do n° 1 do art. 241° do CSC, a validade do negócio dissimulado fará com que o nosso entendimento nos conduza exactamente aos mesmos resultados que teríamos se, desde o início, tivéssemos em atenção essa compra e venda ou permuta[478].

Por outro lado, o facto de a doação dever ser fundada em razões estranhas à sociedade emitente e ao seu domínio assenta numa mesma perspectiva, de evitar a fraude à lei e balizar, sem prejuízo da disposição da *alínea* f) do n° 1 deste art. 529°, os termos de actuação da CMVM. Mais uma vez, cremos que o mesmo apenas terá relevância quanto à hipótese de *OPA subsequente,* sem prejuízo de, se esta previsão estiver em causa no que respeita a uma hipótese de *OPA prévia,* estarem disponíveis os termos gerais de direito para fazer face à situação, se esse for o caso.

13.2.1.3 A redução do total dos direitos actuais e potenciais de voto

I. Finalmente, a última previsão de *dispensa* relativa à obrigatoriedade de lançamento de *OPA subsequente* consta da *alínea* e) do n° 1 do art. 529°, e refere-se àqueles casos em que esteja em causa a *redução do total dos direitos de voto actuais ou potenciais correspondentes aos valores mobiliários emitidos pela sociedade, com o consequente aumento relativo da participação do interessado nesse total, em virtude, nomeadamente, da aquisição de acções próprias pela sociedade ou da remissão ou amortização de determinadas acções, sem prejuízo do disposto na alínea c) do n° 1 do art. 528°-A*[479]. Trata-se de hipótese que já constava da

---

[478] Problema interessante é o de saber se, nesse caso, e tendo a doação simulada produzido os seus efeitos, poderia ser alegada a nulidade do negócio dissimulado, nos termos do n°2 do art. 241° do Código Civil, por o mesmo dever ter sido realizado com recurso a OPA, razão pela qual o mesmo seria de *natureza formal.* Cremos que a resposta a essa questão deve ser negativa. Apesar da terminologia por vezes utilizada, a OPA não é meramente uma forma negocial de um contrato de compra e venda ou permuta, mas antes um específico processo aquisitivo de valores mobiliários. Por essa razão, as razões que conduzem ao estabelecimento deste processo, não se devem confundir com as razões que, em sede geral, impõem uma formalização vinculada dos negócios jurídicos. Por essa razão, como é evidente, a aquisição por compra e venda ou permuta que devesse ter sido realizada por OPA não é nula, mas apenas sujeita às sanções do art. 531° do Cód.MVM.

[479] Para uma análise dos mais importantes casos de dispensa, ao abrigo da previsão paralela do Direito francês, vd. DIDIER MARTIN e JEAN-PAUL VALUET, ob.cit., p. 73.

IV. A Delimitação da Obrigação (Continuação) 329

primeira parte da *alínea* g) do nº 1 do art. 529º do Cód.MVM, sendo as alterações introduzidas provocadas pela necessidade de estabelecer a concordância com a *alínea* c) do nº 1 do art. 528º-A que, sendo agora uma hipótese de *derrogação*, estava antes no âmbito da mesma previsão.

II. Na análise que procedemos em torno da hipótese da *alínea* c) do nº 1 do art. 528º-A, tivemos ocasião de referir que, apesar de a mesma se referir, de igual modo, a *redução do total dos direitos actuais e potenciais de voto*, o seu conteúdo apenas tem em atenção aqueles casos em que esse universo seja reduzido porque se reduziu o sub-universo dos *direitos potenciais*. Aqui, e em contraponto, apenas estão em causa as situações em que esse universo se reduza porque se reduziu o sub-universo dos *direitos actuais*.

E não é assim apenas porque as situações aqui previstas — aquisição de acções próprias pela sociedade e remissão ou amortização de determinadas acções — se referem apenas à redução do sub-universo dos *direitos actuais,* já que a utilização da expressão *nomeadamente* nos permite aqui integrar outras hipóteses, mas também, e principalmente, porque os casos de redução do sub-universo dos *votos potenciais* estão esgotados pela previsão da *alínea* c) do nº 1 do art. 528º-A. Deste modo, e em sentido absolutamente contrário ao dessa outra previsão, esta hipótese apenas se refere aos casos em que estejamos perante uma *redução do total dos direitos actuais e potenciais de voto* porque se reduziu o sub-universo dos *direitos actuais de voto*.

III. Compreende-se, sem grandes dificuldades, a valoração a que atendeu o legislador no estabelecimento da diversidade de tratamento entre aqueles casos de redução do sub-universo dos *votos potenciais,* que correspondem a uma hipótese de *derrogação,* e aqueles casos de redução do sub-universo dos *votos actuais,* que correspondem a uma hipótese de *dispensa*.

Como já tivemos ocasião, por mais de uma vez, de referir, o cálculo para a determinação dos limites a partir dos quais é obrigatório o lançamento de uma OPA, é efectuado por recurso a um duplo critério: no primeiro, verificamos os votos que correspondem às acções detidas e/ou a adquirir pela entidade, estabelecendo a sua percentagem em relação ao universo dos direitos de voto atribuídos pelas acções que a sociedade emitiu; no segundo, verificamos os *votos actuais e potenciais* que correspondem à participação detida e/ou a adquirir pelo accionista, estabelecendo a sua percentagem em relação ao universo dos *votos actuais e potenciais* atribuídos pelos valores mobiliários, da natureza dos previstos no n° 1 do art. 523°, emitidos pela sociedade. A determinação da obrigatoriedade de lançamento de OPA será realizada em face dos resultados a que cheguemos a partir de qualquer desses cálculos.

Ora, perante a redução do sub-universo dos *votos potenciais*, poderá acontecer que um accionista venha a ultrapassar o limite do n° 2 do art. 528° do Cód.MVM. No entanto, nesse caso, nunca o mesmo poderá passar a deter mais de metade dos votos *actuais,* já que a extinção dos direitos de conversão, subscrição ou aquisição não poderá fazer com o accionista passe a deter mais de metade dos votos *actuais,* por o cálculo destes, para efeitos da determinação de lançamento de OPA, ser realizado apenas perante o universo dos *votos actuais.* Daí que, nesse caso, a hipótese fique sujeita a uma derrogação.

No entanto, já o mesmo não acontece na hipótese em análise, visto que, perante a redução do sub-universo dos *votos actuais*, poderá acontecer que as acções por ele detidas passem a conferir mais de metade dos *direitos de voto actuais.* E se, nesse caso, poderá ser justificada a *dispensa* do cumprimento do lançamento de *OPA subsequente,* também poderá acontecer que a mesma não se justifique ou ainda que apenas se justifique perante a aposição de uma condição, nomeadamente que esse accionista não venha a exercer os votos correspondentes ao excesso em relação ao limite do n° 2 do art. 528°, pelo menos durante o período em que a redução, sendo esta transitória, se mantenha.

13.2.2 As dispensas com carácter geral

13.2.2.1 A aquisição de valores dados em garantia

I. De igual modo, poderão ainda ser *dispensados,* nos termos da *alínea* b) do n° 1 do art. 529°, aqueles casos em que esteja em causa a *aquisição pelo interessado, judicial ou extrajudicialmente, de valores mobiliários que lhe tenham sido dados em garantia de um crédito.* Trata--se de previsão que, embora com algumas alterações a que atenderemos de seguida, já constava da *alínea* d) do n° 1 do art. 529° da versão original do Cód.MVM.

Ao contrário do que acontecia em relação às hipóteses de dispensa referidas, a previsão em análise não corresponde apenas à previsão específica de *OPA subsequente* que consta do n° 2 do art. 528° do Cód.MVM; será assim apenas na parte que se refere a *aquisição judicial,* por essa ser incompatível com a *OPA prévia,* já que a pluralidade de configurações jurídicas que pode assumir a aquisição extrajudicial poderá provocar a integração nos pressupostos de qualquer das hipóteses de *OPA prévia* referidas no nº 1 do art. 527º.

II. Na versão original do Cód.MVM, a formulação dada a esta norma de *dispensa* era mais rigorosa, já que aí se referia que seria necessária a prova que o devedor não podia solver *por outra forma a sua dívida e que à data da constituição desta o credor não conhecia, nem lhe era exigível que conhecesse, tal situação ou a probabilidade de ela vir a acontecer.*

Tratava-se formulação estranha, como então foi assinalado[480]. Na verdade, na generalidade dos casos em que esta aquisição se efectivasse, existiria outro meio ao devedor para solver a sua dívida, o que apenas não aconteceria nos casos, certamente raros, em que o património do devedor, retirados os valores mobiliários dados em garantia do cumprimento da dívida, não fosse suficiente para a satisfazer. Ora, essa formulação daria a entender que, sempre que esse outro meio para satisfazer a dívida existisse, o credor devia optar por ele o que, como se compreende, implicava uma subversão completa das regras sobre garantia das obrigações.

Por isso, numa interpretação correctiva da norma em presença, era entendido por alguns Autores[481] que a hipótese se aplicaria em todas as situações, independentemente da possibilidade de solver a dívida por qualquer outro meio, excepto quando se entendesse que a actuação em presença era deliberada por forma a criar, artificialmente as condições para a *dispensa*.

Por isso, esteve bem o legislador ao consagrar estas situações como hipótese de *dispensa* de OPA, retirando essa limitação suplementar do seu texto. Apesar disso, convirá notar que a solução adoptada não afasta o entendimento exposto quando à versão anterior do Cód.MVM, já que chegaremos à mesma conclusão em face do disposto na *alínea* a) do nº 5 do art. 529º do Código.

13.2.2.2 A aquisição no âmbito de operação destinada a prevenir a falência da sociedade

I. Outra previsão de *dispensa,* sobre a qual já tivemos ocasião de tecer alguns comentários em sede geral, consta da *alínea* d) do nº 1 do

---

[480] Vd. JOSÉ MIGUEL JÚDICE, MARIA LUÍSA ANTAS, ANTÓNIO ARTUR FERREIRA e JORGE DE BRITO PEREIRA, ob.cit., pp. 47-48.
[481] Vd. nota anterior.

art. 529º, e refere-se àqueles casos em que estejamos perante a aquisição ou subscrição de valores mobiliários *no âmbito de uma operação destinada a prevenir a falência da sociedade e a promover a sua recuperação económica e financeira, desde que razoavelmente se demonstre que a operação projectada é adequada aos fins a que se destina e que foi, como tal, aprovada pelos accionistas.*

Trata-se de previsão que, também aqui com algumas alterações, corresponde àquela que constava da *alínea* d) do nº 1 do art. 529º da versão original do Cód.MVM. Na versão original do Cód.MVM, esta *alínea* era dotada de um alcance mais limitado. Na verdade, e para além dos termos em que ora esta previsão é regulada, exigia-se ainda na redacção original a necessidade de demonstrar que a sociedade não dispunha de *outra solução mais favorável para evitar a falência.* Trata-se de requisito que foi suprimido, dando deste modo maior âmbito de actuação à CMVM na apreciação que pode efectuar sobre a situação de facto.

II. Esta previsão é dotada de um âmbito que alcança todas as hipóteses de *OPA obrigatória, prévia* ou *subsequente,* constantes do sistema jurídico nacional. A referência inicial à subscrição de valores mobiliários refere-se, naturalmente, de modo exclusivo à hipótese de *OPA obrigatória* subsequente; no entanto, o artigo engloba ainda as aquisições a *qualquer outro título,* razão pela qual no seu âmbito estarão aquelas situações de compra e venda ou permuta de valores mobiliários que possam conduzir à obrigatoriedade de lançamento de *OPA prévia*[482].

13.2.2.3 A previsão geral da *alínea* f) do nº 1 do art. 529º

I. A previsão que hoje está integrada na *alínea* f) do nº 1 do art. 529º corresponde, sem qualquer alteração, àquela que já constava da *alínea* h) do nº 1 do art. 529º da versão original do Cód.MVM, referindo-se a *outros factos de natureza semelhante que tornem a obrigatoriedade da oferta iníqua para a pessoa singular ou colectiva que teria de lançá-la, desnecessária à adequada protecção dos interesses dos titulares dos valores mobiliários que dela seriam objecto, ou, nas circunstâncias particulares do caso, contrária a esses interesses.*

---

[482] Para uma análise sobre a importância relativa dos vários elementos constantes da previsão, remetemos para as considerações produzidas, em sede geral, sobre o enquadramento jurídico do regime de *dispensas.*

II. Importará começar por salientar que, apesar de estarmos perante conceitos muito mais indeterminados do que aqueles que constam das previsões anteriores, essa verificação não deverá fazer esquecer o facto que, mais uma vez, a sua interpretação não estará no âmbito da discricionariedade administrativa, mas antes no âmbito de uma operação vinculada de determinação do seu conteúdo.

Por isso, apenas a partir da verificação do facto de estarmos perante uma situação fáctica que se integre nesta previsão, se abrirá caminho para esse momento de discricionariedade administrativa no âmbito da decisão sobre a concessão ou não concessão da dispensa e, no primeiro caso, sobre o seu eventual condicionamento.

III. O primeiro elemento interpretativo que resulta desta previsão, assenta no facto de devermos estar perante *factos de natureza semelhante* aos previstos nas *alíneas* anteriores. Importará tentar determinar qual o significado dessa referência.

Duas hipóteses de interpretação se poderiam colocar — na primeira, afirmaríamos que o recurso à delimitação em face de *factos de natureza semelhante,* transformaria este norma num mero instrumento de integração de lacunas, ou seja, estaríamos a fazer apelo às estruturas previsionais dessas *alíneas* para, em função delas, integrar eventuais omissões de regulamentação; na segunda, afirmaríamos que o recurso à expressão *factos de natureza semelhante* pretende apenas relacionar os complexos valorativos destas previsões de *dispensa,* ou seja, seriam *factos de natureza semelhante* não apenas aqueles com uma estrutura semelhante, mas também aqueles que convocassem núcleos valorativos semelhantes.

Cremos que a opção do legislador foi claramente neste segundo sentido. Na verdade, como já referimos, seria, em tese, possível, limitar as dispensas de obrigatoriedade em função de um mero conceito indeterminado. Não foi essa, no entanto, a opção do legislador, que entendeu utilizar essa formulação geral, fixando, simultaneamente, previsões específicas. Nesse sentido, diremos que todas as previsões específicas representam parâmetros de leitura desta previsão geral, sem que isso signifique que, em face das suas estruturas, limitem o alcance da previsão geral. Deste modo, a limitação em presença pretende apenas unificar o complexo valorativo em presença.

IV. No entanto, não bastará que estejamos perante *factos de natureza semelhante* aos anteriores, já que, se fosse assim, dificilmente poderíamos ter defendido a opção que vimos de justificar. Na verdade, torna--se ainda necessários que esses factos *tornem a obrigatoriedade da oferta* *iníqua para a pessoa singular ou colectiva que teria de lançá-la (i), desnecessária à adequada protecção dos interesses dos titulares dos valores mobiliários que dela seriam objecto (ii) ou, nas circunstâncias particulares do caso, contrária a esse interesses (iii)*.

O primeiro problema que se coloca é, naturalmente, o de determinar se estamos perante requisitos cumulativos, ou se, pelo contrário, se tratam de requisitos alternativos.

A letra da lei parece indicar que se tratam de requisitos alternativos, já que, separando o primeiro e o segundo requisito por uma vírgula, separa de seguida o segundo e o terceiro requisito pela expressão *ou*. No entanto, essa solução seria manifestamente desrazoável, já que então seria possível que se verificasse uma dispensa ao lançamento de uma *OPA obrigatória* apenas em face da sua iniquidade para o oferente, não atentando aos demais interesses em presença. Desse modo, parece-nos claro que o primeiro requisito deverá ser cumulado ou com o segundo ou com o terceiro.

V.
O CONTEÚDO DA OBRIGAÇÃO DE LANÇAMENTO DE OPA

14. Generalidades

I. Até ao presente momento, a nossa exposição dedicou-se aos termos a partir dos quais o sistema jurídico delimita a obrigatoriedade de lançamento de OPA. Tivemos ocasião de analisar, de modo sucessivo, os termos de delimitação positiva da obrigatoriedade, verificando os pressupostos de carácter geral e aqueles que apenas estão presentes em alguma ou algumas hipóteses específicas de *OPA obrigatória*, ao que se seguiu a análise dos termos de delimitação negativa, quer no que respeita àqueles pressupostos negativos *próprios* que criam zonas de *não obrigação,* ou seja, às *derrogações*, quer no que respeita àqueles que, actuando num âmbito em que a obrigação está presente, facultam zonas de não cumprimento lícito, ou seja, às *dispensas*.

Não ficaria, no entanto, completa a nossa análise se, subsequentemente ao conhecimento da delimitação da obrigatoriedade de lançamento de OPA, não dedicássemos agora a nossa atenção ao conteúdo dessa obrigação. Assim, será esse o passo final a empreender no percurso expositivo que delineámos na introdução deste trabalho.

II. Toda e qualquer hipótese de *OPA obrigatória* tem pressuposta uma limitação ao espaço de *liberdade contratual* conferido aos agentes do mercado, a qual começa por se tornar patente, independentemente do nível de obrigatoriedade — *fraco, médio* ou *forte* — que esteja presente, em face do mero dever jurídico de utilizar o *processo aquisitivo* da OPA para realizar determinada aquisição. Daí que, como tivemos ocasião de afirmar no I Capítulo desta exposição, sob um ponto de vista eminentemente formal, fosse possível caracterizar a noção de *OPA obrigatória* a partir da mera compreensão da obrigação de utilização do programa contratual pressuposto pela OPA para operações determinadas.

No entanto, convirá relembrar que essa aproximação, em face do seu conteúdo formal e da falta de virtualidades explicativas, foi por nós afastada nesse momento introdutório; ora, como verificaremos de seguida, também não nos será útil nesta sede. E é assim porque, sendo certo que qualquer hipótese de obrigatoriedade de lançamento de OPA tem em atenção a imposição desse específico *processo aquisitivo* para a realização de determinadas operações, o conhecimento do conteúdo da obrigação imposta pelo sistema está muito para além desse elemento geral.

Por isso, caso, neste momento, optássemos por seguir o nosso percurso tomando essa base forma de compreensão por referencial, duas consequências, que cremos serem metodologicamente perversas, seriam inevitavelmente causadas — em primeiro lugar, seríamos obrigados a proceder à análise de todos as fases desse particular *processo aquisitivo*, o que, como se compreende, estaria muito para além do objectivo que representa os limites deste trabalho, transformando uma exposição sobre o regime jurídico da *OPA obrigatória* numa exposição sobre o regime jurídico da OPA; por outro lado, e apesar do alargamento das balizas que encerram a exposição, deixaria esquecidas algumas passagens do regime que, por serem aquelas que apenas se verificam perante a imposição da obrigação de lançamento de OPA, estão para além dessa cobertura panorâmica.

Sendo assim, caberá referir que o objectivo a que se propõe este momento da nossa análise será, de modo exclusivo, o de conhecer os traços de conteúdo da obrigação de lançamento de OPA que se colocam para além dos termos em que este *processo aquisitivo,* de modo geral, é regulado no sistema jurídico nacional. Assim, e se é certo que a mera imposição deste *programa contratual* representa uma limitação ao princípio da liberdade contratual, o nosso objectivo será conhecer os traços de regime que estão para além dessa limitação de base.

III. Na Introdução deste trabalho, procedemos a um enquadramento dos termos a partir dos quais podia, em face da imposição da obrigação de lançamento de OPA, ser limitado o espaço geral de *liberdade negocial.*

Dizíamos então que situações existiam, a que chamámos de casos de *obrigatoriedade fraca,* em que a lei impunha a OPA apenas como *processo obrigatório de aquisição,* salvaguardando a liberdade de celebração e a liberdade de estipulação. Por outro lado, situações existiam, a que chamámos casos de *obrigatoriedade média,* em que a lei não apenas impunha a OPA como *processo aquisitivo,* como ainda pré-determinava um conteúdo para essa oferta, desde logo no que respeitava aos valores que dela são objecto, assim apenas salvaguardando a liberdade de estipulação. Finalmente, situações existiam, a que chamámos casos de *obrigatoriedade forte,* em que a lei impunha a OPA como *processo,* determinava fortemente o seu conteúdo e ainda vinculava determinada entidade a iniciar o *programa contratual* na qualidade de oferente.

Como se compreende, esse enquadramento, que foi utilizado como referencial abstracto ao longo desta exposição, assume, desde esse momento de partida, um comprometimento crítico com o sistema jurídico nacional. Ora, caberá a este momento realizar a integração respectiva, por forma a melhor compreendermos os quadros gerais de conteúdo de obrigatoriedade das hipóteses de *OPA obrigatória* que, apenas ao nível das previsões, já tivemos ocasião de conhecer.

Comecemos pelas hipóteses de *OPA obrigatória prévia* que, por definição, apenas poderão representar casos de *obrigatoriedade fraca* ou *média,* já que salvaguardam sempre a *liberdade de celebração.* E, de facto, encontramos ambas as hipóteses, integrando-se na primeira as previsões das *alíneas* a) e c) do nº 1 do art. 527º, e integrando-se na segunda a previsão da *alínea* b) desse mesmo número.

Nos casos a que respeitam as previsões das *alíneas* a) e c) do nº 1 do art. 527º, a OPA limita-se a ser imposta como *meio obrigatório de aquisição,* podendo o oferente estipular a aquisição, dentro dos limites do quadro contratual da OPA, em relação aos elementos essenciais do mesmo, ou seja, aos valores mobiliários que são objecto da oferta e à contrapartida. No que respeita ao primeiro desses elementos, como consta do nº 2 do art. 527º, nessas hipóteses *a oferta pública de aquisição poderá ter por objecto, sem prejuízo do estabelecido no nº 3 do art. 523º, a quantidade que o interessado pretenda efectivamente adquirir de todas ou apenas de alguma ou algumas das espécies de valores mobiliários indicadas no nº 1 daquele artigo ou das categoria em que as mesmas se desdobrem.* No que respeita aos segundos desses elementos, resulta, *a contrario,* do nº 6 do art. 528º, que as regras especiais de fixação da contrapartida aí previstas não são aplicadas a estas hipóteses, só valendo em relação aos casos de *oferta geral de aquisição,* razão pela qual somos remetidos para os termos gerais de fixação da contrapartida que constam do art. 550º do Cód.MVM. Por essa razão, dizíamos que a liberdade de estipulação estaria salvaguardada nos termos resultantes do quadro do programa contratual da OPA, sendo as especificidades existentes emergentes desta fonte e não do conteúdo da obrigação que é imposta pelo sistema.

No entanto, já no que respeita à hipótese de *OPA obrigatória* constante da *alínea* b) do nº 1 do art. 527º o panorama de limitação à liberdade contratual é distinto. Começando pela limitação que respeita aos valores mobiliários objecto da OPA, consta do nº 1 do art. 528º[483] que, nesse caso, *os interessados deverão lançar (...) uma oferta pública de aquisição sobre todas as acções e demais valores mobiliários mencionados no nº 1 do art. 523º, emitidos pela sociedade visada, e que lhe sejam apresentados para o efeito dentro do prazo da oferta.* Por outro lado, resulta do nº 6 desse mesmo art. 528º que *a contrapartida da oferta, relativamente a cada espécie ou categoria de valores por ela envolvidos, será obrigatoriamente em dinheiro,* não podendo fixar-se em quantia inferior ao mais alto dos montantes resultantes da aplicação das quatro *alíneas* desse número.

Finalmente, e a par das hipóteses de *obrigatoriedade fraca* e *média* que referimos, consta ainda do nosso sistema uma hipótese de obrigatoriedade *forte*, a qual parte da previsão do nº 2 do art. 528º. Nesse caso, deparamo-nos, por força da mesma norma, com a mesma limitação respeitante aos valores mobiliários objecto da oferta, deparamo-nos ainda, por força do nº 6 do art. 528º, com a mesma limitação no que respeita à fixação da contrapartida da oferta e, acrescidamente ao que acontecia em relação a essa hipótese anterior, verificamos que a oferta é imposta ainda que o accionista não pretendesse adquirir mais valores mobiliários, sendo este obrigado ao seu lançamento nos termos dos nºs 3 a 5 do art. 528º do Cód.MVM.

V. Estes — e não outros — são os elementos particulares que resultam do conhecimento do conteúdo da obrigação de lançamento de OPA, assumindo-se como as particularidades de regime que serão objecto da nossa atenção exclusiva no Capítulo que ora se começa.

Como, pelas razões assinaladas, as hipóteses de *obrigatoriedade fraca* se limitam a impor a utilização da OPA como *processo aquisitivo obrigatório,* o conhecimento do resultado dessa obrigação estaria muito para além do objecto da nossa exposição, passando pela análise de todo esse *processo aquisitivo.* Por essa razão, o conhecimento do conteúdo dessa obrigação confunde-se com o conhecimento deste *processo.*

Sendo assim, restando-nos os elementos de regime que são específicos — que fazem com que uma *OPA obrigatória* seja uma oferta distinta daquelas que são facultativas —, aos quais dedicaremos o nosso conhe-

---

[483] Vd. ainda nº 3 do art. 527º do Cód.MVM.

cimento. Por isso, iniciaremos a nossa exposição pelas limitações à liberdade de estipulação, verificando sucessivamente a matéria do objecto obrigatório de uma *OPA geral,* ou seja, o conhecimento dos valores mobiliários que devem ser objecto da oferta, após o que analisaremos o regime da contrapartida obrigatória; finalmente, dedicaremos a nossa atenção aos termos de limitação da *liberdade de celebração,* presentes no caso de *OPA subsequente.*

15. As limitações à liberdade de estipulação

15.1 Os valores mobiliários objecto de uma oferta geral

15.1.1 Generalidades

I. O nº 2 do art. 527º do Cód.MVM dispõe que, nos casos de *OPA obrigatória* previstos na *alínea* a) e c) do nº 1 do mesmo artigo, a oferta *poderá ter por objecto, sem prejuízo do estabelecido no nº 3 do artigo 523º*[484], a quantidade que o interessado efectivamente pretenda adquirir de todas ou apenas algumas das espécies de valores mobiliários indicadas no nº 1 daquele artigo ou das categorias em que as mesmas se desdobrem. Deste modo, revela-se claro que, nesses casos, e sem prejuízo da limitação da *liberdade negocial* no que respeita ao número mínimo de títulos a cuja aquisição a oferta se dirige, o interessado na aquisição pode concretizar a

---

[484] O nº 3 do art. 523º dispõe que, salvo tratando-se de uma oferta geral, a oferta pública de aquisição não poderá ter por objecto uma quantidade de valores mobiliários inferior a um mínimo que justifique a sua realização e que CMVM, mediante regulamento, estabelecerá, em função, quando for caso disso, da espécie ou categoria dos valores em causa. Somos então remetidos para o Regulamento nº 91/4, de 22 de Julho, sobre *ofertas públicas,* que, nos termos do seu art. 5º, estipula o seguinte regime — quando a oferta parcial tiver por objecto acções, não poderá ser lançada para adquirir quantidades representativas de menos de 5% do capital da sociedade emitente, com exclusão do representado por acções preferenciais sem direito de voto; quando a oferta parcial tiver por objecto valores mobiliários convertíveis em acções ou que confiam direito à sua subscrição ou aquisição a qualquer título, não poderá ser lançada para adquirir quantidade inferior desses valores à necessária para subscrever ou adquirir acções representativas de, pelo menos, 5% do capital social da entidade emitente, de novo com exclusão do representado por acções preferenciais sem direito de voto.

sua vontade negocial, no que respeita aos valores objecto da oferta, dentro de um espaço de autonomia.

Em termos distintos, já o n° 3 desse art. 527° vem dispor que, tratando-se da hipótese de *OPA obrigatória* prevista na *alínea* b) do n° 1 do mesmo artigo, *a oferta será obrigatoriamente geral, regendo-se pelo disposto no número seguinte,* nos termos do qual *os interessados deverão lançar (...) uma oferta pública de aquisição sobre todas as acções e demais valores mobiliários mencionados no n° 1 do art. 523°, emitidos pela sociedade visada, e que lhes sejam apresentados para o efeito dentro do prazo da oferta.* Em termos paralelos, também o n° 2 deste art. 528°, regulando a hipótese de *OPA obrigatória subsequente,* vem impor que a mesma tenha as características de oferta geral e, por isso, seja dotada do alcance que, em relação à hipótese da *alínea* b) do n° 1 do art. 527°, vimos de mencionar.

Assim, será à análise do alcance desta específica limitação à *liberdade negocial,* presente nas últimas duas hipóteses de *OPA obrigatória* por nós mencionadas, que passaremos a dedicar a nossa atenção nesta fase da exposição.

II. Quando, ainda na Introdução da presente exposição[485], apresentámos uma noção preliminar de *OPA geral,* afirmámos que seria assim qualificável toda a OPA que se configurasse como uma proposta contratual de aquisição dirigida à aquisição de todas as acções e demais valores mobiliários mencionados no n° 1 do art. 523° do Cód.MVM emitidos pela sociedade visada e que fossem apresentados ao oferente dentro do prazo da oferta. Verificámos agora que, por forma a definir o alcance da obrigação, a lei utiliza a seguinte expressão — *lançar uma oferta geral de aquisição sobre todas as acções e demais valores mobiliários referidos no n° 1 do art. 523°, emitidos pela sociedade visada, e que lhes sejam apresentados para o efeito dentro do prazo da oferta.* Caberá questionar se, em boa verdade, as duas referência têm o mesmo alcance.

A questão, que poderia aparentar ser desprovida de sentido útil, surge quando verificamos que uma OPA pode ser dirigida a todas as acções e demais valores mobiliários referidos no n° 1 do art. 523° emitidos pela sociedade visada, e que sejam apresentados para o efeito dentro do prazo da oferta, sem que, por esse facto, seja uma *OPA geral.* Na verdade, bastará, para que isso aconteça, que o oferente não se proponha adquirir a totalidade dos valores em relação aos quais a oferta se dirige, caso em que,

---

[485] Vd., *supra,* n° 1.

sem prejuízo da *generalidade* do alcance estrutural da proposta — porque todos os titulares dos valores poderão emitir ordens de venda —, não existirá *generalidade* do alcance material da proposta — porque a mesma não se dirige à aquisição de todos esses valores mobiliários e, por isso, nem todas as ordens de venda serão satisfeitas integralmente[486].

Colocado o problema nestes termos, parece-nos claro que, apesar de a formulação legal aparentar ser dirigida à *generalidade* estrutural da proposta, a mesma deve ser entendida como dirigindo-se, igualmente, à *generalidade* material da proposta, ou seja, à aquisição de todos os valores mobiliários da natureza dos referidos no nº 1 do art. 523º emitidos pela sociedade visada, e que sejam apresentado para o efeito dentro do prazo da oferta. Sem maiores desenvolvimentos, cremos que bastará o confronto destas situações com aquela prevista no nº 2 do art. 527º para que fique devidamente fundamentada essa conclusão.

III. Outro problema que, nesta sede ainda geral, deve ser levantado prende-se com o momento de emissão desses valores mobiliários. O problema assume uma dupla dimensão — a primeira, passa pela questão de saber se a obrigatoriedade se refere apenas aos valores que já tivessem sido emitidos no momento em que a proposta é realizada, ou se abrange igualmente aqueles que possam ser emitidos no decurso do processo; a segunda, intimamente relacionado com o problema anterior, passa pela questão de saber se, estando em causa uma *OPA obrigatória subsequente,* a obrigatoriedade se refere apenas aos valores que tivessem sido emitidos até ao momento em que a obrigação se constituiu, ou se, pelo contrário, também incide sobre valores que, tendo sido emitidos posteriormente, ainda não existissem nesse momento.

A expressão utilizada pela lei parece não deixar dúvidas quanto ao sentido a dar à resposta a estas duas dimensões problemáticas — estarão em causa todos os valores mobiliários da natureza dos referidos no nº 1 do art. 523º que *sejam apresentados para o efeito dentro do prazo da oferta.* Por isso, parece ser irrelevante o momento de emissão desses valores, desde que os mesmos existam e possam ser alienados até ao termos do prazo da oferta.

---

[486] Como afirma CARLOS DE CARDENAS SMITH (ob.cit., p. 35), *a OPA pode ser total ou parcial — em ambos os casos a oferta é geral porque se dirige a todos os detentores de valores mobiliários da sociedade visada, mas enquanto que no primeiro caso não existe um número máximo de valores que o oferente se propõe adquirir, na OPA parcial estabelece-se esse número máximo.*

Sendo assim, e focando a nossa atenção na primeira dimensão do problema que isolámos, diremos que mesmo os valores que tenham sido emitidos durante o processo da oferta estarão abrangidos pela proposta de aquisição obrigatória que, por isso, não é apenas, sob o ponto de vista jurídico, dirigida a todos os valores, da natureza dos referidos no n° 1 do art. 523°, que existam no momento de formulação da mesma, mas antes a todos aqueles que recolham condições de alienabilidade até ao termo do prazo da oferta. Por outro lado, e focando agora a nossa atenção na segunda dimensão do mesmo problema, diremos que a mesma solução se aplicará ao caso de *OPA obrigatória subsequente,* quer exista alguma emissão de valores entre o momento de constituição da obrigação e o momento de lançamento da oferta, quer exista alguma emissão de valores entre esse momento e aquele do termo do prazo da oferta.

IV. A *generalidade* da oferta obrigatória é, deste modo, referida a todos os valores mobiliários, da natureza dos mencionados no n° 1 do art. 523°, e emitidos pela sociedade visada, que sejam apresentados ao oferente até ao termo do prazo da oferta, independentemente do momento da sua emissão.

No entanto, e ao contrário do que poderia ser deixado entender, isso não poderá significar que estejam em causa todos os valores, dessa natureza, emitidos pela sociedade visada, já que, por definição, estarão fora do alcance da proposta aqueles que, no momento da proposta já sejam da titularidade do oferente; de igual modo acontecerá em relação àqueles valores que o oferente venha a adquirir durante a oferta. Por isso, deparamo-nos imediatamente com uma primeira limitação à generalidade — não são objecto da oferta aqueles valores que não podem ser adquiridos por já pertencerem ao oferente. A questão que agora se coloca é a de saber se existirão outras limitações a essa generalidade, especialmente nos casos de existirem acções próprias da sociedade visada, de existirem acordos de accionistas da sociedade visada relativos à transmissão dos valores mobiliários em causa que impeçam a alienação da OPA e, finalmente, de existirem limitações legais à alienação dos títulos.

V. O caso das *acções próprias* é, numa primeira aproximação, o que menos problema nos coloca, já que, para efeitos da aplicação das regras sobre OPA, as mesmas são consideradas como quaisquer outras acções. No entanto, o problema vem colocar-se numa outra dimensão — em primeiro lugar, resulta claro que o pagamento a efectuar como contrapartida da alienação destas acções vai reverter para a sociedade, a mesma entidade na qual, por efeito da OPA, o oferente passará a deter uma fortíssima posição no capital, razão pela qual, em termos indirectos, o adquirente vai aproveitar as vantagens económicas do pagamento que realizou; em segundo lugar, nos termos do disposto no art. 321º do CSC, *as aquisições e alienações de acções próprias devem respeitar o princípio do igual tratamento dos accionistas, salvo se a tanto obstar a própria natureza do caso.* Perante estas considerações, o verdadeiro problema que se acaba por colocar não é o de saber, em termos imediatos, se estas acções são, ou deixam de ser, objecto da proposta de aquisição, mas antes o de avaliar a mesma questão por uma perspectiva indirecta, verificando se, efectivamente, estas acções podem ser vendidas em sede de OPA.

Sem necessidade de produzir grandes desenvolvimento em relação à perspectiva eminentemente societária do problema, diremos que, efectivamente, estas acções são sempre objecto da oferta geral.

Na verdade, a OPA não permite forçar qualquer entidade à alienação dos títulos de que é titular, limitando-se, por isso, à natureza de proposta de aquisição. Nesta perspectiva, resulta claro que a alienação das acções próprias representará sempre um problema que se coloca, de modo exclusivo, no âmbito da própria sociedade emitente. Esta poderá, entendendo ser essa a melhor solução para o caso, não alienar os títulos; mas a mera possibilidade de o poder fazer, implica que os títulos sejam considerados na proposta.

Deste modo, está já presente na conclusão anterior o nosso entendimento segundo o qual os obstáculos referidos não impedem, à partida, a alienação desses títulos por objecto de OPA.

Em primeiro lugar, porque o tratamento igualitário dos accionistas apenas faz sentido na medida em que os mesmos estejam em posição igual, o que não acontece no caso de um deles realizar uma proposta de aquisição desses títulos, e os demais accionistas não realizarem essa proposta. Em segundo lugar porque, nos termos do citado art. 321º do CSC, esse tratamento apenas existirá *salvo se a tanto obstar a própria natureza do caso,* o que cremos acontecer, de modo claro, na situação em análise. Em terceiro lugar porque pode mesmo acontecer que o oferente não seja accionista, hipótese em que esse problema nem se colocará. Em quarto e último lugar porque, se é certo que o oferente poderá passar a gozar, indirectamente, das vantagens económicas derivadas do pagamento que realizou, isso acontece na exclusiva medida em que o mesmo passa a deter uma participação superior à dos demais accionistas, também gozando estes, na medida da sua participação accionista após a OPA, das mesmas vantagens.

VI. O segundo problema que isolámos prende-se com a existência de acordos entre accionistas, ou entre accionistas e terceiros, nos termos dos quais existem limitações à transmissibilidade dos títulos que impedem a alienação no âmbito da OPA. Trata-se de problema que, nos seus elementos fundamentais, já foi por nós abordado a propósito do problema, suscitado no âmbito do direito italiano, da compatibilidade entre os chamados *sindicati di blocco* e as regras sobre OPA obrigatória[487], e de que agora recolheremos apenas os elementos estruturais, por forma a melhor integrar a exposição em curso.

A existência de acordos que limitem a transmissibilidade dos valores objecto da oferta, ainda que, no limite, impeçam a alienação no âmbito da OPA, não é, por forma alguma, relevante, no que respeita à determinação dos valores que devem ser objecto de uma *OPA geral*. E é assim porque, como já vimos, devem ser atendidos, no objecto desta, todos aqueles valores que possam ser apresentados ao oferente dentro do prazo da oferta, sendo que estes valores em relação aos quais existem limitações obrigacionais à transmissão podem sempre ser apresentados para alienação[488]. Em rigor, haverá que afirmar que mera possibilidade de os mesmos serem alienados implica essa conclusão.

Revela-se claro que não é a existência desse acordo que implica uma solução distinta. Na verdade, o acordo pode sempre ser objecto de um *distrate* durante a oferta, passando os valores a assumir a natureza de valores livremente transmissíveis (sob uma perspectiva obrigacional); por outro lado, ainda que não se tenha conseguido atingir uma conciliação de vontade que faculte a constituição desse *distrate*, o contrato pode sempre ser incumprido, sujeitando posteriormente o alienante à emergência de uma situação de responsabilidade obrigacional, a qual, de todo o modo, não afastará a produção de efeitos da alienação[489]. Por isso, e sem necessidade

---

[487] Vd, *supra*, 8.2.1.

[488] Contra, relembre-se, está GUIDO ROSSI, «Le diverse prospettive dei sindicati azionari nelle società quotate e in quelle non quotate», cit., pp. 1353-1372.

[489] Como afirma MARIA JOÃO R.C. VAZ TOMÉ («Algumas notas sobre as restrições contratuais à livre transmissão de acções», DJ, 1989/90, p. 214), em posição que subscrevemos na íntegra, *o sindicato de bloqueio, enquanto acordo parassocial, vincula apenas ou seus intervenientes e não a sociedade, de acordo com o regime consagrado no nº 1 do art. 17º do CSC (...). Assim, se algum membro do sindicato desertar, podem gorar-se irremediavelmente os interesses dos outros membros, que apenas verão nascer na sua esfera jurídica um direito de indemnização dos danos, nos termos gerais da responsabilidade civil, contra o alienante ... ficando, no entanto, o adquirente na titularidade das acções. Eventualmente, conforme o que se decida acerca da problemática da eficácia externa das obrigações, poderá este direito ao ressarcimento ser feito valer também*

de proceder a mais desenvolvimentos, diremos que também estes valores são objecto obrigatório da *OPA geral*[490].

VII. Finalmente, o mesmo problema pode ser colocado em relação àquelas acções que, em face de uma limitação de natureza legal, não podem ser alienadas no âmbito da OPA.

Trata-se de questão que, nos seus elementos fundamentais, já foi colocado entre nós a propósito da primeira OPA lançada pelo BANCO COMERCIAL PORTUGUÊS sobre o capital do BANCO PORTUGUÊS DO ATLÂNTICO. No ponto 4 do Anúncio Preliminar dessa oferta, afirmava o oferente serem objecto da oferta *44.000.000 (...) de acções ordinárias, com o valor nominal de 1.000$00 cada, cotadas no mercado oficial de da Bolsa de Valores de Lisboa, representativas de 40% do capital social da sociedade visada Banco Português do Atlântico, S.A*. Ora, para além de um problema relacionado com o capital social do BPA, que era então de 110.000.000.000$00 e não, como era pressuposto na percentagem estabelecida, de 100.000.000.000$00[491], a grande questão que importa isolar era a seguinte — apenas eram objecto da oferta as acções cotadas, sendo, por isso, deixadas fora da oferta aquelas acções que ainda pertenciam ao Estado por não terem sido privatizadas.

Como se compreende a questão aqui colocada não é igual àquela que temos presente — a questão era a de saber se a oferta, apesar de parcial, poderia não ser dirigida a todos os accionistas, mas apenas a alguns —, embora essa a pressuponha — uma oferta *materialmente* geral terá sempre de ser *estruturalmente geral* (embora o inverso já não seja verdadeiro). Por isso, convirá dedicarmos alguma da nossa atenção a esta situação concreta.

---

contra o adquirente, se este tinha conhecimento do facto que bloqueava as acções. No mesmo sentido vd. ainda NOGUEIRA SERENS, ob.cit., pp. 42-43.

[490] Neste sentido, vd. RENZO COSTI, «I sindicati di blocco e di coto nella legge sull'OPA», cit., pp. 472-475; e ainda, agora em sede mais geral, LUISA DE RENZIS, Problemi Dibattuti in Tema di Circolazione di Azione e Quote, ob.cit., pp. 75-78; ALESSANDRO PEDERSOLI, «Sindicati di Blocco: Valità, Tipi ed Effeti», cit., pp. 241-242. No âmbito do Direito espanhol, vd. ALBERTO BALLARÍN MARCIAL, «Restricciones estatutarias a la transmision de acciones. Validez y clases», in *Estudios Sobre la Sociedad Anonima*, ob.cit., p. 148.

[491] Em 28 de Março de 1994 tinha sido deliberado um aumento de capital, o qual foi integralmente subscrito entre 17 de Junho e 1 de Julho. Tendo o anúncio preliminar da OPA sido conhecido em 26 de Julho, o oferente presumiu que a operação de aumento de capital já tinha sido registada. Vd., quanto a este ponto, JOÃO CALVÃO DA SILVA, cit., pp. 217-218.

Analisando então a questão, foi opinião de PINTO MONTEIRO[492] que *a eventual limitação à possibilidade de o ESTADO aceitar a oferta é circunstância que não diz respeito ao Oferente, mas apenas ao alienante, e que pode verificar-se igualmente para qualquer accionista privado. Além disso, nem sequer é totalmente seguro que o ESTADO não pudesse vir a vender na OPA em causa, ainda que, para isso, se tornasse necessária uma alteração legislativa.* Mais adiante, afirmava ainda o ilustre Professor — *por conseguinte, a circunstância de a alienação das acções do BPA que o ESTADO ainda detém ser enquadrada na legislação sobre privatizações em nada autorizará o Oferente a excluir este accionista dos destinatários da sua OPA (...)*[493].

Perante as considerações que já tivémos ocasião de produzir em relação às questões anteriores, compreende-se que não podemos deixar de concordar, na íntegra, com a citada opinião. E se é certo que, como referimos, a mesma tem por objecto o problema da *generalidade estrutural* da oferta, ou seja, a *generalidade* dos seus destinatários, ainda que não correspondida pela *generalidade* da aquisição, não podemos deixar de entender que responde ao problema que temos presente.

A mera possibilidade de vir a existir, durante o curso da OPA, uma alteração legislativa que permita a alienação, faz com que esses valores mobiliários sejam objecto obrigatório da *OPA geral.* Aliás, caberá referir que foi precisamente isso que acontece na segunda OPA lançada pelo BCP, embora conjuntamente, sobre o BPA — o panorama legislativo foi alterado no decurso da OPA e as acções foram efectivamente alienadas aos oferentes.

VIII. Colocadas que estão estas questões de âmbito geral, caberá agora analisarmos, em maior detalhe, os valores que são objecto destas *OPAs gerais,* ou seja e como já referimos, as acções e os demais valores mobiliários mencionados no n° 1 do art. 523° do Cód.MVM.

15.1.2 As acções como objecto obrigatório de uma OPA geral

I. A referência que, nos termos do n° 1 do art. 528°, é feita para o n° 1 do art. 523°, engloba desde logo, como resulta do texto do primeiro

---

[492] *Parecer Jurídico sobre a Oferta Pública de Aquisição de acções do Banco Português do Atlântico, S.A., Anunciada pelo Banco Comercial Português, S.A.,* 8 de Setembro de 1994, pp. 30-54 e, em particular, p. 52.
[493] Em sentido contrário vd. JOÃO CALVÃO DA SILVA, cit., pp. 216-220.

dos artigos, *todas* as acções — perante as considerações precedentes, podemos então afirmar que, aparentemente, todas as acções emitidas pela sociedade visada, independentemente da sua categoria ou natureza, e que sejam apresentadas ao oferente até ao termo do prazo da oferta, estarão obrigatoriamente incluídas no objecto da *OPA geral*.

A afirmação precedente, não merecerá observações suplementares no que respeita à generalidade das situações referidas, tão evidente é a sua conformidade com o ordenamento nacional. No entanto, a afirmação já deixará de merecer essa qualificação em duas situações especiais — a das acções remíveis e, principalmente, a das acções preferenciais sem direito de voto. Dedicaremos a nossa atenção a estas acções, sendo que, naturalmente, o problema da inclusão das acções preferenciais sem direito de voto reveste uma complexidade bem maior que o das acções remíveis.

II. No que respeita às acções remíveis, o óbice à obrigatoriedade da sua inclusão no objecto da *oferta geral* deriva do facto de as mesmas virem, nos termos do nº 1 do art. 345º do CSC, a ser remidas em data fixa ou quando a assembleia geral o deliberar[494]. Por isso, estaríamos a impor a obrigação de aquisição destas acções, *rectius,* a obrigação de apresentar uma proposta de aquisição destas acções, sabendo que, em momento posterior, as mesmas viriam a ser remidas.

No entanto, e apesar desse facto, cremos que as mesmas não poderão deixar de ser incluídas no objecto de uma *oferta geral*. E é assim porque esses valores mobiliários se assumem, para todos os efeitos de direito como acções, não sendo essa remição obstáculo à inclusão das mesmas no objecto da oferta, já que, efectuando-se a aquisição dessas acções, os seus titulares gozarão, como não poderia deixar de ser, dos mesmos direitos de todos os direitos conferidos aos titulares destas acções.

III. Já no que respeita às acções preferenciais sem direito de voto o problema se afigura mais complexo. Na verdade, tivemos ocasião de verificar que, ao nível da delimitação da obrigação de lançamento de OPA, o sistema nacional recorre apenas à noção central de *direito de voto*. Por isso, podemos afirmar com segurança que, excepto no caso de essas acções virem, perante o incumprimento das especiais obrigações que lhes

---

[494] Vd., por todos, PAULO OLAVO CUNHA, *Os Direitos Especiais* ..., ob.cit., pp. 201--208; JOÃO LABAREDA, *Das acções* ..., ob.cit., pp. 51-55; PEREIRA DE ALMEIDA, ob.cit., pp. 226-227. A remição consiste na extinção da acção em causa, recebendo o seu titular o valor nominal do título, eventualmente acrescido de um prémio se os estatutos e as condições da emissão assim tiverem previsto.

estão associadas, a assegurar o direito de voto, as mesmas são absolutamente irrelevantes para determinar a obrigatoriedade de lançamento de OPA. Ora, bastaria este posicionamento de partida para nos fazer questionar se, sendo estas acções irrelevantes para a constituição da obrigação de lançamento de OPA, as mesmas teriam de ser objecto de uma *OPA geral obrigatória*.

Por isso, com a prudência que o problema deve merecer, começaremos por analisar a forma como a questão é colocada em outros direitos, após o que procederemos à observação específica do sistema jurídico nacional.

II. No Brasil, onde a questão tem sido objecto de múltiplas tomadas de posição, entende-se geralmente que as acções preferenciais sem direito de voto não podem ser objecto de uma OPA. Trata-se de uma posição que, tendo à cabeça ARNOLDO WALD[495], tem encontrado diversos seguidores na doutrina desse país[496]. Vejamos os principais argumentos apresentados por este Autor.

Em primeiro lugar, entende este Autor que as acções preferenciais sem direito de voto não teriam qualquer participação no controle da empresa, já que nem facultariam aos seus detentores o direito de participar nas assembleia gerais. Ora, como o Direito brasileiro apenas se refere à OPA nas Secções do Capítulo XX da Lei sobre Sociedades Anónimas que tratam, respectivamente, da *Alienação do Controle* e da *Aquisição do Controle Mediante Oferta Pública,* teríamos um fortíssimo argumento sistemático no sentido de que a oferta excluiria estas acções[497].

Por outro lado, nessas Secções a Lei refere-se sempre aos *accionistas maioritários* e aos *accionistas minoritários* e, perante a inexistência de direitos de voto, os accionistas detentores destas acções não se incluem

---

[495] «Do descabimento da oferta pública de compra em relação às acções preferenciais», RDMIEF, 1982, pp. 7-19. No entanto, refira-se que já outros autores tinham defendido a mesma posição antes da publicação deste artigo.

[496] Entre muitos, vd. CALIXTO SALOMÃO FILHO e MÁRIO STELLA RICHTER JÚNIOR, «Interesse social e poderes dos administradores na alienação do controle», RDMIEF, 1993, p. 67; MAURO RODRIGUES PENTEADO, «Apontamentos sobre a alienação do controle de companhias abertas», RDMIEF, 1989, pp. 16-19; FRAN MARTINS, *Novos Estudos de Direito Societário,* ob.cit., p. 17; ROBERTO PAPINI, *Sociedade Anónima e Mercado de Valores Mobiliários,* Forense, Rio de Janeiro, 1987, p. 375; EGBERTO LACERDA TEIXEIRA e JOSÉ ALEXANDRE TAVARES GUERREIRO, *Das Sociedades Anônimas no Direito Brasileiro,* ob.cit., p. 737; JOSÉ DA SILVA PACHECO, *Tratado de Direito Empresarial,* ob.cit., p. 493; e MODESTO CARVALHOSA, *Oferta Pública de Aquisição de Acções,* ob.cit., p. 174.

[497] ARNOLDO WALD, cit., pp. 8-9.

em nenhuma das categorias por não terem qualquer posição política na sociedade. Ora, a oferta pública tem em atenção, precisamente, a vontade de estabelecer uma relação igualitária e equitativa entre estes, razão pela qual, em teremos teleológicos, também não teria qualquer sentido considerar os accionistas titulares de acções preferenciais sem direito de voto[498].

Em terceiro e último lugar, a mesma conclusão seria imposta pelo facto de o §2 do art. 257º da Lei dispor que o objecto da oferta pública para aquisição do controle deve ser representado por *acções com direito de voto suficientes para assegurar o controle da companhia*[499].

Esta posição encontra uma quase unanimidade no Direito brasileiro, quer no que respeita à doutrina, quer ainda no que respeita às opiniões já expressas pela Comissão de Valores Mobiliários e por alguma jurisprudência[500]. Como resultado da análise que efectuámos encontrámos, apenas, uma voz discordante — a de NELSON CÂNDIDO MOTA[501] —, Autor

---

[498] Id., p. 9.
[499] Id., ib.
[500] Assim acontece, por exemplo, com o Acórdão de 27/10/1981 do Tribunal Federal de Recursos (constante da recolha de NELSON EIZIRIK e AURÉLIO WANDER BASTOS, *Mercado de Capitais e S/A — Jurisprudência*, II. vol., Comissão Nacional das Bolsas de Valores, Rio de Janeiro, 1987, pp. 641-645), o qual ainda vai mais longe do que o exposto, entendendo que nem as acções preferenciais que, em face do não pagamento de dividendos, tenham adquirido o direito de voto, devem ser abrangidas pela oferta pública. Constam desse Acórdão as seguintes passagens — *o conceito de maioria e minoria, na nova Lei das Sociedades Anônimas, se funda na maior ou menor participação no capital votante, tendo em vista o controle da companhia. Não se incluem na minoria as acções preferenciais, que, pelas suas características, não participam do poder de controle, limitando-se ao interesse de auferir dividendos.* Mas adiante, e agora mais especificamente sobre o problema de as acções em causa no processo, em face do não pagamento de dividendos, terem direito de voto, afirma-se ainda — *na aquisição do controle accionário da companhia, a oferta pública tem por objecto acções com direito a voto permanente que assegure aquele controle. Direito transitório a voto, adquirido por acções preferenciais em virtude da falta de distribuição de dividendos por três anos, no regime do Decreto-Lei nº 2.627, de 1940, não as inclui no controle da companhia, tal como previsto atualmente, por isso que não assegura de modo permanente, a maioria de votos nas deliberações da assembleia geral, como quer a letra do art. 116 da Lei nº 6.404, de 1976.* Ainda no mesmo sentido, entre muitos, vd. Acórdão de 5/11/82 do Tribunal de Justiça do Rio de Janeiro (id., pp. 645-651), Acórdão de 28/12/82 do Tribunal de Justiça do Rio de Janeiro (id., pp. 651-657), Acórdão de 20/9/84 do Tribunal de Justiça de São Paulo (id., pp. 670-674).

[501] «Alienação de controle de instituições financeiras. Accionistas minoritários. Notas para uma interpretação sistemática da Lei das S/A», RDMIEF, 1982, pp. 33-50.

que entende, após o confronto de uma conjunto importante de artigos da Lei das Sociedades Anónimas brasileiras, que a Lei, ao utilizar as expressões *minoria* e *maioria* pretende salvaguardar os direitos de accionistas *não controladores*, independentemente do facto de estes serem titulares de acções com ou sem direito de voto[502].

III. Passando a analisar os regimes de alguns países europeus que, por apresentarem maiores afinidades com o sistema nacional, nos permitem uma mais fácil transposição da forma como este problema é debatido, haverá que começar por constatar que, na generalidade destes sistemas, o problema é resolvido em face da mera letra da lei, não sendo por isso objecto de profundas análises pela doutrina.

Assim acontece, desde logo, em França, onde, na sequência das alterações introduzidas no ano de 1992, as acções preferenciais sem direito de voto passaram a ser consideradas no âmbito dos valores mobiliários que devem ser objecto de uma oferta obrigatória. Antes dessa revisão, o art. 5.2.2 do *Réglement Général* referia-se apenas a *acções que confiram direito de voto na assembleia da entidade en.itente;* agora, o mesmo artigo passou a referir-se *à totalidade das acções e dos valores mobiliários que confiram acesso ao capital da sociedade emitente.* Por essa razão, é hoje geralmente aceite que as acções preferenciais sem direito de voto constarão deste objecto da oferta[503].

De igual forma, também em Inglaterra é unânime que as acções preferenciais sem direito de voto devem ser incluídas no objecto da oferta, já que a regra 9.1 do *City Code* dispõe expressamente que a oferta deve ser dirigida a todos os detentores de qualquer categoria de acções *votantes ou não votantes.* Daí que, face a esta regra, nenhuma dúvida surja quanto a este problema[504].

Finalmente, e em sentido contrário aos regimes francês e inglês, estipula a *alínea* a) do n° 6 do art. 1° do Real-Decreto espanhol que a *oferta deverá dirigir-se a todos os titulares de acções da Sociedade visada, incluindo as acções sem voto que, no momento em que é solicitada a autorização para a oferta, tenham direito de voto de acordo com a legislação vigente.* Deste modo, compreende-se que, *a contrario,* seja

---

[502] Id., p. 34.
[503] Vd., por todos, ALAIN VIANDIER, ob.cit., p. 121; DIDIER MARTIN e JEAN-PAUL VALUET, *Les Offres ...,* pp. 42-43.
[504] Vd., por todos, GRAHAM STEDMAN, ob.cit., p. 190.

imediatamente suscitado entendimento segundo o qual estas acções, quando efectivamente desprovidas do direito de voto, não sejam incluídas no âmbito da oferta obrigatória[505].

IV. Perante a colocação deste problema no âmbito da sucinta súmula de Direito Comparado, uma primeira observação que resulta clara é a do facto de este problema se relacionar, em grande medida, com o facto de a oferta em causa assumir um carácter geral ou meramente parcial.

Na verdade, compreende-se que sistemas como, por exemplo o francês antes da reforma de 1992 e, em grande parte, o espanhol, ao estipularem a oferta obrigatória parcial, não tivessem em atenção as acções preferenciais sem direito de voto. Na verdade, o sistema não implicava, sequer, a realização de uma proposta dirigida à aquisição de todas as acções com direito de voto, mas apenas a parte destas, razão pela qual não pareceria estranho deixar de fora as acções sem direito de voto. Aliás, é importante notar que mesmo num sistema como o espanhol, que atende aos valores mobiliários que permitirão acesso ao capital votante, o sistema deixa de fora as acções sem voto — e a razão parece clara, já que enquanto esses valores permitirão, por mera vontade do seu titular, o acesso ao capital votante, as acções sem direito de voto apenas permitirão esse acesso em circunstâncias especiais que, na verdade, em nada (ou em muito pouco) dependerão da vontade do seu titular.

Por essa razão, não será de estranhar que, entre nós, exista uma forte tendência no sentido da inclusão das acções preferenciais sem direito de voto no âmbito da *OPA obrigatória geral.* É essa, tanto quanto sabemos, a opinião da CMVM, e é essa, ainda, a opinião expressa por RAÚL VENTURA[506] que, em face da utilização da expressão *todas as acções,* e sendo as acções preferenciais sem direito de voto *acções,* entende que nenhuma razão existe para proceder a uma interpretação restritiva[507]. Por outro lado, afirma ainda o mesmo Autor que não é criada qualquer situação de desigualdade entre os accionistas por a contrapartida poder ser diferente para as acções preferenciais sem voto e para as acções ordinárias, já que a mesma poderá sempre ser fixada em valores diferentes[508].

---

[505] Cfr. JAIME ZURITA Y SAÉNZ DE NAVARRETE, «La adquisición de participaciones significativas y la OPA en el Real Decreto 1.197/1991, in *La Lucha por el Control de las Grandes Sociedades,* ob.cit., p. 133.
[506] *Estudos Vários,* ob.cit., pp. 233-234.
[507] Id., p. 236.
[508] Id., ib.

V. Pela nossa parte e seguindo, neste ponto, a opinião de RAÚL VENTURA, cremos que a utilização, no n° 1 do art. 528°, da expressão *todas as acções* terá de implicar a inclusão das acções preferenciais sem direito de voto. Como afirma esse Autor, apenas não será assim se encontrarmos razões que nos convidem a proceder a uma interpretação restritiva dessa norma, o que, em face das considerações produzidas, não parece razoável presumir.

Na verdade, tivemos ocasião de verificar que, em geral, a existência de um sistema de *OPA obrigatória geral* se encontra associado à inclusão destas acções preferenciais sem direito de voto; que, pelo contrário, a existência de um sistema de *OPA obrigatória parcial* se encontra associado à não inclusão destas acções. E a razão para esse facto parece clara — se o conteúdo da obrigação imposta ao oferente não passa, sequer, pela aquisição de todos os títulos que lhe confiram direito a voto, não se vê razão para que o mesmo seja obrigado a adquirir, ainda que contra a sua vontade, acções desprovidas desse direito de voto.

Sendo assim, diremos que, não se encontrando justificação para operar uma interpretação restritiva no conteúdo normativo do disposto no n° 1 do art. 528°, encontramos, pelo contrário, razões que nos convidam a afirmar ser essa a solução que melhor se adequa com o sistema jurídico. É certo, note-se, que seria possível adequar o sistema de *OPA geral* à não inclusão das acções preferenciais sem voto; no entanto, aparenta não ter sido essa, por qualquer forma, a opção do legislador nacional.

Por outro lado, haverá que afirmar que o facto de, ao nível da delimitação da obrigatoriedade de lançamento de OPA, o sistema atender apenas ao conceito central de *direitos de voto,* não implica, por decorrência, que a extensão da obrigação imposta parta dessa mesma referência de base. Pelo contrário — o conteúdo da obrigação passa por uma definição de conteúdo que é resultado de uma opção legislativa em face de diversos factores. Veja-se, como exemplo do afirmado, o sistema inglês, em que a delimitação da obrigatoriedade é realizada apenas em face da detenção de valores que confiram direito de voto e, de seguida, a obrigação que é imposta implica a aquisição das acções desprovidas de direito de voto. Ora, por tudo quanto afirmámos, cremos que a opção do sistema jurídico nacional foi idêntica.

15.1.3 Os demais valores mobiliários referidos no n° 1 do art. 523° como objecto obrigatório de uma OPA geral

I. Para além das acções, a *oferta geral* deve ainda incidir sobre os demais valores mobiliários mencionados no n° 1 do art. 523°, emitidos pela sociedade visada, e que sejam apresentados ao oferente dentro do prazo da oferta. Assim, somos de novo remetidos para o atendimento das obrigações e outros valores mobiliários convertíveis em acções, bem como das obrigações e outros valores mobiliários que confiram o direito à subscrição de acções ou à sua aquisição a qualquer título[509].

Numa primeira observação, e assim como já acontecia em relação à inclusão das acções no objecto obrigatório da *OPA geral*, também o atendimento a estes valores mobiliários não suscita problemas de maior. A proposta de aquisição a emitir pelo oferente deverá, então, abranger todos os valores mobiliários da natureza dos mencionados nas *alíneas* b) e c) do n° 1 do art. 523° emitidos pela sociedade visada, incluindo, não apenas aqueles que tivessem sido emitidos até ao momento do lançamento da oferta, como ainda sendo o caso, aqueles que tivessem sido emitidos durante o processo da OPA, desde que lhe pudessem ser apresentados até ao termo do prazo da oferta. Assim, nesta observação superficial, os problemas colocados pela inclusão destes valores não assumem especial complexidade.

II. No entanto, após uma observação mais atenta, verificamos que nos surge neste âmbito um problema de maior complexidade. Na verdade, em geral os valores mobiliários da natureza dos referidos nas *alíneas* b) e c) do n° 1 do art. 527 que, no momento do lançamento da oferta, tenham essa natureza, mantê-la-ão até ao termos do prazo da oferta. Acontece, não obstante, que sendo certo que isso é o que se passa normalmente, não é sempre assim, já que pode acontecer que, existindo, no momento do lançamento da oferta, por exemplo, obrigações convertíveis em acções, as

---

[509] Também em França, são abrangidas pela oferta geral as acções, as obrigações e outros valores mobiliários convertíveis em acções, bem como as obrigações e outros valores mobiliários que dêem direito à sua subscrição ou aquisição. Para além destes, que não apresentam qualquer diferença em fase do Direito nacional, haverá ainda a acrescentar os *certificados de investimento*, os *certificados de voto*, as obrigações com direito de subscrição de *certificados de investimento*, e quaisquer outros valores mobiliários que confiram direito à conversão, subscrição ou aquisição de *certificados de investimento*. Vd. DIDIER MARTIN e JEAN-PAUL VALUET, *Les Offres ...*, ob.cit., pp. 42-43.

mesmas já não existam, pelo menos com essa configuração, no momento do termo do prazo da oferta. Bastará, para que isso aconteça, que o exercício dos direitos de conversão ocorra durante o processo da OPA. Ora, sendo assim, a questão que cumpre colocar é a de saber da obrigatoriedade de inclusão destes valores no âmbito da aquisição da *OPA geral*.

O problema não é novo entre nós, já tendo sido colocado no âmbito da OPA lançada pela FINANTIA[510] sobre a SOFINLOC, no ano de 1991. Nesse caso, colocava-se o problema de avaliar da obrigatoriedade de inclusão no objecto da *OPA geral* das obrigações convertíveis em acções emitidas por essa sociedade, as quais, nos termos da respectiva emissão, permitiam o exercício dos direitos de conversão durante o processo da OPA. Por isso, o que aconteceria inevitavelmente seria que, no momento do termo da oferta, esses valores ou seriam meras obrigações, caso os seus titulares não tivessem exercido os seus direitos de conversão, ou então seriam acções, casos os titulares tivessem exercido os seus direitos de conversão.

Já tivemos ocasião de verificar que, para determinação do alcance da *OPA geral* no que respeita aos valores mobiliários abrangidos pela proposta, o momento relevante não é o do lançamento da oferta, mas antes aquele do termo da oferta. Daí que, por exemplo, o oferente seja mesmo obrigado a adquirir valores mobiliários que, não existindo no momento em que ele lançou a OPA, foram emitidos durante o processo da oferta e estão em condições de ser alienados até ao termo desta.

Cremos que, perante as considerações precedentes, a nossa resposta ao problema em presença não pode ser outra senão a seguinte — a oferta não terá de abranger aqueles valores mobiliários que, no termo do prazo da oferta, não revistam a natureza de qualquer dos referidos no n° 1 do art. 523° do Cód.MVM, ou seja, e aplicando a resposta à particular questão em presença, não terá de abranger as meras obrigações; no entanto, terá de abranger aqueles valores mobiliários que, não existindo ainda no momento do lançamento da oferta, resultaram do exercício dos direitos de conversão e, no momento do termo da oferta, assumem a natureza de qualquer dos referidos no n° 1 do art. 523°, ou seja, e de novo aplicando a resposta à particular questão em presença, a oferta terá de abranger as acções que resultarem do exercício dos direitos de conversão[511]. Ora, foi

---

[510] Hoje BANCO FINANTIA.
[511] No mesmo sentido, vd. JOSÉ MIGUEL JÚDICE, MARIA LUÍSA ANTAS, ANTÓNIO ARTUR FERREIRA e JORGE DE BRITO PEREIRA, *OPA ...*, ob.cit., pp. 39-40.

este, também, o entendimento da CMVM na particular situação que referimos, com o qual concordamos inteiramente.

15.2 A contrapartida obrigatória

15.2.1 Generalidades

I. Como já tivemos ocasião de verificar em sede geral, a limitação à *liberdade negocial* convocada por uma hipótese de *OPA obrigatória geral* não se limita à determinação dos valores mobiliários que devem fazer parte da proposta de aquisição, antes se alargando também, nos termos do nº 6 do art. 528º, à imposição de especiais regras em sede de determinação do montante da contrapartida pecuniária.

Importa frisar que nos estamos a referir a regras que apenas são aplicáveis às hipóteses de *OPA geral obrigatória*, ou seja, a situações de *OPA obrigatória* que derivem da integração nos pressupostos de obrigatoriedade constantes da *alínea* b) do nº 1 do art. 527º e do nº 2 do art. 528º; tratando-se de hipóteses de *OPA parcial obrigatória*, ou seja, de situações que derivem da integração nos pressupostos de obrigatoriedade constantes das *alíneas* a) e c) do nº 1 do art. 527º, as regras a aplicar são aquelas constantes do art. 550º que, em sede geral, estipulam as regras sobre *contrapartida* de qualquer OPA.

Deste modo, e na sequência das orientações metodológicas oportunamente definidas, teremos ocasião de dedicar a nossa atenção apenas àquelas regras que são aplicáveis por força da obrigação de lançamento de OPA, não deixando de estabelecer, de todo o modo, o confronto com as regras constantes do art. 550º, já que o recorte das específicas limitações à *liberdade negocial* que são convocadas não parte de um espaço de absoluta liberdade de estipulação, mas antes do espaço que, no âmbito da regulamentação do processo aquisitivo da OPA, lhe é específico.

II. Bastará um mera leitura do disposto no nº 6 do art. 528º, e o seu confronto com o disposto no art. 550º, para verificarmos que essa limitação específica opera a dois níveis distintos — o primeiro, é referente à natureza da contrapartida que, nos termos do nº 1 do art. 550º, pode consistir *em dinheiro ou (...) em valores mobiliários ou parcialmente em dinheiro em dinheiro e parcialmente em valores mobiliários, podendo também o oferente apresentar, em alternativa, uma proposta de contrapartida em dinheiro e uma ou mais propostas de contrapartida em valores mobiliários ou mistas,* e que, nos termos do nº 6 do art. 528º, *será obrigatoriamente* *em dinheiro ou acompanhada de uma alternativa em dinheiro;* o segundo, é referente ao montante dessa contrapartida que, nos termos do nº 2 do art. 550º, não poderá ser, em regra, *inferior ao mais elevado preço por que o oferente ou qualquer das pessoas referidas no artigo 530º, hajam directa ou indirectamente adquirido os valores mobiliários em causa nos três meses anteriores à data da publicação do anúncio preliminar da oferta, ou, se tais aquisições representarem mais de 15% do total desses valores emitidos pela sociedade visada e ainda em circulação, nos 12 meses que antecederam a oferta,* e que, nos termos do nº 6 do art. 528º, não pode ser fixado em quantia inferior ao mais alto dos montantes resultantes da aplicação das *alíneas* a) a c) desse número.

III. Como afirma JOSÉ NUNES PEREIRA[512], o mecanismo de *OPA obrigatória geral seria completamente ilusório caso a fixação da contrapartida da oferta fosse inteiramente livre*. Nesse caso, o oferente lançaria a oferta dirigida à aquisição de todos os valores mobiliários mencionados no nº 1 do art. 523º mas, caso não pretendesse, efectivamente, adquirir todos esses valores, bastar-lhe-ia propor a aquisição por um preço muito baixo, ou até, sendo esse o caso, propondo uma contrapartida razoável para os valores que pretendesse efectivamente adquirir, por exemplo, as acções, e propondo uma contrapartida menos atraente para os valores mobiliários que não pretendesse adquirir, por exemplo, os valores mencionados nas *alíneas* b) e c) do nº 1 do art. 523º ou as acções preferenciais sem direito de voto.

De todo o modo, importará referir que, como já tivemos ocasião de afirmar, o problema que temos presente não se coloca, como parece deixar entender NUNES PEREIRA, entre um regime de fixação de contrapartida *completamente livre* e um regime específico para as hipóteses de *OPA obrigatória geral.* E é assim porque o próprio regime do processo aquisitivo da OPA importa regras específicas a este nível que, por si mesmas, poderiam ser suficientes, em muitos casos, para evitar as perversões práticas mencionadas — referimo-nos, de novo, ao art. 550º. Deste modo, o regime que teremos presente vai para além dessas regras gerais, deixando subjacente o entendimento que as mesmas não respondem, de forma perfeita e integral, às especificidades convocadas pela obrigação de lançamento de *OPA geral,* estando, por isso, funcionalizadas à realização dos objectivos que coordenam este sistema de obrigatoriedade.

---

[512] Ob.cit., p. 95.

IV. O problema que então se vem colocar é o de determinar qual a relação entre estes conjuntos de regras, o que poderá, em tese, ser respondido aceitando uma de duas hipóteses — ou as regras comportam âmbitos de previsão específicos que se excluem, caso em que, estando perante uma situação de *OPA obrigatória geral,* aplicaremos apenas as regras constantes do nº 2 do art. 528º, e estando perante qualquer outra situação de OPA, obrigatória ou voluntária, aplicaremos as regras constantes do art. 550º; ou as regras comportam uma relação de não exclusão entre os âmbitos de previsão respectivos, mas antes de integração, caso em que, perante uma situação de *OPA obrigatória geral* aplicaremos as regras do nº 2 do art. 528º mas também, na medida em que não sejam prejudicadas pelas estatuições normativas das primeiras, as regras do art. 550º, e estando perante qualquer outra situação de OPA, obrigatória ou voluntária, aplicaremos, apenas, as regras gerais do art. 550º.

Ao atentar apenas na primeira parte do art. 550º, a nossa resposta seria conduzida no primeiro sentido. Em primeiro lugar, porque as regras sobre a natureza da contrapartida, constantes do nº 1 do art. 550º, são prejudicadas pelas regras paralelas constantes do corpo do nº 6 do art. 528º. Em segundo lugar, porque as regras sobre determinação do montante da contrapartida pecuniária, constantes do nº 2 do art. 550º, são prejudicadas pelas regras constantes das quatro *alíneas* do nº 6 do art. 528º. Por isso, dir-se-ia que, ainda que não estivéssemos perante uma relação de exclusão ao nível dos âmbitos de previsão, sempre chegaríamos ao mesmo resultado ao nível do alcance das estatuições normativas.

No entanto, numa observação mais atenta e completa, verificamos que a resposta a este problema não se afigura tão líquida quanto essa primeira aproximação poderia deixar a entender. Na verdade, o artigo 550º comporta um conjunto de regras sobre a matéria da contrapartida que, situando-se numa sede geral, não são por qualquer forma contempladas pelo nº 6 do art. 528º — assim acontece em relação à obrigação de depósito da totalidade do montante da contrapartida pecuniária, prevista no nº 3 do art. 550º, assim acontece, de igual modo, em relação à obrigação de depósito ou bloqueio dos valores mobiliários objecto da contrapartida, prevista no nº 4 desse mesmo artigo.

Por isso, concluímos que as regras a que atenderemos, assumindo a natureza de normas especiais perante as normas constantes dos nºs 1 e 2 do art. 550º, não prejudicam, por si mesmas, a aplicação das demais regras consagradas, em sede geral, sobre o regime jurídico da contrapartida da OPA.

V. Deste modo, teremos ocasião, nesta fase da exposição, de abordar as duas componentes específicas desta matéria. Começaremos por observar as regras respeitantes à natureza da contrapartida proposta; terminaremos pela observação das regras referentes ao montante dessa contrapartida.

15.2.2 A natureza da contrapartida

I. A regra central a atender neste âmbito é, como resulta do n° 6 do art. 528°, a da obrigatoriedade de estipulação de uma contrapartida com natureza pecuniária. Por isso, nos casos de *OPA obrigatória geral* a contrapartida da oferta, relativamente a cada espécie ou categoria de valores por ele envolvidos, deverá ser em dinheiro ou, pelo menos, ser acompanhada de uma alternativa em dinheiro.

Estamos perante um traço de regime que reveste a maior das importâncias sob o ponto de vista económico, assumindo a natureza de uma fortíssima limitação ao espaço de *liberdade de estipulação* dos oferentes. Na verdade, em muitos casos esta limitação poderá ser suficiente para que uma determina operação de aquisição seja tornada numa operação dotada de uma extrema onerosidade e, por isso, não seja realizada.

Veja-se o exemplo de uma sociedade, controlada por uma SGPS, que esteja cotada em bolsa e que, em determinada altura, passe a ser cotada conjuntamente com a SGPS; admita-se que, perante a falta de liquidez dos títulos de ambas as sociedades, se pretende dirigir toda a dispersão do capital para a SGPS, lançando esta uma OPA sobre a totalidade do capital da sociedade detida; neste caso, a possibilidade de estipular a contrapartida, apenas em títulos da SGPS facilitaria enormemente a operação, sendo a obrigação de estipular uma alternativa em dinheiro, por si só, suficiente para que, em muitos casos, a operação deixe de ser realizada.

Por essas razões, chegou mesmo a ser ponderada a atenuação desta limitação no âmbito da recente revisão do Cód.MVM, embora, em termos finais, se tenha optado por manter o regime que, nos seus traços essenciais, já constava da versão original do Cód.MVM. De todo o modo, como teremos ocasião de verificar de seguida, esta opção do sistema nacional não é, de forma alguma, original.

II. O problema da natureza da contrapartida de uma oferta pública de aquisição obrigatória é, no regime jurídico francês, ponto quase omisso da regulamentação existente. Na verdade, o art. 5.4.1 do *Réglement Général* dispõe apenas que a OPA deve ser lançada *em condições tais que* *permitam a sua aceitação pelo Conselho*, o que deixa por tratar não apenas o problema da fixação do montante da contrapartida, como teremos ocasião de verificar com maior detalhe, *infra*, em 15.2.3, mas também o problema da natureza dessa mesma contrapartida.

Apesar disso, encontramos um auxílio à compreensão da resposta dada pelo sistema francês a esta questão quando atentamos no art. 5.4.5 do *Réglement*, o qual estatui que, *sem prejuízo do disposto no art. 5.4.1, as disposições dos artigos incluídos no presente título e relativos às ofertas públicas de aquisição e permuta são aplicáveis às ofertas públicas obrigatórias*. Ora, em face desta regra, tem entendido alguma doutrina[513] que a mesma permitirá que a oferta pública de aquisição revista a forma de oferta pública de permuta, assim admitindo que a contrapartida da *oferta obrigatória* seja constituída por valores mobiliários, e não necessariamente por dinheiro. Trata-se, no entanto, de opinião que não assenta em qualquer prática da COB que, tanto quanto nos foi dado observar, nunca se pronunciou sobre o problema. Deste modo, não custará afirmar que o problema ainda está em aberto, não sendo de estranhar que a *Commission*, perante uma situação concreta, obrigue à apresentação de uma alternativa em dinheiro[514].

Já em Inglaterra, deparamos com um sistema em tudo idêntico àquele constante do regime nacional. Nos termos do art. 9.5 do *City Code*, as *ofertas obrigatórias* devem sempre incorporar uma contrapartida, *em relação a cada categoria de acções por ela envolvidos, em dinheiro ou acompanhada de uma alternativa em dinheiro (...)*[515]. Por isso, nenhumas dúvidas podem ser suscitadas sobre a obrigatoriedade de inclusão de, pelo menos, alternativa pecuniária[516].

---

[513] É o caso de DIDIER MARTIN e JEAN-PAUL VALUET, *Les Offres ...*, ob.cit., p. 71, que invocam ainda como argumento para essa conclusão o facto de o art. 15 da Lei de 2 de Agosto de 1992 se referir a uma *obrigação de aquisição (obligation d'acquérir)* e não a uma *obrigação de compra (obligation d'acheter)*.

[514] O que teria sentido especialmente em face da *jurisprudência* desta Comissão sobre o problema da fixação do montante da contrapartida em dinheiro, que teremos ocasião de observar, *infra*, em 15.2.3.

[515] A semelhança entre este artigo do City Code e o disposto no nº 6 do art. 528º é, evidentemente, prodigiosa, sendo a única diferença entre ambos relativa aos valores adquiridos que, no *City Code*, é relativa ao *share capital* e, no nº 6 do art. 528º, relativa a *valores*. Trata-se, no entanto, de diferença que é justificada pelo distinto âmbito da obrigação, não dependendo de qualquer opção específica desta área do regime.

[516] Como escreve o próprio *Panel* (cit., nota nº 1) em anotação à regra, *quando as acções sejam adquiridas com uma contrapartida que não seja em dinheiro, a*

15.2.3 O montante da contrapartida

I. Para além da obrigatoriedade de a oferta incorporar, pelo menos, uma alternativa em dinheiro, o n° 6 do art. 528° incorpora ainda um conjunto de regras sobre a determinação do montante mínimo dessa contrapartida, as quais revestem um conteúdo distinto daquelas regras constantes do art. 550°.

Assim, nos termos das quatro *alíneas* desse número, a contrapartida em dinheiro não poderá ser fixada em quantia inferior ao mais alto dos seguintes montantes: (i) *o equivalente à contrapartida em valores mobiliários que for eventualmente proposta;* (ii) *o maior preço pago pelo oferente, ou por qualquer das pessoas referidas no art. 314° do Código das Sociedade Comerciais e no art. 530° do presente diploma pela compra de valores mobiliários da mesma natureza e categoria, nos 12 meses imediatamente anteriores á data da publicação do anúncio preliminar da oferta;* (iii) *a cotação média ponderada dos valores durante esse mesmo período;* (iv) *não se tratando de valores cotados, ou não se tornando possível apurar a referida cotação média, ou, ainda, não sendo esta representativa por falta de liquidez e de frequência e regularidade de transacções dos valores em causa, o montante determinado, a expensas do oferente, por um perito qualificado e independente, que a CMVM designará quando entenda que a contrapartida em dinheiro ou em valores mobiliários, proposta pelo oferente, não se encontra devidamente justificada ou não é equitativa.*

Deste modo, verificamos que o regime constante do Cód.MVM abrange duas situações distintas — a *hipótese regra*, em que estamos perante uma OPA lançada sobre valores mobiliários cotados em relação aos quais seja possível apurar a cotação média, sendo esta representativa em face da liquidez, frequência e regularidade de transacções dos valores em causa, caso em que se aplicarão as regras constantes das *alíneas* a) a c); e a hipótese em que a OPA não se refira a valores cotados ou, não sendo esse o caso, em que a cotação não revista as características referidas, caso em que se aplicará a regra constante da *alínea* d) sem prejuízo, ainda assim da aplicação das regras das *alíneas* a) e c). Por isso, e ao contrário do que parece dar a entender a parte final do n° 6 do art. 528°, a verificação do

---

oferta terá em todo o caso de ser em dinheiro ou acompanhada de uma alternativa em dinheiro (...).

mais alto dos montantes não é nunca realizada perante todas as regras constantes das *alíneas* a) a d); tratando-se do caso da *alínea* d), já estamos perante uma previsão distinta que, por isso, não surge ao mesmo nível normativo das anteriores[517].

II. É interessante verificar que, em França, não encontramos regras paralelas a estas, nem em sede geral, nem sequer em face das regras sobre *OPA obrigatória*.

Na verdade, regulando a matéria em sede geral, o art. 5.2.5 do *Réglement,* apenas refere que o *projecto* de oferta a apresentar à CBV deve conter *o preço ou as paridades de troca pelos quais o oferente se propõe a adquirir os valores mobiliários, e os elementos a que recorreu para determinar as condições de pagamento ou de troca previstas*. No entanto, apesar da inexistência de regras específicas sobre a determinação da contrapartida da OPA, é prática corrente após 1992 que a CBV tem o direito de impor uma reavaliação do processo caso entenda que a contrapartida proposta é demasiado baixa, em face de critérios de avaliação objectivos — os mais correntes são a cotação, os dividendos, os resultados, o activo líquido e a margem bruta de auto-financiamento[518].

Também não encontramos qualquer regra sobre contrapartida obrigatória no âmbito do regime da *OPA obrigatória,* onde a única referência a este problema consta do art. 5.4.1, que dispõe dever a oferta ser *apresentada em tais condições que permitam a sua aprovação pelo Conselho*. No entanto, também aqui têm sido aplicados os critérios que referimos, embora com maior rigidez por parte da Comissão[519].

III. O primeiro modo de determinação do montante mínimo da contrapartida pecuniária para a (por nós chamada) *hipótese regra,* constante da alínea a) do nº 6 do art. 528º, refere-se à equivalência com a *contrapartida em valores mobiliários que for eventualmente proposta.*

A ratio subjacente a esta norma é de fácil explicação. Impondo o sistema a existência uma alternativa em dinheiro no caso de ser proposta uma contrapartida em valores mobiliários, dificilmente se compreenderia que essa alternativa pudesse ser fixada em montante inferior ao que resulte da equivalência com os valores mobiliários. Se não fosse assim, seria sempre possível ao oferente estipular a alternativa em dinheiro, fi-

---

[517] Teremos ocasião de desenvolver este aspecto do regime, a propósito da análise da *alínea* d) do nº 6.
[518] Vd. DIDIER MARTIN e JEAN-PAUL VALUET, *Les Offres,* ob.cit., pp. 45-47.
[519] Id., pp. 68-71.

xando-a em montante inferior ao da equivalência com a contrapartida em valores mobiliários, tornando, por essa via, a alternativa pouco atraente para os titulares de valores mobiliários a que a oferta se dirige; nesse caso, seria formalmente cumprida a lei, embora, sob um ponto de vista material, a mesma fosse torneada pela estipulação de uma alternativa que, sendo-o formalmente, não assumiria essa qualificação face aos alienantes.

O problema, no entanto, e para além dessa justificação central, poderá assentar na determinação dessa *equivalência,* processo em relação ao qual o Código não nos apresenta quaisquer critérios. É certo que, por aplicação do disposto na *alínea* e) do n° 1 do art. 547°, o oferente é obrigado a, na *nota informativa,* fornecer informação adequada sobre *a justificação do valor da contrapartida oferecida, especificando os métodos de cálculo adoptados na sua determinação e os factores de dados em que essa determinação se baseou,* o que permite à CMVM controlar o processo que conduziu o oferente à estipulação da contrapartida. No entanto, e apesar disso, o problema central continua em aberto — se o Código não nos indica qualquer critério de avaliação dos valores mobiliários, existe uma larga *zona cinzenta* em que mais de um critério pode ser aceitável. Por isso, cremos que, em alguns casos, a única forma de determinar esta equivalência pode ter de passar pela designação de perito qualificado e independente, em termos paralelos àqueles previstos na *alínea* d) deste art. 6°, para determinar o modo de estabelecer a equivalência de contrapartidas alternativas pretendida por lei.

IV. O segundo modo de determinação do montante mínimo da contrapartida pecuniária para a (por nós chamada) *hipótese regra,* constante da alínea b) do n° 6 do art. 528°, atende ao *maior preço pago pelo oferente, ou por qualquer das pessoas referidas no art. 314° do Código das Sociedade Comerciais e no art. 530° do presente diploma pela compra de valores mobiliários da mesma natureza e categoria, nos 12 meses imediatamente anteriores à data da publicação do anúncio preliminar da oferta.*

De novo, estamos perante uma decorrência da generalidade da obrigação de aquisição presente na oferta — tendo o oferente adquirido valores da mesma natureza e categoria no período antecedente ao lançamento da oferta, dificilmente se entenderia que, para efeitos da realização da *OPA obrigatória geral,* esse preço não fosse alargado aos demais accionistas servindo, pelo menos, como base de cálculo para o montante da contrapartida da oferta. Daí que esta norma, inspirando-se directamente naquela contida na Regra 9.5(a) do *City Code*[520], estipule ser esse preço um dos mínimos a atender na determinação do montante da contrapartida pecuniária.

O primeiro problema que se coloca, no entanto, é o de aferir qual o lapso temporal relevante. Nos termos da disposição citada, já verificámos que o mesmo é fixado nos 12 meses *imediatamente anteriores à data da publicação do anúncio preliminar da oferta*. No entanto, sendo assim, haverá que aferir se, após essa data de publicação do anúncio preliminar da oferta, as demais aquisições realizadas pelo oferente, ou qualquer outras das entidades constantes do âmbito de previsão da norma, já serão irrelevantes para esta determinação do montante da contrapartida pecuniária.

Numa primeira aproximação, seríamos convidados a dirigir o nosso entendimento nesse sentido, já que o legislador nacional, tendo-se inspirado directamente na regra do *City Code,* reproduziu-a sem mencionar as aquisições realizadas durante o período da oferta, assim aparentando pretender excluí-las. Por isso, realizando uma interpretação literal da norma, dir-se-ia que as aquisições realizadas após o anúncio de lançamento da oferta já não seriam atendidas. Cremos, no entanto, que essa interpretação conduziria a resultados manifestamente desprovidos de sentido.

Na verdade, a razão que implica o atendimento a esta regra, prende-se, como referimos, com a vontade de estabelecer um sistema pelo qual os accionistas que decidam vender na oferta o possam fazer por um preço que seja, pelo menos, tão favorável como aquele que outros accionistas, vendendo em momento anterior, conseguiram. Deste modo, o princípio subjacente à estipulação da regra valerá, não apenas para as aquisições que tenham sido realizadas até ao momento do anúncio preliminar, mas ainda para todas aquelas que sejam realizadas até ao momento do termo da oferta.

Assumindo esta perspectiva, caberá interrogar, então, a razão que levou o legislador a consagrar a regra em termos mais estritos. E, na nossa opinião, essa questão apenas poderá ter uma resposta que seja baseada numa óptica histórica, que tome em consideração a forma como o sistema evoluiu até à versão actual do Cód.MVM.

---

[520] Dispõe essa regra que a contrapartida em dinheiro não poderá ser fixada em quantia inferior ao mais alto preço pago pelo oferente ou por qualquer outra entidade que com ele actue em concertação por acções dessa categoria durante o período da oferta e nos 12 meses anteriores ao seu lançamento.

Nos termos do n° 2 do art. 311° do CSC, revogado expressamente pelo n° 2 do art. 3° do DL n° 261/95, dispunha-se que *a partir do lançamento e até ao encerramento da oferta, o oferente não pode, por compra ou troca, adquirir acções da sociedade visada (...)*[521]. Com a entrada em vigor do Cód.MVM, essa inibição foi mantida, agora nos termos do n° 1 do art. 568°, sendo referido que a mesma seria aplicável ao oferente, às entidades referidas no art. 530° e a quaisquer outras que actuassem em concertação com o oferente.

É então com este panorama normativo que surge o já citado n° 6 do art. 528°, prevendo apenas as aquisições realizadas nos 12 meses imediatamente anteriores à publicação do anúncio preliminar — e compreende-se que assim seja, já que, estando o oferente e as entidades mencionadas no art. 530° inibidas de adquirir esses valores após a data em que tivesse sido definitivamente resolvido lançar a OPA, não teria qualquer sentido considerar essas aquisições como elemento de definição do montante da contrapartida. Acontece, no entanto, que nos termos do n° 4 desse artigo 568°[522], se previa a hipótese de autorização, pela CMVM, de realização dessas operações de aquisição, *desde que considere que a mesma corresponde a um interesse sério do requerente e não afecta de modo relevante os interesses dos destinatários da oferta ou, se for o caso, os interesses legítimos do oferente, nem o normal funcionamento do mercado e a adequada formação da cotação dos valores em causa*.

O que acontecia era, assim, que a lei estabelecendo a previsão apenas a partir da situação regra — a inibição de aquisição —, deixava de atender à situação excepcional — o caso de o oferente ou qualquer das entidades referidas no art. 530° poder, efectivamente, adquirir valores mobiliários emitidos pela sociedade visada durante o processo da oferta.

Ora, com a recente revisão do Cód.MVM, foram introduzidas algumas alterações neste regime que, no entanto, não afectaram de modo fundamental a forma como o problema se coloca. Na verdade, e ao contrário do que acontecia na versão original do Cód.MVM, a nova versão

---

[521] Idêntica inibição era aplicada, nos termos dos n°s 2 a 4 do mesmo artigo, aos membros dos órgãos de administração e fiscalização do oferente, aos *institutos de crédito* intervenientes na oferta, aos membros dos seus órgãos de administração e fiscalização, à sociedade visada, aos membros dos seus órgãos de administração e fiscalização, às sociedades em relação de domínio ou de grupo com a sociedade visada e aos membros dos seus órgãos de administração e fiscalização.

[522] Que, após a revisão do Código, passou a n° 5.

V. O Conteúdo da Obrigação de Lançamento de OPA

do art. 568º veio permitir ao oferente e demais entidades mencionadas, nos termos do seu nº 2, a realização de aquisição de valores emitidos pela sociedade visada *a partir da data em que tenha resolvido definitivamente lançar uma oferta pública de aquisição e até à data do início do prazo da oferta*. Correspondentemente, também foi alterado o art. 550º, sendo introduzido um novo nº 5, o qual veio dispor que, no caso de, durante o período entre a deliberação[523] de lançar a oferta e o início do prazo desta, o oferente ou qualquer das pessoas referidas no art. 530, adquirir valores mobiliários objecto da oferta, *as condições mais onerosas dessas aquisições constituem condição mínima da oferta pública*.

Ou seja — tendo alargado o âmbito da licitude de aquisição de valores emitidos pela sociedade visada, o legislador alargou também os efeitos que essas aquisições produzem no âmbito da definição da contrapartida. No entanto, continuando a trabalhar com a hipótese regra, que agora já não tem apenas em atenção as aquisições anteriores à decisão de lançar a oferta, mas também aquelas realizadas entre essa decisão e o momento em que oferta seja efectivamente lançada, o legislador continuou sem atender à hipótese excepcional que já resultava da versão original do Código.

Deste modo, compreendido o percurso que conduziu a esta omissão do legislador, cremos que estamos perante uma lacuna de regime que, nos termos já expostos, deve ser integrada pela aplicação analógica da regra constante da *alínea* b) do nº 6 do art. 528º[524], entendendo então que também as aquisições realizadas pelo oferente ou por qualquer das entidades referidas no art. 530º serão, para efeitos da fixação do montante mínimo da contrapartida, relevantes. A isso conduz, não apenas a compreensão da *ratio* das normas em presença, mas também a verificação da preocupação do legislador de alargar o regime de fixação da contrapartida até ao limite de alargamento da licitude de aquisição de valores emitidos pela sociedade visada, por essas entidades, após a intenção definitiva de lançamento da OPA[525].

---

[523] Evidentemente que, desde logo por correspondência com o art. 568º (mas não só), por *deliberação* a lei pretende referir *decisão definitiva de lançar a oferta*.

[524] Não estando em causa uma *OPA obrigatória geral*, chegaremos aos mesmos resultados por aplicação analógica da regra constante do nº 5 do art. 550º.

[525] Tanto quanto sabemos, o problema tem sido, aliás, resolvido pela CMVM por recurso a um expediente prático — a autorização de aquisição de valores mobiliários durante o período da OPA é concedido, apenas, mediante o condicionamento ao

V. O terceiro e último critério de determinação do montante mínimo da contrapartida pecuniária para a (por nós chamada) *hipótese regra,* constante da alínea c) do n° 6 do art. 528°, refere-se à *cotação média ponderada dos valores durante esse mesmo período,* ou seja, durante o período de *12 meses imediatamente anteriores à data da publicação do anúncio preliminar da oferta* já tomado em consideração na previsão da *alínea* b). Deste modo, a par dos critério a que vimos de atender, é ainda introduzido no sistema um elemento de cariz meramente objectivo, aplicável independentemente da existência de aquisições por parte do oferente ou de qualquer das entidades referidas no art. 530°.

VI. Para além dos critérios que vimos de mencionar, apenas aplicáveis às situações em que esteja em causa a aquisição de valores cotados, em relação aos quais seja possível apurar a cotação média, sendo essa cotação representativa em face da liquidez, frequência e regularidade das transacções, a *alínea* d) do n° 6 do art. 528° comporta um conjunto de regras aplicáveis às situações que não se integrem nas características referidas.

Já tivemos ocasião de referir o problema da interpretação a dar à referência, constante do corpo do n° 6 deste artigo, segundo a qual o montante da contrapartida pecuniária não pode ser fixado em quantia inferior ao mais alto dos montantes resultante da aplicação das *alíneas* desse número. Caberá agora desenvolver a resposta que, em termos meramente introdutórios, já foi exposta.

Um primeiro passo na compreensão desse problema pode ser, em termos imediatos, adiantado — nunca poderão estar em causa todas as *alíneas,* porque a *alínea* d) comporta uma previsão incompatível com essa conclusão. No entanto, sendo assim, a questão que se coloca é a de aferir se, estando perante uma situação que se integre nessa *alínea,* apenas a regra aí contida será aplicável ou se, pelo contrário, alguma das anteriores terá também relevância.

Começando pela *alínea* a), diremos que a mesma continua a merecer inteira aplicação. Na verdade, nenhum sentido teria entender que, nos casos previstos na *alínea* d) do n° 6 do art. 528°, a contrapartida pecuniária poderia ser fixada de forma não equivalente à contrapartida em valores mobiliários. O que pode acontecer é, naturalmente, que a deter-

---

comprometimento do oferente de rever a contrapartida caso essas aquisições sejam efectuadas por valor mais elevado que o previsto na oferta. Cremos, no entanto, que essa solução já resultaria, pelas razões expostas, do regime nacional.

minação dessa equivalência surja com contornos mais complexos, o que, como é evidente, não afasta este elemento de ponderação.

No que respeita à *alínea* b), a resposta não se afigura tão linear. Na verdade, esta *alínea* atende a um critério eminentemente subjectivo — as aquisições efectuadas pelo oferente ou por qualquer das entidades referidas no art. 530º — que, apesar dessa configuração, permite alguma objectivação, já que, estando os valores cotados, e sendo essa cotação representativa do valor real dos títulos, a compra e venda se realizou por um preço que, em princípio, podemos entender que revela uma leitura de mercado. Ora, no caso dessa *alínea* d), é exactamente essa leitura de mercado de falta. Cremos, ainda assim, que esta previsão não deixará de merecer aplicação, por a sua *ratio* central manter inteira aplicação, isto porque se tratará sempre de uma aquisição realizada pelo oferente em termos que deverão ser, pelo menos, idênticos àqueles que ele agora vai propor aos demais accionistas.

No entanto, já o critério constante da *alínea* c) não merecerá aplicação. Na verdade, o estabelecimento de uma cotação média depende sempre, em termos substanciais, de dois elementos, que aqui não estarão presentes — ou a própria existência de cotação ou a representatividade da cotação. Por isso, e ainda que essa cotação média, existindo, possa ser estabelecida, o resultado a que cheguemos por aplicação da mesma será irrelevante para efeitos da determinação do montante mínimo da contrapartida pecuniária da *OPA obrigatória*.

A regra constante da *alínea* d) do nº 6 é aplicável, desde logo, aos casos de aquisição de valores que não estejam cotados, aqui se incluindo aqueles que estejam admitidos à negociação no mercado sem cotações[526]. Por outro lado, e mesmo no âmbito de valores que estejam cotados, a regra será aplicável quando não se torne possível apurar a cotação média, ou seja, na estranha situação de inexistência de mais de uma transacção no período de 12 meses, ou ainda nos casos de esta não ser representativa por falta de liquidez, frequência e regularidade de transacções.

Nestes casos, estatui o Código que seja realizada uma avaliação por um perito qualificado e independente, a qual, nos termos expostos, será, em regra, confrontada com os resultados a que cheguemos por aplicação dos critérios mencionados nas *alíneas* a) e b). No entanto, parece o texto dessa *alínea* dar a entender que essa realização apenas será realizada

---

[526] Vd. nº 2 do art. 377º do Cód.MVM.

quando a CMVM entenda que a proposta do oferente não se encontra devidamente fundamentada ou não é equitativa, ou seja, que se trataria de uma avaliação sempre posterior ao lançamento da oferta, o que nos causa as maiores dúvidas. Na verdade, não se vê qualquer razão para que esta avaliação não seja realizada em momento prévio ao lançamento da oferta, sempre, como não poderia deixar de acontecer, perante a verificação do quadro previsional de que a aplicação da *alínea* depende.

16. As limitações à liberdade de celebração

I. Seguindo a indicação de sequência definida, caberá agora abordarmos aqueles traços do regime da *OPA obrigatória* que limitem, de modo directo, a liberdade de celebração do *oferente,* ou seja, o específico conteúdo obrigacional que o sistema liga à obrigação de lançamento de *OPA subsequente.* Como teremos ocasião de observar, trata-se de matéria que não nos coloca especiais problemas interpretativos, assumindo-se, nos seus traços gerais, como uma mera sequência do regime geral sobre o conteúdo da obrigação de lançamento de OPA.

Caberá então, de modo sucessivo, observar duas particularidades de regime que encontramos neste particular tipo de *OPA obrigatória* — o prazo em que a oferta deve ser lançada e as entidades que poderão cumprir essa obrigação de lançamento da oferta.

II. No que respeita ao prazo em que a oferta deve ser lançada, consta do nº 3 do art. 528º que *a publicação do anúncio preliminar da oferta (...) deverá ter lugar nos 30 dias imediatos ao da verificação do facto que constitui o adquirente na obrigação de lançar a oferta.* Por outro lado, agora nos termos do nº 4 do art. 528º, *caso seja pedida dispensa da realização da oferta pública de aquisição (...), a CMVM pode prorrogar o prazo estabelecido no nº 3 até ao 5º dias subsequente ao da notificação aos interessados da decisão tomada sobre esse pedido.*

Ligando esta noção com aquelas que já tivemos ocasião de desenvolver a propósito da delimitação da obrigatoriedade de lançamento da oferta, diremos que esse prazo de 30 dias se contará do momento da produção de efeitos translativos do negócio aquisitivo[527], sendo esse o caso, ou do

---

[527] Não se esqueça que estamos apenas em tema de *OPA subsequente,* o que afasta desde logo os casos de compra e venda ou permuta.

momento em que se produziram os efeitos de redução do universo dos votos em relação ao qual estabelecemos a percentagem para cálculo da obrigatoriedade de lançamento de OPA, sendo esse o caso.

III. Para além destas regras sobre o prazo em que deve ser lançada a oferta, haverá ainda a referir um novo traço de regime, introduzido pelo DL nº 261/95, que se prende com as entidades obrigadas a lançar a oferta.

No âmbito da versão original do Cód.MVM, não encontrávamos qualquer regra específica sobre este ponto. Por isso, a resposta surgia por mera aplicação das regras gerais — a obrigação de lançar a OPA estaria a cargo da entidade que se tivesse integrado nos pressupostos do nº 2 do art. 528º; por isso, apenas essa entidade podia cumprir a obrigação. No entanto, com o DL nº 261/95, veio o legislador introduzir uma nova regra, constante do novo nº 5 do art. 528º, admitindo que a *oferta obrigatória subsequente* possa ser substituída por oferta lançada por qualquer ou quaisquer das pessoas mencionadas no nº 1 do art. 530º, *desde que efectuada em condições pelo menos equivalentes àquelas a que o oferente está obrigado.*

Deste modo, sendo certo que a obrigação continuará, ainda assim, a incidir de modo exclusivo na entidade em relação à qual se verificaram os pressupostos do nº 2 do art. 528º, vem-se permitir, em termos análogos aos de uma obrigação civil, o seu cumprimento por um terceiro desde que sejam garantidas condições pelo menos equivalentes àquelas que derivariam do lançamento da OPA pela primeira entidade.

VI.
FALTA DE REALIZAÇÃO DE UMA *OPA OBRIGATÓRIA*

17. Generalidades

I. Já tivemos ocasião, no desenrolar da presente exposição, de abordar o tema das consequências da falta de realização de uma *OPA obrigatória,* cabendo agora apresentar apenas o enquadramento jurídico básico desta matéria, por forma a melhor integrar toda a temática relativa à delimitação da obrigatoriedade de lançamento da OPA e ao respectivo conteúdo obrigacional. Seremos, por isso, muito sucintos.

Como resulta do art. 531º do Cód.MVM, o sistema comporta reacções ao incumprimento desta obrigação com natureza jurídica distinta ao incumprimento desta obrigação. Em primeiro lugar, como resulta do nº 1 do art. 531º, esse incumprimento dá lugar a uma inibição de direitos referentes aos valores mobiliários em causa, com particular incidência no que respeita aos direitos de voto inerentes a esses valores, correspondentes a um conjunto de valores mobiliários, durante um período de cinco anos. Em segundo lugar, ainda nos termos do mesmo número, dá lugar à emergência de uma situação de responsabilidade civil. Em terceiro lugar, agora nos termos do nº 15 do art. 670º, dá lugar a uma contra-ordenação *muito grave,* punível com coima entre 500.000$00 e 300.000.000$00[528]. Teremos ocasião de analisar, embora de forma muito sucinta, cada uma destas reacções do sistema.

---

[528] Estas reacções do sistema ao incumprimento da obrigação não são alternativas, antes podendo ser coordenadas na medida em que, como é evidente, os respectivos pressupostos de aplicação estejam todos reunidos. Tal conclusão fica clara quando atendemos às diferentes funcionalidades de cada um dos tipos de reacção, que não se excluem mutuamente; recolhendo a mesma ideia, a própria letra do nº 1 do art. 531º estatui a aplicação das sanções aí contidas *sem prejuízo de outras sanções aplicáveis nos termos deste diploma ou de legislação especial.*

II. Importa voltar a referir que, como tivemos ocasião de expor em momento oportuno, a violação da obrigação de lançamento de *OPA prévia* não conduz à obrigação de lançamento de *OPA subsequente*, como fica claro, entre outros argumentos pertinentes, face às normas que inibem os direitos de voto inerentes às acções em causa.

Nesses casos, o sistema jurídico responde apenas nos termos que vimos de apresentar, não podendo a obrigação de lançamento de OPA subsequente, sequer nesta medida, representar uma reacção do sistema ao incumprimento de uma obrigação com estas características sendo a inibição dos direitos de voto impeditiva dessa conclusão. No limite, essa obrigação de lançamento de OPA subsequente apenas poderá surgir se, após a cessação da inibição no termo do prazo fixado por lei, a entidade adquirente se venha integrar nos pressupostos do nº 2 do art. 528º.

18. A inibição de direitos correspondentes a valores mobiliários

I. A primeira sanção que deriva do não cumprimento da obrigação de lançamento de uma *OPA obrigatória* refere-se à inibição dos direitos correspondentes a um conjunto de valores mobiliários, durante um período de cinco anos.

Esses valores mobiliários são, em primeiro lugar, nos termos do nº 2 do art. 531º, aqueles valores que tenham sido adquiridos em violação dos limites dos arts. 527º e 528º, em relação ao qual a inibição abrange todos os direitos, sem prejuízo da exigência das respectivas obrigações.

Em segundo lugar, agora nos termos do nº 3 do mesmo artigo, a inibição, embora agora restrita ao direitos de voto, abrange ainda a *quantidade adicional de valores mobiliários que for necessária para assegurar que o infractor não disponha, directamente ou por aplicação do art. 530º, de uma percentagem do total de direitos de voto correspondentes ao capital da sociedade em causa, com exclusão dos que forem objecto da inibição, superior à que se encontra estabelecida nos artigos 527º e 528º, consoante o que for aplicável, como limite até ao qual a aquisição efectuada não dependia legalmente da oferta pública prévia nem determinava a obrigatoriedade de lançamento de OPA sucessiva*[529].

---

[529] Nos termos do nº 4 do mesmo art. 531º, a inibição abrange, sucessivamente e na medida do necessário para o efeito exposto, os valores detidos directamente pelo

II. Nos termos que se encontra consagrada, esta inibição parece ter aplicação automática, sendo o prazo da inibição contado a partir da infracção às regras sobre a obrigatoriedade de lançamento de OPA. Deste modo, num primeiro momento, a entidade com competência para verificar o funcionamento deste inibição será o Presidente da Mesa da assembleia geral e a própria assembleia.

Nessa medida, uma eventual decisão judicial que sobre ela se pronuncie — seja em momento prévio a uma qualquer assembleia, seja em momento posterior a uma deliberação em que a questão se tenha levantado, terá natureza declarativa e não constitutiva.

19. A responsabilidade civil

Para além dessa inibição de direitos sociais de voto, o sistema refere ainda a possibilidade de o infractor ser responsabilizado pelos prejuízos que resultem da falta de cumprimento da obrigação[530].

---

infractor, os valores detidos por quaisquer pessoas singulares ou colectivas de conta do oferente, os valores detidos pelas pessoas mencionadas nas alíneas c), d) e e) do nº 2 do art. 525º e os valores detidos pelos membros dos órgãos de administração do infractor, caso este seja uma sociedade.

[530] Problema interessante passa pela determinação da possibilidade de aplicação das regras de execução específica constantes do art. 830º do Código Civil. Estando em causa uma violação da obrigação de lançamento de OPA prévia, é nosso entendimento que a violação se consuma no momento em que sejam adquiridos os valores em causa, sendo imediatamente desencadeadas as reacções do sistema. A este nível, pelas mesmas razões que somos conduzidos ao entendimento segundo o qual não é suscitado um problema de OPA subsequente, por maioria de razão parece que a execução específica não será possível. Já estando em causa um problema de OPA subsequente a questão se coloca em termos distintos — nestes casos a obrigação de emissão da proposta contratual é mantida no ordenamento, não sendo prejudicada pelas demais reacções do sistema. Ora, sem prejuízo das distinções formais entre a obrigação em falta (que se reconduz à emissão de uma proposta negocial com as características da OPA) e a declaração de substituição resultante do processo de execução específica (que se reconduz a uma proposta contratual individualizada), estamos em crer que as afinidades funcionais tornam possível a aplicação das regras sobre execução específica. Isto, naturalmente, na medida em que os elementos essenciais da obrigação possam ser fixados face, nomeadamente, às regras sobre contrapartida da oferta. A não ser aceite este entendimento, sempre se terá de entender que será possível a aplicação da regra do art. 829-A do Código Civil, fixando o Tribunal uma sanção pecuniária compulsória até ao momento em que a obrigação seja cumprida.

O principal problema que surgirá nestes casos será, naturalmente, o da fixação do dano, sem o qual não existe indemnização por responsabilidade civil. A única hipótese, na maior parte dos casos, de determinar esse dano, será por recurso à diferença entre a contrapartida mínima pela qual o oferente seria obrigado a lançar a oferta e o valor pelo qual os titulares possam alienar os valores mobiliários que seriam objecto da oferta. No entanto, ainda assim, estarão presentes dificuldades muito relevantes, em especial naqueles casos em que a obrigação se refira apenas a uma oferta parcial, já que a possibilidade de existência de *rateio* torna, em termos reais, impossível a fixação concreta do dano[531].

20. A responsabilidade contra-ordenacional

Finalmente, a falta de realização de uma *OPA obrigatória* implica ainda a emergência de uma situação de responsabilidade contra-ordenacional. Nos termos do nº 15 do art. 670º, dá lugar a uma contra-ordenação *muito grave,* punível com coima entre 500.000$00 e 300.000.000$00.

Como se verifica com facilidade, qualquer destas hipóteses tem consequência ao nível indemnizatório. Sendo lançada a OPA com atraso ou sendo obtida a execução específica da obrigação, uma qualquer indemnização visará cobrir apenas os danos moratórios; nunca tendo existido o lançamento de OPA ou a apresentação de uma proposta individualizada de aquisição, já estará aberto o caminho para uma verdadeira indemnização por incumprimento.

[531] Com alguns critérios auxiliares de fixação do dano vd. AUGUSTO TEIXEIRA GARCIA, ob.cit., p. 234.

VII.
CONCLUSÕES

1. A aplicação da regulamentação sobre a OPA, desde a sua introdução no sistema jurídico nacional, tem sentido dificuldades e especiais problemas de aplicação, que são explicáveis perante a falta de maturidade do mercado de valores mobiliários português, a falta de maturidade política na relação com esse mercado, a novidade e complexidade de muitos dos normativos em presença e a forma como o regime foi desenhado e integrado no sistema.

2. A problemática geral sobre a figura da OPA não pode ser colocada no âmbito de um debate de legitimidade, mas antes tendo em atenção as particularidades que a mesma implica e que, por isso, devam merecer do sistema um tratamento autónomo.

3. Todas as hipóteses de *OPA obrigatória* previstas no sistema nacional partem de um ponto comum — a qualificação da sociedade emitente dos títulos cuja detenção e/ou aquisição esteja em causa como *sociedade com/de subscrição pública*.

4. O conceito de *sociedade com subscrição pública*, nos termos em que resulta do CSC, apresenta especiais afinidades com o conceito britânico de *public company* e com o conceito francês de *société faisant appel publique à l'épargne*. Aparentando receber a noção adoptada no Direito inglês, o art. 284º do CSC aproximou-se definitivamente da noção adoptada no Direito francês.

5. O estatuto normativo associado à qualificação como *sociedade com subscrição pública*, nos termos em que resulta do CSC, assenta numa base complexa — no que respeita às sociedades com acções cotadas, a qualificação é imposta em face das correspondências normativas existentes; no que respeita às sociedades sem acções cotadas, a qualificação é imposta em face da verificação de estarmos perante uma situação de dispersão do capital, tendo a sociedade emitente participado no processo que conduziu a essa dispersão.

6. Por isso, ao contrário do que parece resultar do n° 1 do art. 284°, não serão *sociedades com subscrição pública* todas aquelas que tenham recorrido à subscrição pública, mas apenas as que dispersaram o capital por virtude da *subscrição pública,* nem o serão apenas as que tenham recorrido à subscrição pública, mas também as que tenham operado a dispersão do capital por virtude de um qualquer outro processo promovido pela própria sociedade emitente.

7. Com a entrada em vigor do Cód.MVM, apesar do conceito que resultava do CSC ter sido mantido formalmente inalterado, a sua relevância para efeitos do regime da OPA foi drasticamente modificada pela introdução de um novo conceito de *sociedade equiparada a sociedade com subscrição pública.* A partir desse momento, o único elemento relevante a atender nesta sede passou a ser o da *dispersão do capital social,* independentemente do processo que tenha conduzido a essa situação ou da participação da sociedade emitente.

8. Tratava-se de solução que resultava expressamente da lei, apesar de ser passível das mais fortes críticas *de jure constituendo,* nomeadamente em face da sua integração sistemática perante o regime constante do CSC.

9. Com as alterações introduzidas pelo DL n° 261/95, o conceito em presença — e a justificação do estatuto normativo que lhe está associado — foi de novo alterado e recolocado no âmbito que resultava do CSC, conclusão essa que é apoiada por argumentos de ordem literal, histórica, sistemática e teleológica.

10. Assim como acontece em relação à natureza da sociedade emitente dos títulos, também todas as hipóteses de *OPA obrigatória* apresentam em comum regras de delimitação sobre os valores mobiliários relevantes na determinação da obrigação de lançamento de OPA e regras sobre o conjunto de entidades em relação às quais estabelecemos o cálculo desses limites.

11. Os *direitos de voto plural* devem ser atendidos nessa qualidade, quer no que respeita ao cálculo da participação detida e/ou a adquirir, quer no que respeita ao cálculo do universo perante o qual estabelecemos a percentagem.

12. De igual modo, as limitações estatutárias ao exercício do direito de voto devem ser tomadas em consideração, quer no que respeita ao cálculo da participação detida e/ou a adquirir, quer no que respeita ao cálculo do universo perante o qual estabelecemos a percentagem.

13. Ainda de igual modo, as inibições ao exercício do direito de voto devem ser atendidas no que respeita a qualquer desses cálculos.

14. Não obstante a possibilidade de as acções preferenciais sem direito de voto virem a conferir esse direito, as mesmas não devem, em regra, ser atendidas para efeitos da determinação da obrigação de lançamento de OPA; no entanto, se essas acções tiverem, nos termos legais, direito de voto, não poderão deixar de ser atendidas para esse cálculo.

15. Existindo acções próprias, os direitos de voto correspondentes a essas acções devem ser subtraídos do universo total dos votos correspondentes ao capital social, com o consequente aumento relativo da percentagem de direitos de voto correspondente às participações dos accionistas.

16. Por ter formulado um sistema que encara a *OPA obrigatória prévia* como a base do regime, o legislador viu-se obrigado a atender, para os mesmos efeitos, aos valores mobiliários da natureza dos mencionados nas *alíneas* b) e c) do nº 1 do art. 523º e aos seus *direitos de voto potenciais*.

17. Como regra, a determinação dos limites a partir dos quais é obrigatório o lançamento de OPA, deriva da relação entre os *votos actuais* — que resultam das acções detidas e/ou a adquirir pela entidade em causa — e o universo dos *votos actuais correspondentes ao capital social;* tendo sido emitidos valores mobiliários da natureza dos referidos nas *alíneas* b) e c) do nº 1 do art. 523º, terá de ser feito um segundo cálculo, no qual a determinação desses limites derivará da relação entre os *votos actuais e potenciais* — que correspondem a todos os valores mencionados no nº 1 do art. 523º, detidos e/ou a adquirir pela entidade em causa — e o universo dos *votos actuais e potenciais correspondentes aos valores mobiliários emitidos pela sociedade.*

18. As previsões de *valores mobiliários contados como pertencendo ao oferente* não representam, como parece resultar da letra da lei, ficções legais, mas antes presunções ilidíveis em face da demonstração do não exercício — actual ou potencial — de influência no que respeita ao exercício desses direitos de voto.

19. A referência a *valores detidos por terceiros de conta do oferente* é incorrecta, sendo antes de entender como *valores detidos por conta do oferente,* ou seja, no seu interesse e com a intenção de dirigir para a sua esfera jurídica os efeitos da titularidade.

20. Não é possível afirmar, sem mais, que os valores detidos por uma sociedade dominada (domínio simples), bem como as aquisições por si realizadas, devem ser objecto de equiparação a detenções ou aquisições da sociedade dominante e, simultaneamente, constatar a inexistência do direito desta dar instruções à sociedade dominada. Por isso, o único modo de entender esta referência passa pelo atendimento às decorrências do facto de estarmos perante uma presunções ilidível.

21. No caso de existência de um sindicato de voto, contar-se-ão como pertencendo ao oferente todos os valores mobiliários da *sociedade visada* detidos pelos membros do *sindicato,* independentemente do domínio que o *oferente* tenha, ou não, sobre o modo de determinação do sentido de voto.

22. A opção do legislador nacional no sentido de estruturar a regra do regime de *OPA obrigatória* com recurso a hipóteses de *OPA prévia,* implica um conjunto de decorrências normativas, nomeadamente no que respeita à indispensabilidade de o complementar com hipóteses de *OPA subsequente,* à necessidade de atender a *direitos de voto potenciais* ou à noção de *votos contados como pertencendo ao oferente.*

23. As previsões de *OPA obrigatória prévia* apenas podem ser impostas em substituição de operações de aquisição que revelem uma fisionomia compatível com o *processo aquisitivo da OPA,* ou seja, a generalidade dos contratos de compra e venda e de permuta.

24. A violação da obrigação de lançamento de uma *OPA prévia* não conduz, sem mais, à emergência de obrigação de lançamento de uma *OPA subsequente.*

25. A previsão de obrigatoriedade de lançamento de *OPA subsequente* não colide, sequer em parte, com qualquer previsão de obrigatoriedade de lançamento de *OPA prévia,* dirigindo-se antes a hipóteses de detenção de valores mobiliários que derivem de estruturas negociais — não apenas contratuais, note-se — incompatíveis com esta.

26. O regime português de delimitação negativa da obrigatoriedade de lançamento de OPA apresenta uma configuração mista, integrando verdadeiros elementos de delimitação negativa que demarcam zonas de *não obrigação* e outros que dependem de um juízo administrativo de conveniência.

27. A *alínea* d) do nº 1 do art. 528º-A derroga a obrigatoriedade de lançamento de *OPA subsequente* que poderia derivar da aquisição de acções de sociedades em processo de privatização, sendo esse processo conduzido por recurso a uma OPV. Por outro lado, ainda face à mesma *alínea,* não serão sujeitas a OPA as transacções de valores mobiliários emitidos por sociedade entre fases de um processo de privatização, ou seja, as *transacções intercalares*.

28. A derrogação constante da *alínea* b) do nº 1 do art. 528º-A, referente à aquisição de valores mobiliários no exercício de um direito de preferência previsto no contrato para a transmissão dos valores, não resolve o problema da relação entre as regras da OPA e o exercício desse direito.

29. As previsões de *dispensa* da obrigatoriedade de lançamento de OPA dependem de uma ponderação dividida em dois momentos — no primeiro, estará em causa a interpretação das normas constantes das várias *alíneas* do nº 1 do art. 529º; no segundo, perante a verificação de um facto que se integre em qualquer das *alíneas* de previsão, estará em causa uma actuação administrativa baseada num juízo de oportunidade.

30. Devem ser objecto de uma oferta geral os valores mobiliários da natureza dos referidos no nº 1 do art. 523º que sejam emitidos após o lançamento da OPA, desde que possam ser apresentados ao oferente dentro do prazo da oferta, bem como as acções próprias, aquelas abrangidas por acordos parassociais, ou entre accionistas e terceiros, que digam respeito à sua transmissibilidade e as que, por limitação legal, não possam ser alienadas no âmbito da OPA.

31. As acções preferenciais sem direito de voto devem ser abrangidas pelo alcance da proposta da OPA geral.

32. Os valores mobiliários da natureza dos referidos nas *alíneas* b) e c) do nº 1 do art. 523º que, durante o processo da OPA, percam essa caracterização, não são obrigatoriamente abrangidos pela *OPA geral*.

33. Nas situações de *OPA geral* é obrigatória a estipulação de uma contrapartida de natureza pecuniária.

34. O facto de, na *alínea* b) do nº 6 do art. 530º, não se atender a aquisições efectuadas após o lançamento da oferta, como forma de determinar o montante mínimo da contrapartida, representa uma lacuna, a qual deve ser integrada pelo entendimento de essas aquisições serem relevantes para o mencionado fim.

BIBLIOGRAFIA*

AAVV.

— *Aktiengesetz — Kommentar,* ERNST GESSLER/WOLFGANG HEFERMEHL/ULRICH ECKARDT, BRUNO KROPFF, vol. I (1984), vol. VI (1975), Franz Vahlen, München.
— *Company Acquisitions Handbook,* 3ª ed., Tolley, London, 1994.
— *Direito dos Valores Mobiliários,* Lex, Lisboa, 1997.
— *Estudios Sobre la Sociedad Anonima,* sob a direcção de VICTOR MANUEL GARRIDO DE PALMA, Civitas, Madrid, 1991.
— *European Takeovers — Law and Practise,* sob a direcção de KLAUS HOPT e EDDY WYMEERSCH, Butterworths, London, 1992.
— *International M&A Law,* Euromoney e International Finantial Law Review, London, 1991.
— *La Lucha Por el Control de las Grandes Sociedades,* Euroconsorcio Jurídico y Financiero, Deusto, Madrid, 1992.
— *A Practicioner's Guide to the City Code on Takeovers and Mergers,* sob a direcção de MAURICE BUTTON e PHILIP WALKER, City & Finantial Publishing, London, 1995.
— *Readings in Mergers and Acquisitions,* sob a direcção de PETER GAUGHAN, Blackwell, Cambridge, Massachussets, 1994.
— *Régimen Jurídico de las Ofertas Públicas de Adquisición — Comentario Sistemático del Real Decreto 1.197/1991,* sob a direcção de FERNANDO SÁNCHEZ CALERO, Centro de Documentación Bancaria y Bursátil, Madrid, 1993.

ABRIANI, NICCOLÒ, «Opa incrementale, opa succesiva ed esenzione delle operazioni infragruppo», GC, 1994, pp. 107-115.
ALMEIDA, ANTÓNIO PEREIRA DE, *Sociedades Comerciais,* Almedina, 1996.

---

* Das obras consultadas na preparação do presente trabalho, apenas se indicam aquelas que foram citadas. Todos os autores são indicados pelo último apelido, à excepção dos autores de língua espanhola que se indicam, como é uso, pelo primeiro dos apelidos. No que respeita às obras com mais de um autor, a referência é feita por aquele que, na obra, é primeiro indicado. Em relação aos demais autores, inclui-se uma indicação remissiva para o autor primeiro indicado.

ALMEIDA, CARLOS FERREIRA DE, *Introdução ao Direito Comparado,* Almedina, Coimbra, 1994.
ALMEIDA, CARLOS FERREIRA DE, *Texto e Enunciado na Teoria do Negócio Jurídico,* Almedina, Coimbra, 1992.
ANDRADE, MANUEL DE, *Teoria Geral da Relação Jurídica,* vol. II, 6ª Reimpressão, Coimbra, 1983.
ANGELIS, LORENZO DE, «Il nuovo City Code on Take-overs and mergers», RS, 1985, pp. 1170-1188.
ANGELIS, LORENZO DE, «Il *City Code*: dieci anni dopo», RS, 1978, pp. 1353-1361.
ANGELIS, LORENZO DE, «L'informazione societaria nell'OPA: prospettive di regolamentazione in Italia ed esperienze comparatistiche degli altri Stati membri della CEE», RS, 1987, pp. 97-127.
ANTAS, MARIA LUÍSA — (vd. JÚDICE, JOSÉ MIGUEL).
ANTUNES, JOSÉ ENGRÁCIA, *Os Grupos de Sociedades,* Almedina, Coimbra, 1993.
ARRUÑADA, BENITO, «Critica a la regulación de OPAs», RDM, 1992, pp. 29-67.
ASCENÇÃO, OLIVEIRA, *Direito Comercial,* vol. IV, lições policopiadas, Lisboa, 1993.
ASCENSÃO, OLIVEIRA, *O Direito — Introdução e Teoria Geral,* 7ª ed., Almedina, Coimbra.
AULETA, GIUSEPPE/NICCOLÒ SALANITRO, *Diritto Commerciale,* 8ª ed., Giuffrè, Milano, 1993.
BAJ, CLAUDE, «Privatisations: les groupes d'accionaires stables», RDBB, 1994, pp. 8-11.
BAJ, CLAUDE — (vd. SCHMIDT, DOMINIQUE).
BALLARÍN MARCIAL, ALBERTO, «Restricciones estatutarias a la transmision de acciones. Validez y clases», in *Estudios Sobre la Sociedad Anonima,* ob.cit., p. 123--157.
BARBIERA, LELIO, «Riflessi della legge sulle Offerte Pubbliche aventi ad oggeto valori mobiliari...», BBTC, 1995, pp. 577-593.
BARROSO, HELENA TAPP, *Subscrição de Acções Através de Intermediários Financeiros. O caso especial da tomada firme,* Dissertação de Mestrado, Junho de 1994, inédita.
BASTOS, AURÉLIO WANDER — (vd. EIZIRIK, NELSON).
BERNARDINI, PIERO, «Clausole sulla organizzazione dei sindicati di voto», in *Sindicati di Voto e Sindicati di Blocco,* ob.cit.
BÉZARD, PIERRE/PIERRE CHAPUT, «La COB et la Protection des Actionnaires Minoritaires dans les Groupes de Sociétés», RS/JS, 1982, pp. 481-507.
BÉZARD, PIERRE, *Les Offres Publiques d'Achat,* Masson, Paris, 1982.
BIARD, JEAN-FRANÇOIS/JEAN-PIERRE MATTOUT, *Les Offres Publiques d'Acquisition: l'émergence de principes directeurs de droit boursier,* BD, 1993, pp.3-13.
BIRD, J.R. — (vd. BOYLE, A.J.)
BOARDMAN, NIGEL, «Legal Aspects of Acquisitions», in *Company Acquisitions Handbook,* 3ª Ed., Tolley, London, 1994, pp. 32-73.
BONNEAU, THIERRY, «La diversification des valeurs mobilières: ses implications en droit des sociétés», RTDCDE, 1988, pp. 535-607.

BORNET, JEAN-PIERRE — (vd. VAUPLANE, HUBERT DE).
BOYLE, A.J./J.R. BIRD, *Company Law*, 2ª ed., Jordan & Sons Ld., Bristol, 1987.
BRADY, MICHAEL, «SEC Neglet and the Extinction of the Hostile Takeover», *Modernizing US Securities Regulations — Economic and Legal Perspectives*, ed. Kenneth Lehn e Robert W. Kamphuis, Irwin Professional Publishing, New York, 1992.
BROSETA PONT, MANUEL, *Manual de Derecho Mercantil*, Tecnos, Madrid.
BRULLIARD, GERMAIN/DANIEL LAROCHE, *Précis de Droit Commercial*, 7ª Ed., PUF, Paris, 1970.
BURROWS, PAUL/CENTO G. VELJANOVSKI, *The Economic Approach to Law*, Butterworths, London, 1981.
CACHON BLANCO, JOSÉ HENRIQUE, *Derecho del Mercado de Valores*, Dykinson, Madrid, 1993.
CANARIS, CLAUS-WILHELM, *Pensamento Sistemático e Conceito de Sistema na Ciência do Direito*, Fundação Calouste Gulbenkian, Lisboa, 1989.
CANNU, PAUL LE, «L'Action de Concert», RS, 1991, pp. 676-706.
CARBO, JAIME FERNANDO, «Que rasgos identifican a una empresa como candidato ideal a una OPA?», in *OPAS: La Conquista del Poder en la Empresa*, ob.cit., pp. 27-40.
CARDENAS SMITH, CARLOS, *Regimen Juridico de las Ofertas Publicas de Adquisición*, Civitas, Madrid, 1993.
CARREAU, DOMINIQUE/JEAN-YVES MARTIN, Anotação ao Acórdão da *Cour d'Appel*, RS, 1992, pp. 79-87.
CARREAU, DOMINIQUE — (vd. LEE, WILLIAM L.)
CARRIERO, GIUSEPPE/VIRGINIA GIGLIO, «Il problema delle offerte pubbliche di acquisto», RS, 1994, p. 457-524.
CARTERON, MARCEL, «La Proteccion des Intérêts des Accionaires Minoritaires et la Prise de Controle des Sociétés Par Les Groupes Concurrents», RS, 1969, pp. 143-155.
CARVALHOSA, MODESTO, *Oferta Pública de Aquisição de Acções*, IBMEC, Rio de Janeiro, 1979.
CARY, WILLIAM L., *Corporations — Cases and Materials*, 4ª Ed., The Foundation Press, New York, 1975.
CASTELLANO, GAETANO, «Le offerte pubbliche di acquisto: I problemi non risolti dalla legge di reforma», GC, 1975, Parte I, pp. 5-33.
CASTRO, CARLOS OSÓRIO DE, «Os casos de obrigatoriedade do lançamento de uma oferta pública de aquisição», *Problemas Societários e Fiscais do Mercado de Valores Mobiliários*, Edifisco, Lisboa, 1992, pp. 9-77.
CASTRO, CARLOS OSÓRIO DE, *Valores Mobiliários — Conceito e Espécies*, Universidade Católica, Porto, 1996.
CAZORLA PRIETO, LUÍS MARIA, «El control de una sociedad a atraves de la adquisicion de pequeños paquetes in bolsa», in *OPAS: La Conquista del Poder en la Empresa*, ob.cit., pp. 95-108.
CEA GARCIA, JOSÉ LUÍS, «En la cresta de la OPA», Economistas, 1988/89, pp. 322-327.

CHAPUT, PIERRE — (vd. BÉZARD, PIERRE)
CHULIA, F. VICENT, *Derecho Mercantil,* 3ª Ed., Tomo II, José M. Bosch, Barcelona, 1990.
COELHO, EDUARDO DE MELO LUCAS, *A Formação das Deliberações Sociais — Assembleia Geral das Sociedades Anónimas,* Coimbra Ed., 1994, Coimbra.
CORAPI, DIEGO, «Le offerte pubbliche di acquisto nell'ordinamento dei paesi della Communità Europea», RDCDGO, 1972, pp. 291-302.
CORDEIRO, ANTÓNIO MENEZES, «Da preferência dos Accionistas na Subscrição de Novas acções; Exclusão e Violação», ROA, 1980.
CORDEIRO, ANTÓNIO MENEZES, «Da tomada de sociedades (takeover): efectivação, valoração e técnicas de defesa», ROA, 1994, pp. 761-777.
CORDEIRO, ANTÓNIO MENEZES, *Da OPA Geral do Banco Comercial Português, SA, e da Companhia de Seguros Império, SA, Sobre o Banco Português do Atlântico, SA: A Impossibilidade de Bloqueio Sem Recurso a OPA Concorrente,* Parecer de Direito, inédito (6 de Fevereiro de 1995).
CORDEIRO, ANTÓNIO MENEZES, *Direito das Obrigações,* 1º vol., 1986 (reimpressão), AAFDL, Lisboa, pp. 435-437.
CORDEIRO, ANTÓNIO MENEZES, *Teoria Geral do Direito Civil,* 1º Volume, 2ª Edição. AAFDL, Lisboa, 1990.
CORDEIRO, ANTONIO MENEZES, *Manual de Direito Bancário.* Almedina, Coimbra, 1998.
CORREIA, LUÍS BRITO, *Direito Comercial,* 2º volume, AAFDL, Lisboa, 1989.
CORREIA, MIGUEL J.A. PUPO, *Direito Comercial,* 3ª Edição, Universidade Lusíada, Lisboa, 1984.
COSTI, RENZO, «I sindicati di blocco e di voto nella legge sull'OPA», BBTC, 1992, pp. 472-484.
COSTI, RENZO, «Operazzioni intragruppo e OPA obbligatoria», GC, 1993, pp. 65-69.
COTTINO, GASTONE, *Diritto Commerciale,* vol. II, tomo I, 2ª edição, CEDAM, Padova, 1992.
COURET, A./D.MARTIN/L.FAUGÉROLAS, *Securité et Transparence du Marché Financier — nouveau statut de la COB, réforme des OPA-OPE,* Bull. Joly, nº 11 bis, 1989.
COZIAN, MAURICE/ALAIN VIANDIER, *Droit des Sociétés,* 7º ed., Litec, Paris, 1994.
CRANSTON, ROSS, «The Rise and Fall of the Hostile Takeover», in *Europen Takeovers — Law and Practise,* ob.cit., pp. 77-92.
CUNHA, PAULO OLAVO, *Os Direitos Especiais nas Sociedades Anónimas: As Acções privilegiadas,* Almedina, Coimbra, 1993.
EISENHARDT, ULRICH, *Gesellschaftsrecht,* C.H. Beck, München, 1992.
EIZERIK, NELSON, *Aspectos Modernos do Direito Societário,* Renovar, Rio de Janeiro, 1992.
EIZIRIK, NELSON/AURÉLIO WANDER BASTOS, *Mercado de Capitais e S/A — Jurisprudência,* Comissão Nacional das Bolsas de Valores, Rio de Janeiro, 1987.
EIZIRIK, NELSON, «Propriedade e Controle na Companhia Aberta — Uma Análise Teórica», RDMIEF, 1984, pp. 90-104.

ENGISH, KARL, *Introdução ao Pensamento Jurídico*, 6ª ed., Gulbenkian, Lisboa, 1988.
FARRAR, J.H., *Company Law*, Butterworths, London, 1985.
FAUGÉROLAS, L. — (vd. COURET, A.).
FERRARINO, GUIDO, «L' ammissione alla quotazione in borsa», BBTC, 1992, pp. 297-345.
FERREIRA, AMADEU JOSÉ, *Valores Mobiliários Escriturais — Uno Novo Modo de Representação e Circulação de Direitos*, Almedina, Coimbra, 1997.
FERREIRA, ANTÓNIO ARTUR — (vd. JÚDICE, JOSÉ MIGUEL).
FERRI, G., *Diritto Commerciale*, 9ª Edição, UTET, Torino, 1993.
FILHO, ALFREDO LAMY/JOSÉ LUÍZ BULHÕES PEDREIRA, *A Lei das S.A.*, Renovar, Rio de Janeiro, 1992.
FILHO, CALIXTO SALOMÃO/MÁRIO STELLA RICHTER JÚNIOR, «Interesse social e poderes dos administradores na alienação do controle», RDMIEF, 1993, pp. 65-89.
FLEURIET, MICHEL, *Les OPA en France*, Dalloz, Paris, 1991.
FRADA, CARNEIRO DA, *Contrato e Deveres de Protecção*, Coimbra, 1994.
GALGANO, FRANCESCO, *Sommario di Diritto Commerciale*, 2ª ed., Giuffrè, 1992.
GAMBINO, AGOSTINO, «L'opa e la circulazione endogruppo delle participazione di controllo», RS, 1992, pp. 1249-1257.
GARCÍA DE ENTERRÍA, JAVIER, «Los recursos y acciones contra las OPAs como medida defensiva», RDM, 1991, pp. 423-464.
GARCIA DE ENTERRÍA, JAVIER, *La OPA Obligatoria*, Civitas, Madrid, 1996.
GARCIA, AUGUSTO TEIXEIRA, *OPA — Da Oferta Pública de Aquisição e o seu Regime Jurídico*, BFDUC, Coimbra, 1995.
GARRIDO DE PALMA, VICTOR MANUEL/JOSÉ CARLOS SÁNCHEZ GONZALES, «La sociedad anonima en sus principios configuradores», in *Estudios Sobre la Sociedad Anonima*, ob.cit., pp. 21-73.
GAVALDA, CHRISTIAN, «Commentaire de la Loi du 2 Août 1989, Concernant l'Amélioration de la Transparence et de la Sécurité du Marché Financier», RS, 1990, pp. 1-23.
GIGLIO, VIRGINIA — (vd. CARRIERO, GIUSEPPE).
GOMES, FÁTIMA, «Subscrição indirecta e tomada firme», DJ, 1994, pp. 202-292.
GOMES, FATIMA, *Insider Trading*, APDMC, 1996.
GOMES, MANUEL JANUÁRIO DA COSTA, «Contrato de Mandato», in *Direito das Obrigações*, III. vol., sob a coordenação de António Menezes Cordeiro, 2ª ed., AAFDL, 1991.
GRILLO, SALVATORE, *Il Controllo del Mercato Mobiliarie in Italia — Aspetti Istituzionali*, Giuffrè, Milano, 1989.
GUALANDI, LAURA BIONE, «Recenti Sviluppi della Disciplina delle OPA all'Estero», RDC, 1972, pp. 146-156.
GUITARD MARÍN, JUAN, «Principales innovaciones en el régimen jurídico de las OPAs establecidas por el Real Decreto 1197/1991, de 26 de Julio», DN, 1991, pp. 1-9.
GUYÉNOT, JEAN, *Cours de Droit Commercial*, LJNA, Paris, 1977.

GUYON, YVES, *Droit des Affaires,* 2ª ed., Economica, Paris, 1982 (temos conhecimento de uma terceira edição, de 1990).

HAZEN, THOMAS L., *The Law of Securities Regulation,* West Publishing, Minnesota, 1985.

HENN, GÜNTER, *Handbuch des Aktienrechts,* C.F. Müller, Heidelberg, 1987.

HERMOSILLA MARTIN, RAMÓN, «Estrategias anti-OPA (financieras y jurídicas). Problemas Registrales» in *La Lucha por el Control de las Grandes Sociedades,* ob.cit., pp. 305-369.

HOPT, KLAUS J., «Reglamentación europea sobre ofertas públicas de adquisición», in *La Lucha por el Control de las Grandes Sociedades,* ob.cit., pp. 19-46.

IPPOLITO, BENJAMIN — (vd. JUGLART, MICHEL DE).

IRTI, NATALINO, «I patti di consultazione», in *Sindicati di Voto e Sindicati di Blocco,* ob.cit.

JANIN, PHILIPPE — (vd. MERCADAL, BARTHÉLÉMY).

JEANTIN, MICHEL, *Droit des Sociétés,* 3ª Ed., Montchrestien, Paris, 1994.

JENSEN, MICHAEL C., «Takeovers: Their Causes and Consequences», in *Readings in Mergers and Acquisitions,* ob.cit., pp. 15-43.

JÚDICE, JOSÉ MIGUEL/MARIA LUÍSA ANTAS/ANTÓNIO ARTUR FERREIRA/JORGE DE BRITO PEREIRA, *OPA — Ofertas Públicas de Aquisição (Legislação Comentada),* Semanário Económico, 1992.

JÚDICE, JOSÉ MIGUEL ALARCÃO/JORGE DE BRITO PEREIRA/PEDRO GUSTAVO TEIXEIRA, «Market Regulation», *Portugal: a Capital Markets Profile,* Euromoney, London, 1994, pp.121-136.

JUGLART, MICHEL DE/BENJAMIN IPPOLITO, *Traité de Droit Commercial,* II. vol., 2ª parte, 3ª ed., revista e actualizada por PONTAVICE e DUPICHOT, Montchrestien, Paris, 1982.

JÚNIOR, MÁRIO STELLA RICHTER — (vd. FILHO, CALIXTO SALOMÃO).

KOMPARATO, FÁBIO KONDER, *Novos Ensaios e Pareceres de Direito Empresarial,* Forense, Rio de Janeiro, 1982.

KROPFF, BRUNO, in *Aktiengesetz Kommentar,* de ERNST GESSLER, WOLFGANG HEFERMEHL, ULRICH ECKARDT e BRUNO KROPFF, ob.cit., anotações ao § 311.

LABAREDA, JOÃO, *Das Acções nas Sociedades Anónimas,* AAFDL, Lisboa, 1988.

LANZA, AMILCARE, «Testi per l'OPA», RS, 1970, pp. 460-466.

LARENZ, KARL, *Metodologia da Ciência do Direito,* 2ª Edição (tradução da 5ª Edição), Fundação Calouste Gulbenkian, Lisboa.

LAROCHE, DANIEL — (vd. BRULLIARD, GERMAIN)

LEE, T. PETER, «Regulation of takeovers in Selected national legal systems», *European Takeovers — Law and Practise,* ob.cit., pp. 133-142.

LEE, WILLIAM L./DOMINIQUE CARREAU, «Les moyens de défense à l'encontre des offres publiques d'achat inamicables en France», RDSSJL, 1988, pp. 15-22.

LEITÃO, LUÍS MENEZES, *A Responsabilidade do Gestor Perante o Dono do Negócio no Direito Civil Português,* CCTF (116), CEF, Lisboa, 1991.

MACHADO, J. BAPTISTA, *Introdução ao Direito e ao Discurso Legitimador,* Almedina, Coimbra, 1983.

MALAN, FRANÇOIS, *Les Offres Publiques d'Achat — L'Experience Anglaise,* LGDJ, 1969, Paris.
MARCHETTI, PIERGAETANO, «Le offerte pubbliche di acquisto — Le norme della City di Londra sulle offerte pubbliche di acquisto e sulle concentrazioni», RS, 1977, pp. 753-771.
MARCHETTI, PIERGAETANO, «L'offerta pubblica di acquisto in Italia», RS, 1971, pp. 1155-1168.
MARCHETTI, PIRGAETANO, «Opa obbligatoria e circulazione del controle all'interno del gruppo», RS, 1991, pp. 1258-1268.
MARTIN, DIDIER/JEAN-PAUL VALUET, *Les Offres Publiques d'Achat,* T. 1, Joly, Paris, 1993.
MARTIN, DIDIER — (vd. COURET, A.). L. FAUGÉROLAS
MARTIN, JEAN-YVES — (vd. CARREAU, DOMINIQUE).
MARTINS, FRAN, *Novos Estudos de Direito Societário,* Saraiva, São Paulo, 1988.
MATTOUT, JEAN-PIERRE — (vd. BIARD, JEAN-FRANÇOIS)
MENDES, CASTRO, *Teoria Geral do Direito Civil,* vol. II, AAFDL.
MERCADAL, BARTHÉLÉMY/PHILIPPE JANIN, *Sociétés Commerciales,* Francis Lefebvre, Paris, 1994.
MIGNOLI, ARIBERTO, «Riflessioni critiche sull'esperienza italiana dell'opa: idee, problemi, proposte», RS, 1986, pp. 1-14.
MILLS, GEOFFREY, «Acquisitions — Setting the Scene», in *Company Acquisitions Handbook,* 3ª Ed., Tolley, 1994, pp. 1-4.
MINERVINI, GUSTAVO, «Un Takeover Bid Clamoroso alle Porte di casa Nostra (l'affaire Saint-Gobain), RDC, 1969, pp. 547-550.
MONTALENTI, PAOLO, «La legge italiana sulle offerte pubbliche: prime riflessioni», GC, 1992, pp. 831-875.
MONTALENTI, PAOLO, *Le Offerte Pubbliche di Acquisto — Le Fattispecie Obbligatorie,* Giuffré, Milano, 1995.
MONTEIRO, ANTÓNIO PINTO, *Parecer Jurídico sobre a Oferta pública de Aquisição de acções do Banco Português do Atlântico, S.A., Anunciada pelo Banco Comercial Português, S.A.,* 8 de Setembro de 1994, inédito.
MOORE, BRIAN/KIT STENNING, *The Takeover Guide,* Longman, London, 1988.
MORSE, GEOFFREY, *Company Law,* 14ª Ed., Sweet & Maxwell, London, 1991.
MOTTA, NELSON CÂNDIDO, «Alienação de controle de instituições financeiras. Accionistas minoritários. Notas para uma interpretação sistemática da Lei das S/A», RDMIEF, 1982, pp. 33-50.
NICCOLINI, GIUSEPPE, *Offerta pubblica di acquisto (OPA),* ED, XXIV, Giuffrè, 1979.
NUNZIATE, GIANNI, «Take-Over Bids», RDC, 1961, pp. 163-171.
PACHECO, JOSÉ DA SILVA, *Tratado de Direito Empresarial — Sociedades Anónimas e Valores Mobiliários,* Saraiva, São Paulo, 1977.
PAPINI, ROBERTO, *Sociedade Anónima e Mercado de Valores Mobiliários,* Forense, Rio de Janeiro, 1987.
PEARSON, CHRISTOPHER, «Mandatory and voluntary offer and their terms», *A Practitioner's Guide to the City Code on Takeovers and Mergers,* City & Finatial Publishing, Londres, 1995.

PEDERSOLI, ALESSANDRO, «Sindicati di Blocco: Valità, Tipi ed Effeti», in *Sindicati di Voto e Sindicati di Blocco,* dir. de Franco Bonelli e Pier Giusto Jaeger, Giuffrè, Milano, 1993.
PEDREIRA, JOSÉ LUÍZ BULHÕES — (vd. FILHO, ALFREDO LAMY).
PENNINGTON, ROBERT, «Relazione sulle offerte pubbliche di acquisto di titoli a fine di controllo e sulle altre offerte pubbliche», RS, 1975, pp. 730-803.
PENNINGTON, ROBERT, *Company Law,* 5ª Ed., Butterworths, London, 1985.
PENTEADO, MAURO RODRIGUES, «Apontamentos sobre a alienação do controle de companhias abertas», RDMIEF, 1989, pp. 15-25.
PEREIRA, JORGE DE BRITO — (vd. JÚDICE, JOSÉ MIGUEL).
PEREIRA, JOSÉ NUNES, «O regime jurídico das ofertas públicas de aquisição no recente Código do Mercado de Valores Mobiliários: principais desenvolvimentos e inovações», RB, n° 18, 1991, pp. 29-98.
PERRIER, ARNAUD/RAPHAELLE SCHACCHI, *Les Stratégies anti-OPA,* Economica, Paris, 1995.
PESCATORE, SALVATORE, «La Struttura contrattuale delle offerte pubbliche di acquisto», RDC, 1975, pp. 74-97.
PIGA, FRANCO, «La cessioni del controllo delle società quotate in borsa: profili di rilevanza generale e prospettive», RS, 1984, pp. 1153-1182.
POMBO, FERNANDO, *International M&A Law,* Euromoney, London, 1991.
POSER, NORMAN S., *International Securities Regulation,* Little, Brown & Co., Boston, 1991.
RAISER, THOMAS, *Recht der Kapitalgesellschaften,* Verlag Vahlen, München, 1983.
REIHARD, YVES, «Sociétés par Actions», RTDC, 1989, pp. 79-82.
RENZIS, LUISA DE, *Problemi Dibattuti in Tema di Circolazione di Azione e Quote,* CEDAM, Padova, 1990.
RIBEIRO, TERESA DE MELO, *O Princípio da Imparcialidade da Administração Pública,* Almedina, Coimbra, 1996.
ROMAGNOLI, GIANLUCA, *Le Offerte Pubbliche d'Acquisto Obbligatorie,* CEDAM, Padova, 1996.
ROMANO, ROBERTA, «A Guide to Takeovers: Theory, Evidence and Regulation», in *European Takeovers — Law and Practise,* ob.cit., pp. 3-48.
ROSSI, GUIDO, «Le diverse prospettive dei sindicati azionari nelle società quotate e in quelle non quotate», RS, 1991, pp. 1353-1372.
ROSSI, GUIDO, «Le società e la borsa: le nuove frontiere», RS, 1981, pp. 1-16.
RUÍS-NAVARRO PINAR, JOSÉ LUIS, «Las OPAS: El Proyecto de Directiva de la Comunidad Europea y la nueva reglamentación francesa», RAP, 1990, pp. 415-477.
RUIZ RODRIGUES, LUIS RAMON, *Proteccion Penal del Mercado de Valores (Infidelidades en la Gestion de Patrimonios),* Tirant, Valencia, 1997.
SÁENZ DE NAVARRETE, JAIME ZURITA Y, «El control de las OPAS en la CEE. Comentarios al Proyecto de Directiva», in *OPAS: La Conquista del Poder en La Empresa,* ob.cit., pp.254-276.
SÁENZ DE NAVARRETE, JAIME ZURITA Y, «El Régimen Español de la OPA: Análisis del Real Decreto 1197/1991, de 26 de Julio», in *La Lucha por el Control de las Grandes Sociedades,* ob.cit.., pp. 91-122.

SAENZ DE NAVARRETE, JAIME ZURITA Y, «El control de las OPAS en la CEE. Comentarios al Proyecto de Directiva», in *OPAS: La Conquista del Poder en La Empresa*, ob.cit., pp. 255-276.

SALANITRO, NICCOLÒ — (vd. AULETA, GIUSEPPE)

SÁNCHEZ ANDRÈS, ANÍBAL, «Teleologia y tipologia de la ofertas públicas de adquisición en la nueva regulación española», in *La Lucha por el Control de las Grandes Sociedades*, ob.cit., pp. 3-16.

SÁNCHEZ CALERO, FERNANDO, *Régimen Jurídico de las Ofertas Públicas de adquisición (OPAS), Comentario sistemático del RD 1.197/1991*.

SÁNCHEZ GONZALEZ, JOSÉ CARLOS, «Los convenios y sindicatos de voto. Su instrumentalición juridica em la sociedad anonima», in *Estudios Sobre la Sociedad Anonima*, ob.cit., pp. 75-113.

SÁNCHEZ GONZALES, JOSÉ CARLOS — (vd. GARRIDO DE PALMA, VICTOR MANUEL).

SANZ SANTOLARIA, CARLOS JAVIER, «Las ofertas Publicas de Adquisición de Valores (OPA)», CAE, 1990, pp. 273-281.

SCHACCHI, RAPHAELLE — (vd. PERRIER, ARNAUD).

SCHMIDT, DOMINIQUE/CLAUDE BAJ, «De l'Ancien au Nouveau Règlement Général du Conseil des Bourses de Valeurs», RDB, 1992, pp. 137-142.

SCHMIDT, DOMINIQUE/CLAUDE BAJ, «Récentes Évolutions de l' Action de Concert», RDBB, 1992, pp. 184-192.

SCHMIDT, DOMINIQUE/CLAUDE BAJ, «Réflexions sur la Notion d' Action de Concert», RDBB, 1991, pp. 86-94.

SCHMIDT, DOMINIQUE/CLAUDE BAJ, «Réflexions sur les Effets de l' Action de Concert», RDBB, 1991, pp. 182-191.

SERENS, M. NOGUEIRA, *Notas Sobre a Sociedade Anónima*, Coimbra, 1995.

SILVA, JOÃO CALVÃO, *Estudos de Direito Comercial (Pareceres)*, Almedina, Coimbra, 1996.

SODERQUIST, LARRY, *Understanding the Securities Law*, 2ª ed., Practising Law Institute, New York, 1990.

STAMP, MARK, *Private Company Law*, Longman, London, 1991.

STEDMAN, GRAHAM, *Takeovers*, Longman, London, 1993.

STENNING, KIT — (vd. MOORE, BRIAN).

TEIXEIRA, PEDRO GUSTAVO — (vd. JÚDICE, JOSÉ MIGUEL).

THIEFFRY, *Guide des Sociétés dans la Communauté Européene*, CFCE, Paris, 1992.

TOMÉ, MARIA JOÃO R.C. VAZ, «Algumas notas sobre as restrições contratuais à livre transmissão de acções», DJ, 1989/90, pp. 211-220, 1991, pp. 199-218.

TROCHU, MICHEL, «La Reglementation de l'Offre Publique d'Achat», RDS, 1971, pp. 124-1 a 124-5.

TROCHU, MICHEL, «Les Offres Publiques d'Achat», RTDC, 1967, pp. 695-717.

URÍA, RODRIGO, *Derecho Mercantil*, 20ª Edição, Marcial Pons, Madrid, 1993.

VALLVÉ RIBERA, MARIA ANGELS, «Situacion actual e futura de las OPAs en España. Perspectivas desde la Bolsa de Barcelona», in *OPAS: La Conquista del Poder en la Empresa*, ob.cit., pp. 17-24.

VALUET, JEAN-PAUL — (vd. MARTIN, DIDIER).

VARELA, ANTUNES, *Manual de Processo Civil,* 2ª ed., Coimbra Editora, Coimbra, 1985.
VATINET, RAYMONDE, «Les Défenses Anti-OPA», RS, 1987, pp. 539-568.
VAUPLANE, HUBERT DE/JEAN-PIERRE BORNET, *Droit de la Bourse,* LITEC, Paris, 1994.
VELJANOVSKI, CENTO G. — (vd. BURROWS, PAUL).
VENTURA, RAÚL, «Ofertas públicas de aquisição e de venda de valores mobiliários», in *Estudos Vários Sobre Sociedades Anónimas (Comentário ao Código das Sociedades Comerciais),* Almedina, Coimbra, 1992.
VIANDIER, ALAIN, *OPA, OPE, Garantie de Cours, Retrait, OPV,* 2ª Edição, LITEC, Paris, 1993, pp. 4-5.
VIANDIER, ALAIN — (vd. COZIAN, MAURICE).
VIDIGAL, GERALDO CAMARGO, «Características e natureza da Companhia ou SA», in *Comentários à Lei das Sociedades por Acções,* (coordenação de Geraldo Camargo Vidigal e Ives Gandra da Silva Martins), IASP e Resende, São Paulo, 1978.
WAHLENDORF, H.A. SCHWARZ-LIEBERMANN VON, *Droit Comparé — Théorie Générale et Principes,* LGDJ, Paris, 1978.
WALD, ARNOLDO, «Do descabimento da oferta pública de compra em relação às acções preferenciais», RDMIEF, 1982, pp. 7-19.
WALD, ARNOLDO, «Dos conceitos de emissão e de oferta pública na legislação do mercado de capitais», RDMIEF, 1972, pp. 17-20.
WEIGMAN, ROBERTO, «Le difese contrattuali contro le OPA aggressive», in *Il Contratto — Silloge in Onore di Giorgio Oppo,* vol. II, CEDAM, 1992.
WEIGMAN, ROBERTO, *Trattato delle Società per Azioni* (dir. De G.E. Colombo e G.B. Portale), vol. 10º, UTET, Torino, 1993.
WEINBERG, M.A., *Take-Overs and Mergers,* 5ª Edição, Sweet & Maxwell, London, 1989.
WIMEERSCH, EDDY, «Cession de Controle et Offres Publiques Obligatoires», RPS, 1991, pp. 151-254.
WTTERWULGHE, ROBERT, *OPA — L'Offre Publique d'Acquisition, une analyse juridique,* De Boeck, Bruxelas, 1988.
WÜRDINGER, HANS, *Aktienrecht und das Recht der verbundenen Unternehmen,* C.F. Müller, Heidelberg, 1981.
WYMEERSCH, EDDY, «Problems of the Regulation of Takeover Bids in Western Europe», in *Europen Takeovers, Law and Practice,* ob.cit., pp. 95-131.
XAVIER, VASCO DA GAMA LOBO, «A validade dos sindicatos de voto no direito português constituído e constituendo», ROA, 1985, pp. 639-653.

Documentação diversa

— *City Code on Takeovers and Mergers and The Rules Governing Substancial Acquisition of Shares,* anotado pelo *Panel on Takeovers and Mergers,* 4ª ed., 8.7.93.

— *Projecto do Código das Sociedades,* BMJ, Junho de 1993, pp. 56-339.

— «Rapport de la 4ème Table Ronde — Quel Role Pour le Marché Financier dans la Restruturaction des Enterprises?» (redigido por Marie-Noëlle Dompe), *Entretiens du 25ème Anniversaire de la COB.*

Relatórios anuais sobre a situação geral do mercado de valores mobiliários, CMVM, 1991, 1992 e 1993.

Relatórios da *Commision des Operations de Bourse* — 1970, 1980, 1983.

ÍNDICE

Principais abreviaturas utilizadas 17

I. CAPÍTULO — INTRODUÇÃO

1. Noções prévias e delimitação do objecto da análise 19

2. As coordenadas de análise 33
2.1 A actualidade do tema 33
2.2 A autonomização analítica da problemática da *OPA obrigatória*....... 38

3. As hipóteses de *OPA obrigatória* 43

4. Indicação de sequência 45

II. CAPÍTULO — O ENQUADRAMENTO NORMATIVO

5. Generalidades 49

6. A *OPA obrigatória* em Portugal: evolução legislativa 52
6.1 Os períodos de análise 52
6.2 O *Projecto do Código das Sociedades* e o Código das Sociedades Comerciais 53
6.3 O Código do Mercado de Valores Mobiliários 60
6.4 O Decreto-Lei nº 261/95, de 3 de Outubro 65
6.5 Conclusão: as previsões de *OPA obrigatória* e o respectivo conteúdo obrigacional no Direito português vigente 69

7. Ordenamentos estrangeiros 71
7.1 O Direito inglês 71
7.2 O Direito francês 82
7.3 O Direito espanhol 101
7.4 O Direito italiano 109
7.5 A Proposta Alterada de 13ª Directiva 113

III. CAPÍTULO — A DELIMITAÇÃO DA OBRIGAÇÃO

8.	A natureza da sociedade emitente dos títulos	117
8.1	Generalidades	117
8.2	O conceito de sociedade com subscrição pública face ao art. 284° do CSC	120
8.2.1	A delimitação do conceito	120
8.2.2	A afinidade com os conceitos de public company e de société faisant appel publique à l'épargne	127
8.2.3	A justificação normativa da qualificação	134
8.3	Os conceitos de sociedade com subscrição pública e de sociedade equiparada face à versão original do n° 2 do art. 527° do Cód.MVM ...	146
8.3.1	A delimitação dos conceitos	146
8.3.2	A justificação normativa da qualificação de sociedade equiparada ...	148
8.4	O conceito de sociedade de subscrição pública face à alínea j) do n° 1 do art. 3° do Cód.MVM	154
8.4.1	A delimitação do conceito	154
8.4.2	A justificação da delimitação	156
8.4.3	As entidades que integram o conceito de sociedade de subscrição pública	166
8.4.3.1	As sociedades que tenham o seu capital disperso em virtude do recurso à subscrição pública	166
8.4.3.2	As sociedades que têm ou tiveram acções cotadas	169
8.4.3.3	As sociedades que têm o seu capital disperso por virtude de as suas acções terem sido objecto de oferta pública de venda ou de troca ...	177
8.4.3.4	As sociedades cujas acções foram objecto de venda em bolsa nos termos do art. 366° do Cód.MVM	179
8.4.3.5	A extensão da noção a casos não previstos no Código	180
9.	A determinação dos limites de detenção e/ou aquisição de títulos....	181
9.1	Generalidades e indicação de sequência	181
9.2	Os valores mobiliários	185
9.2.1	As acções	185
9.2.1.1	Introdução	185
9.2.1.2	Acções com direito de voto plural	189
9.2.1.3	Limitações estatutárias ao exercício do direito de voto	196
9.2.1.4	Inibições ao exercício do direito de voto	207
9.2.1.5	Acções preferenciais sem direito de voto	215
9.2.1.6	Acções próprias	219
9.2.2	Obrigações e outros valores mobiliários convertíveis em acções, com direito de subscrição de acções ou que confiram direito à sua aquisição a qualquer outro título	222
9.3	Os valores mobiliários contados como pertencendo ao oferente	231
9.3.1	Introdução	231

9.3.2	Os valores detidos por terceiros de conta do oferente	242
9.3.3	Os valores de que sejam titulares as pessoas mencionadas nas alíneas c), d), e), f) e g) do nº 1 do art. 525º	250
9.3.4	Os valores em usufruto ou detidos em penhor, caução ou depósito ou que possam ser adquiridos de sua exclusiva iniciativa	263
10.	As delimitações específicas	263
10.1	Generalidades	263
10.2	A OPA prévia para aquisição do controle	266
10.3	A OPA subsequente à aquisição do controle	275
10.4	A OPA consolidativa do controle e a OPA para aquisição de maioria qualificada	280
10.5	A OPA para aumento rápido de posição accionista	281

IV. CAPÍTULO — A DELIMITAÇÃO DA OBRIGAÇÃO (CONTINUAÇÃO)

11.	Generalidades	283
12.	As derrogações	288
12.1	O enquadramento jurídico	288
12.2	As previsões de derrogação	292
12.2.1	As derrogações gerais	292
12.2.1.1	Aquisição de acções em processo de privatização	292
12.2.1.2	Aquisições intra-grupos	302
12.2.1.3	Aquisição por intermediário financeiro em caso de tomada firme ou garantia de colocação	304
12.2.2	As derrogações à obrigatoriedade de lançamento de OPA prévia	305
12.2.2.1	Exercício de direitos de preferência na transmissão de acções	305
12.2.3	As derrogações à obrigatoriedade de lançamento de OPA subsequente	309
12.2.3.1	Aquisição por herança ou legado	309
12.2.3.2	Redução do total dos direitos actuais e potenciais de voto	310
12.2.3.3	Aquisição de valores mobiliários no exercício de direito de preferência	313
12.2.3.4	Operações de fusão ou cisão	314
13.	As dispensas	316
13.1	O enquadramento jurídico	316
13.2	As previsões de dispensa	326
13.2.1	As dispensas à obrigatoriedade de lançamento de OPA subsequente	
13.2.1.1	A aquisição em rateio	326
13.2.1.2	A aquisição por doação	326
13.2.1.3	A redução do total dos direitos actuais e potenciais de voto	328
13.2.2	As dispensas com carácter geral	330

13.2.2.1　A aquisição de valores dados em garantia 330
13.2.2.2　A aquisição no âmbito de operação destinada a prevenir a falência da sociedade 331
13.2.2.3　A previsão geral da alínea f) do n° 1 do art. 529° 332

V. CAPÍTULO — O CONTEÚDO DA OBRIGAÇÃO DE LANÇAMENTO DE OPA

14.　　　Generalidades 335

15.　　　As limitações à liberdade de estipulação 339
15.1　　Os valores mobiliários objecto de uma oferta geral 339
15.1.1　Generalidades 339
15.1.2　As acções como objecto obrigatório de uma OPA geral 346
15.1.3　Os demais valores mobiliários referidos no n° 1 do art. 523° como objecto obrigatório de uma OPA geral 353
15.2　　A contrapartida obrigatória 355
15.2.1　Generalidades 355
15.2.2　A natureza da contrapartida 358
15.2.3　O montante da contrapartida 360

16.　　　As limitações à liberdade de celebração 368

VI. CAPÍTULO — FALTA DE REALIZAÇÃO DE UMA OFERTA OBRIGATÓRIA

17.　　　Generalidades 371

18.　　　Inibição de direitos correspondentes a valores mobiliários 372

19.　　　A responsabilidade civil 373

20.　　　A responsabilidade contra-ordenacional 37 4

VII. CONCLUSÕES

Bibliografia 381